디자인에 첫발을 **디디다!**

디지털 디자인 다이어리 Rhino 편

김주연 · 이재성 지음

Contents

라이노(Rhino)를 활용한 모델링

브이레이(V-Ray)를 활용한 모델링

출간 취지

첫 번째 디디다(디지털디자인다이어리) 시리즈 책 출간 때의 2014년도 이후에 세 번째가 되는 2019년이다. 첫 번째 출판이라는 설레임을 가지고 한 페이지 그리고 한 페이지의 내용을 정리했던 그 시간들이 생각난다. 이후에 5년이라는 시간 동안 많은 학생들과 학습하며 내용을 전달했다. 그 기간 동안에 많은 변화들이 있었지만 가장 많은 변화는 나의 배움으로 성찰의 시간이 되었던 것 같다. 학생들과 함께하는 교육의 현장에서 교재를 직접 활용하면서 책이라는 매체가 학생들에게 최대한의 직관적인 형태로 남아야함을 매번 느꼈다.

디디다는 디자이너가 되기 위해 첫발을 디디는 학생 · 일반인들을 위해 집필하기 시작한 것이다. 건축학부에서 컴퓨터 교육은 대학교에서 필수적인 과목으로 교육을 하지만, 재미있는 아이디어 표현방법과 현장에서 설계의 도구로써 익혀야할 프로그램이 아니라, 왜 학습 하는지에 대한 의미와 목적의 중요성을 상실하고 있다. Rhino편을 집필하면서도 기존의 책들과 비교되어 그 의의도 찾기 어려운 실정이었다. 또한 인터넷이라는 정보의 홍수에서 콘텐츠의 서비스가 넘쳐나고 있는 시기여서 그런지 컴퓨터 프로그램 책을 집필하는 것은 다소 무의미한 작업으로 보였다. 그럼에도 불구하고 이 작업을 할 수 있었던 것은 교육의 현장에서는 좀 더 쉽게 인지하고 활용할 수 있는 소통의 내용이 필요하다는 것을 알고 있기 때문이다.

인간 지각체계의 감각을 넘어서는 컴퓨터의 능력적 효과는 디자이너에게 필수적으로 익혀야하는 언어라고 생각한다. 디디다 라이노편은 모든 지식을 전달하는 해결점이라기 보다는 최소한의 시작점들을 먼저 소통하는 것으로 하였다. 학습자의 필요와 역량에 따라 주도적으로 도약할 수 있는 디딤판이 되었으면 한다. 책의 각 쳅터는 일방적인 설명 중심이 아닌, 직관적으로 익힐 수 있도록 이미지 위주의 실습 방법으로 구성되어있다. 그러한 구성은 교육 현장에서 학생들과 소통을 하면서 가장 쉽고 편리하게 익힐 수 있는 방법들로 보완한 것이다.

각 장에서는 실습에 따라 내용을 익히고 각 챕터에서 예제를 응용 학습하면서 문제에 대해 해결해낼 수 있는 능력을 자연스럽게 함양할 수 있도록 하였다. 또한 이재성 대표(J2o Design)의 국내 및 해외의 건축 디자인 실무 현장에서 라이노 프로그램으로 진행한 프로젝트 사례들을 포함하여 직접적으로 프로그램의 활용범위를 확인할 수 있도록 하였다. 어려운 시기에도 출판에 도움을 주신 구미서관 대표님께 감사를 전한다.

숭실대학교 형남공학관 연구실에서
김주연 · 이재성

Rhino를 소개할까요?

새로운 명령어 익히기 신규 (new) / 저장 (save) / 도구〈옵션 (option) / 형식〈단위 (units) / 객체스냅 (osnap) / 직교 (ortho) / 선 (line) / 폴리라인 (Polyline) / 커브라인(Curve) / 지우기 (delete key) / 실시간 초점이동 (pan) / 확대 (zoom) 취소(Undo) 또는(Ctrl+Z) / 복구(Ctrl+Y) / F10(점 편집) / F11(점 편집 종료)

※ 라이노(Rhino)의 명령어는 AutoCAD와 거의 동일하며, AutoCAD의 단축키와 일치하게 환경설정 가능함.

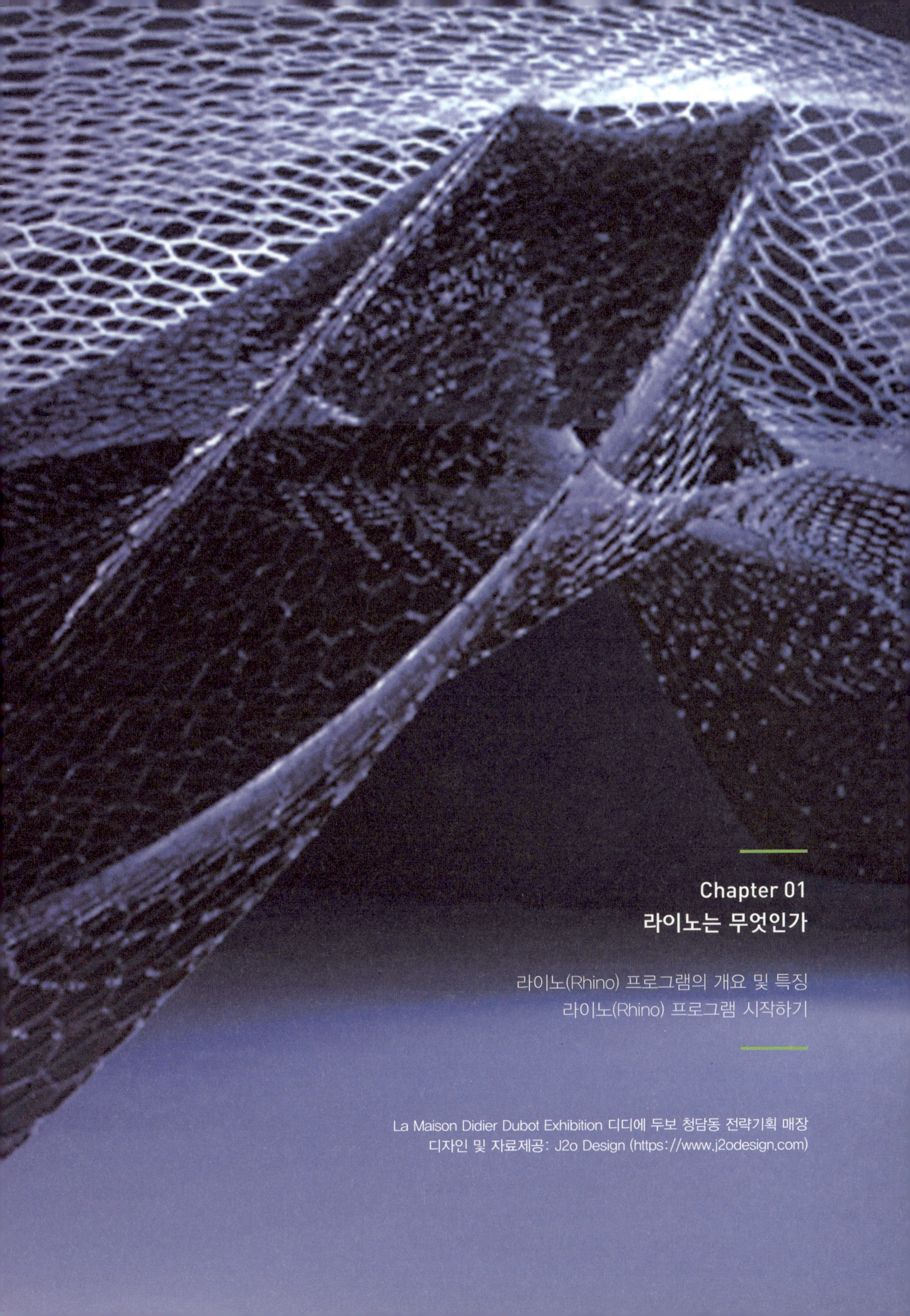

Chapter 01
라이노는 무엇인가

라이노(Rhino) 프로그램의 개요 및 특징
라이노(Rhino) 프로그램 시작하기

La Maison Didier Dubot Exhibition 디디에 두보 청담동 전략기획 매장
디자인 및 자료제공: J2o Design (https://www.j2odesign.com)

1-1 라이노(Rhino) 프로그램의 개요 및 특징

1. 넙스(Nurbs) vs 폴리곤(Polygon)

3D 모델 생성방식은 넙스(Nurbs) 기반 모델링과 폴리곤(Polygon) 기반 모델링의 2가지 타입으로 나눌 수가 있다.

- 넙스(Nurbs) 기반 모델링 소프트웨어 – 라이노, 솔리드워크(Solidworks), NX, 마야 등
- 폴리곤 (Polygon) 기반 모델링 소프트웨어 – 3DS 맥스, 마야, Z-브러쉬, 시네마4D 등

* 애니메이션 가능 – 3D 맥스, 마야, 시네마4D, 라이노(Rhino) (간단한 에니메이션) 등

2. 넙스(Nurbs)기반 모델링의 정의 및 장점

- Non-Uniform Rational B Spline의 약자로 4가지(차수, 제어점, 매듭점, 평가공식)로 정의되며, 폴리곤의 단점을 보완하기 위해 만들어진 기술임.
- 곡선인 Spline을 이용한 모델링 방식으로 폴리곤 모델링 보다 곡면과 유기체 모델링에 유리함.
- 넙스(Nurbs) 모델링 방식은 선들을 이용하여 먼저 생성 한 이후 loft 등의 면생성 명령어를 이용하여 모델링함.

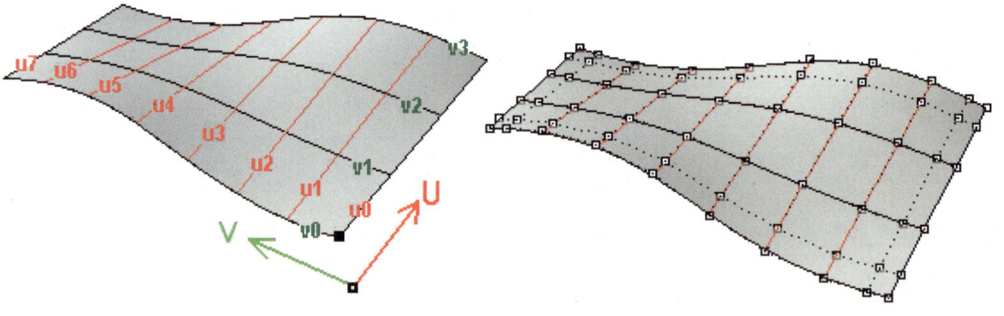

Nurbs U, V direction (넙스 U,V)
출처 : https://wiki.mcneel.com/rhino/nurbssurfaces

3. 라인방식(Vector) vs 픽셀방식(Raster)

· 라인방식(Vector) : x,y,z 좌표값을 통해 이루어지는 형태, 확대와 축소 시 정보손실이 없고 정밀한 수치를 가지는 모델링이 가능하다는 장점이 있으나, 공간연산이 복잡하고 까다로움.
ex) AutoCAD, Rhino, Adobe Illustrator 등

· 픽셀방식(Raster) : 디지털 이미지를 이루는 개별적인 Pixel(원소)의 집합을 통해 구성되는 이미지 형성파일. 자료 구조가 단순명료하고 픽셀 단위별 위상형태가 동일하다는 장점이 있으나, 확대 축소 시 정보손실이 생기고 모델링의 정밀한 3차원적 분석 및 회전이 불가능하다는 단점이 있음.
ex) Adobe Photoshop, Abode ImageReady 등

라이노(Rhino)는 2D 소프트웨어 (예: Autocad, Adobe Illustrator)에서 생성 및 추출된 라인 (x, y, z 값의 데이터를 가지는 Vector) 등을 이용하여 작업 가능함.

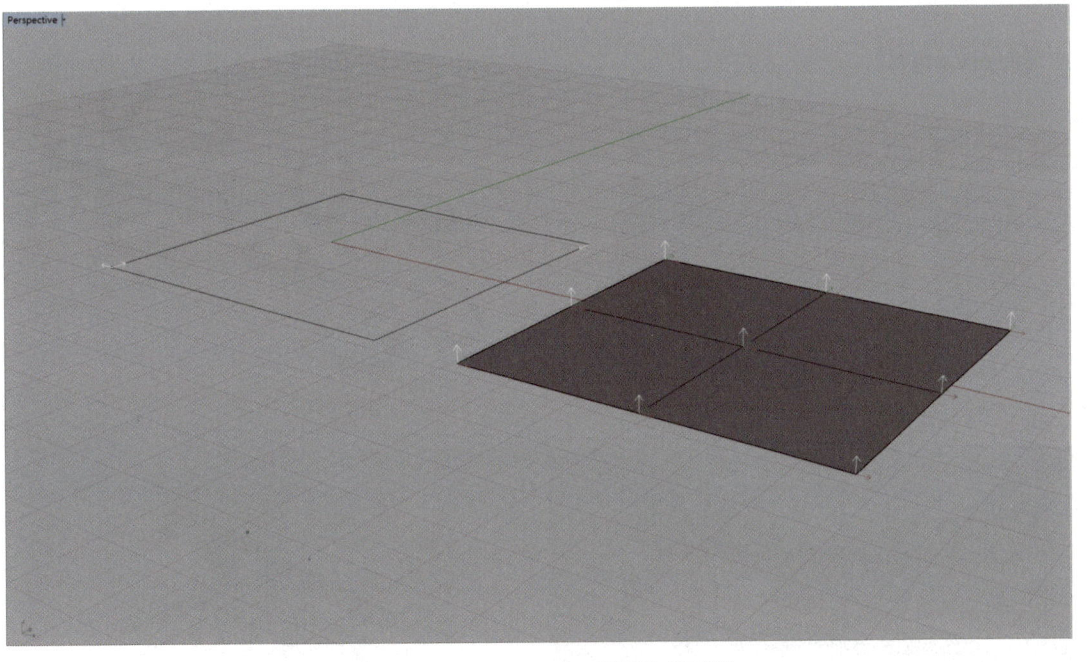

Rhino Vector and direction (벡터와 방향성)

4. 라이노(Rhino)의 소개

1992년 미국 Bobert & McNeel & Associates사에서 개발한 넙스(Nurbs)기반의 강력한 3D 모델링 소프트웨어로 20여년 전, 조선소에서 디지털 제어 패브리케이션 장비를 조정하는 컴퓨터 모델을 만들 때 선박 설계자가 사용하는 도구의 개발 프로젝트로 시작되어 현재 산업 · 제품 디자인(선박, 항공우주, 자동차, 가정용품, 사무용품, 가구, 의료기기, 스포츠 장비, 신발, 보석 등), 건축 · 인테리어디자인, 정밀 부품 제조 등 디자인 산업 전반에 걸쳐 다방면에 사용되고 있는 3D 모델링 소프트웨어로 그 이용도가 점점 더 높아지고 있음.

- 라이노(Rhino) 프로그램 참고 사이트

  Rhinoceros : https://www.rhino3d.com/kr/

  food4Rhino : https://www.rhino3d.com/kr/resources/

  Rhinotutoria : https://www.rhino3d.com/kr/tutorials

Rhinoceros Logo by Macneel (라이노 로고)

라이노(Rhino)의 적용 예

출처 : https://www.rhino3d.com/gallery/1,2

5. 라이노(Rhino)의 특징

- 넙스(NURBS : Non-Uniform Rational B Spline) 기반 강력한 3D 툴
- 명령어 (Command) 입력방식
- 인터페이스 메뉴(Interface Menu)구성의 자유로움
- 가장 낮은 시스템 사양을 요구하는 넙스(Nurbs) 기반 프로그램
- 다양한 파일로의 변환이 가능한 호환성 : 약 40개의 Save 파일 형식과 30개의 Import 파일 형식을 지원하여 작업의 확장성을 가짐

6. 라이노(Rhino)의 응용분야

- 건축, 토목 설계, 전기, 전자, 자동차, 기계설계
- 실내, 제품, 산업, 공업 디자인
- 영화, 광고 등의 촬영 세트제작
- 조경설계, 지도, 지적도 제작

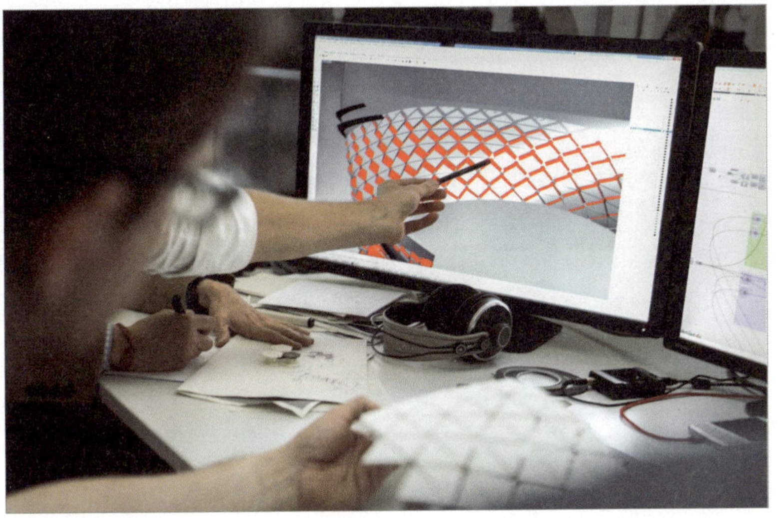

BMW vision Next 100 Concept Pattern making with Rhino and Grasshopper
출처 : http://www.carbodydesign.com/image/68160/

1-2 라이노(Rhino) 프로그램 시작하기

1. 라이노(Rhino) 인터페이스

작업화면 (Main Screen)

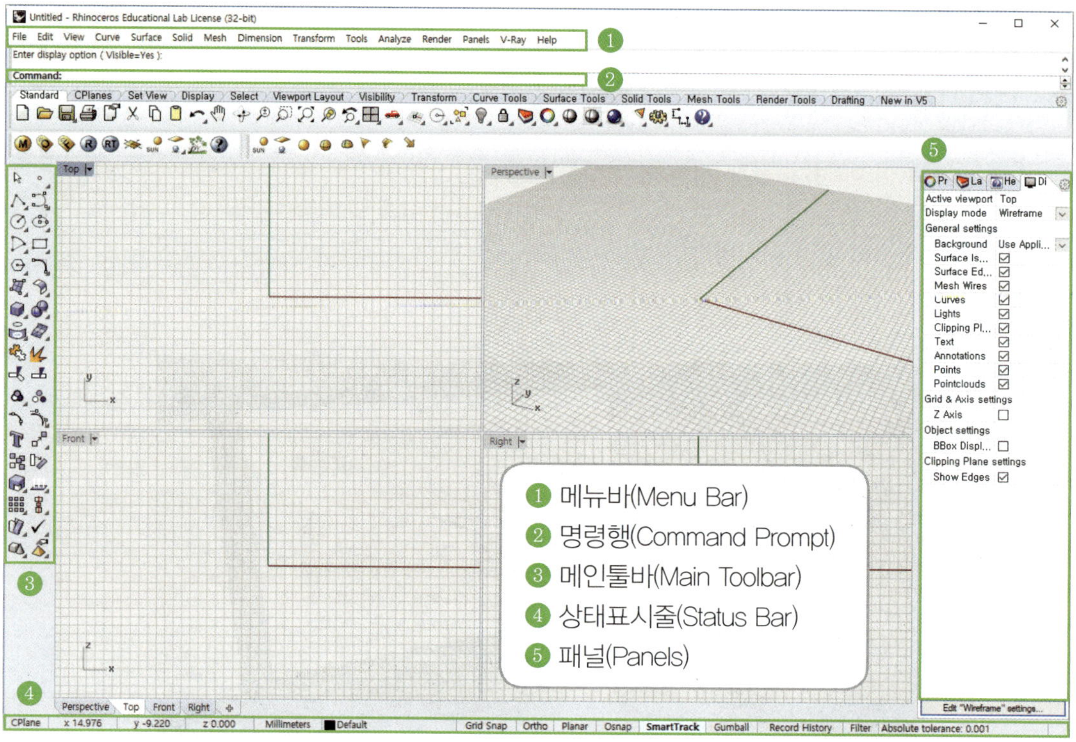

1) 메뉴바(Menu Bar)

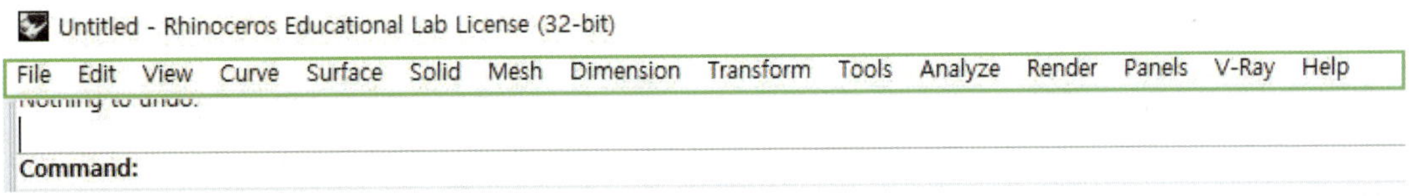

- 설명 1. 창의 맨 윗줄에 있는 메뉴
  2. 메뉴바에 있는 메뉴들은 모두 아이콘화 되어 있음
- 메뉴바의 하위 메뉴들은 풀다운(Pull-down) 메뉴로 구성됨

2) 명령행(Command Prompt)

모델링 위해 명령어를 입력하는 창(명령어 입력 대신 아이콘을 클릭하여 모델링 가능)

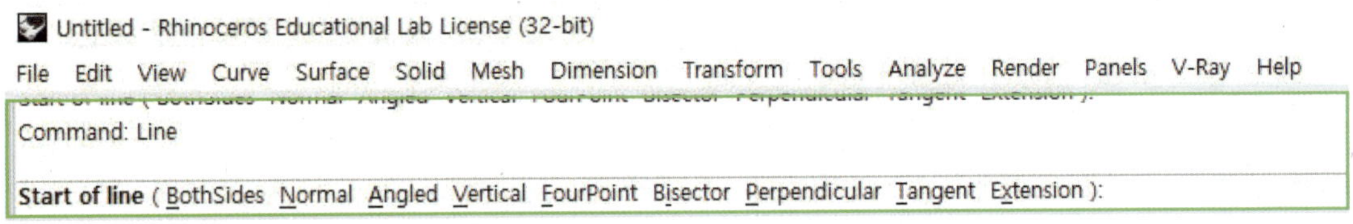

- 설명 1. 명령어를 입력
  2. 세부명령어나 수치를 입력
- 세부 명령어의 선택은 명령어를 입력 후, 다음 줄에 나타나는 세부 명령어 중 선택한 세부명령어의 언더바(_)로 표기된 스펠링을 입력하여 실행

3) 메인툴바 (Main Toolbar)

2D/3D 오브젝트 및 모델을 만드는 거의 모든 명령어가 들어 있음

선(Line,Curve) 관련 명령어

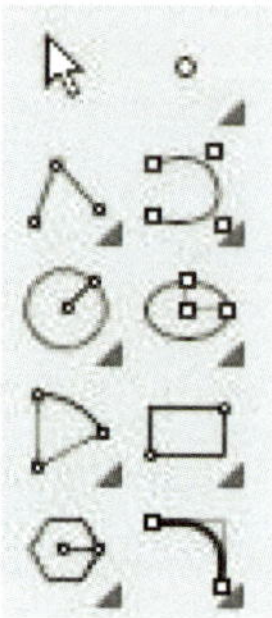

- Cancel/Cancel all : 오브젝트 및 명령어를 선택 및 해제
- Single/Multi point : 1개 또는 여러 개의 점을 그리거나 이동 등
- Polyline/Line segments : 다양한 형태의 직선 그리기/세그먼트별로 꺾인 선 그리기
- Control point Curve/Curve through points : 커브선의 외곽 점을 연결하여 곡선 그리기/각 포인트 점을 연결한 후 치수값을 주어 직선 또는 곡선 그리기
- Circle : 원 그리기
- Ellipse : 타원그리기
- Arc : 호 그리기
- Rectangle : 사각형 그리기
- Polygon : 다각형 그리기
- Curve Tools : 커브의 모서리를 라운드나 각지게 수정

서피스(Surface) 관련 명령어

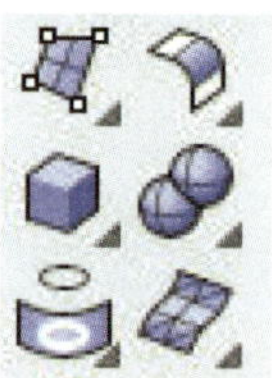

- Surface Creation : 면 만들기
- Surface Tools : 면을 휘거나 변형하여 편집
- Solid Creation : 박스, 구, 원뿔 등의 입체 그리기
- Solid Tools : 입체를 중첩하여 합치거나 빼는 등 수정
- Curve from Object : 입체의 모서리 면을 추출하여 Curve/Line 형태의 2D 도면 만들기
- Mesh from surface/polysurface : 서피스(Surface)를 메시(Mesh)로 변환하는 기능
  Polysurface from mesh : Nurbs 방식 모델링으로 변환하는 기능

편집(Edit) 관련 명령어

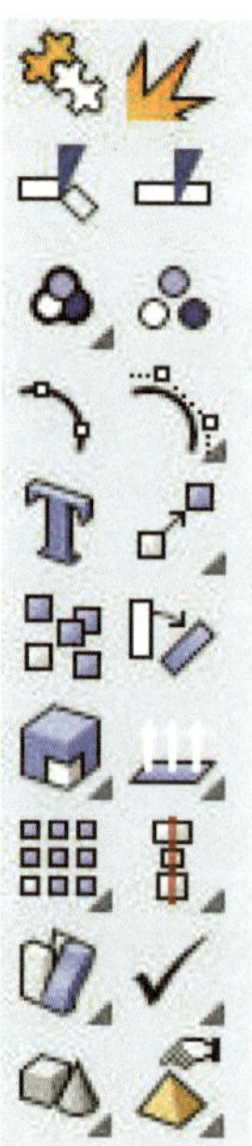

- Join : 같은 개체끼리 하나로 합치기
- Explode/Extract Surface : 결합된 개체를 분해/입체에서 사용자가 선택한 면만 분해
- Trim/Untrim : 개체 중 일부분을 잘라내어 삭제/삭제된 상태 이전으로 복원
- Split/Split surface by isocurve : 개체 분할하기
- Group : 여러개의 개체를 하나로 묶기
- Ungroup : 그룹으로 묶여있는 개체를 풀어주기
- Edit Points on/off : 편집할 포인트가 보이도록 켜기/끄기
- Point on/off : 포인트를 표시하여 켜기
- Text : 문자 기입하기
- Move : 이동하기
- Copy/Copy object in place : 복사하여 이동하기/제자리에 복사하기
- Rotate 2-D/Rotate 3-D : 2개의 축을 기준으로 평면적으로 회전/3개의 축을 기준으로 입체적으로 회전
- Scale 3-D/Scale 2-D : 3개의 축을 기준으로 입체적으로 크기를 조절/2개의 축을 기준으로 평면적으로 크기를 조절
- Analyze direction/Flip direction : 개체의 방향 표시/개체의 방향 뒤집기
- Rectangular array : 개체를 복사하여 사각형 배열로 정렬
- Align object : 개체를 지정한 위치로 정렬
- Flow along surface : 물체의 표현을 따라 변형
- Check objects : 선택한 개체를 검색하여 표시
- Block definition : 하나의 블록으로 묶음
- History settings : 작업 과정에 해당하는 히스토리를 설정

Tip 각 아이콘 옆 작은 삼각형을 누르면 하위 명령 아이콘들이 풀다운 (Pull-down) 메뉴로 나타남

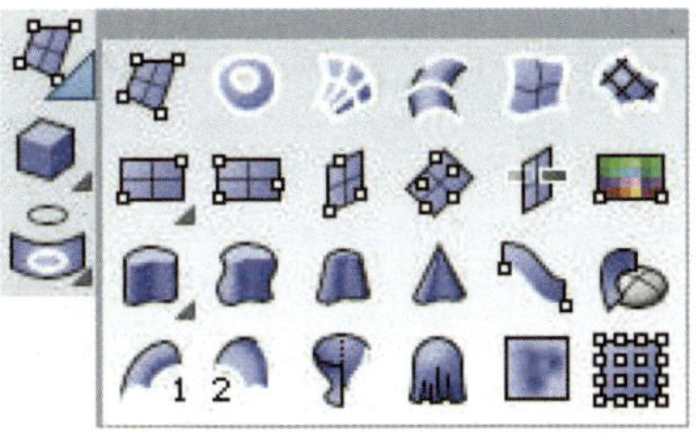

4) 상태표시줄(Status Bar)

상태표시줄(Status bar)은 커서의 이동좌표(X, Y, Z)가 표시되고, Snap, Ortho, Planer, Osnap 등이 간단하게 On/Off 가능하기 때문에 효율적인 작업을 가능하게 한다.

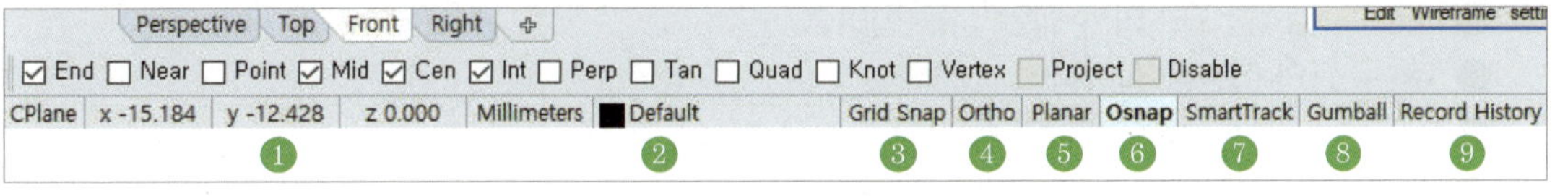

작업상황 표시 줄 (Status Bar) : 스테이터스 바

[세부설명]

❶ 마우스 포인터가 위치한 x, y, z 좌표값
❷ Layer : 현재 작업 중인 레이어
❸ Grid Snap : 그리드 각 모서리 끝부분에 스냅된 상태로 그리기 (F9)
❹ Ortho : 커서가 직각 방향으로 이동 (F8) : 직교모드 활성
❺ Planer : 평면모드 활성
❻ Osnap : 도면 요소의 특정 위치를 지정 (F3)
❼ Smart Track : 좌표축의 방향과 거리를 미리보기 형식으로 표시
❽ Gumball : 개체의 원점을 중심으로 이동, 회전, 크기 변형을 조정하는 위젯
❾ Record History : 작업 히스토리를 저장

Tip F10(Point on) / F11(Point off)

☑ OSNAP 지정 : OSNAP은 작업창에서 물체의 정확한 점을 찾아주는 역할

스냅 설정바 (Snap Bar)

[세부설명]

❶ End – 객체의 모서리 혹은 선의 양 끝점을 잡아줌
❷ Near – 선의 양 끝점을 제외한 모든 부분을 잡아줌
❸ Point – 직선이나, 호의 끝점을 잡아줌
❹ Mid – 직선이나 호의 중간점을 잡아줌
❺ Cen – 원이나 호의 중심점을 잡아줌
❻ Int – 두 요소의 교차점을 잡아줌
❼ Perp – 선택한 요소와 수직인 점을 잡아줌
❽ Tan – 원의 접점을 잡아줌
❾ Quad – 원이나 호의 4분점 중 가장 가까운 점을 잡아줌
❿ Knot – 선의 끝점 또는 꼭지점을 잡아줌
⓫ Vertex – Polygon Mesh의 중심점을 자동으로 찾아줌
⓬ Project – 투영 (작업시 매우 효율적인 스냅) : 매우 중요
⓭ Disable – 모든 스냅의 On/Off

5) 패널(Panels)

오브젝트(Object)나 뷰포트(viewport), 디스플레이(Display) 등 각각의 속성을 조절
개체 속성(Object Properties), 레이어(Layers), 명명된 뷰(Named Views), 표시(Display) 패널이 위치하고 있음

6) 뷰포트(Viewport) 화면 표시 모드 변경

화면 좌측상단 viewport 이름 옆의 작은 삼각형을 눌러서 모드를 변경하여 작업의 상황에 맞게 변경하도록 하자.

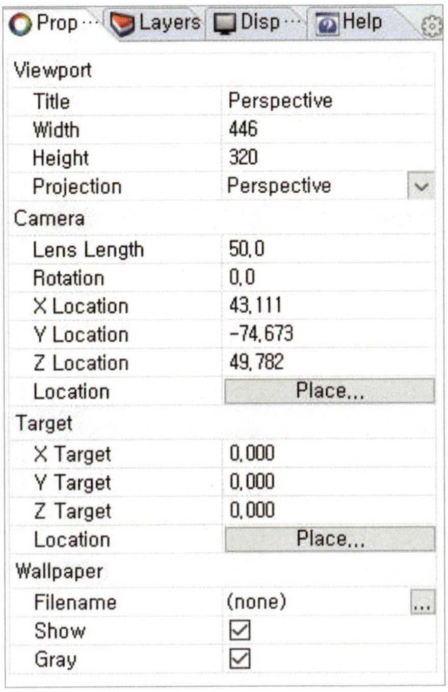

개체 속성(Object Properties)

명명된 뷰(Named Views)

레이어(Layers)

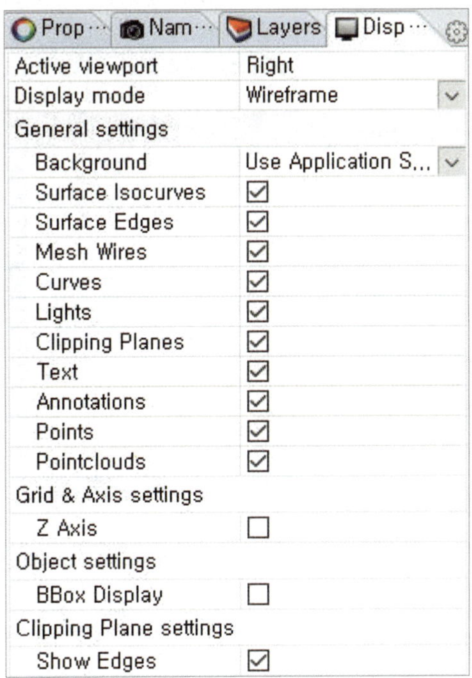

표시(Display)

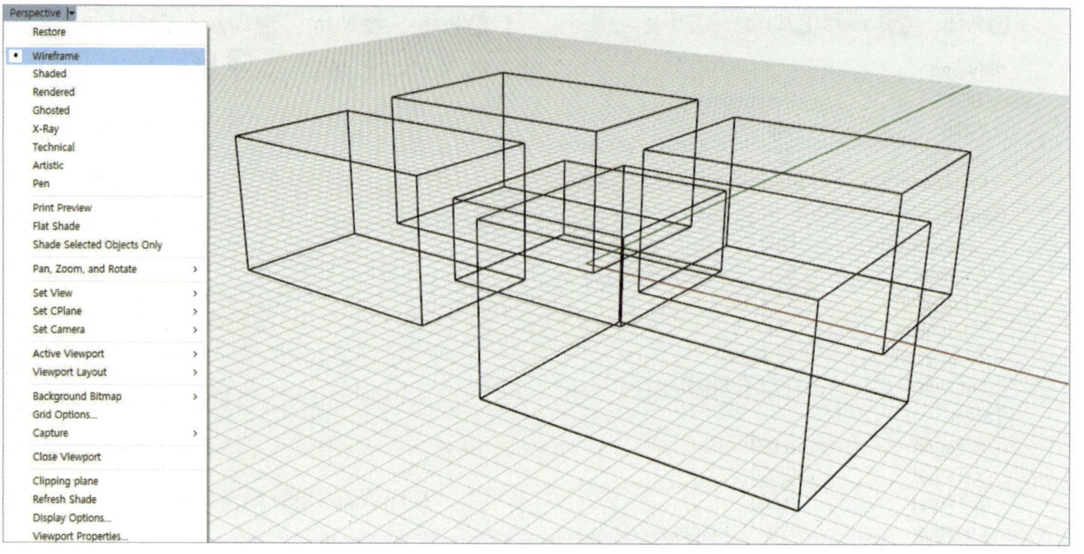

와이어프레임 모드 (Wireframe)

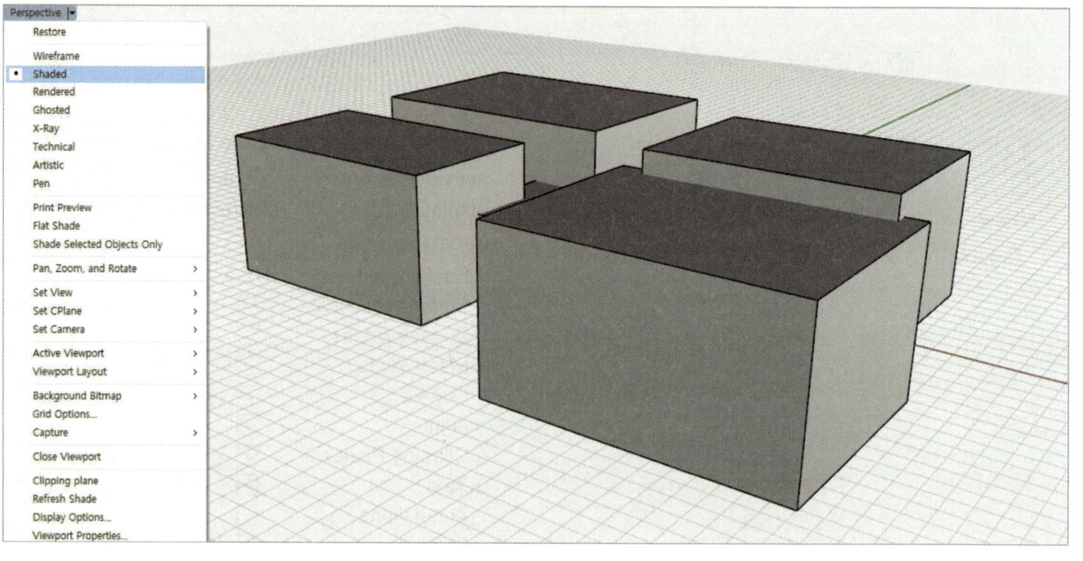

음영 모드 (Shaded)

렌더링 모드 (Rendered)

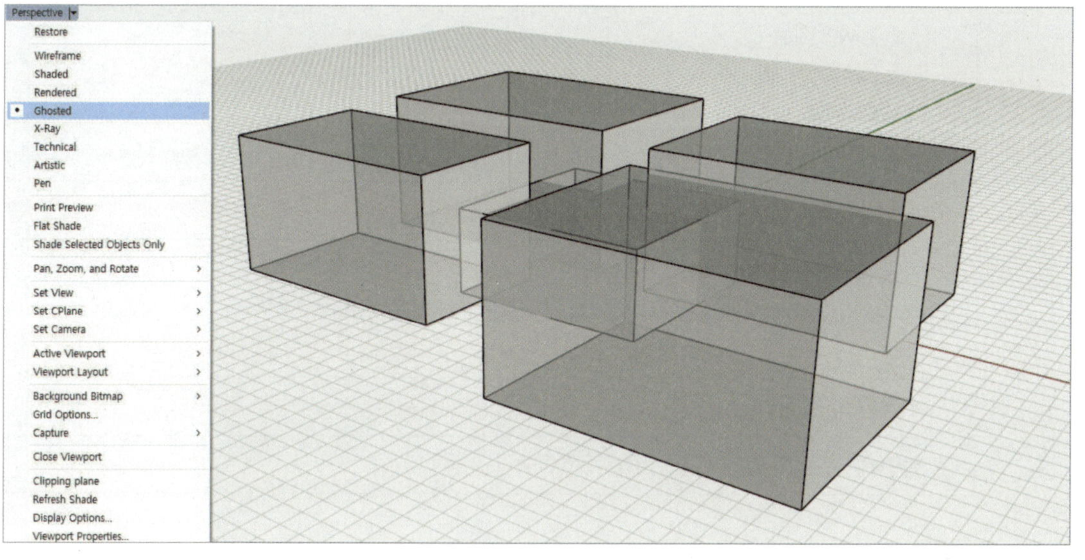

고스트 모드 (Ghosted)

2. 작업환경 익히기

☑ 명령행(Command Prompt)에서 명령어 입력

☑ Pull-down 메뉴에서 실행

☑ 메인 툴바(Main Toolbar)에서 명령어 선택 실행

☑ 효율적인 명령어 사용 : 명령어 입력 시 주의(command 상태에 커서가 있는지 확인)

☑ 명령어를 반복으로 사용할 경우에 가능한 방법들 (AutoCad와 동일)

① Command 상태에서 Enter버튼

② 마우스 오른쪽 클릭

③ Space bar

☑ Snap bar에 project가 체크되어 있는지 확인

☑ 명령어 옵션 (대소문자 입력가능)

☑ 마우스 조작

① 좌측버튼의 클릭

- 명령의 실행
- Pull down 메뉴
- Tool bar 이동 및 선택
- 객체의 선택
- 작업영역에서의 위치 지정

② 우측버튼의 클릭

- 명령어 반복
- Perspective view에서 우측버튼 클릭 길게 = Rotate View
- Shift + 우측버튼 = Pan view

③ Wheel 버튼의 조작

- 화면의 축소와 확대 이동 가능 (ZOOM의 기능)

Tip 명령어 반복 – Command 상태에서 Enter버튼, 마우스 오른클릭, Space bar

☑ 선택방법

- Pointing : 도면요소를 하나씩 선택
- Window(전체선택기능) : 왼쪽에서 오른쪽으로 직사각형을 그린다. 객체 선택 시 사각형 안에 완전히 포함되는 것만 선택된다.
- Crossing(부분선택기능) : 오른쪽에서 왼쪽으로 직사각형을 그린다. 마우스를 드래그해서 사각형 안에 걸쳐 있는 모든 것이 선택된다.
- Fence : 선에 걸쳐지는 모든 요소 선택
- All : 화면에 있는 모든 요소 선택
- Previous : 마지막으로 선택한 도면요소 선택
- Remove : 선택한 대상을 제외
- Add : 추가로 선택
- Last : 마지막에 그려진 객체 선택

☑ 화면조절 (Zoom) : 작업 화면을 확대하거나 축소

- 단축키 – Z

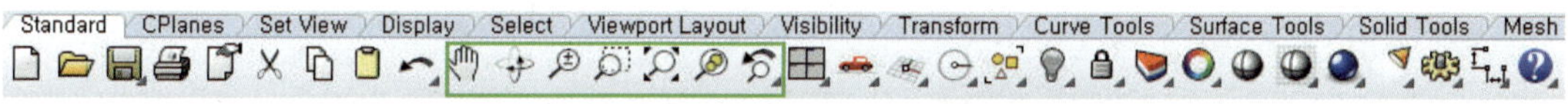

❶ ❷ ❸ ❹ ❺ ❻ ❼

❶ 화면이동(Pan) : 작업화면을 이동
❷ 로테이트 뷰(Rotate View) : 뷰포트를 회전
❸ 줌 동적(Zoom Dynamic) : 물체(도면)의 일부를 지정하여 보여줌
❹ 줌 윈도우(Zoom Window) : 사각형이 화면 전체의 비율로 확대
❺ 줌 범위(Zoom Extents) : 그려진 물체(도면)를 화면에 가득 채움
❻ 줌 선택(Zoom Selected) : 선택된 물체를 중점으로 확대
❼ 줌 이전(Zoom Previous) : 축소/확대를 취소

Tip 화면이동(Pan) – 화면이동(Pan) 아이콘 선택, 마우스 휠을 길게 누름

Exercise

실습하기 01

라인 명령어를 이용하여 그리기 및 텍스트 명령어를 이용한 문자 쓰기

– 기본 도형 그리기 / 라이노(Rhino) 기본 기능 익히기

내용

- 사용자 환경 인터페이스 익히기
- 선 그리기 명령어 연습하기
- 라이노 기본기능 익히기

명령어 연습

- 선(Line), 지우기(Erase)
- 직교(Ortho), 스냅(OSnap)
- 축소(Zoom–In), 확대(Zoom–Out), 취소(Undo)

▶ 다음 명령어에 연습으로 예제 따라 하기

그리기와 수정하기

※ 그리기 명령어 연습

객체 그리기 : Line, Polyline, Rectangle, Circle, Scale, Planarsrf, Trim, Split 등

※ 그리기 수정 연습

지우기(Erase) / 선택(Select Objects) / 마우스 입력(Mouse Right Button)

※ 직교모드 Ortho(F3) and 스냅 OSnap (F8) 설정 및 활용

▶ 예제 실습 (예제 그리기)

1

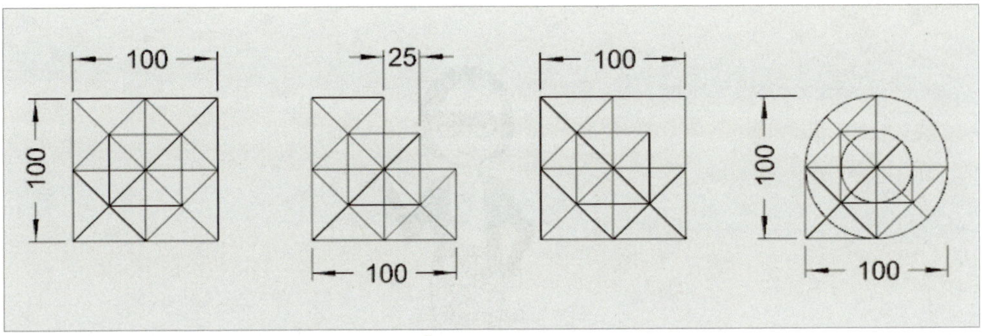

NOTE Osnap 옵션을 이용하여 위의 이미지를 라이노에서 그려 보자
(Top view에서 실행)

2

RHINOCEROS

NOTE Text 명령어 사용
Text object 명령어
Text-Explode 명령어
위의 명령어를 사용하여 문자를 입력하고 라인으로 변경된 라인들을
extrudeCurve를 이용하여 3D object로 만들어 보자

▶ 작업과정

1. 위의 라인 드로잉 이미지들을 본 후 드로잉 순서를 생각해 보자
2. line이나 polyline을 이용하여 드로잉을 실시함
3. Top view에서 screen capture를 실시하여 jpeg 파일로 저장
4. 저장된 jpeg 파일을 제출

점, 선, 면으로 입체 만들기

라이노(Rhino)의 모델링 방법은 기본적으로 라인(Line) 생성에서부터 출발하는 경우가 많기 때문에 2D 명령어의 이해 및 생성은 매우 중요하다. 이후 3D 명령어를 통해 면을 생성하는 방법 순으로 학습을 진행해보자.

Chapter 02
점, 선, 면으로 입체 만들기

기본 명령어 알아보기
오브젝트 만들기

건강보험심사평가원의 이큐브 공간의 연결
디자인 및 자료제공: J2o Design (https://www.j2odesign.com)

라이노 (Rhino)의 형태 생성방법은 주로 선을 이용해 면을 생성하는 방식으로 2D 명령어로 선을 생성한 후 면을 이용해 3D 형태를 생성하는 방법임으로 2D와 3D 명령어를 동시에 활용하여 형태를 만드는 것이 효율적이다. 다음의 예제들을 활용하여 다양한 3D 모델을 만들어보자.

2-1 기본 명령어 알아보기

다음 명령어들은 메인 툴바(Main Toolbar)를 클릭하거나 명령행(Command Prompt)에 입력하여 한번 씩 테스트 해 보자.

기본 2D 명령어

- 선 생성 명령어 : 선(Line), 폴리라인(Polyline), 커브(Curve), 직사각형(Rectangle), 원(Circle), 호(Arc), 타원(Ellipse), 다각형(Polygon)
- 선 수정 명령어 : 커브 재생성(Rebuild), 커브필릿(Fillet), 트림(Trim), 커브연장(Extend)
- 선 추출 명령어 : 와이어프레임 추출(Extractwireframe), 테두리 복제(Dupborder), 커브 투영(Project), 윤곽(Contour), 2D 도면그리기(Make2D)
- 2D/3D 공통 : 편집점 켜기(Edit Points on, F10)/편집점 끄기(Edit Points off, F11)

기본 3D 명령어

- 기본 명령어 : 상자(Box), 원통(Cylinder), 구(Sphere), 튜브(Tube), 파이프(Pipe), 원환(Torus), 원뿔(Cone), 피라미드(Pyramid)
- 면 생성 명령어 : 1개 레일 스윕(Sweep1), 2개 레일 스윕(Sweep2), 커브 네트워크를 활용한 서피스(NetworkSrf), 로프트(Loft), 직선돌출(ExtrudeCrv)
- 면 수정 명령어 : 커브재생성(Rebuild), 커브필릿(Fillet), 트림(Trim)
- 블리언(Boolean) : 블리언 합집합(BooleanUnion), 블리언 차집합(BooleanDifference), 블리언 연산 분할(BooleanSplit)
- 두께 주기 : 서비스 간격띄우기(OffsetSrf)
- 2D/3D 공통 : 편집점 켜기(Edit Points on, F10)/편집점 끄기(Edit Points off, F11)

2-2 오브젝트 만들기

1. 라인을 이용한 면 생성

1) 선(Line) 만들기

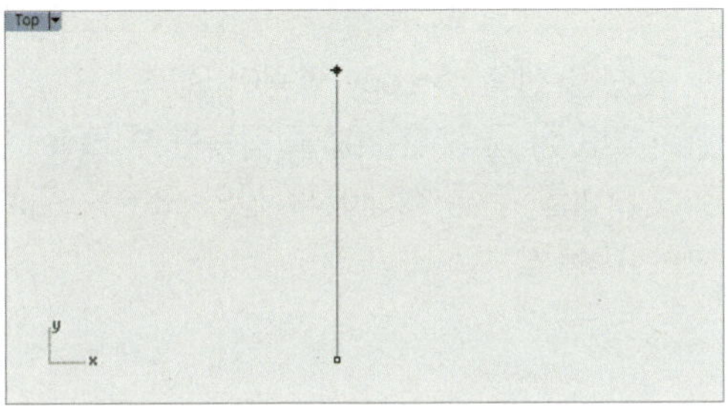

- Top view에서 선(Line) 명령어 입력
- (0, 0, 0) 입력
- 화면 위쪽 방향으로 마우스 이동 (방향지정)
- 1,000 입력(길이 1,000mm)

2) 편집점 만들기(Rebuild)

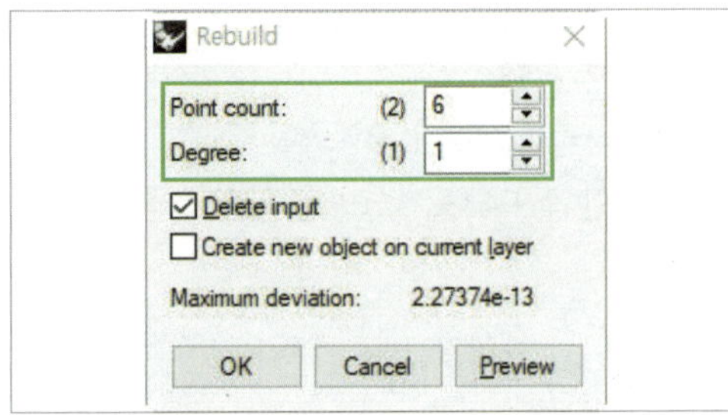

- 선을 선택
- 커브 재생성(Rebuild) 명령어 입력
- 커브 재생성(Rebuild) 옵션창이 나타나면
  Point count : 6을 입력
  Degree : 1을 입력
- OK 클릭

Tip Ctrl + Z : Undo / Ctrl+Y : Redo

3) 편집점 확인 (F10 / F11)

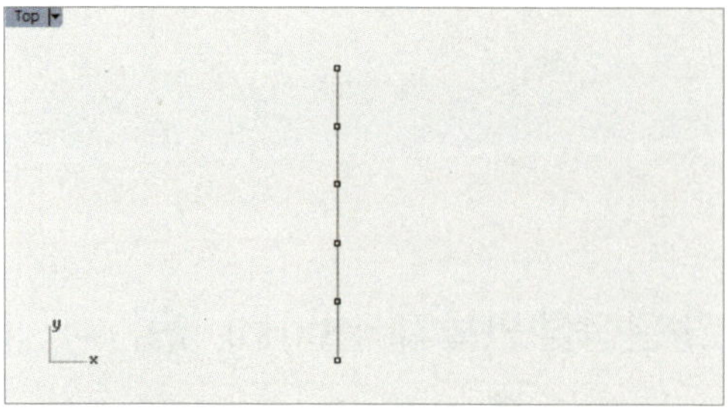

- 선을 선택
- 키보드에서 F10을 누름
- 확인 후 F11을 눌러 편집점을 끔

4) 선 복사(Copy)

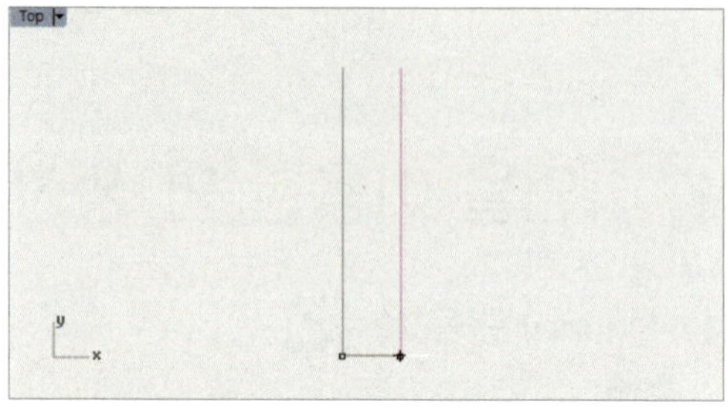

- 선을 선택 후 copy 명령어 입력
- 기준점 클릭 후 200을 입력한 후 Enter
- Shift를 누른 상태에서 선의 오른쪽 위치에서 클릭

Tip Shift : 수직이동

5) 선 다중 복사하기(Copy)

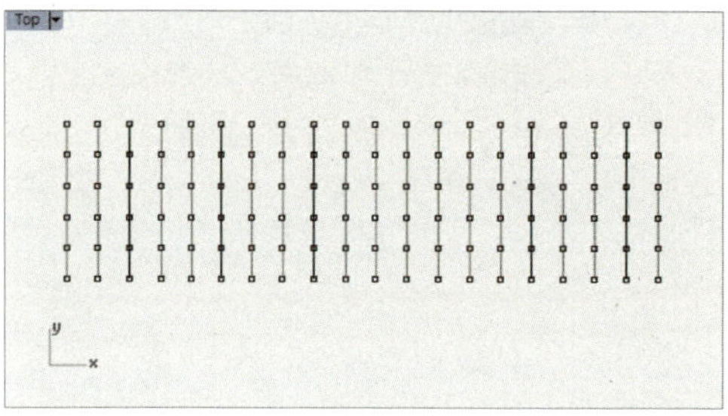

- copy명령을 반복 실행하여 20개의 선 만들기 (명령어 반복 : Command Prompt에서 Enter)
- 모든 선을 잡고 점편집 보기(F10)

6) 점 선택

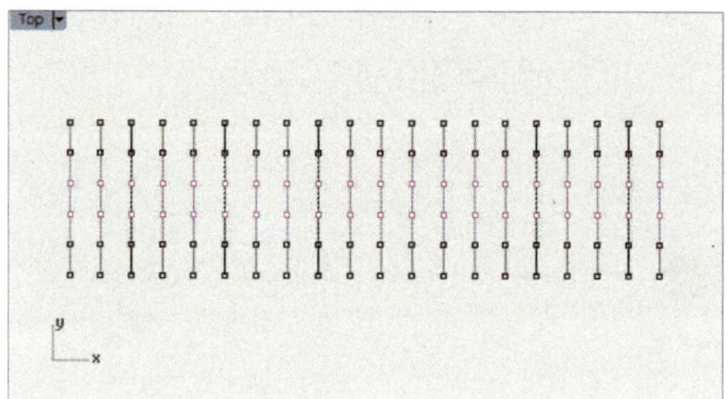

- 중간에 위치한 두 줄의 점을 선택

7) Z축 방향 점 이동(Move)

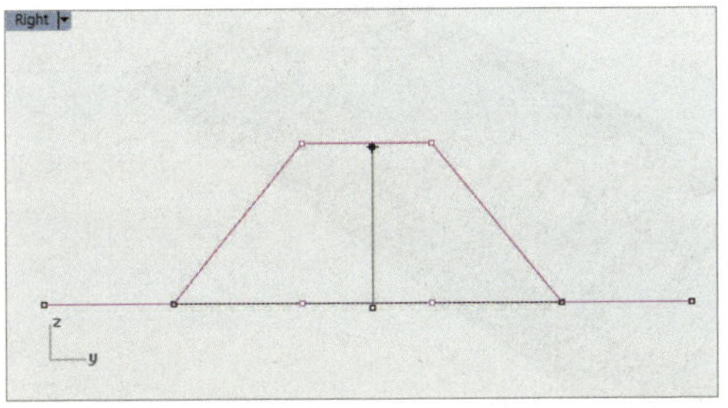

- Right view로 이동
- 옵션창의 Project를 체크
- Move 명령어 입력
- 기준점을 클릭 후 마우스 포인트를 선의 위로 옮긴 후 250 입력 후 Enter

8) 그룹복사(Group & Copy)

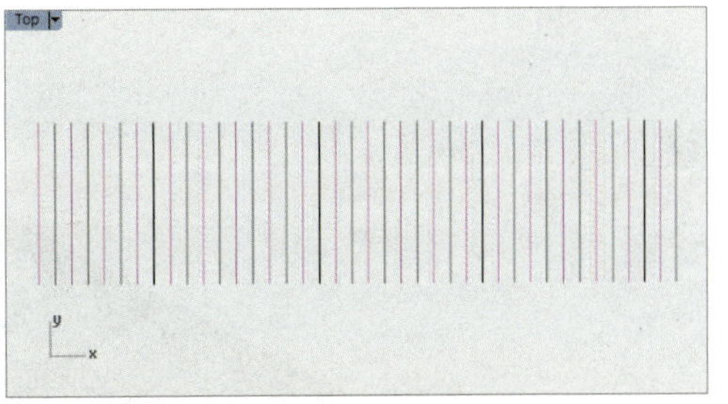

- F11을 눌러 점편집 명령어를 끔
- 전체 선을 선택
- 그룹(Group) 명령어 입력하여 하나의 개체로 묶음 〈단축키 : Ctrl +G〉
- 복사(Copy) 명령어를 입력
- 100을 입력해서 거리 100 이동 후 Enter

9) Z축 방향 점 이동(Move)

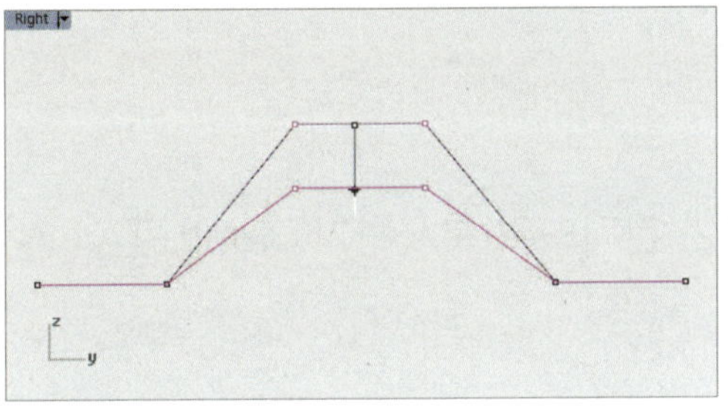

- 편집점 활성화(F10)
- Right view로 이동
- 이동(Move) 명령어 입력
- 기준점 클릭 후 100이동(아래 방향)

10) 면 만들기(Loft)

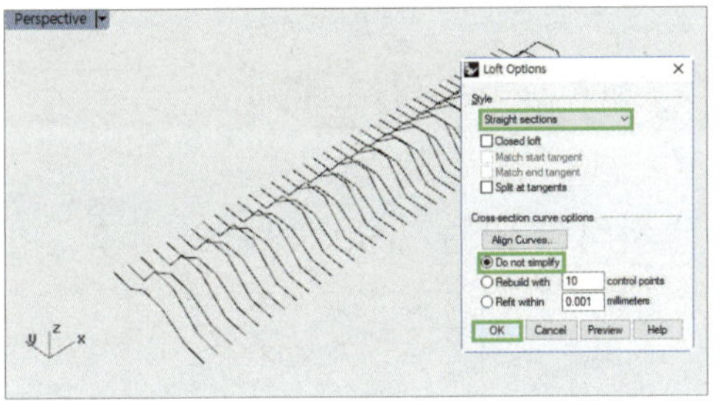

- 편집점 활성화 끄기(F11)
- 전체 선을 선택하고 Perspective view로 이동 후 로프트(Loft) 명령어 입력
- 로프트(Loft) 옵션창에서
  Straight sections 선택
  Do not simplify 체크
  OK 클릭

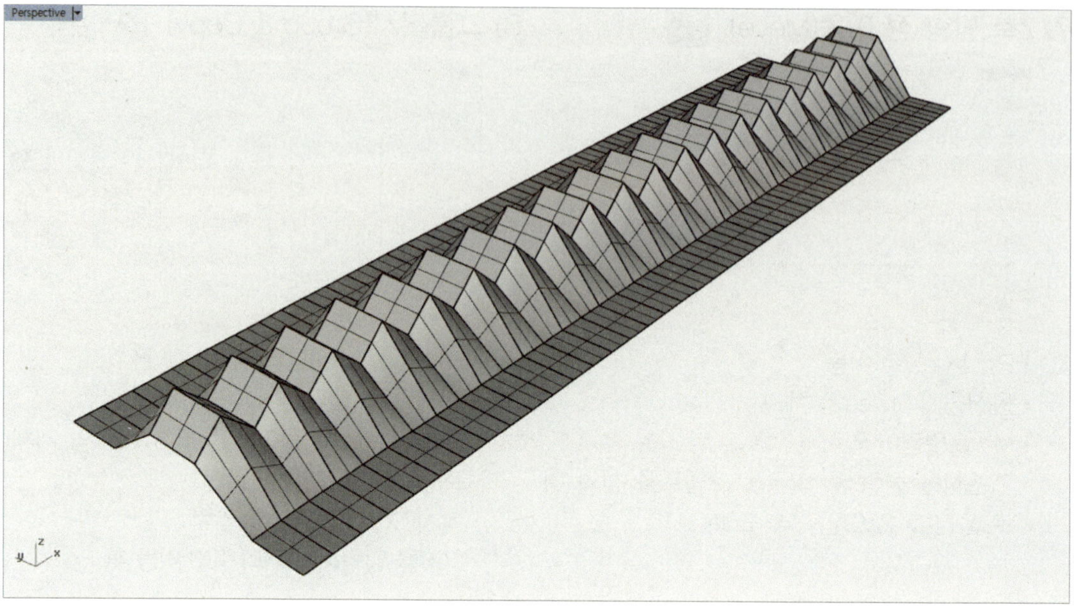

예제 1 _ 완 성

2. 타공판 만들기

1) 사각형 만들기(Rectangle)

- Top view에서 직사각형(Rectangle) 명령어 입력
- (0, 0, 0) 입력 후 Enter
- 500 입력 후 Enter
- 다시 500 입력 후 Enter

2) 간격띄워 복사하기(Offset)

- 직사각형(Rectangle) 선택
- 커브 간격띄우기(Offset) 명령어 입력
- 20 입력 후 Enter
- 사각형(Rectangle) 내부에 마우스 포인트 클릭

Tip Project의 활성화
Project를 켜고 작업할 경우, z축 0레벨 평면에서 작업하게 됨으로 작업 시 매우 유용함

3) 폴리선 분해하기(Explode)

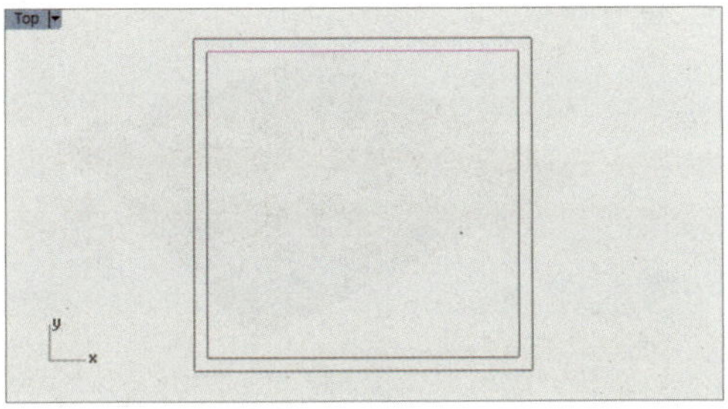

- 커브 간격띄우기(Offset)로 생성된 선을 선택
- 분해(Explode) 명령어 입력

4) 원 배치하기(Circle)

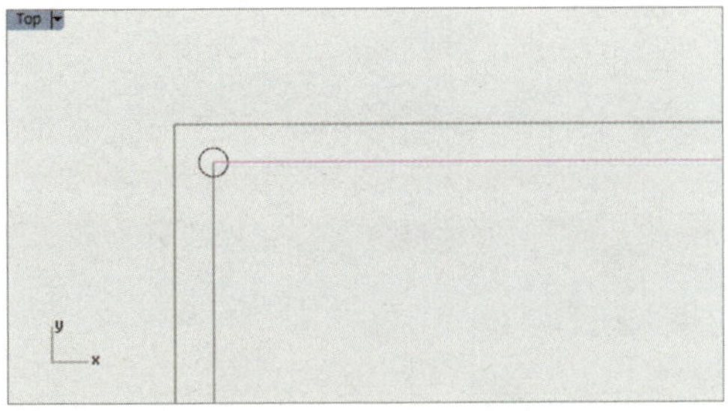

- 원(Circle) 명령어 입력
- 반지름(Radius) 7.5 입력 후 Enter

5) 원을 X축 방향으로 배열 복사하기 (ArrayCrv)

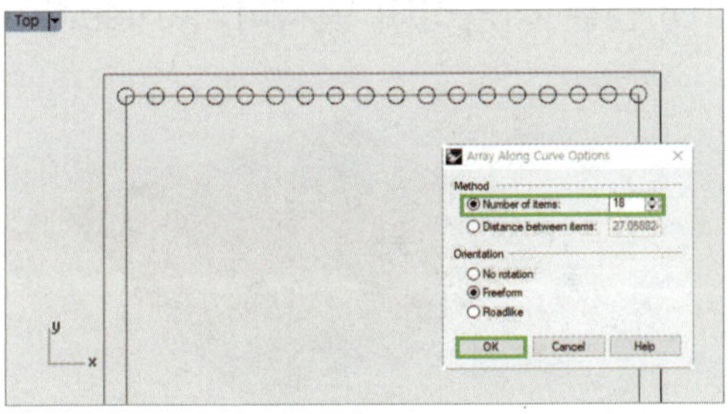

- 배열복사(ArrayCrv) 명령어 입력
- 배열할 물체(Object)를 선택 후 Enter
- X축 방향 선(Line)을 패스(Path)로 선택 후 Enter
- 옵션창에 '항목수(Number of item) : 18' 입력
- OK 버튼 클릭
- 생성된 원(Circle)들은 선택 후 그룹화 〈단축키 : Ctrl +G〉

6) 원을 Y축 방향으로 배열 복사하기 (ArrayCrv)

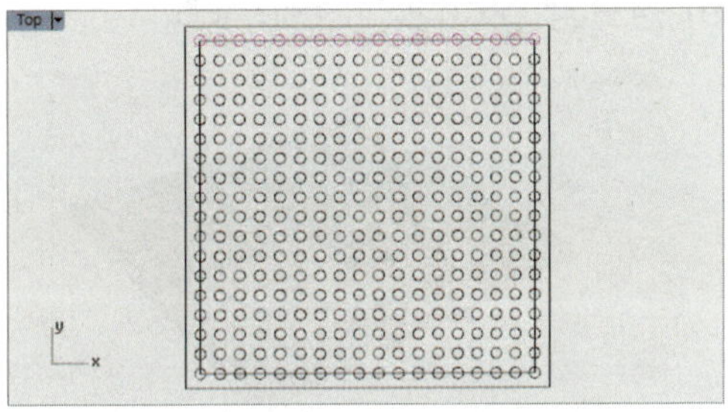

- 그룹(Group)으로 묶인 원(Circle) 선택
- 배열복사(ArrayCrv) 명령어 입력
- Y축 방향 선(Line)을 패스(Path)로 선택 후 Enter
- 옵션창에 '항목수(Number of item) : 18' 입력
- OK 버튼 클릭

7) 가이드 라인 감추기(Hide)

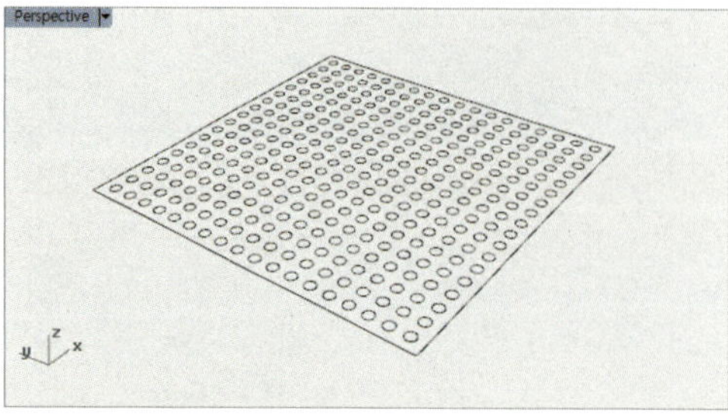

- 가이드 라인을 선택
- 감추기(Hide) 명령어 입력
  * 보이기 원할 경우 보이기(Show) 입력

8) 면 만들기(PlanarSrf)

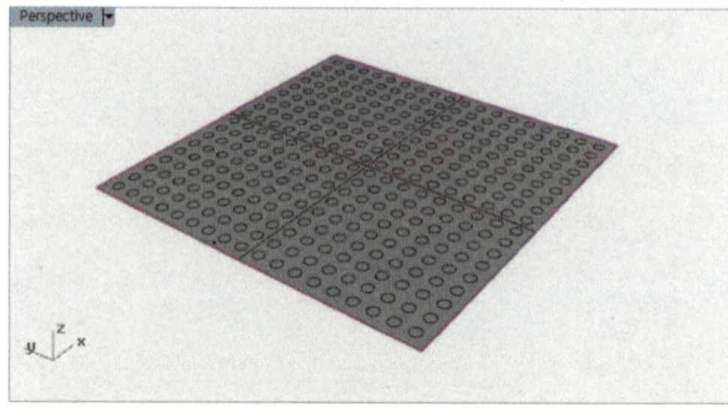

- 원(Circle)을 모두 선택 후 그룹화
  〈단축키 : Ctrl + G〉
- 사각형(Rectangle) 선택
- 면 만들기(PlanarSrf) 명령어 입력 후 Enter

9) 원모양 잘라내기(Split)

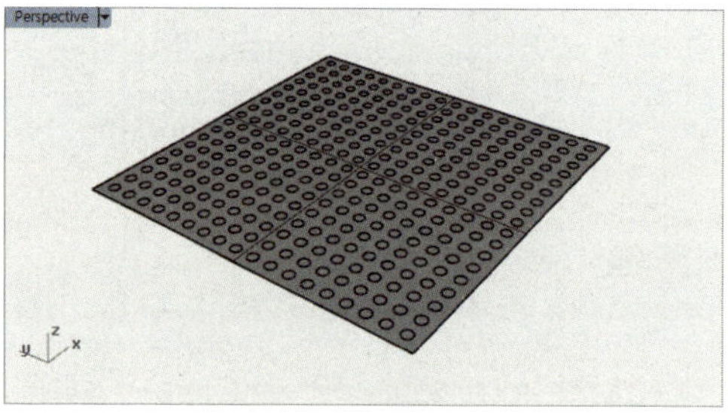

- 면 만들기(PlanarSrf)로 생성된 면 선택
- 자르기(Split) 명령어 입력
- 원 그룹(Circle Group) 선택 후 Enter
- 안에 잘려진 원들 선택 후 삭제(Delete)

10) 면을 이동하여 복사하기(OffsetSrf)

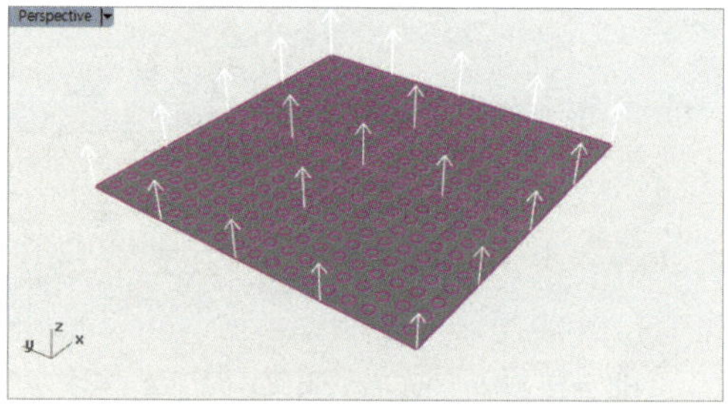

- 위에서 생성된 면만 선택
- 면 복사(OffsetSrf) 명령어를 입력
- 20 입력 후 Enter

11) 객체 분해(Explode)하기

- 커브 간격띄우기(Offset)로 생성된 선을 선택
- 분해(Explode) 명령어 입력 후 Enter
- 개별 라인으로 바뀜

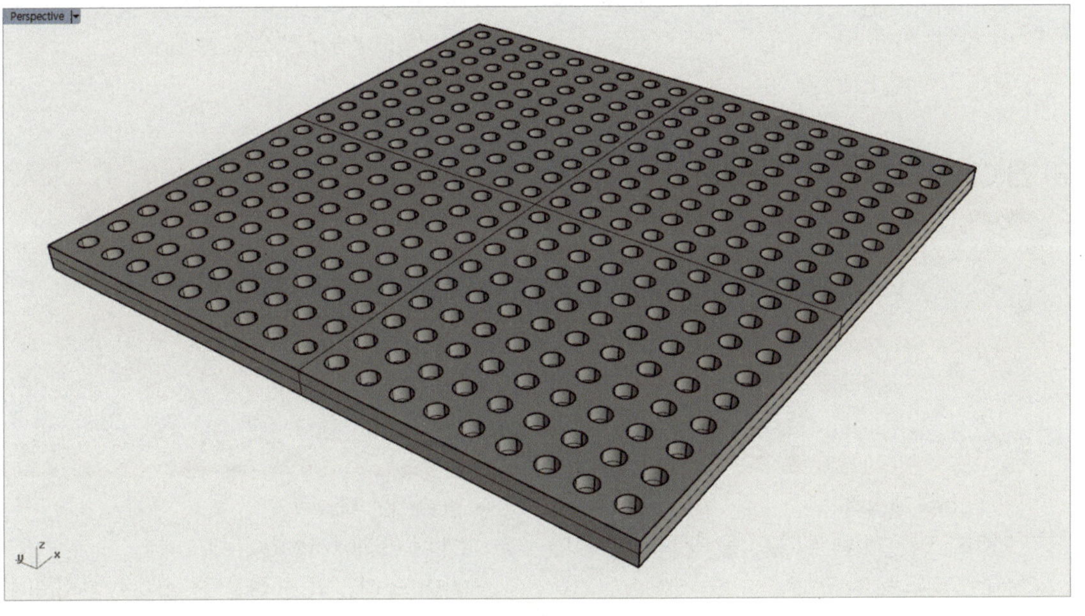

예제 2 _ 완 성

3. 물병 만들기

1) 가이드 라인 그리기(Line)

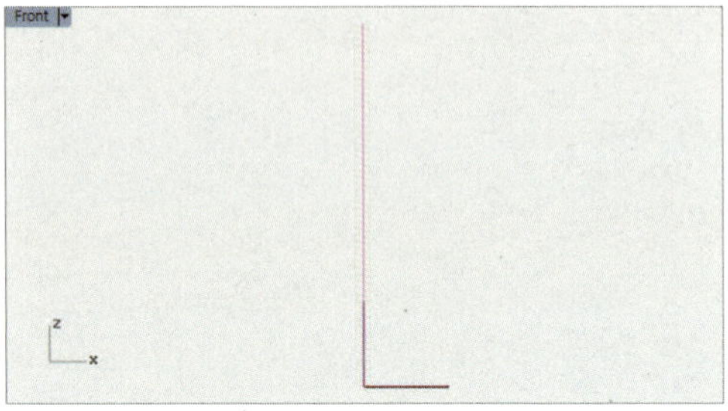

- Front view에서 선(Line) 명령어 입력
- (0, 0, 0) 입력
- 화면 위쪽 방향으로 마우스 포인트 이동 (방향지정)
- 300 입력 후 Enter

2) 원(Circle) 그리기(r=7.5mm)

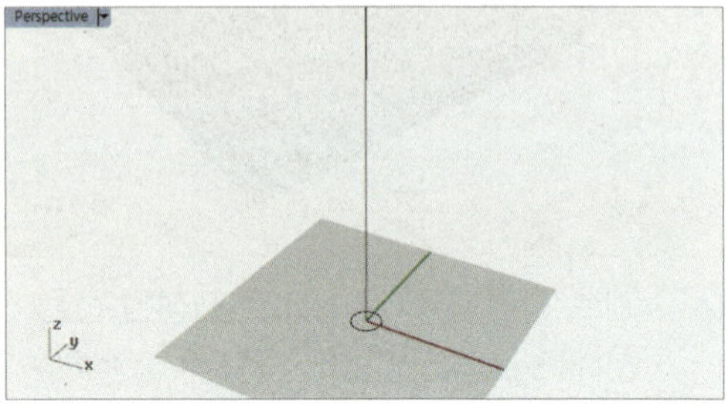

- 원(Circle) 명령어를 입력 [개체 스냅에서 중심점(cen) 체크]
- 가이드 라인의 맨 아래 끝점을 클릭
- 반지름(r) 7.5(mm) 입력 후 Enter

3) 원(Circle) 그리기(r=75mm)

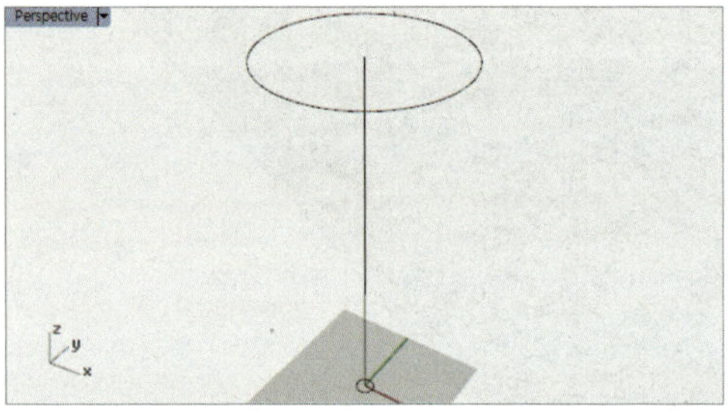

- 원(Circle) 재입력
- 가이드 라인의 맨 위 끝점을 중심으로 반지름(r) 75 입력 후 Enter

4) 원(Circle) 그리기(r=75mm)

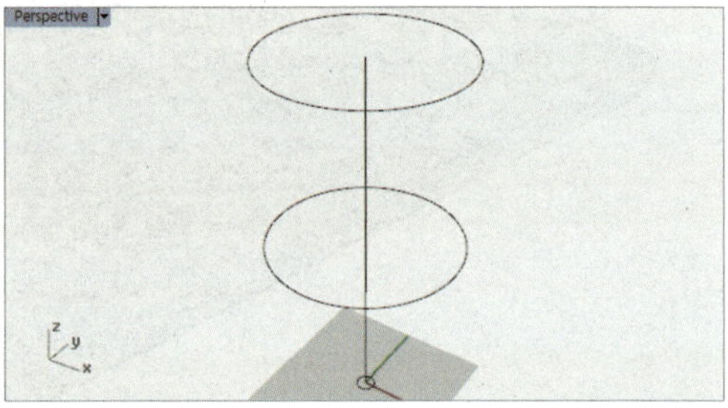

- 원(Circle) 재입력 (개체 스냅에서 Mid에 체크)
- 가이드 라인의 중점을 중심으로 반지름(r) 75 입력 후 Enter

5) 단면 커브 만들기(Curve)

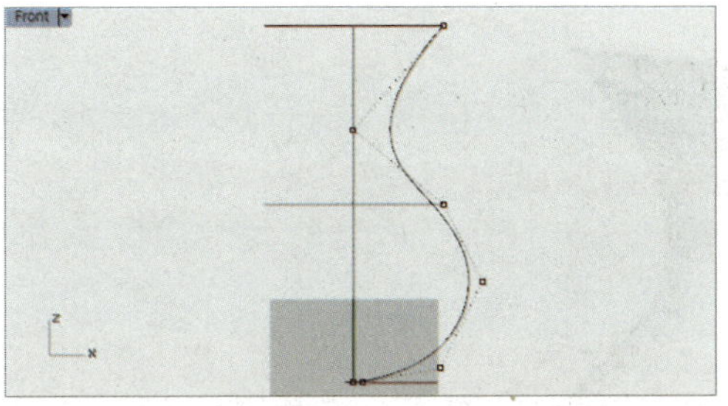

- Front view로 이동
- 커브(Curve) 명령어 입력
- 6군데 제어점(Point)을 찍어 커브(Curve)를 생성

6) one rail sweep 명령어(sweep1)

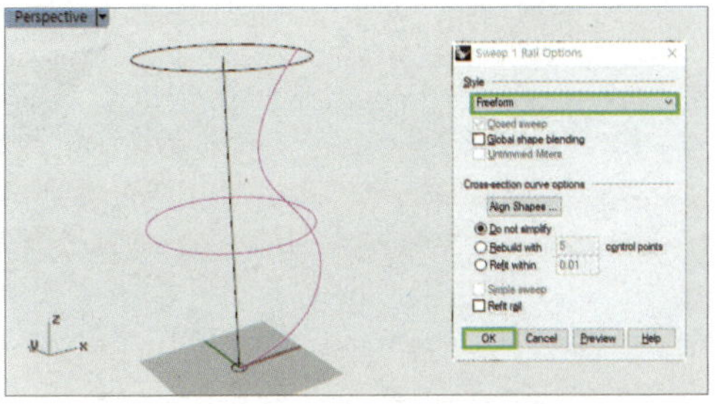

- Perspective view로 이동
- sweep1 명령어 입력
- 경로(Rail)가 될 선 먼저 선택 (셋 중 하나의 Circle)
- Cross Section이 될 선(Crv) 선택 후 Enter
- 방향선택 또는 그대로 Enter
- Sweep1 옵션에서 자유형(Freeform) 선택 후 OK 클릭

7) 물병 입체

8) 물병 두께 만들기(OffsetSrf)

- 생성된 면을 선택
- 면 간격띄우기(Offsetsrf) 명령어 입력 후
- 5(mm) 두께 입력 후 Enter

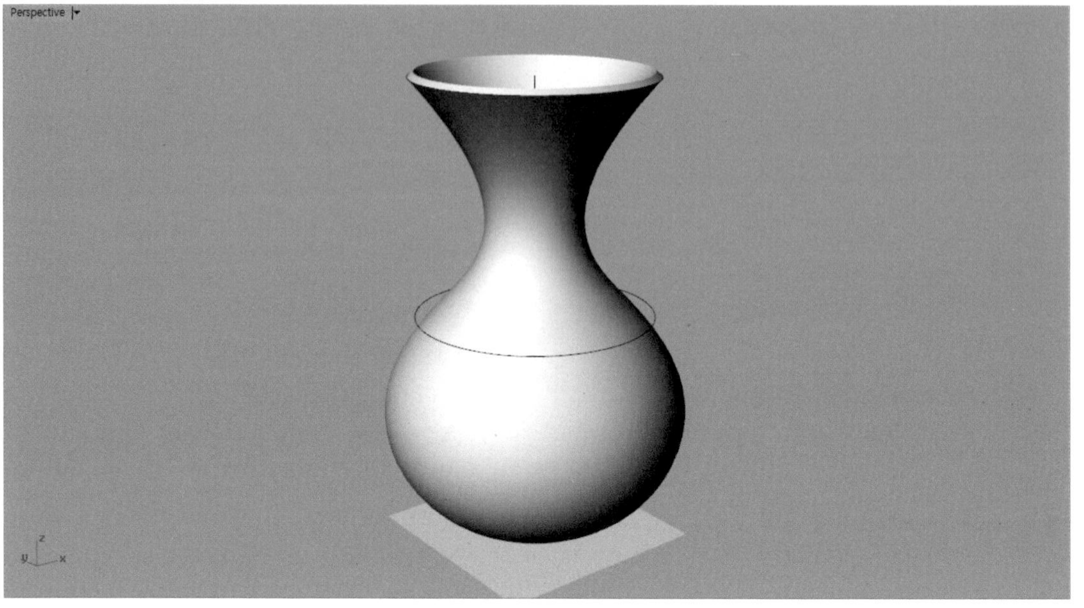

예제 3 _ 완 성

Exercise

실습하기 02

선(Line)명령어와 면 생성 명령어(Sweep1)를 활용해서 오브젝트를 작성해보자

– 선(Line)명령어로부터 시작되는 3D 오브젝트 만들기

내용

· 간단한 3D 모델링
· 라이노 명령어 익히기

명령어 연습

· Fillet
· Sweep 1

▶ 연습하기
· 모델링 연습
· 3D 명령어 연습

▶ 예제 실습 1 간단한 3D 모델링 (사이즈: 10 x 58 x 58 mm)

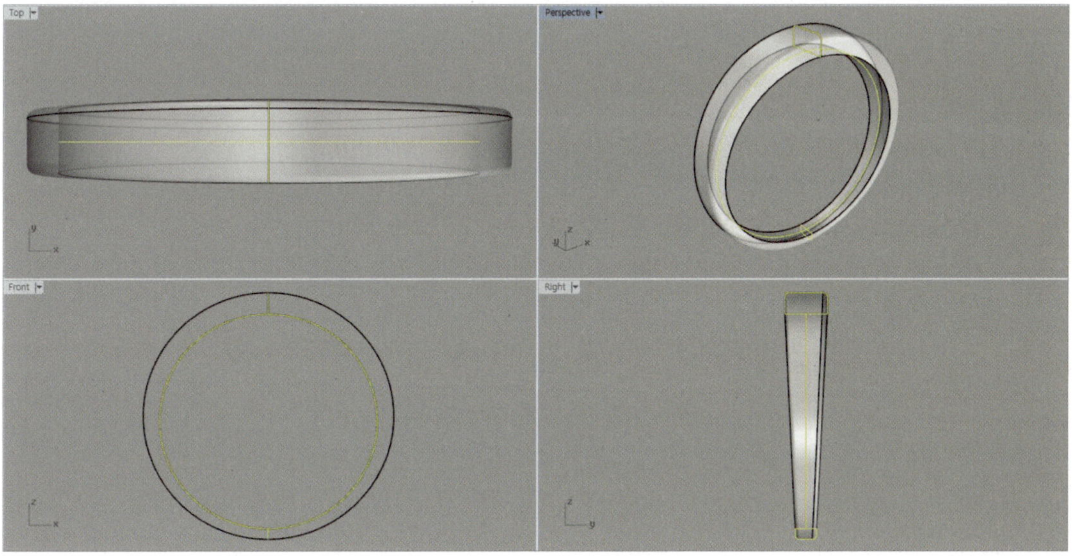

▶ 사용되는 명령어 Circle, Rectangle, Move, Fillet, Sweep1

▶ 작업과정

1. 위의 오브젝트를 보고 어떻게 만들지 먼저 작업순서를 생각하여 정함
   (두개의 사각형을 그린 후 path(패스)를 원으로 하는 sweep 1을 이용하여 완성해보자)
2. 정해진 작업순서에 따라 오브젝트를 만들자
   (사용되는 명령어를 확인한 후 만들어도 되지만, 창의적으로 각자의 창의적인 방법으로 모델링 하여도 무방함)
3. 만들어진 오브젝트의 perspective view를 screen capture해서 jpeg로 저장
4. 저장된 jpeg를 제출

Reference 참고사례

건강보험심사평가원의 이큐브 공간의 연결

천장조형물 작품크기 4,000 x 4,000 x 6,000[H] mm
미디어아트 작품크기 6,000 x 100 x 2,000[H] mm
디자인 및 자료제공: J2o Design (https://www.j2odesign.com)

작품이미지 **1-1**

이큐브 공간의 연결-히라1

Rhino image : 라이노 3d model 작업과정

이큐브 공간의 연결-히라1

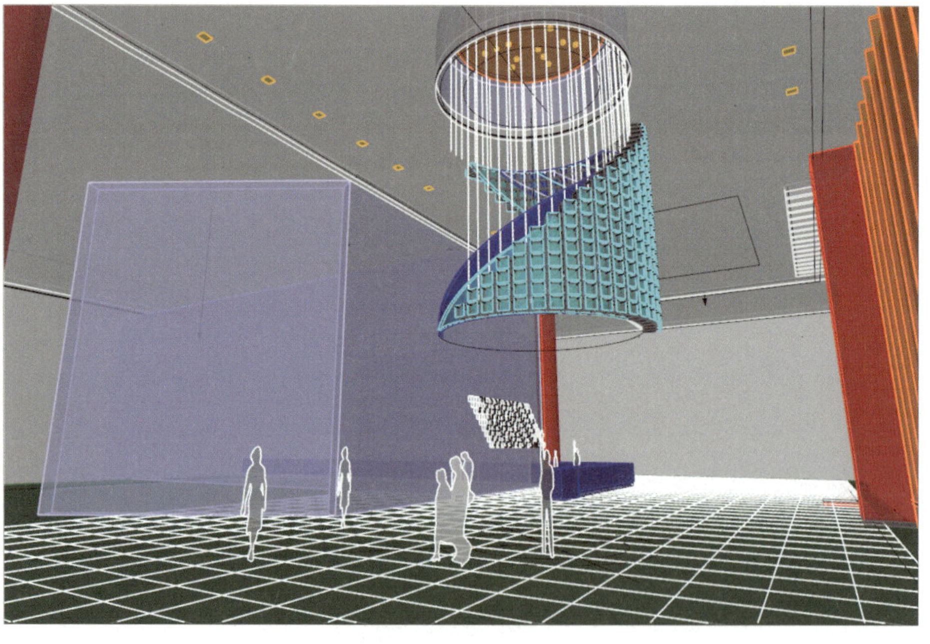

Rhino image : 라이노 3d model 작업과정

작품이미지 2-1

이큐브 공간의 연결-히라2

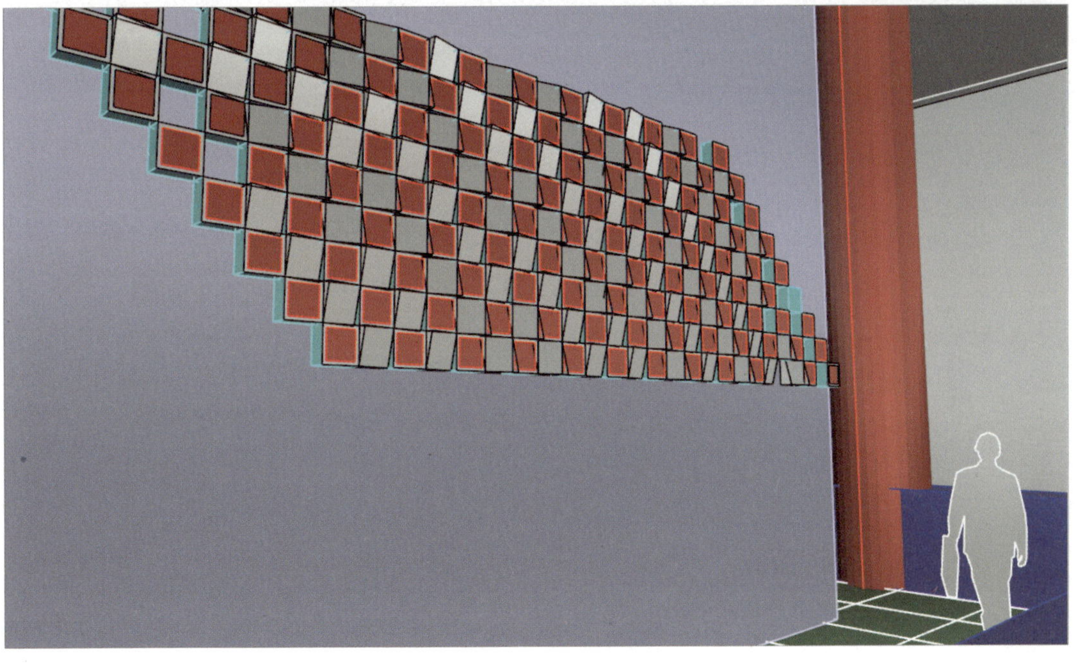

이큐브 공간의 연결-히라2

작품이미지 2-2

이큐브 공간의 연결-히라2

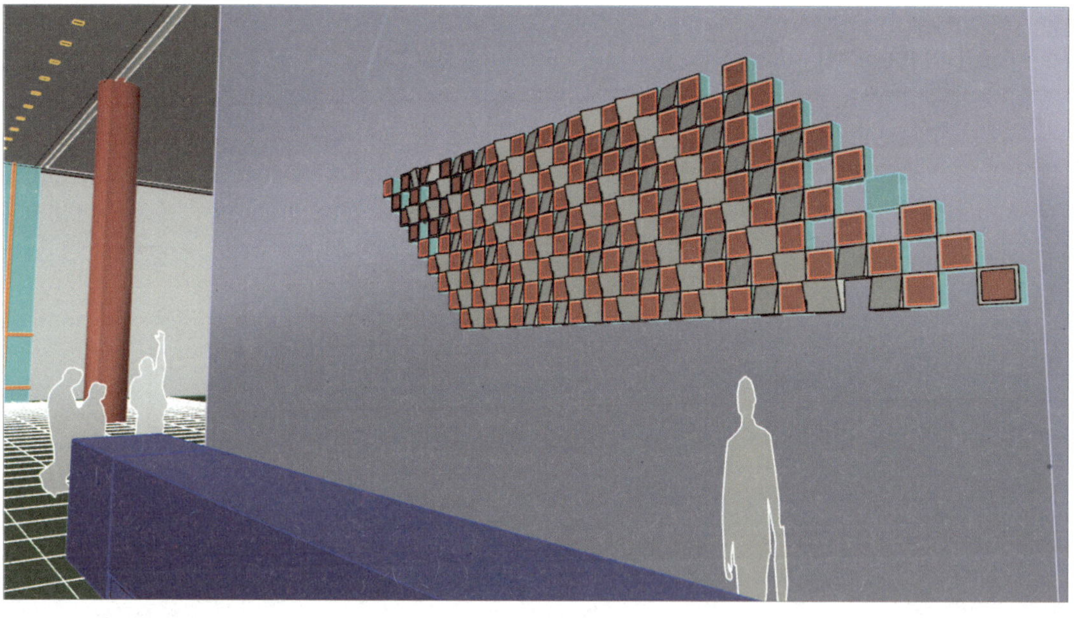

Rhino image : 라이노 3d model 작업과정

작품이미지 2-3

이큐브 공간의 연결-히라2

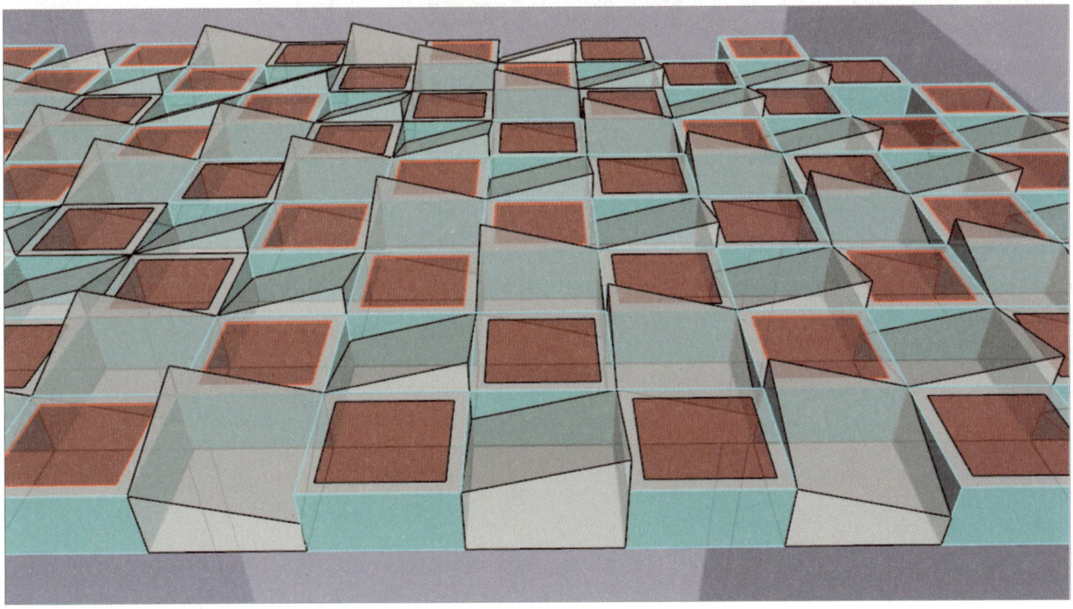

Rhino image : 라이노 3d model 작업과정

기본 도형을 활용한 가구 설계

라이노(Rhino)의 오브젝트 모델링을 시작할 때 Chapter 2에서 다루었듯이 기본적으로 라인(Line) 생성에서부터 출발하는 경우가 많지만, 라이노(Rhino)에서 제공되는 기본 3D 형태에서부터 오브젝트 생성을 구상하는 것도 효율적인 모델링을 하는 방법이 될 수 있기 때문에 최소한 라이노(Rhino)에서는 제공하고 있는 기본형태의 모델이 어떤 것이 있는지 알고 있는 것이 효율적인 모델링 방법을 선택하는데 도움을 줄 수 있다. 이번 Chapter 3에서는 라이노가 가지고 있는 3D 모델에는 어떤 것이 있는지를 알아보고 최대한 기본 3D 모델을 활용하여 모델링을 해보자.

Chapter 03
기본 도형을 활용한 가구 설계

라이노(Rhino) 기본 3D 모델
기본도형을 활용한 오브젝트 만들기 [Advanced Modeling]

종로구 삼청동에 위치한 기농정 : 한옥 · 빛과 공간분할 (도시게릴라 프로젝트)
디자인 및 자료제공 : J2o Design (https://www.j2odesign.com)

3차원 소프트웨어에서는 3D 형태를 만들 수 있는 기본 유클리드한 도형의 형태를 제공하고 있다. 라이노(Rhino) 역시 기본 3D 형태를 제공하고 있으며, 기본 3D 형태를 사용하여 더욱 빠르고 효율적으로 모델링을 할 수 있으므로 라이노(Rhino)가 제공하는 기본 모델 형태를 익혀보자.

3-1 라이노(Rhino) 기본 3D 모델

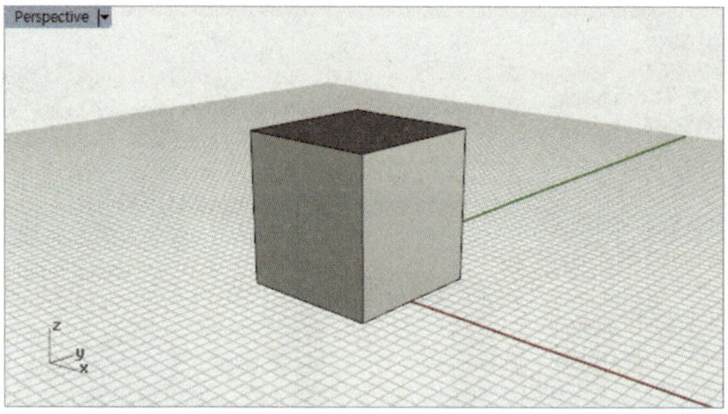

상자(Box)

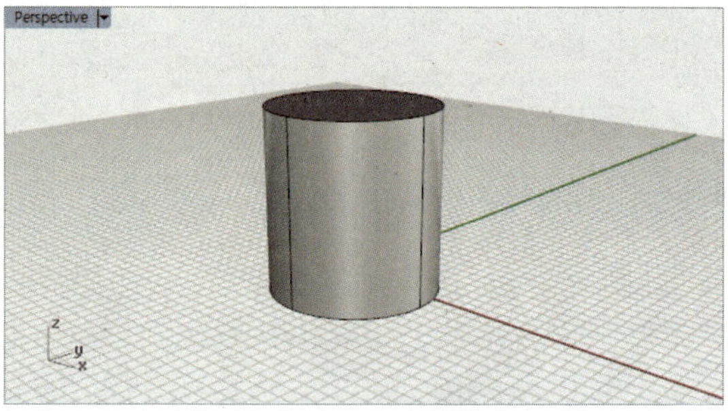

원통(Cylinder)

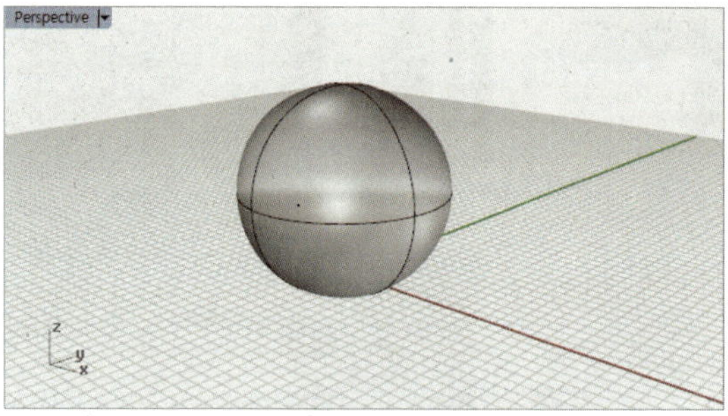

구(Sphere)

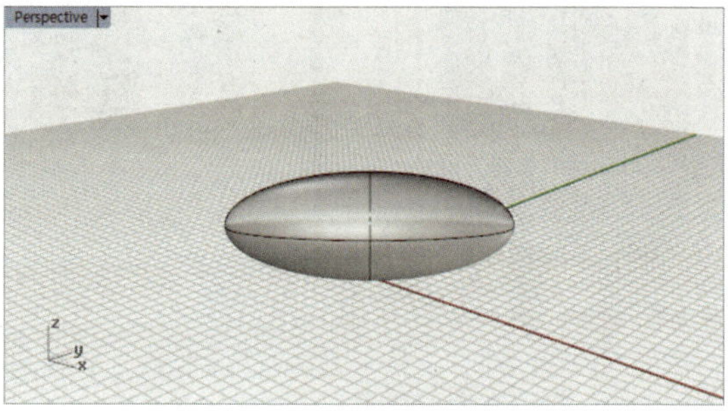

타원체(Ellipsoid)

라이노 (Rhino) 기본 3D 모델

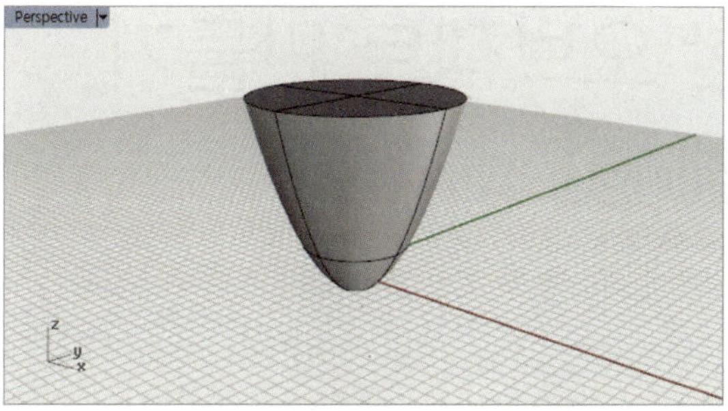

솔리드 포물면(Paraboloid)

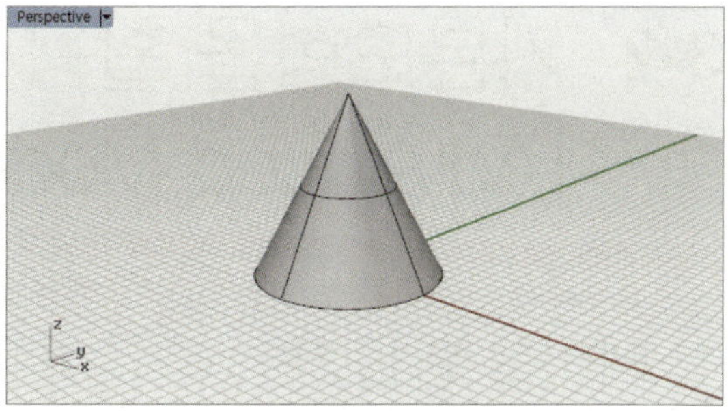

원뿔(Cone)

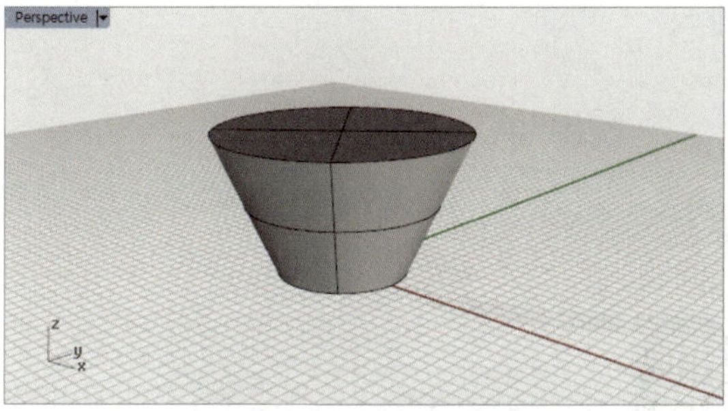

원뿔대(T-cone)

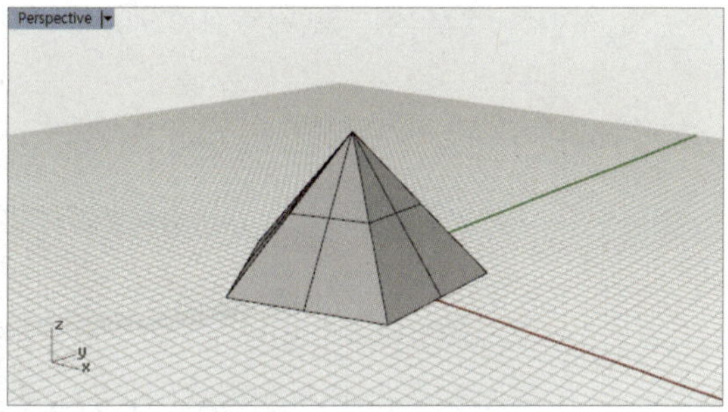

피라미드(Pyramid)

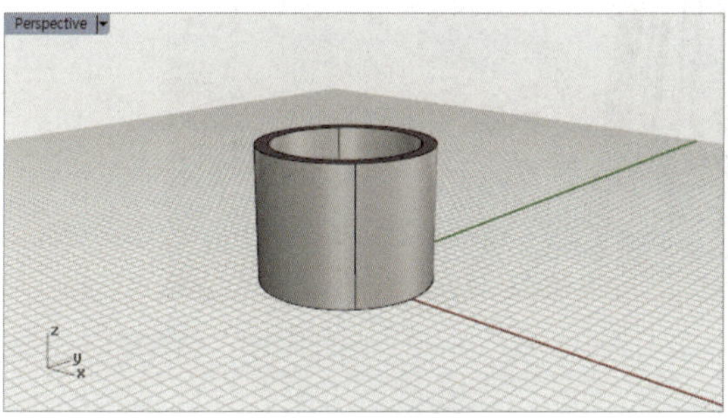

튜브(Tube)

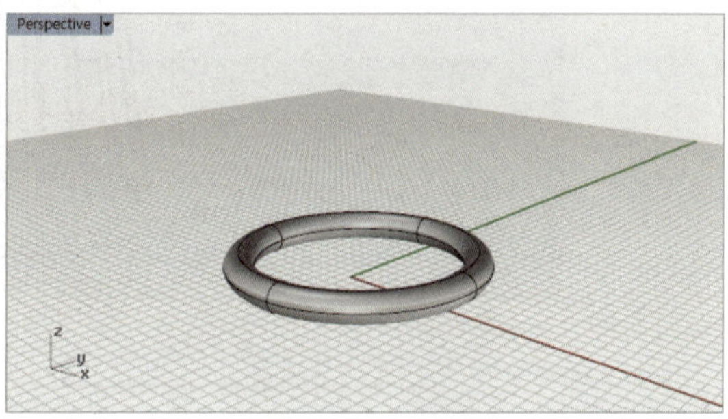

원환(Torus)

라이노 (Rhino) 기본 3D 모델

3-2 기본도형을 활용한 오브젝트 만들기 [Advanced Modeling]

1. 테이블 만들기

원통(Cylinder)과 배열(Array) 명령어를 활용하여 간단한 테이블을 만들어 보자.

※ 사이즈 : 오브젝트를 만들기 전에 사이즈 체크!

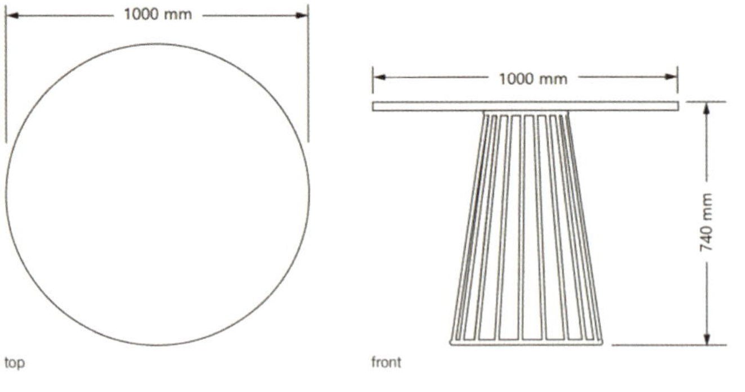

치수 (Dimension)

출처 : http://www.phasedesignonline.com/content/portfolio-item/wired-dining-table/

1) 기본 모양 만들기(Circle)

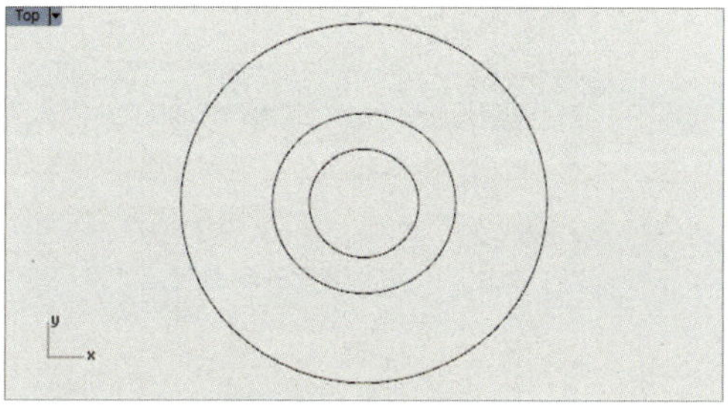

- 개체스냅 중심점(Cen) 체크
- Top view에서 원(Circle) 명령어 입력
- (0, 0, 0) 입력 Enter
- 500 입력 Enter
- Enter(명령어 반복) 후 생성한 원 근처에 마우스를 가져가면 중심점이 인식됨
- 클릭 후 250 입력
- 위와 같은 방법으로 반복 수행(반지름=150)

2) 수직 가이드 선 그리기(Line)

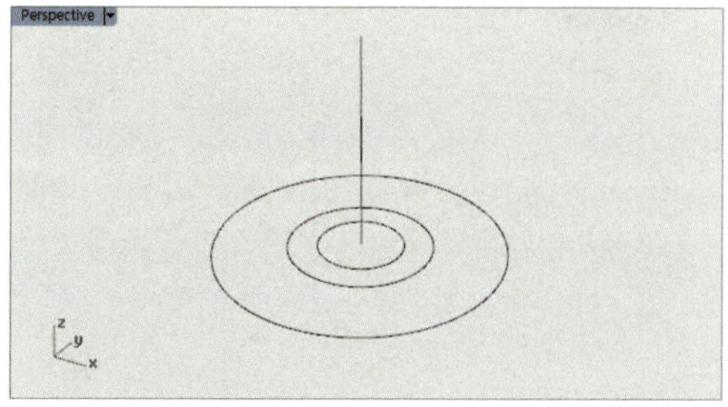

- 수직 라인 명령어(Line→Vertical)를 입력
- 원의 중심점을 선택 클릭
- 740 입력 Enter

3) 이동하여 배치하기(Move)

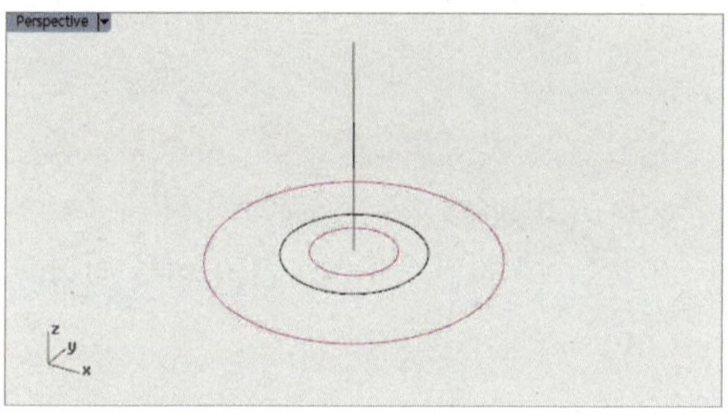

- 개체스냅 중심점(End) 체크
- 반지름 500, 150인 원(Circle)을 선택

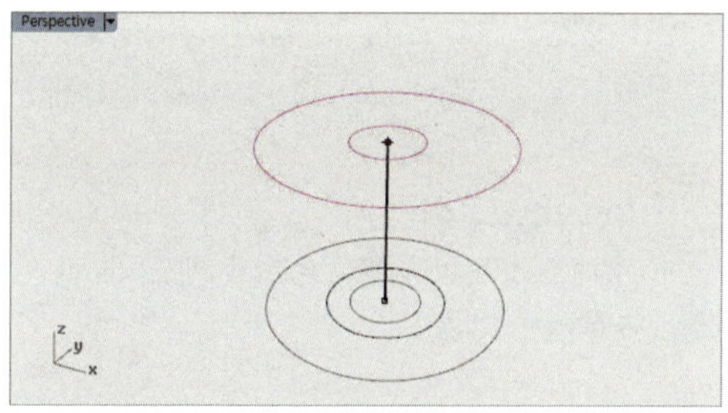

- 이동(Move) 명령어 입력
- 가이드 선 하부 끝점 선택 클릭
- 가이드 선 상부 끝점 선택 클릭

4) 원을 균등분할하기(Divide)

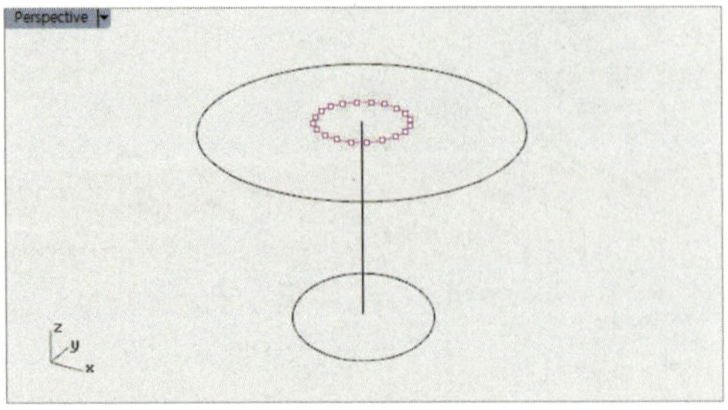

· 반지름 150mm 원을 선택
· 커브나누기(Divide) 명령어 입력
· 20 입력(점의 개수)
· 생성된 점을 그룹화 〈단축키 : Ctrl +G〉

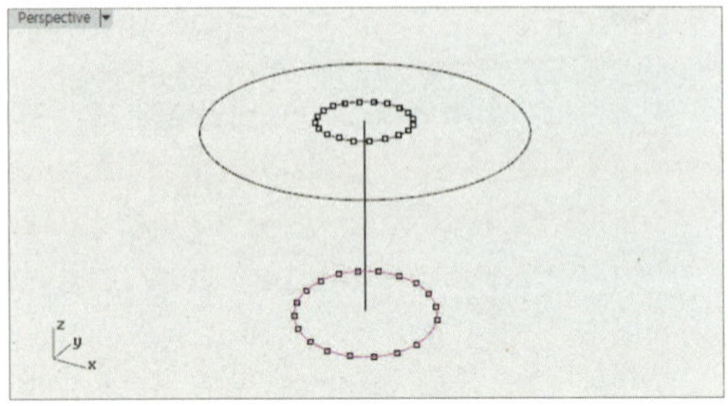

· 하부 반지름 250mm 원을 선택
· 커브나누기(Divide) 명령어 입력
· 20 입력(점의 개수)

5) 다리 연결선 만들기(Polyline)

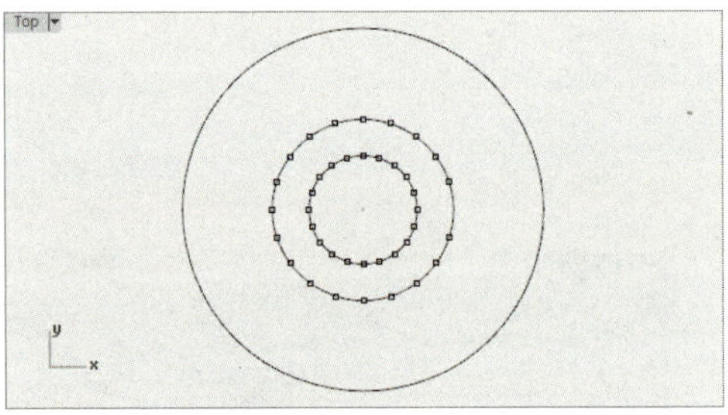

· Top view로 이동
· 개체스냅에서 투영(Project) 체크 해제, 점(Point) 체크

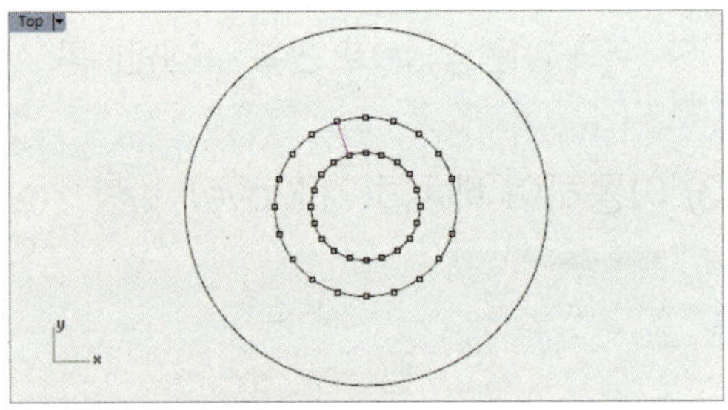

· 폴리라인(Polyline) 명령어 입력
· 150mm 원과 250mm 원의 점을 이어줌

6) 다리 파이프 만들기(Pipe)

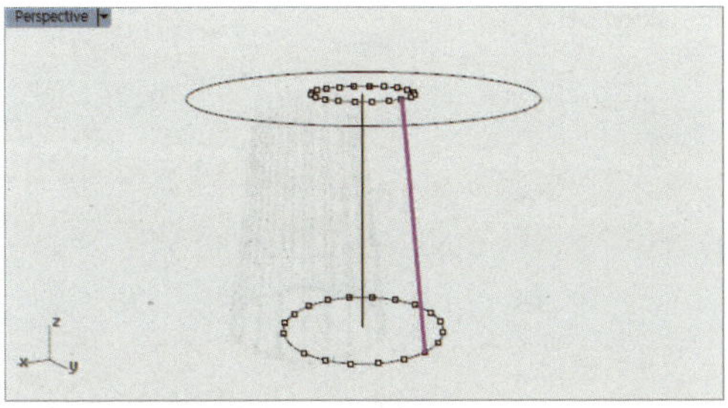

- 파이프(Pipe) 명령어 입력
- 다리연결선(Polyline)을 선택(파이프 가이드 선)
- 파이프 가이드 선을 따라갈 원의 크기 5 입력
- Enter

7) 테이블 다리 배열하기(Arraypolar)

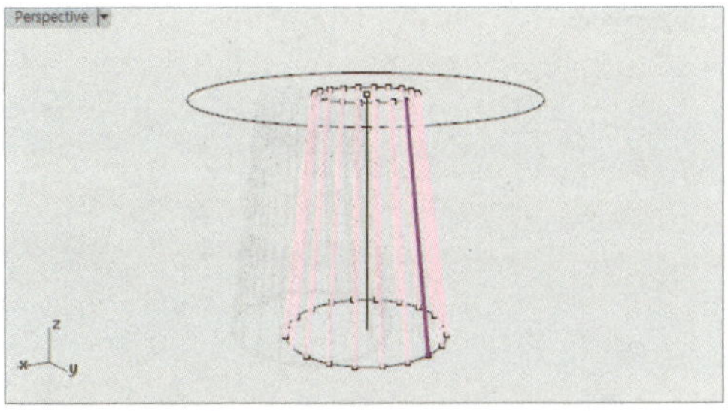

- 다리 파이프 선택
- 원형배열(Arraypolar) 명령어 입력
- 기준점 선택(원의 중심)
- 20 입력 Enter(파이프의 수)
- 각도(Angle) 360 입력 후 Enter
- 배열된 파이프(Pipe) 그룹화 〈단축키 : Ctrl+G〉

8) 테이블 다리 하부 테두리 만들기(Pipe)

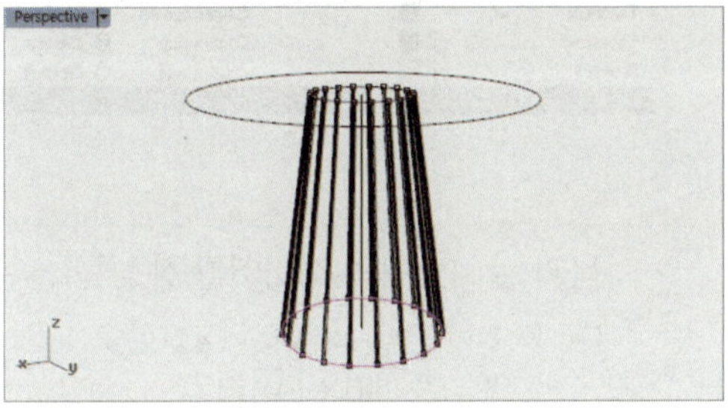

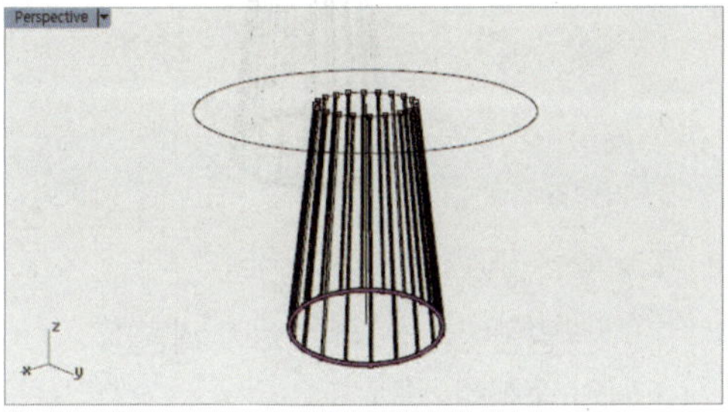

- 테이블 다리 하부의 반지름 250mm인 원을 선택
- 파이프(Pipe) 명령어 입력
- 7(파이프의 반지름) 입력

9) 테이블 다리 상부 테두리 만들기(Pipe)

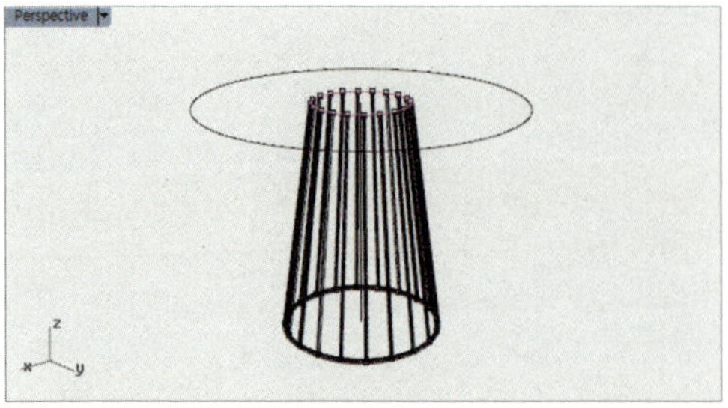

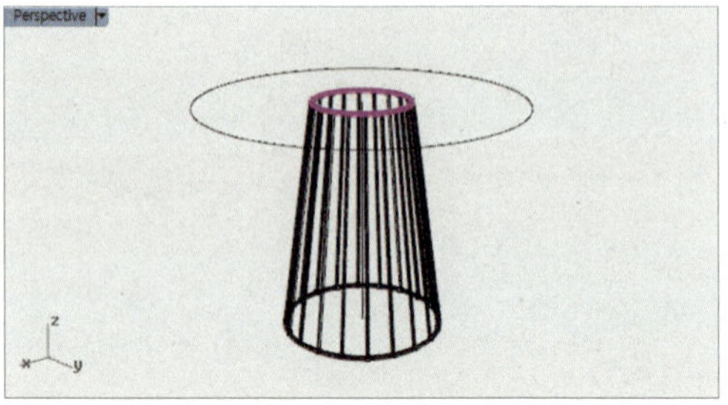

- 테이블 다리 상부의 반지름 150mm인 원을 선택
- 파이프(Pipe) 명령어 입력
- 7(파이프의 반지름) 입력

10) 테이블 상판 만들기(Cylinder)

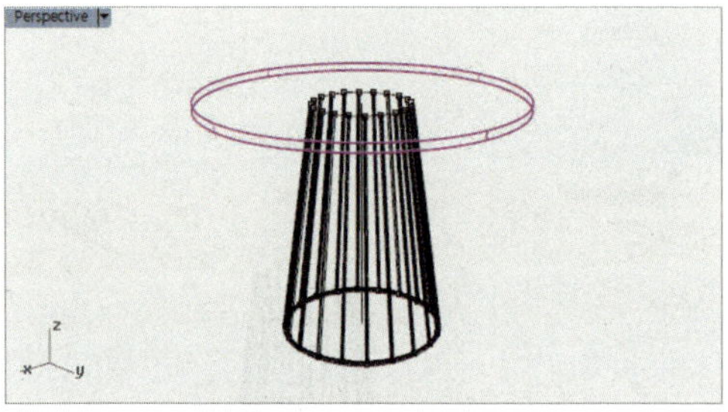

- 원통(Cylinder) 명령어 입력
  (세부명령어는 Solid=yes로 세팅)
- 원의 중심점 선택
- 개체스냅 근처점(Near) 체크
- 원의 테두리를 선택 후 25(높이) 입력

11) 레이어 정리(Layer)

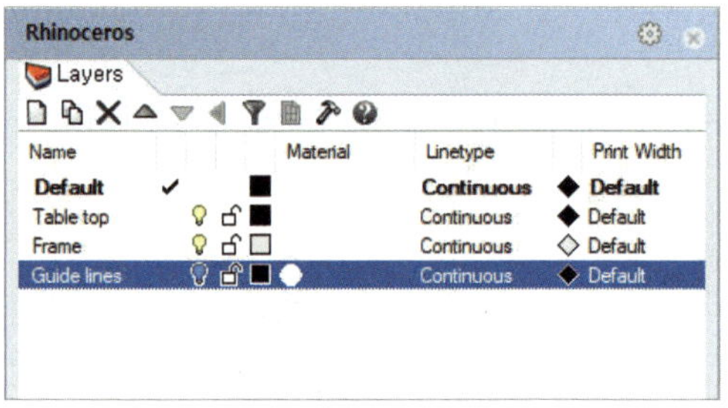

- 다음과 같이 3개의 레이어를 생성함
  Table top, Frame, Guide Lines
- 각 오브젝트의 레이어 변환
  오브젝트 선택 → 속성(Properties)
  → 레이어 변경
- Guide lines 레이어의 전구를 꺼서 가이드 라인 숨김
- 테이블 다리 파이프(Pipe)는 그룹화
  〈단축키 : Ctrl +G〉

예제 1 _ 완 성

2. 커피 테이블 만들기

선(Line) 명령어와 히스토리(History) 탭을 활용하여 간단한 테이블을 만들어 보자.

※ 사이즈 : 모델링 전 사이즈 체크!

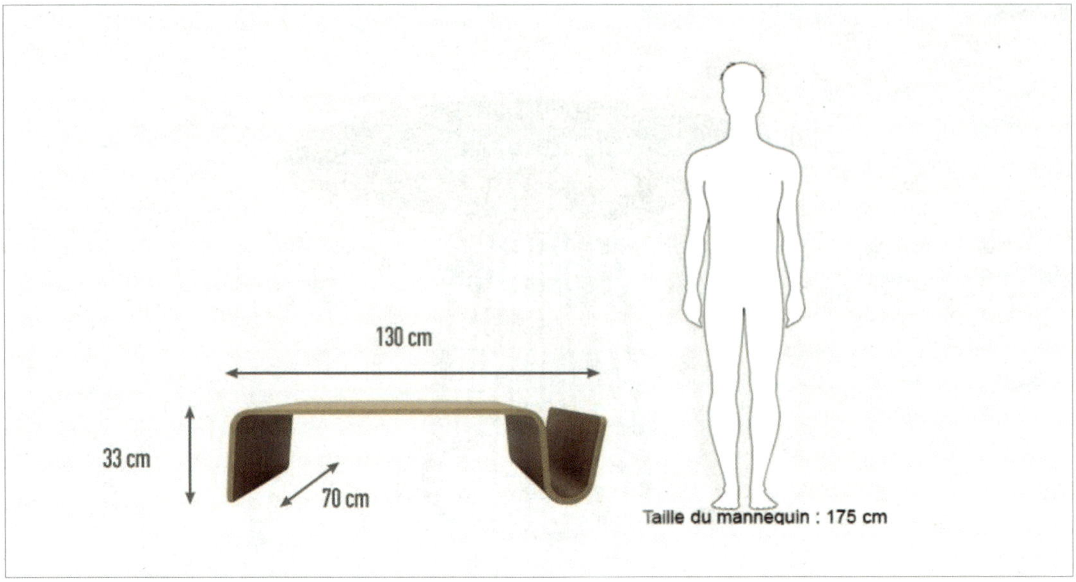

치수 (Dimension)
출처 : https://www.sodezign.com/en/gaia-designer-coffee-table-oak-walnut-130-cm.html

1) 레이어 만들기(Layer)

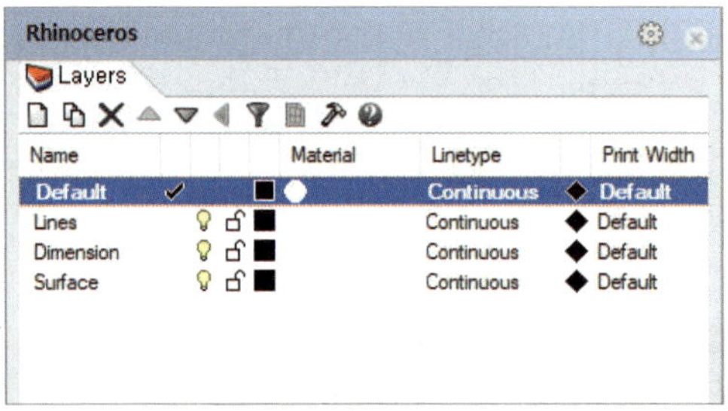

- 다음과 같이 3개의 레이어 만들기
  Lines, Dimension, Surface

2) 단면 그리기(Polyline)

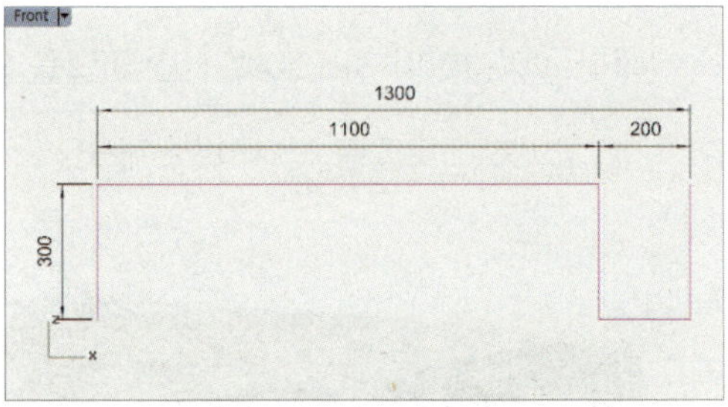

- Front view로 이동
- 폴리라인(Polyline) 명령어를 이용하여
  연속적으로 선 그리기
  (0, 0, 0) → Enter → 300 → Enter
  → 1100 → Enter → 300 → Enter 입력

3) 측면의 오브젝트가 될 라인 생성하기 (Explode, Divide)

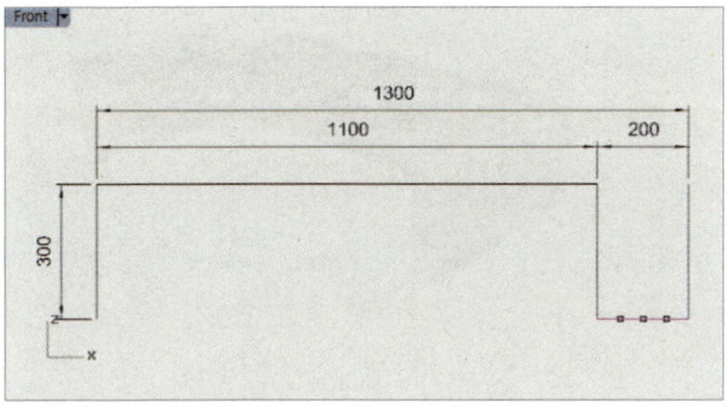

- 생성된 선 선택
- 분해(Explode) 명령어 입력
- 오른쪽 하부 200mm 선 선택
- 커브나누기(Divide) 명령어 입력 (4개로 나누기)

4) 라인 정리하기(Trim)

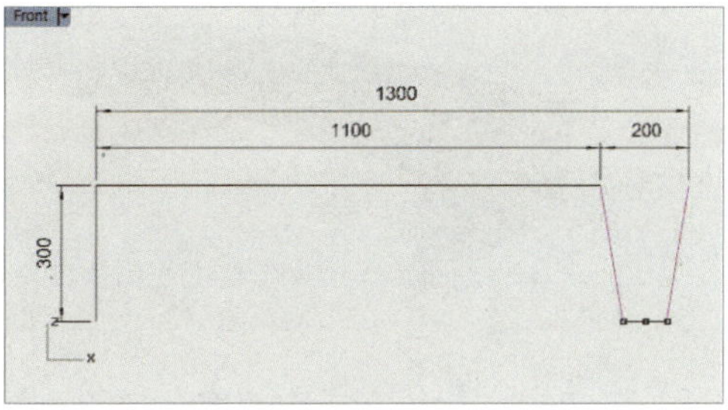

- 선절단(Trim) 명령어 입력
- 불필요한 선을 클릭하여 제거

5) 오브젝트 만들기(Join)

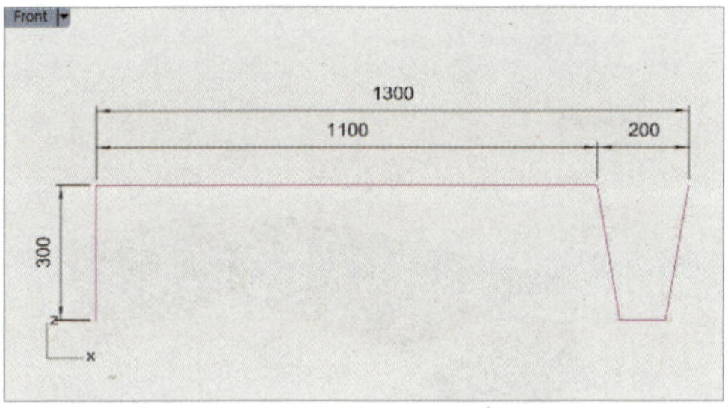

- 전체 선 선택
- 결합(Join) 명령어 입력 (하나의 선으로 결합)

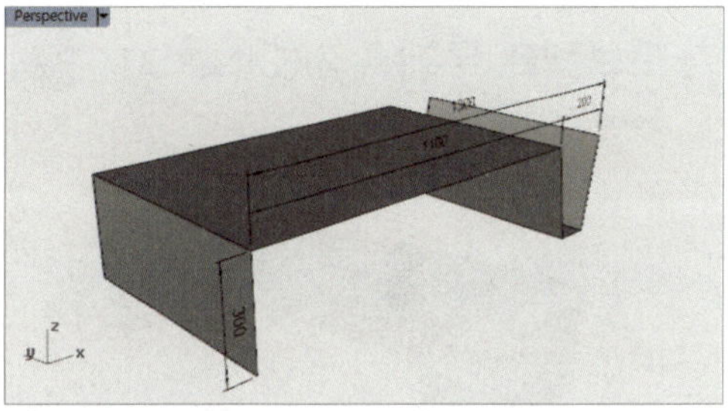

- Perspective view로 이동
- 결합한 선 선택
- ExtrudeCrv 명령어 입력
- 700 입력 후 Enter

6) 오브젝트 수정하기1(Explode, FilletSrf)

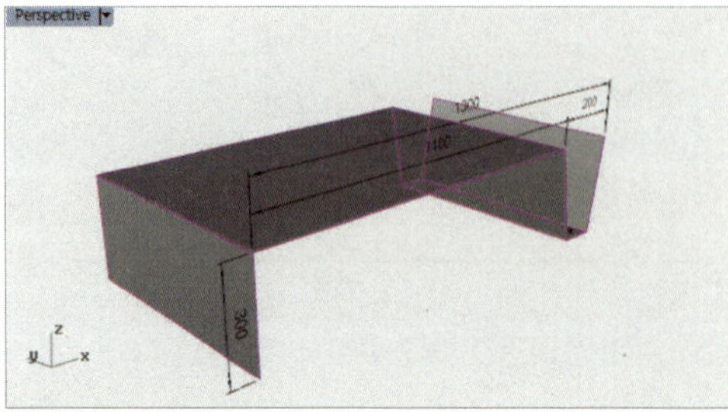

- 전체 면 선택
- 분할(Explode) 명령어 입력
  (결합되어 있는 면을 각각의 면으로 분할)

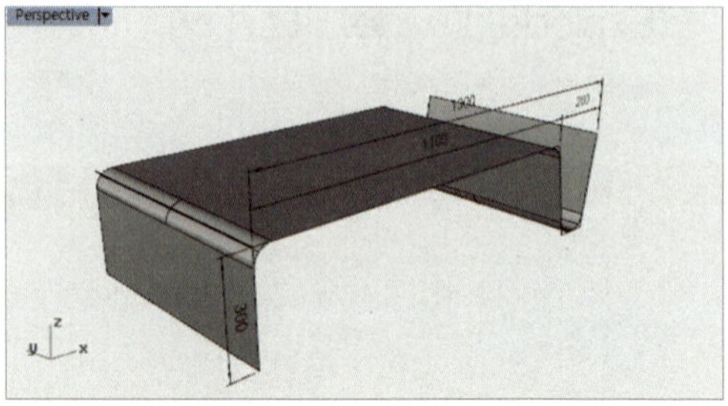

- 모서리 둥글게(FilletSrf) 명령어 입력
- 세부명령어로 R을 입력 후 Enter
- 50 입력 후 Enter
- 모서리 둥글게(FilletSrf)가 적용되어야 할 면을 차례로 클릭 후 Enter
- 모서리 둥글게(FilletSrf) 명령어를 반복하여 나머지 부분도 적용

7) 오브젝트 두께 주기(OffserSrf)

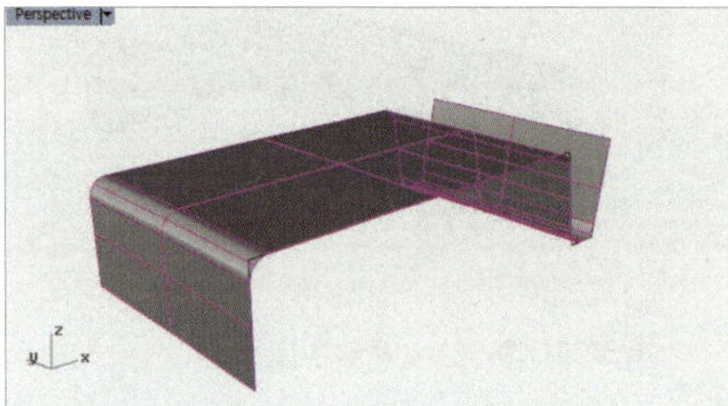

- 모든 면을 선택
- 결합(Join) 명령어 입력

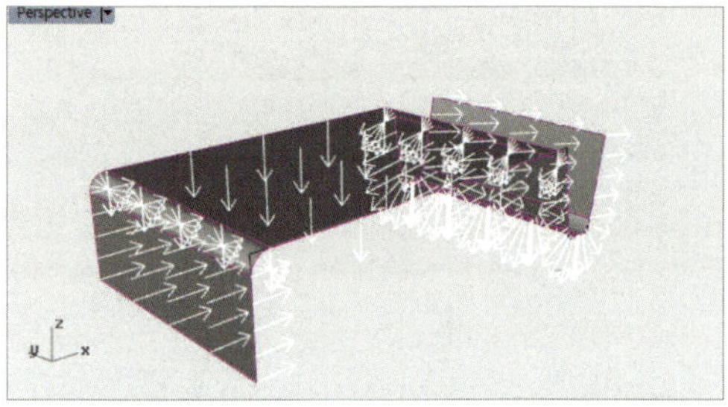

- 면 간격띄우기(OffsetSrf) 입력
- 세부 명령어중 F(Flip) 입력
- 15(두께) 입력 Enter

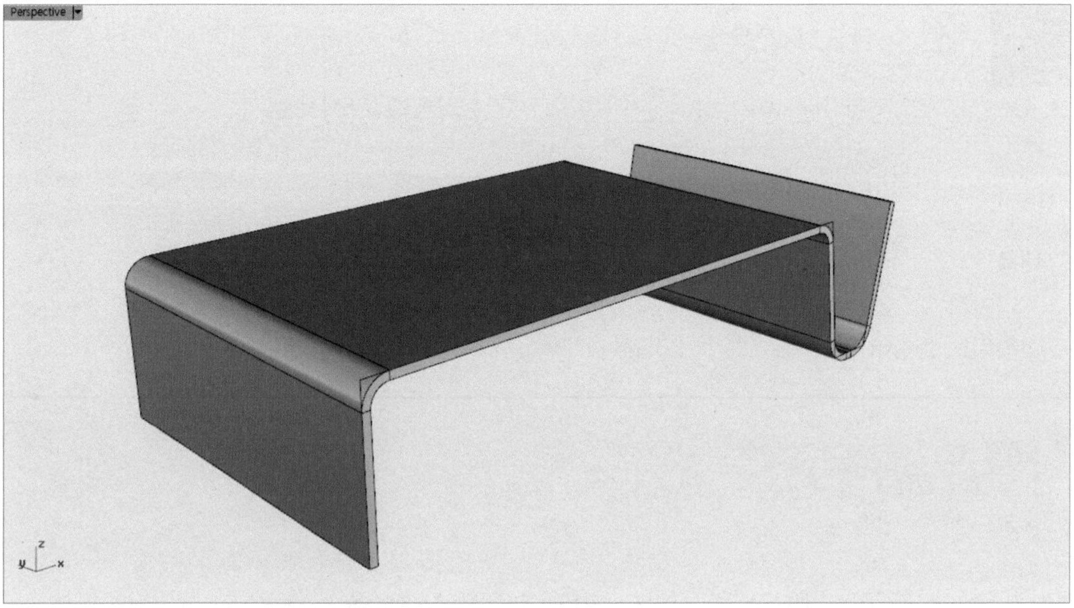

예제 2 _ 완 성

Exercise

실습하기 03

위의 명령어를 이용하여 간단한 3D 오브젝트를 작성해보자.

– 다음의 이미지를 보고 모델링을 해보자.

내용

- 간단한 3D 모델링
- 라이노 명령어 익히기

명령어 연습

- MoveEdge
- MoveFace

▶ 연습하기

- 모델링 연습
- 3D 명령어 연습

▶ 예제 실습 1 간단한 3D 모델링 (사이즈: 400 x 1000 x 150 mm)

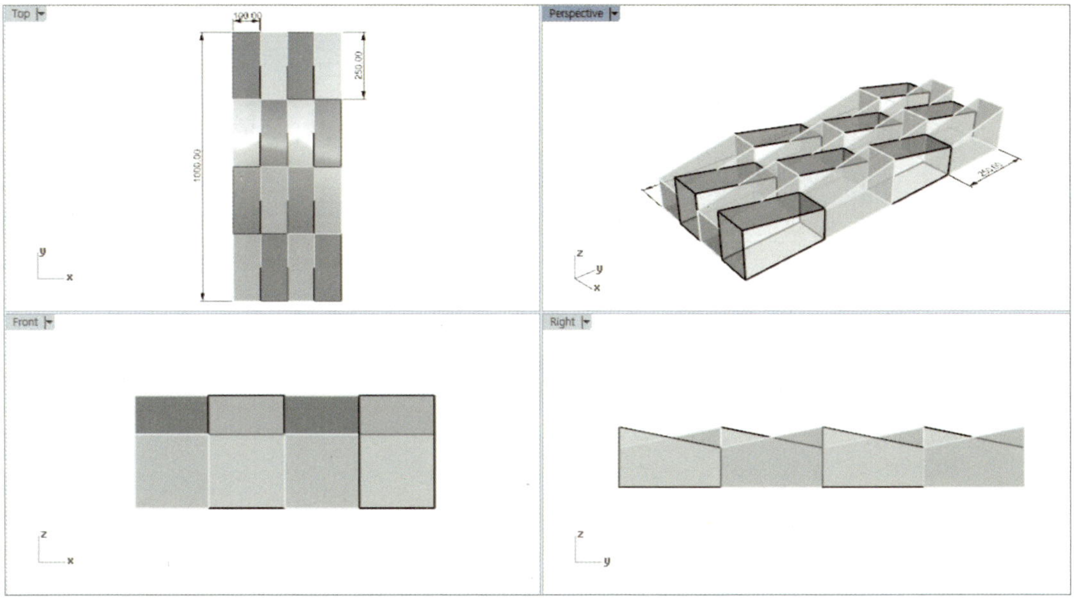

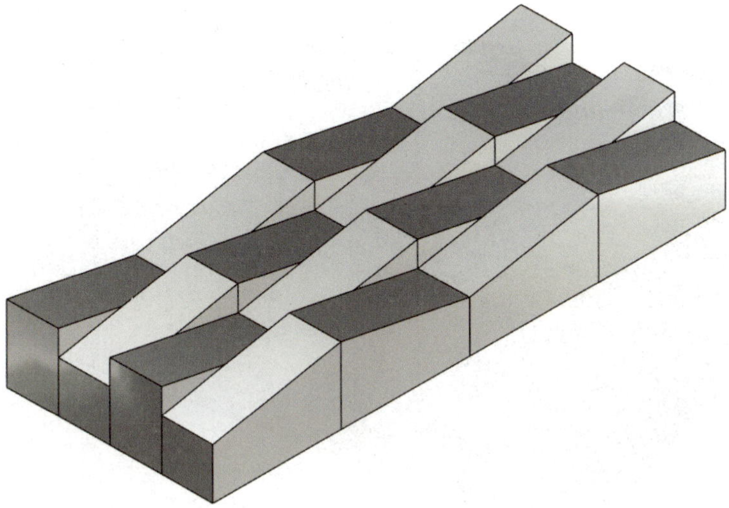

▶ 사용되는 명령어 Box, MoveEdge, Mirror, Copy, Array

▶ 예제 실습 2 간단한 3D 모델링 (사이즈: 300 x 600 x 300 mm)

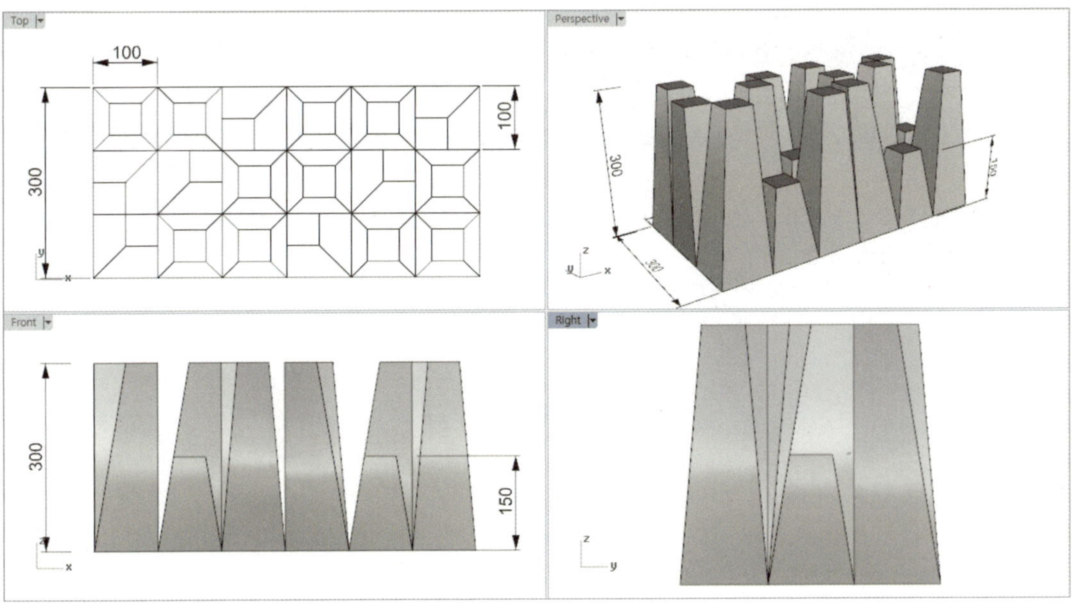

▶ 사용되는 명령어 Box, Explode, Scale, DupBorder, Loft, Join, Copy, MoveFace, Array

▶ 작업과정

1. 위의 오브젝트를 보고 어떻게 만들지 먼저 작업순서를 생각하여 정함
2. 정해진 작업순서에 따라 오브젝트를 만들자
   (사용되는 명령어를 확인한 후 만들어도 되지만, 창의적으로 각자의 창의적인 방법으로 모델링 하여도 무방함)
3. 만들어진 오브젝트의 perspective view를 screen capture해서 jpeg로 저장함
4. 저장된 jpeg를 제출

Reference 참고사례

종로구 삼청동에 위치한 기능정 : 한옥 · 빛과 공간분할 (도시게릴라 프로젝트)

작품크기 : 5,000 x 5,000 x 5,000 mm

디자인 및 자료제공: J2o Design (https://www.j2odesign.com)

작품이미지 **1-1**

기능정 : 한옥 · 빛과 공간분할 (도시게릴라 프로젝트), Seoul, Korea

Rhino image 1 : 라이노 3d model 작업과정

작품이미지 1-2

기농정 : 한옥 · 빛과 공간분할 (도시게릴라 프로젝트), Seoul, Korea

Rhino image 2 : 라이노 3d model 작업과정

작품이미지 **1-3**

Rhino image 3 : 제작과정 1

작품이미지 **1-4**

Rhino image 4 : 제작과정 2

MEMO

단위세대 모델링하여 도면 만들기

Chapter 04
단위세대 모델링하여 도면 만들기

도면 이미지 불러오기
공간 만들기
평면도, 단면도, 측면도 만들기

4-1 도면 이미지 불러오기

1) 도면 이미지 가져오기(PictureFrame)

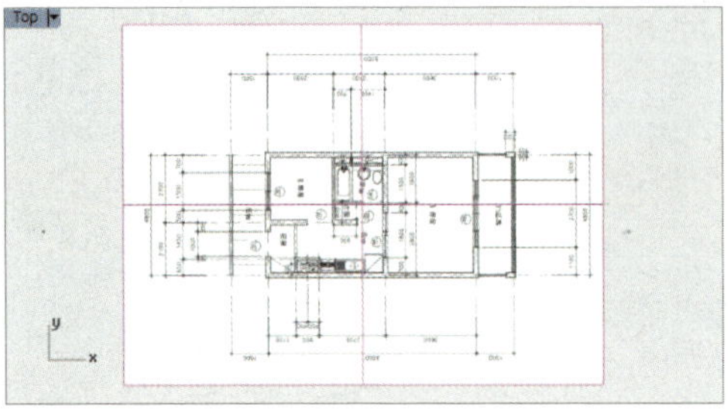

- Top view 선택
- 서피스/평면/그림 프레임(PictureFrame) 클릭
- Plan.jpeg 선택 후 열기

2) 가이드 라인 그리기(Line)

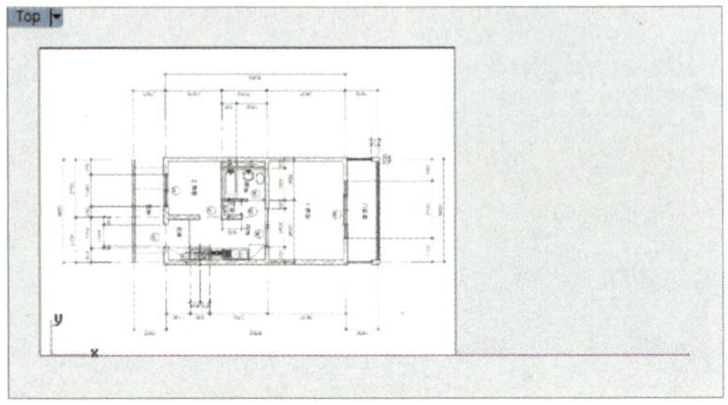

- 개체스냅 끝점(End) 선택
- 선(Line) 명령어 입력
- 도면이미지의 끝점 선택
- 8,300 입력 후 Enter

3) 도면 스케일 조절하기(Scale2D)

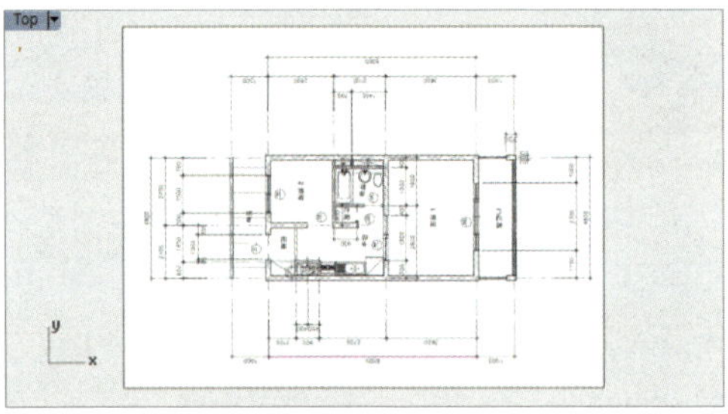

- 2D 크기조정(Scale2D) 명령어 입력
- 가이드라인과 벽체의 크기를 맞춤

4) 레이어 정리하기(Layer)

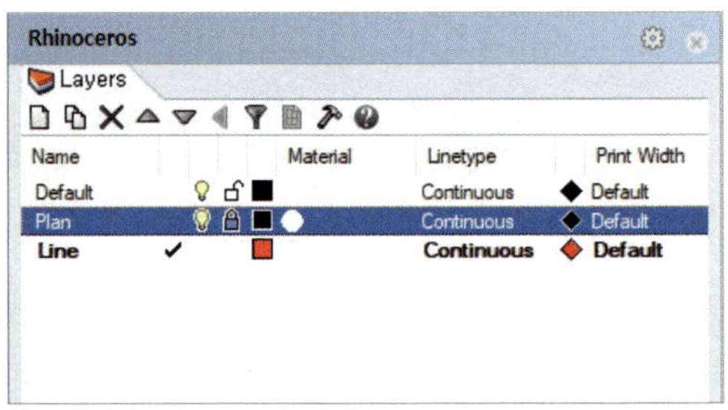

- 새로운 레이어 만들기
  Plan, Line
- 평면 이미지는 Plan 레이어로 이동 후
  잠그기(Lock)

4-2 공간 만들기

1. 벽체세우기

1) 벽의 중심선 작성하기(Line, Offset)

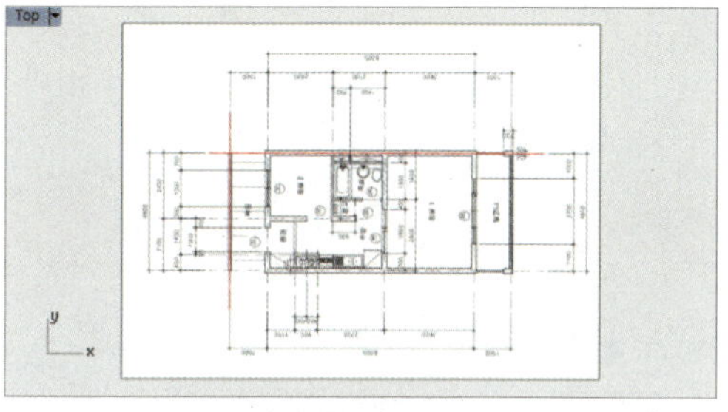

· 선(Line) 명령어 입력
· 가로 및 세로 기준 중심선 작성

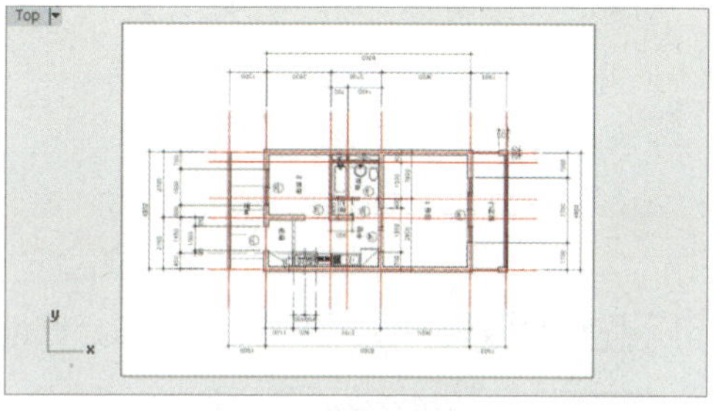

· 커브 간격띄우기(Offset) 명령어 입력
· 중심선의 간격(치수)만큼 띄워 복사하기

2) 외벽 및 내벽 작성하기(Polyline, Offset)

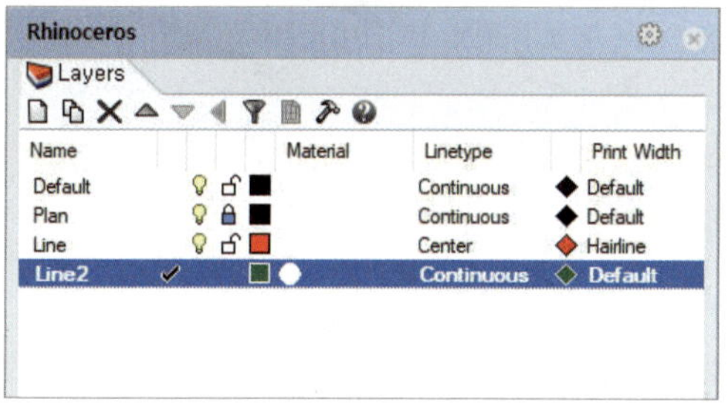

· 새로운 레이어 만들기
Line2(외벽)
· 현재 레이어 체크

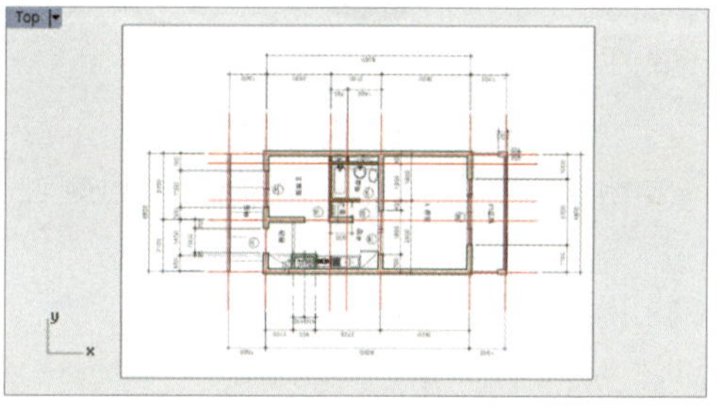

· 중심선을 기준으로 외벽 및 내벽을 간격띄우기(offset), 폴리라인(Polyline) 명령어를 이용하여 작성

Tip 개체스냅 투영(Project)을 키고 작업하면 평면에서만 선이 작성되기 때문에 효율적임

3) 외부 벽체 세우기(ExtrudeCrv)

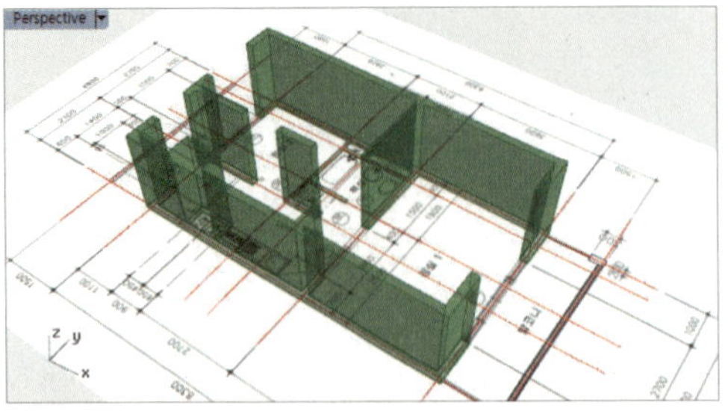

- 커브 돌출하기(ExtrudeCrv) 명령어 입력
- 세부 옵션 중 S(Solid) 선택
- 2400(벽체 높이) 입력 Enter

4) 내부 벽체 세우기(ExtrudeCrv)

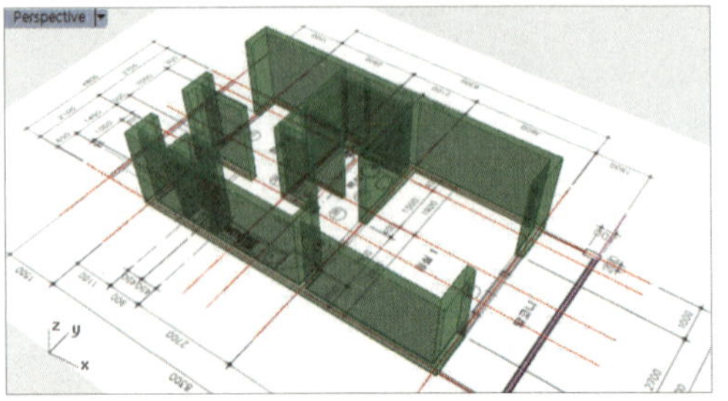

- 커브 돌출하기(ExtrudeCrv) 명령어 입력
- 2400(벽체 높이) 입력 Enter

5) 전면 창틀보 세우기(Rectangle, ExtrudeCrv)

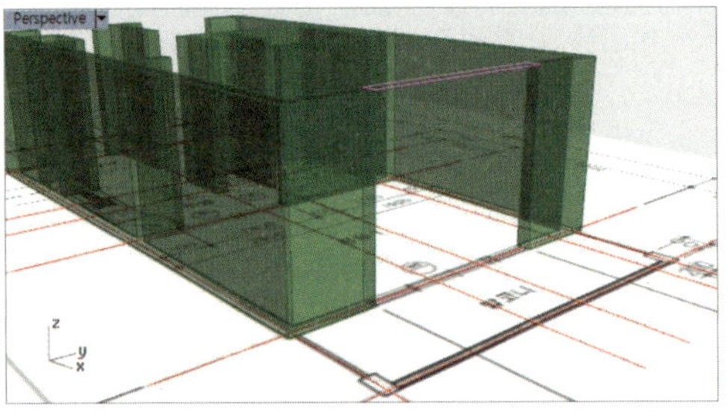

- 직사각형(Rectangle) 명령어 입력
- 벽체 상단 끝점에서 끝점까지 사각형 작성

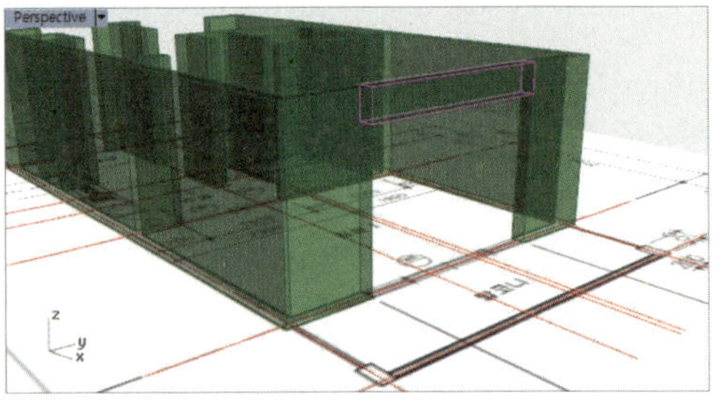

- 커브 돌출하기(ExtrudeCrv) 명령어 입력
- −400(벽체 높이) 입력 Enter

6) 후면 창틀보/문틀보 세우기(Rectangle, ExtrudeCrv)

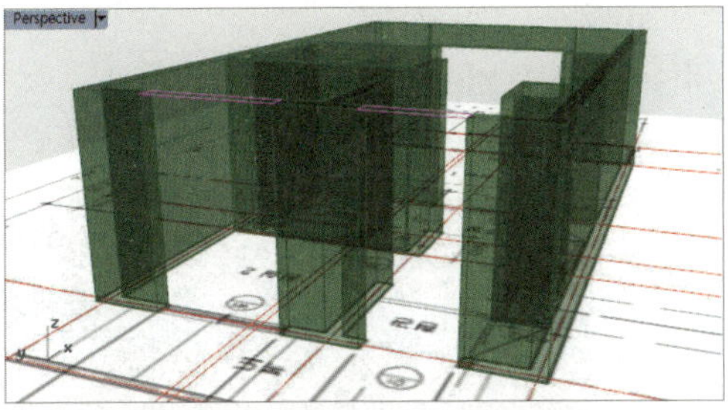

· 직사각형(Rectangle) 명령어 입력
· 벽체 상단 끝점에서 끝점까지 사각형 작성

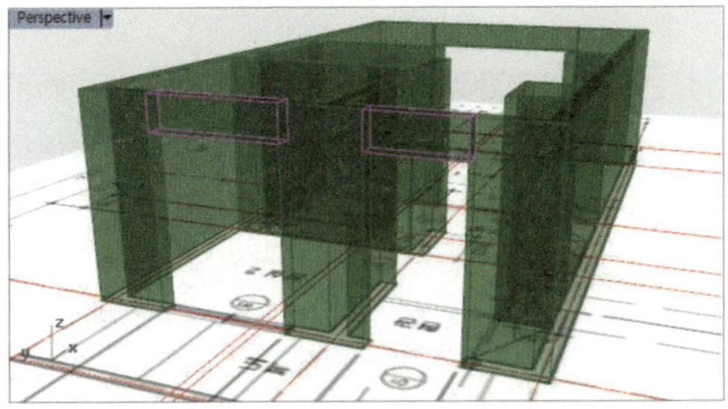

· 커브 돌출하기(ExtrudeCrv) 명령어 입력
· −400(벽체 높이) 입력 Enter

7) 창틀 벽체 세우기(Rectangle, ExtrudeCrv)

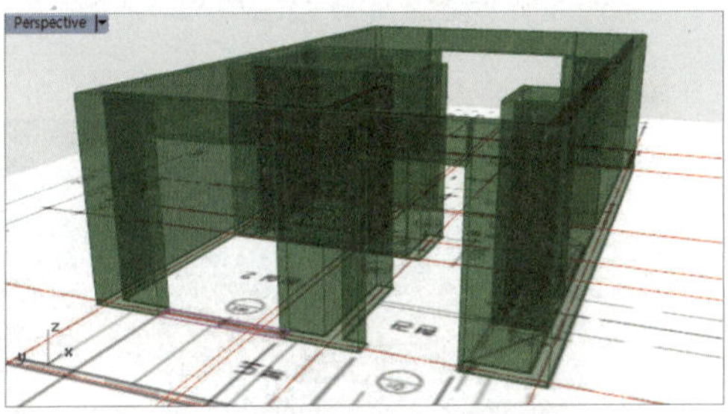

· 직사각형(Rectangle) 명령어 입력
· 벽체 하단 끝점에서 끝점까지 사각형 작성

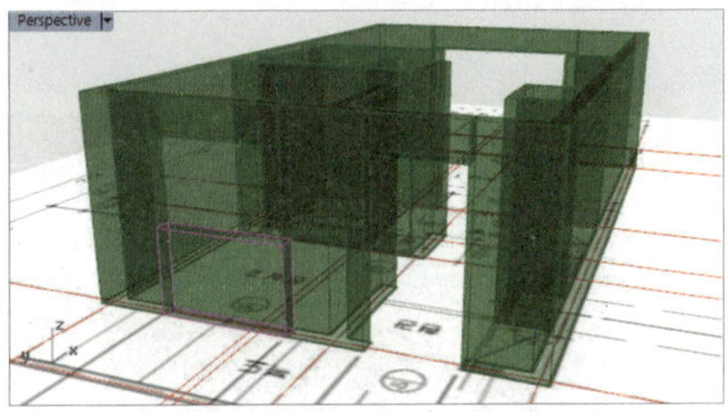

· 커브 돌출하기(ExtrudeCrv) 명령어 입력
· 1000(벽체 높이) 입력 Enter

2. 창호(Frame), 문(Door) 만들기

1) 창틀(Frame) 만들기(Rectangle : vertical, Offset, ExtrudeCrv) 

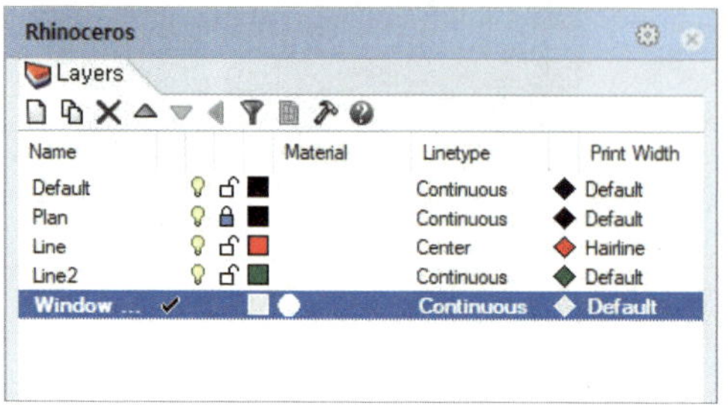

- 새로운 레이어(Layer) 만들기
  Window Frame
- 현재 레이어로 선택

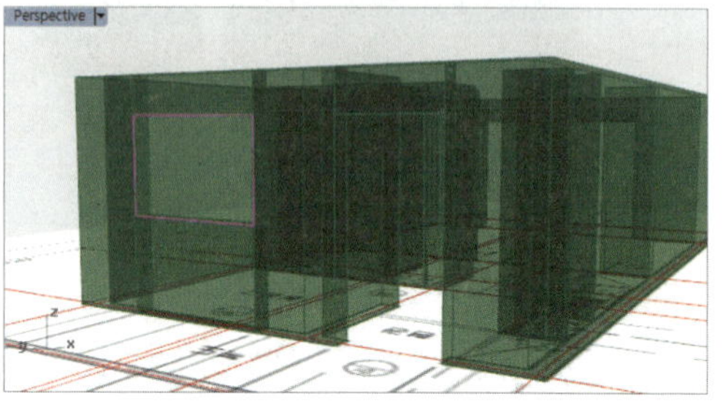

- 수직 직사각형(Rectangle : vertical) 명령어 입력
- 벽체 상단 끝점에서 끝점까지 사각형 작성

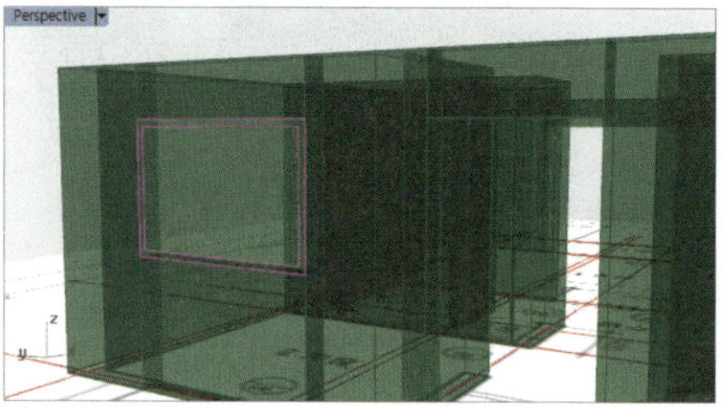

- 커브 간격띄우기(Offset) 명령어 입력
- 그려진 사각형 선택
- 50(창틀 두께) 입력

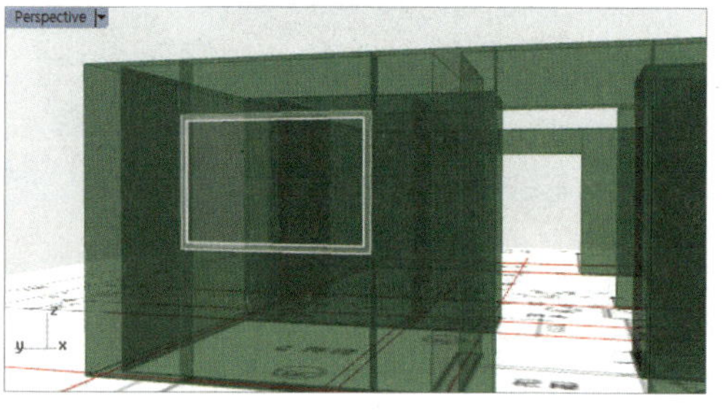

- 2개의 사각형 선택
- 커브 돌출(ExtrudeCrv) 명령어 입력
- 25(깊이) 입력

Tip 수직 직사각형(Rectangle : vertical) 명령어는 직사각형(Rectangle) 아이콘의 작은 삼각형을 누르면 나옴 혹은 Right view에서 작업가능

2) 문 만들기(Rectangle:vertical, ExtrudeCrv)

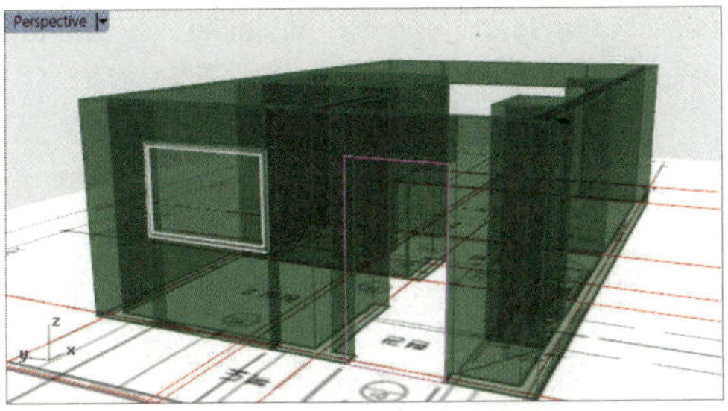

· 수직 직사각형(Rectangle:vertical) 명령어 입력
· 벽체 상단 끝점에서 끝점까지 사각형 작성

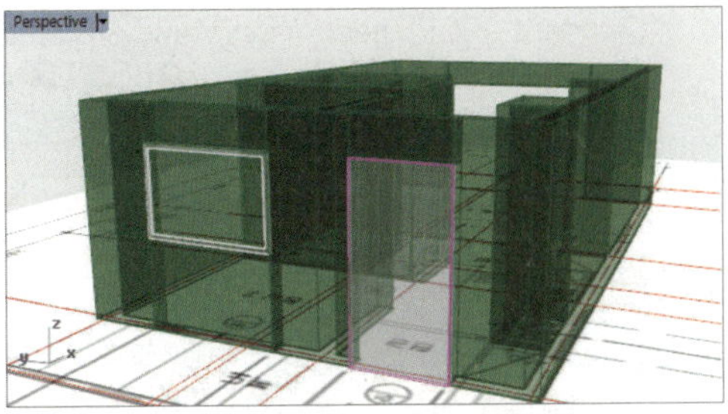

· 그려진 사각형 선택
· 커브 돌출(ExtrudeCrv) 명령어 입력
· 세부옵션 B(bothside) 입력–양방향 두께 생성
· 25(깊이) 입력

3) 발코니 창문틀(Frame) 만들기(Rectangle:vertical, Offset, ExtrudeCrv)

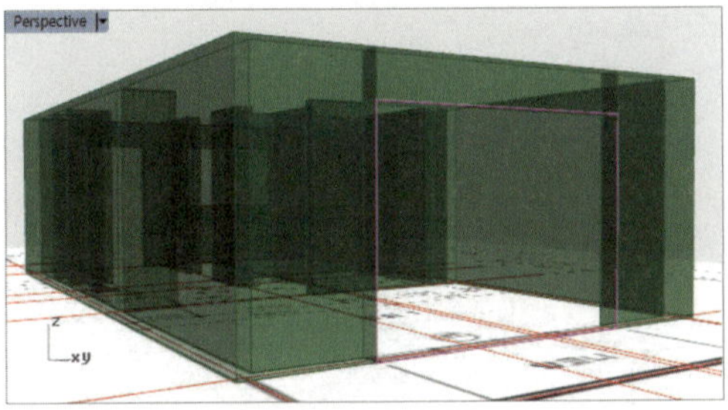

· 수직 직사각형(Rectangle:vertical) 명령어 입력
· 벽체 상단 끝점에서 끝점까지 사각형 작성

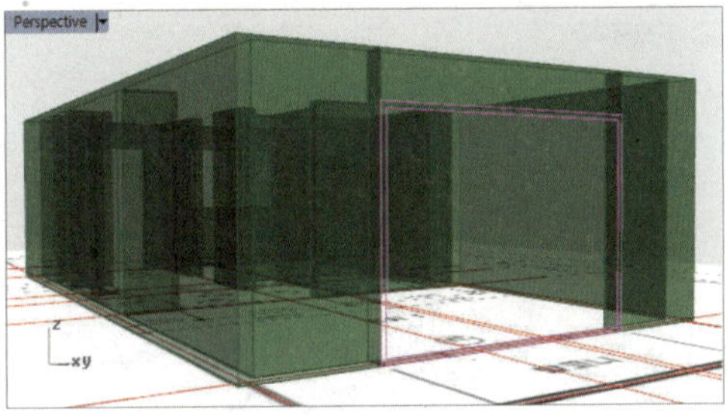

· 커브 간격띄우기(Offset) 명령어 입력
· 그려진 사각형 선택
· 50(창문틀 두께) 입력

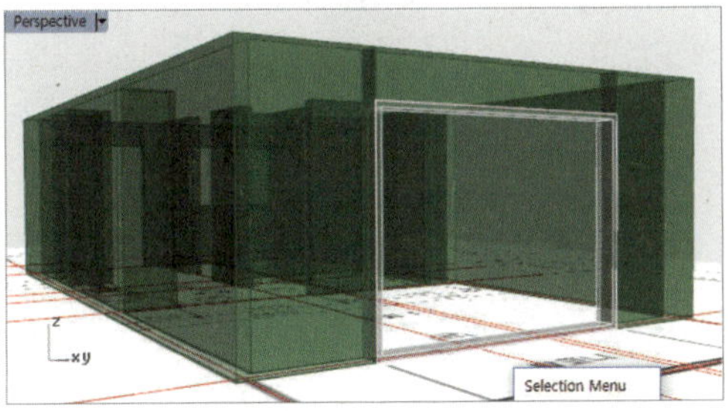

· 2개의 사각형 선택
· 커브 돌출(ExtrudeCrv) 명령어 입력
· –200(깊이) 입력

4) 발코니 창문 만들기(Divide, PlanerSrf)

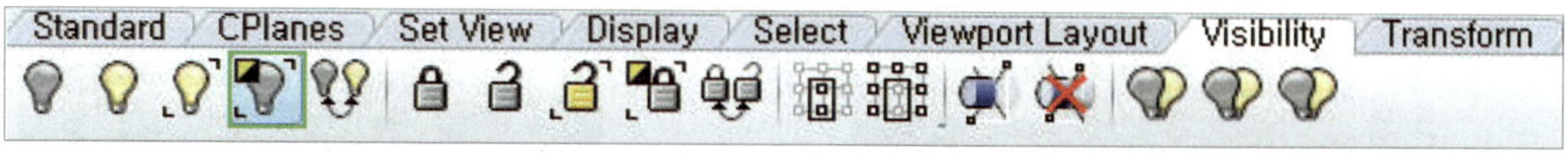

· 발코니 창문틀을 선택 후 상단 Visibility 탭 아래 Hide를 선택

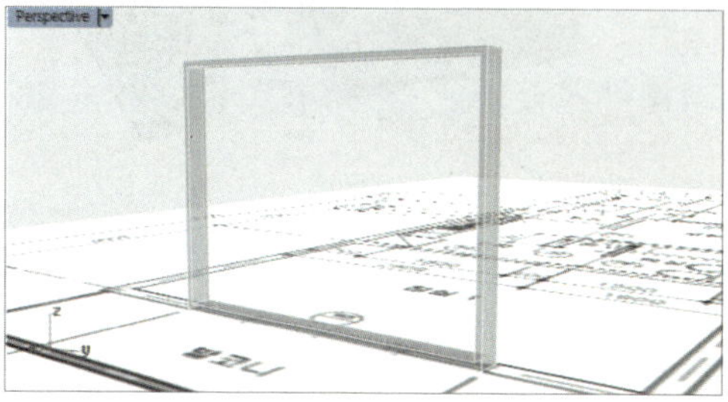

· 선(Line) 명령어 입력
· 창틀의 중점에서 중점까지 연결

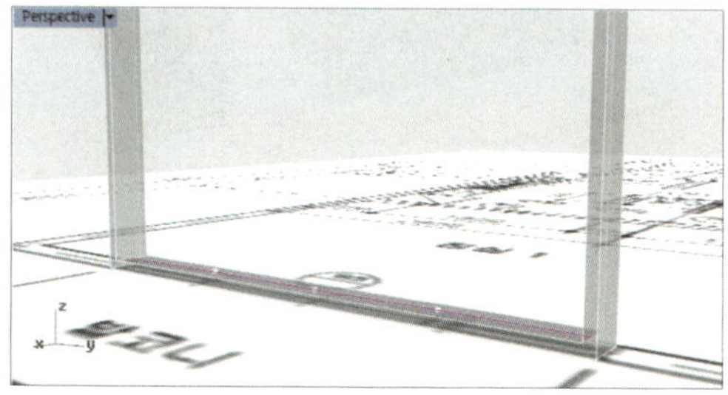

· 커브 나누기(Divide) 명령어 입력
· 4 입력 (4등분)

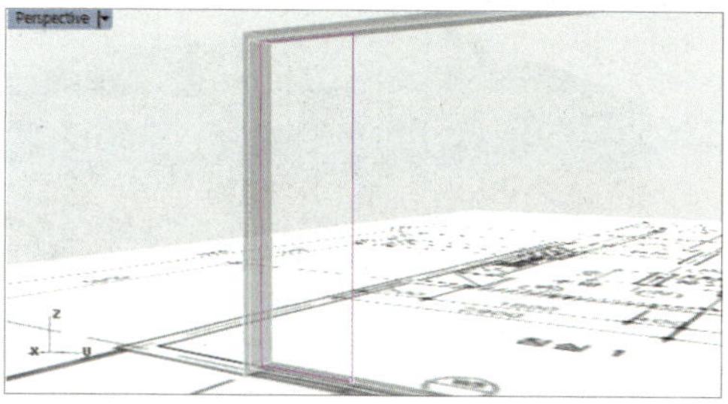

· 4분점을 이용하여 수직 사각형 (Rectangle : vertical) 그리기

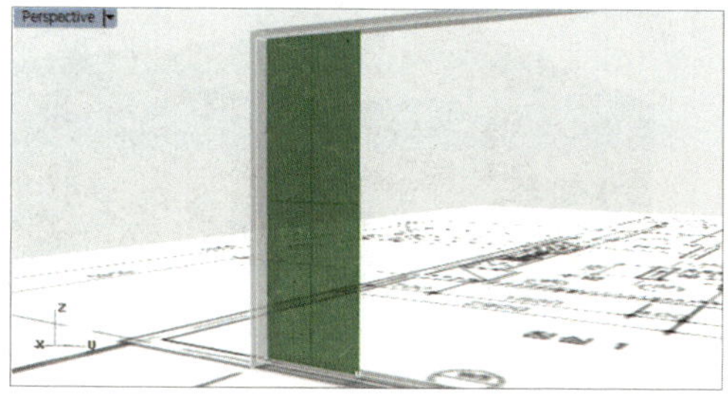

· 면 만들기(PlanarSrf) 명령어 입력

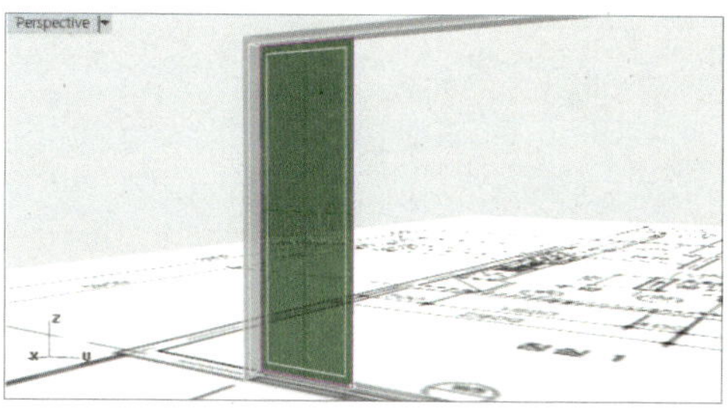

· 사각형의 테두리 선을 선택
· 커브 간격띄우기(Offset) 명령어 입력
· 50(창 프레임 두께) 입력 Enter

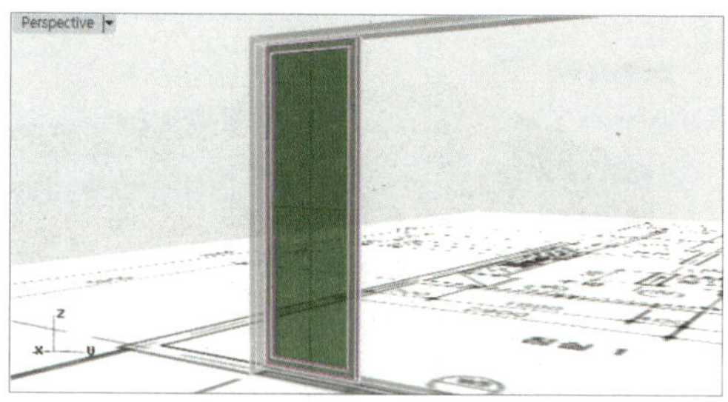

· 두 개의 테두리 선을 선택
· 커브돌출(ExtrudeCrv) 명령어 입력
· 세부옵션 B(Bothside) 입력
· 25(양면 깊이) 입력
· 창틀과 창을 그룹화 〈단축키 : Ctrl+G〉

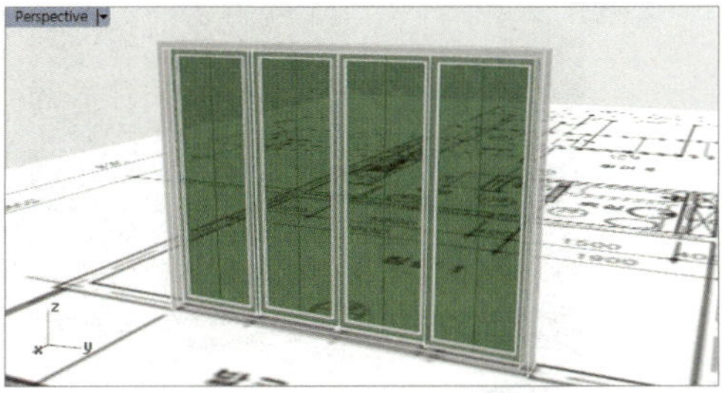

· 그룹화된 창을 4개 복사(Copy)하여 배열

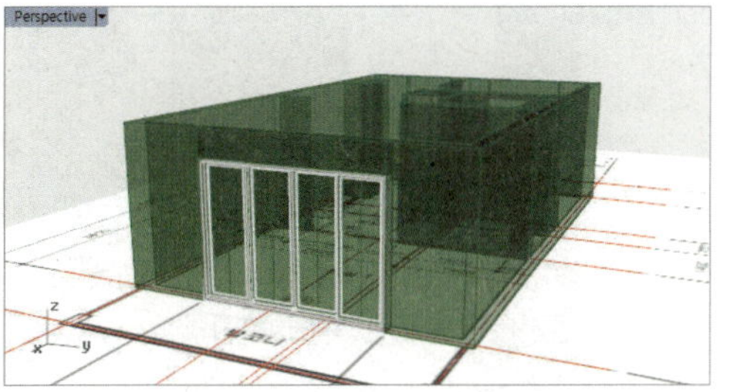

· 보이기(Show) 입력하여 전체모델 확인

3. 난간(Railing), 바닥(Plane) 만들기

1) 발코니 난간만들기

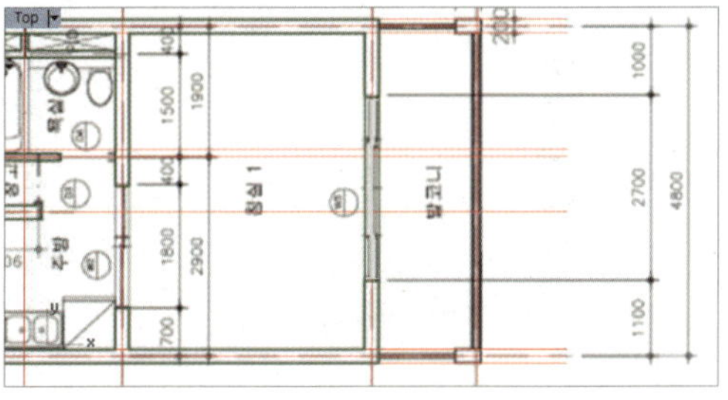

발코니 난간기둥 모델링(ExtrudeCrv)

- Tow view로 이동
- 발코니 난간기둥(300mm x 200mm) 가이드선 작성 : 중심선을 커브 간격띄우기(offset)하여 작성
- 직사각형(Rectangle) 활용하여 발코니 난간 기둥선(300mm x 200mm) 그리기

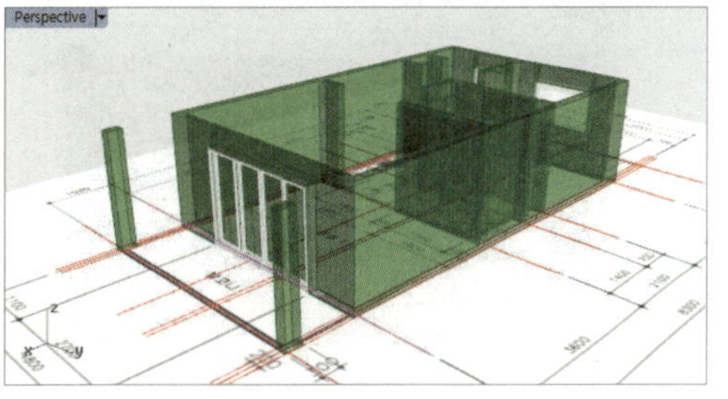

- 발코니 난간기둥선 선택
- 커브돌출(ExtrudeCrv) 명령어 입력
- 2,400(기둥 높이) 입력

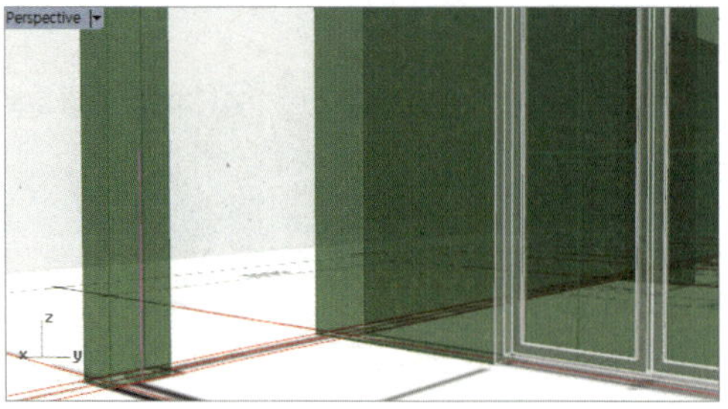

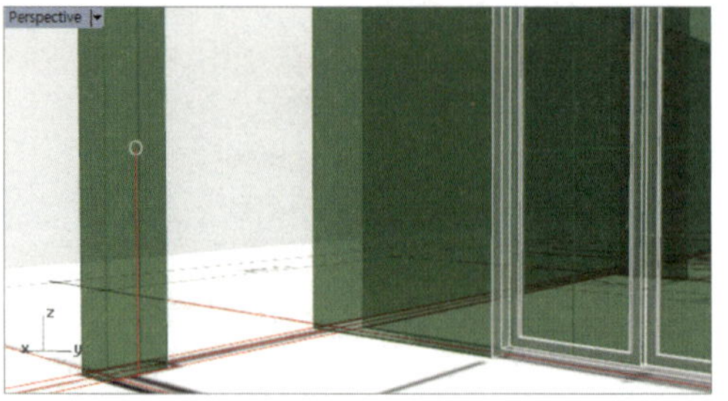

난간 모델링(Circle : vertical, Invert selection and hide objects, ArrayCrv, Show) 

- 수직선(Line : vertical) 아이콘 선택
- 난간 기둥의 중간점에서 높이 1000 가이드 라인 그리기

- 수직방향 원그리기(Circle : vertical) 아이콘 선택
- 가이드 라인의 끝 선택(원의 중심점)
- 30(원의 반지름) 입력 후 Enter

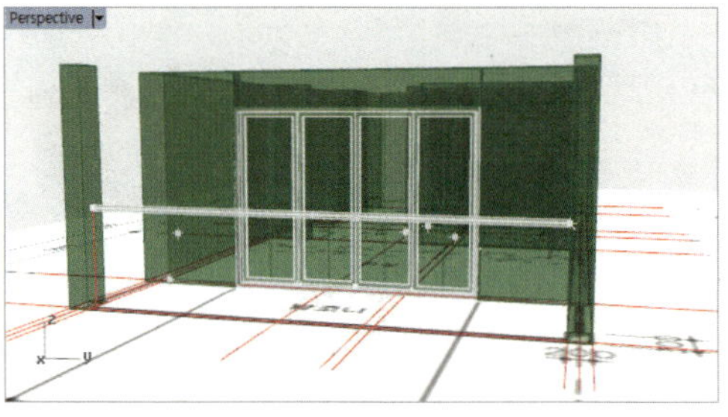

- 개체스냅 수직점(Perp) 켜기
- 원을 선택
- 커브돌출(ExtrudeCrv) 명령어 입력
- 반대편 난간 기둥까지 연결하기

- 난간 기둥과 수직 가이드선 선택 후 선택개체제외 숨기기(Invert selection and hide objects) 아이콘 선택
- 폴리라인(Polyline) 입력
- 난간 기둥 하부의 중간점에서 반대쪽 난간 기둥 중간점까지 선 그리기

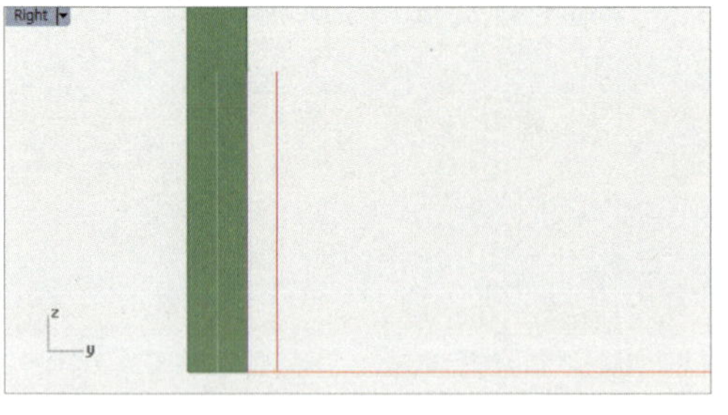

- 하부 가이드선 선택
- 복사(copy) 명령어 입력
- 1000(수직 이동 거리) 입력 후 Enter

- Right view로 이동
- 수직 가이드선 선택
- 커브 간격띄우기(Offset)명령어 입력
- 100 입력 후 Enter

· Perspective view로 이동
· 원(Circle) 명령어 입력
· 20(원의 반지름) 입력 후 Enter

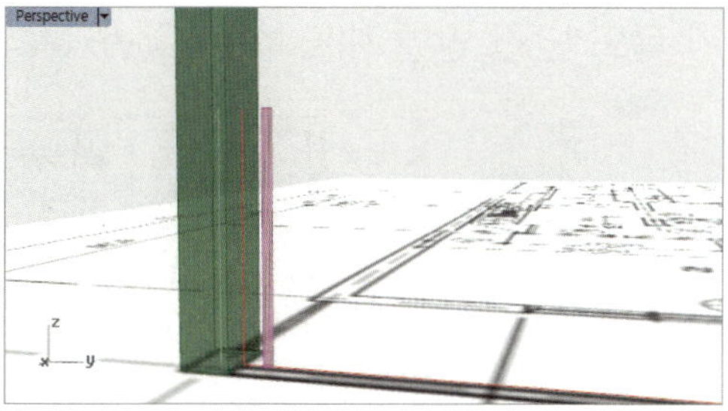

· 원을 선택
· 커브돌출(ExtrudeCrv) 명령어 입력
· 1000(난간 파이프 높이) 입력 후 Enter

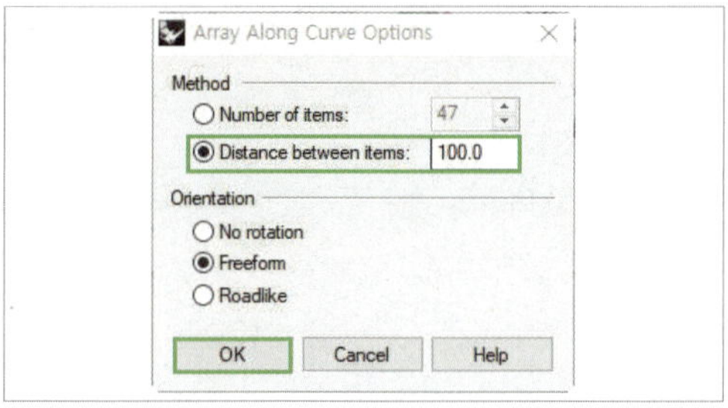

· 난간 파이프 선택
· 커브를 따라 배열(ArrayCrv) 명령어 입력
· 하부 가이드선 선택(경로 커브)
· 옵션창이 뜨면 '개체간 거리(Distance between items)' 입력창에 100 입력 후 OK

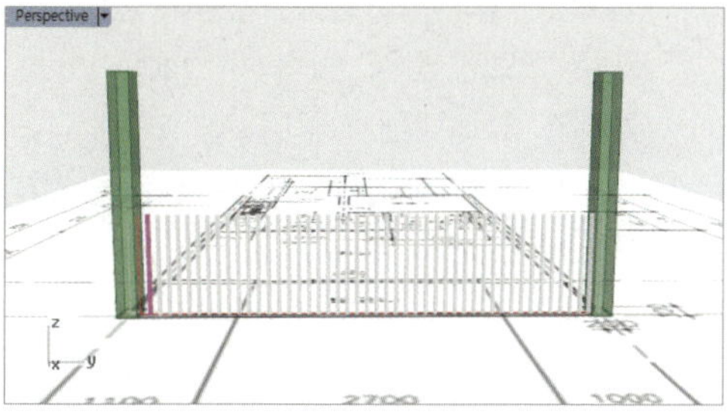

· 생성된 난간 파이프들을 그룹화하기 〈단축키 : Ctrl+G〉

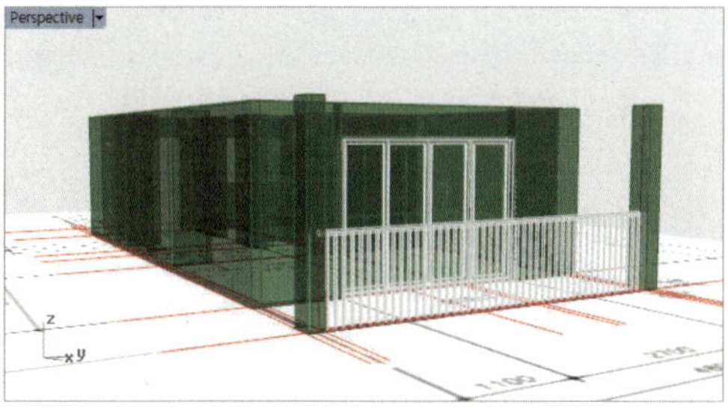

· 보이기(Show) 명령어 입력
(작업한 전체 개체를 보이게 함)

2) 복도 난간 만들기(ExtrudeCrv)

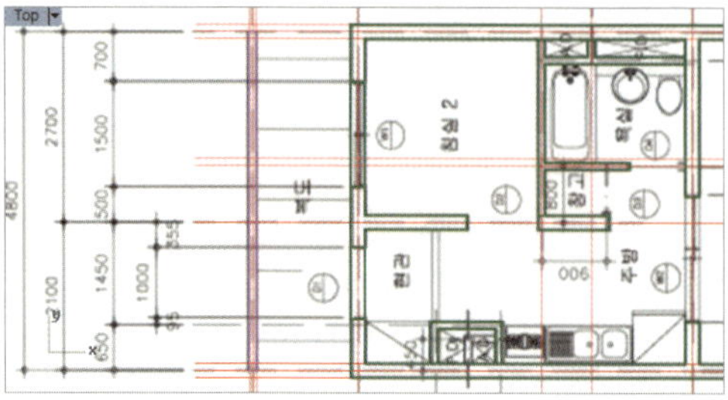

- Top view로 이동
- 중심선 선택
- 커브 간격띄우기(Offset) 명령어 입력
- 50(가이드선 간격) 입력 후 Enter
- 개체스냅 교차점(Int) 켜기
- 직사각형(Rectangle) 명령어를 활용하여 복도 난간 선그리기

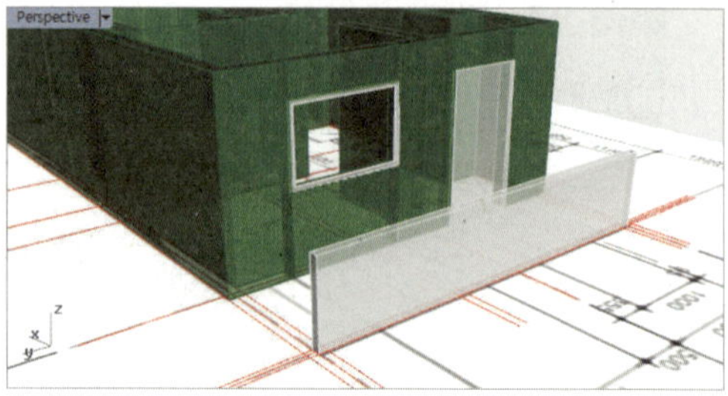

- 복도 난간 선 선택
- 커브돌출(ExtrudeCrv) 명령어 입력
- 1000(복도 난간 높이) 입력 후 Enter

3) 바닥 슬라브 만들기(PlanrSrf)

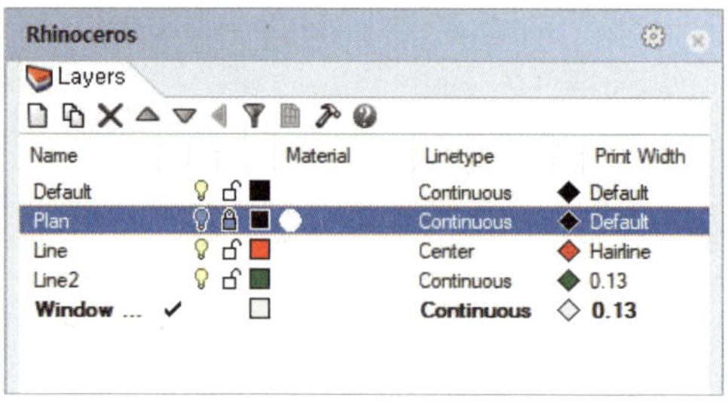

- 레이어 패널의 Plan 레이어 끄기(Hide)

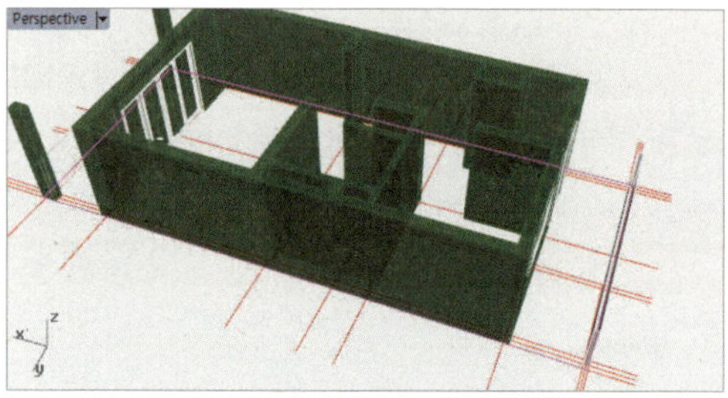

- 직사각형(Rectangle) 명령어 입력
- 바닥 슬라브 영역 그리기(발코니 난간기둥 하부 끝점에서 복도 난간 하부 끝점)

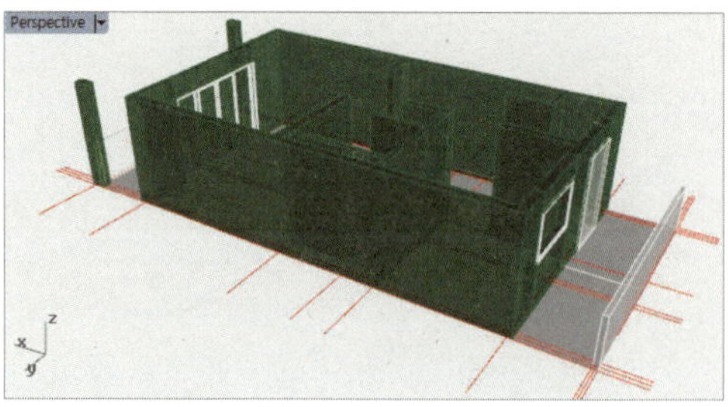

- 면 만들기(PlanrSrf) 명령어 입력
- 바닥 완성

4-3 평면도, 단면도, 측면도 만들기

1. 평면도 만들기(ClippingPlane, Make2D)

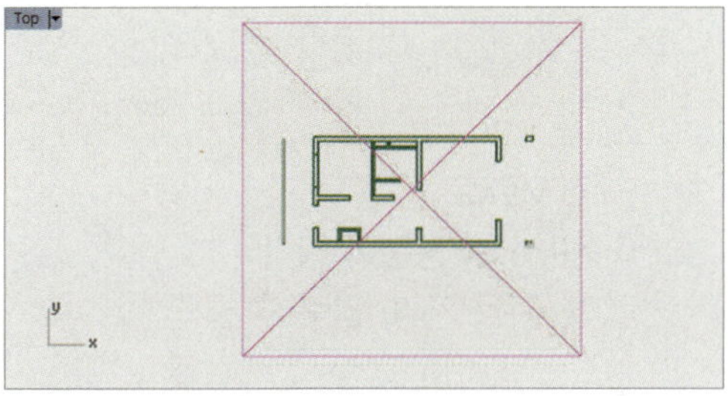

· Top view로 이동
· 절단면 추가(Clippingplane) 명령어 입력
· 첫코너와 마지막 코너 위치 지정

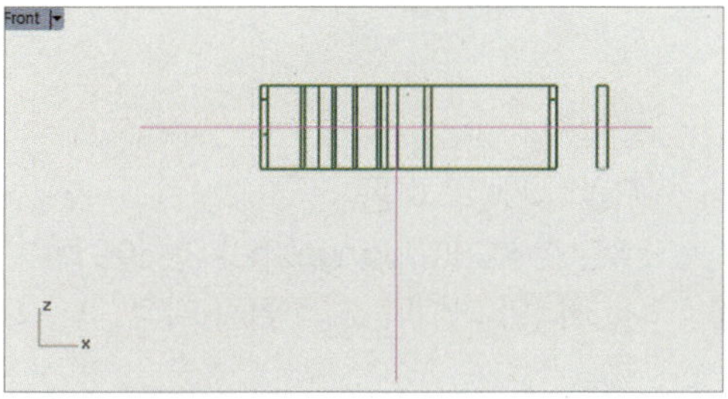

· Front view로 이동
· 절단면 가이드선 선택
· 1,200(평면도 추출 기준 높이) 입력 후 클릭

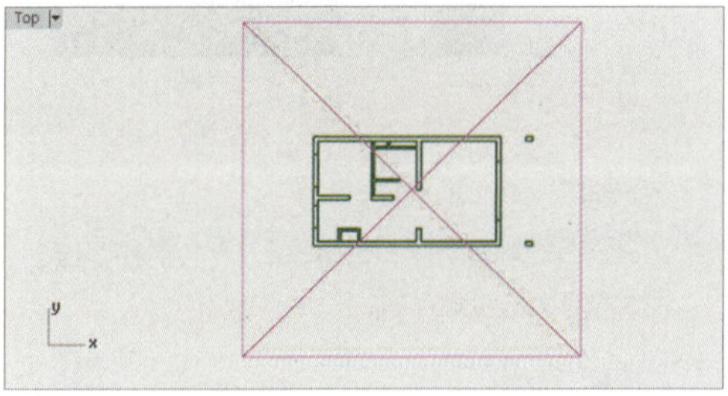

· Top view로 이동
· 2D 도면 그리기(Make2D) 명령어 입력
· 개체 선택 후 Enter

· 옵션창에서 '현재 뷰(Current View)' 선택 후 OK

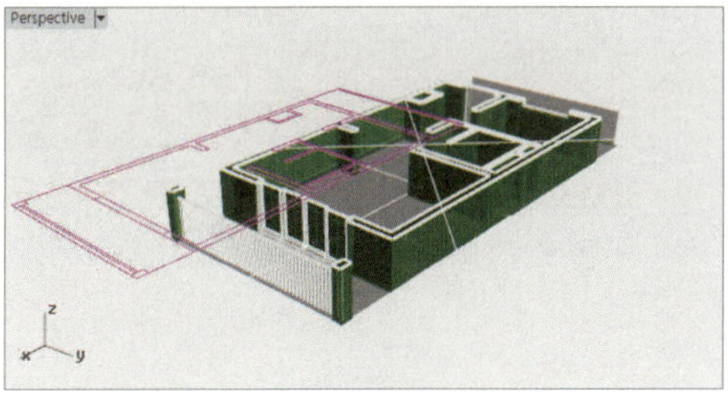

· Perspective view로 이동
· (0, 0, 0)을 기준으로 생성된 평면도 확인
· 생성된 평면도 그룹화 〈단축키 : Ctrl+G〉

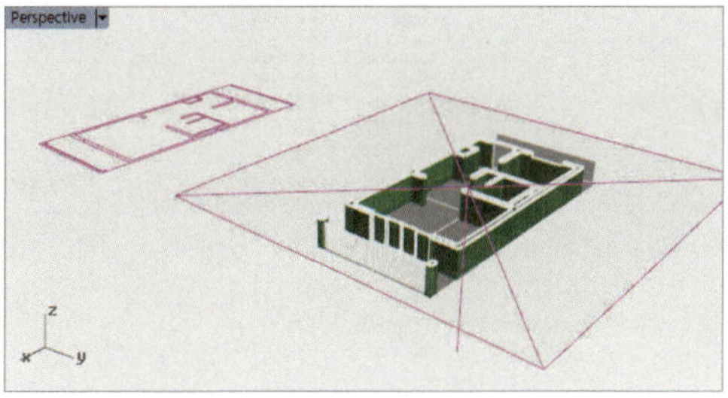

· 이동(Move) 명령어 입력
· 3D 모델과 겹치지 않는 곳으로 이동

2. 단면도 만들기(ClippingPlane, Make2D)

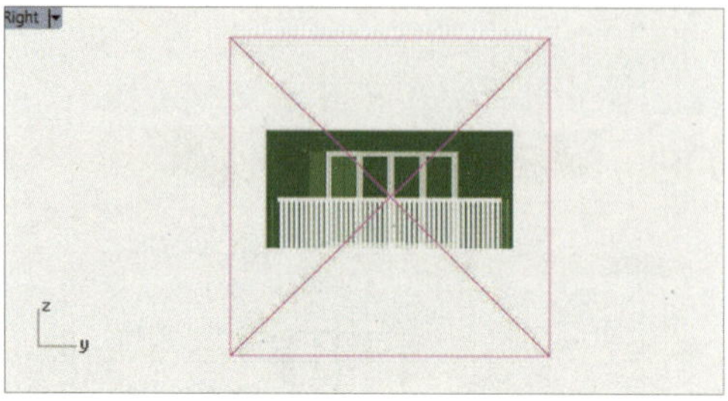

- Right view로 이동
- 절단면 추가(Clippingplane) 명령어 입력
- 첫코너와 마지막 코너 위치 지정

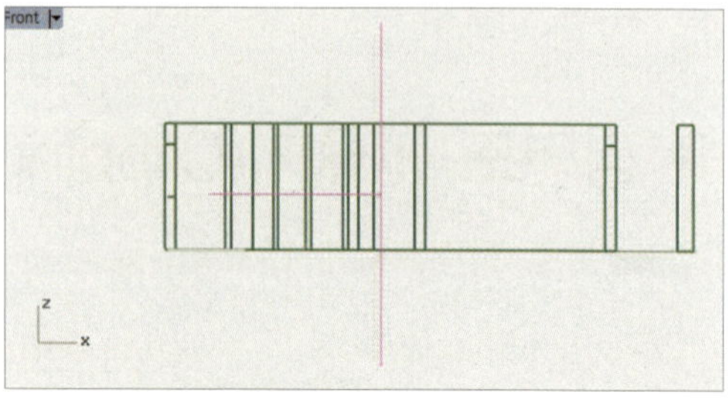

- Front view로 이동
- 이동(Move) 명령어 입력
- 4000(이동 거리) 입력 후 클릭

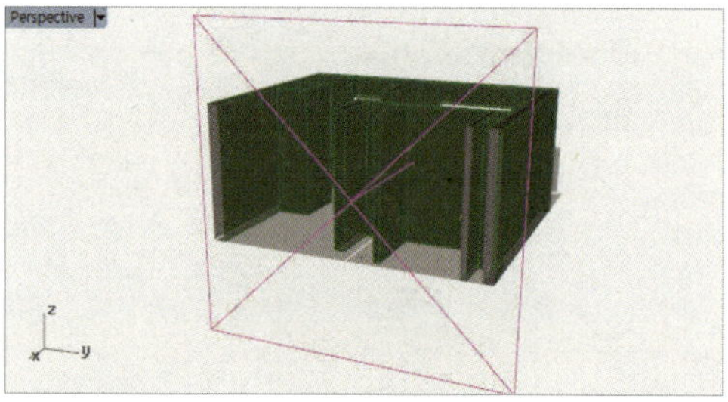

- Perspective view에서 위치 확인

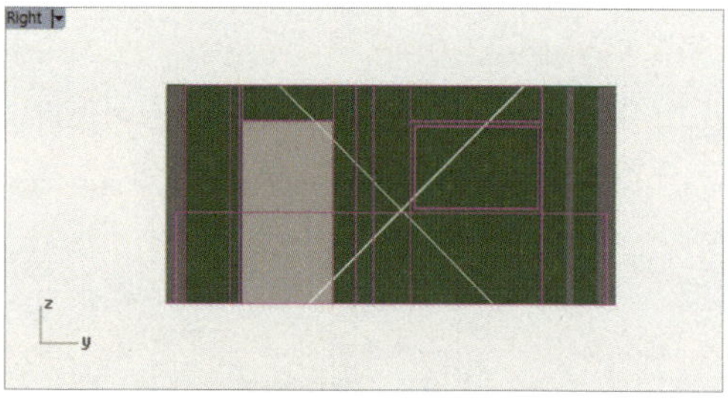

- Right view로 이동
- 2D 도면 그리기(Make2D) 명령어 입력
- 개체 선택 후 Enter

- 옵션창에서 '현재 뷰(Current View)' 선택 후 OK

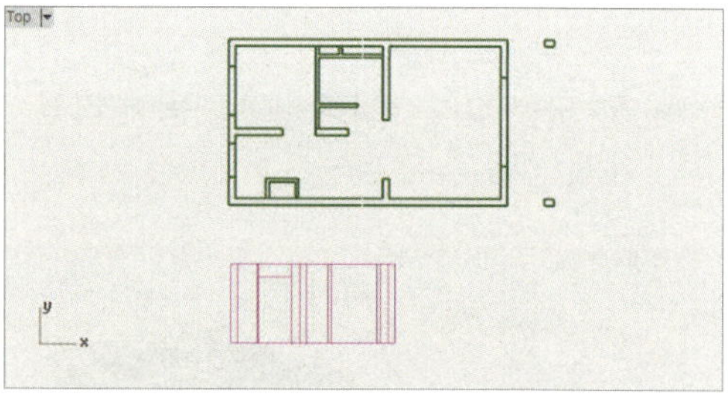

- Top view에서 생성된 단면도 확인
- 단면도 그룹화 〈단축키 : Ctrl+G〉

3. 측면도 만들기(ClippingPlane, Make2D)

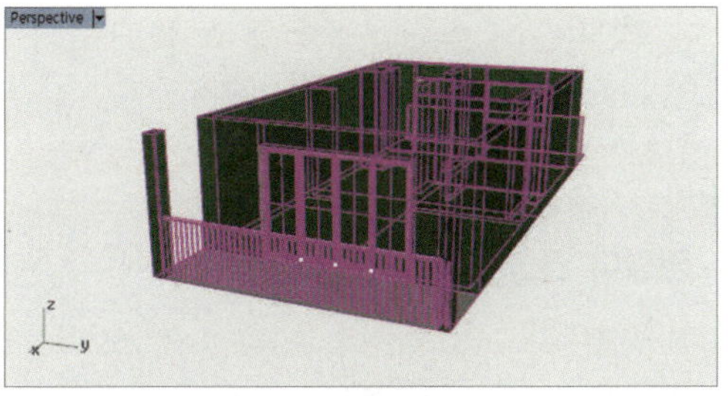

- Perspective view로 이동
- 개체 전체 선택

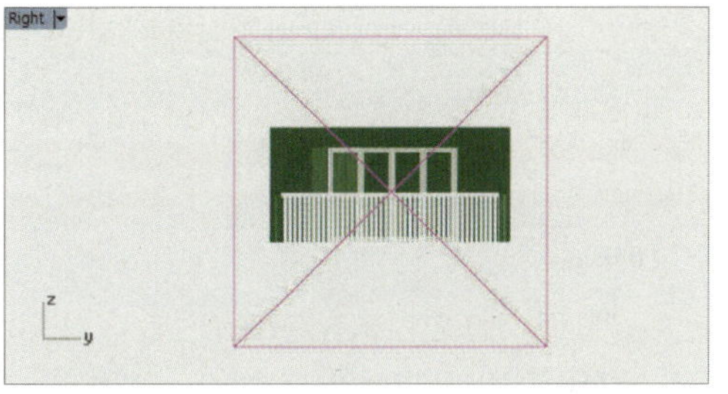

- 원하는 측면뷰 이동(예. Right View)
- 2D 도면 그리기(Make2D) 명령어 실행

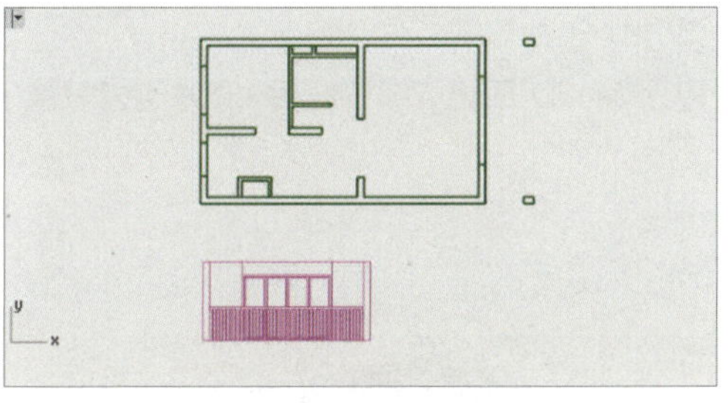

- Top view에서 생성된 단면도 확인
- 단면도 그룹화 〈단축키 : Ctrl+G〉

Exercise

실습하기 04

간단한 3D 오브젝트를 작성 후 평면도, 측면도, Perspective를 작성해보자

– Rhino에서 2D 도면 그리기(Make2D)로 추출한 라인들을 이용하여 도면화해보자

내용

- 간단한 3D 오브젝트 만들기
- 도면화 작업 연습

명령어 연습

- Make2D
- Export DWG or DXF

▶ 연습하기

- 모델링 연습
- 2D 도면 그리기(Make2D) 명령어를 활용한 2D 평면화 연습

  아래와 같은 간단한 도형들을 이용하여 형태를 만든 후 2D 도면 그리기(Make2D) 명령어를 활용하여 2D 도면화 하는 연습을 해보자.

▶ 예제 실습 간단한 3D 도형을 이용한 오브젝트 만들기

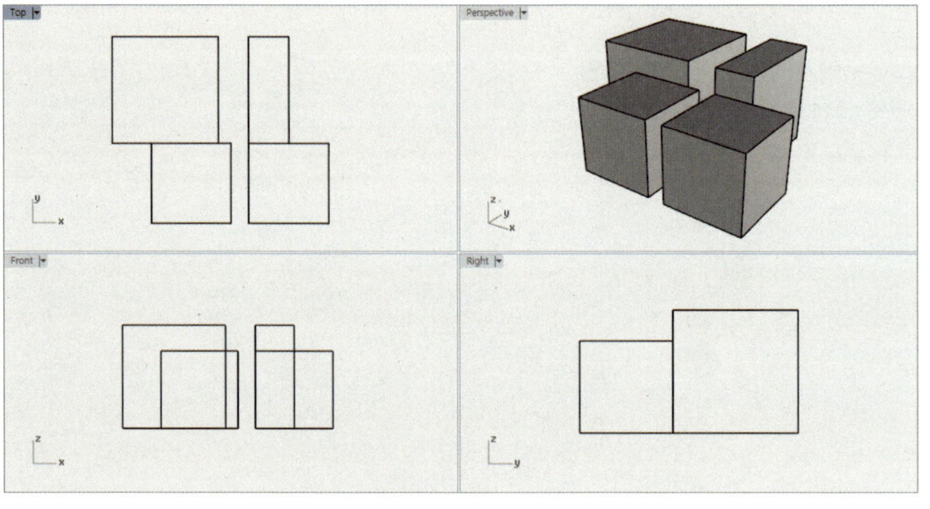

▶ 사용되는 명령어 box 등 기본 3d 명령어, Make 2d, Dim, Export Selected

▶ 예제 실습 만들어진 오브젝트를 Illustrator를 이용 도면화하기

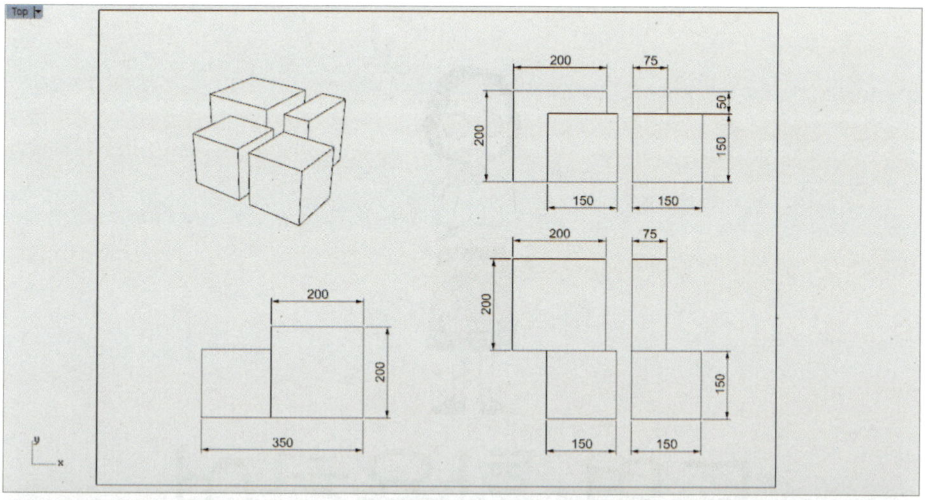

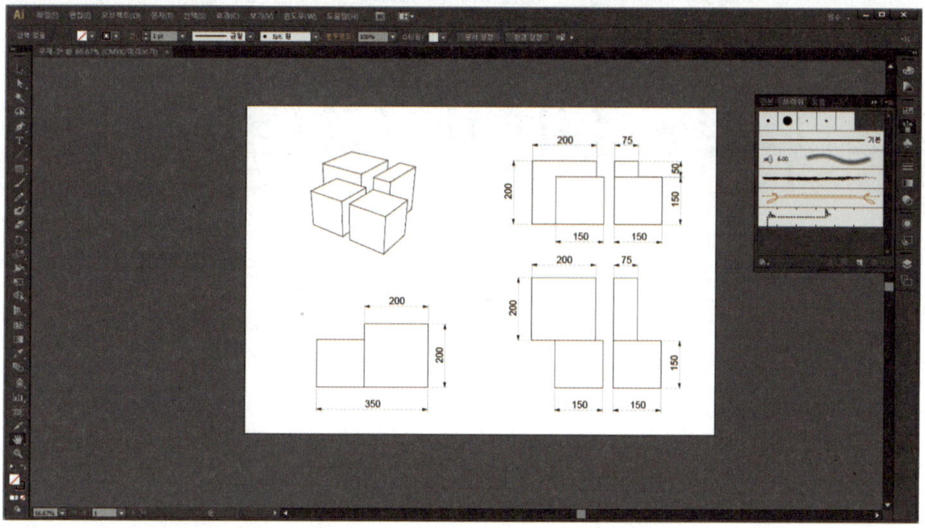

▶ 작업과정

1. Make 2D 명령어를 사용하여 평면화 시킴
2. Top view에서 A3 사이즈인 420 x 290 mm 사이즈의 사각형을 그린 후 make 2d로 만들어진 좌측면도, 우측면도, 등을 넣음
3. 평면화 된 vector 라인들에 치수를 기입함 (Dim (치수) 명령어 입력)
4. 그려진 vector 라인들을 dxf 나 dwg 파일로 export 하여 저장함
5. 일러스트레이터 (Illustrator)를 이용하여 A3 사이즈로 open 후 일러스트레이터에서 정리함
6. 빈 일러스트 파일로 위에서 저장한 dwg 파일을 가져옴
7. A3 일러스트레이터 파일을 제출

도면 활용하여 2층 단독세대 모델링하기

새로운 명령어 익히기 SketchUp & Lumion 소개 / SketchUp 기본설명

Chapter 05
도면 활용하여 2층 단독세대 모델링하기

1층 만들기
2층 만들기

5-1 1층 만들기

1. 캐드(Cad)파일 가져오기

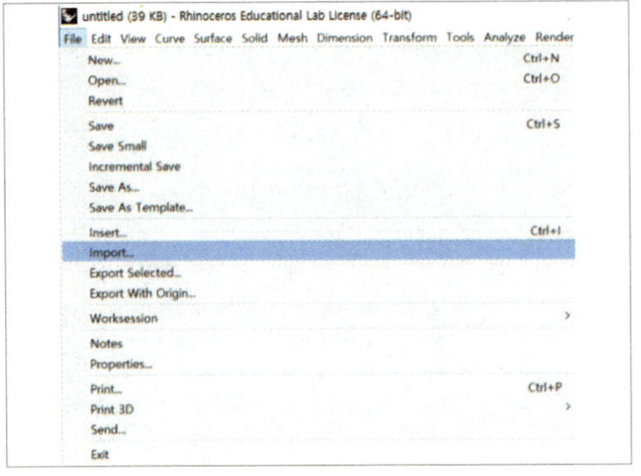

· File/Import file을 클릭

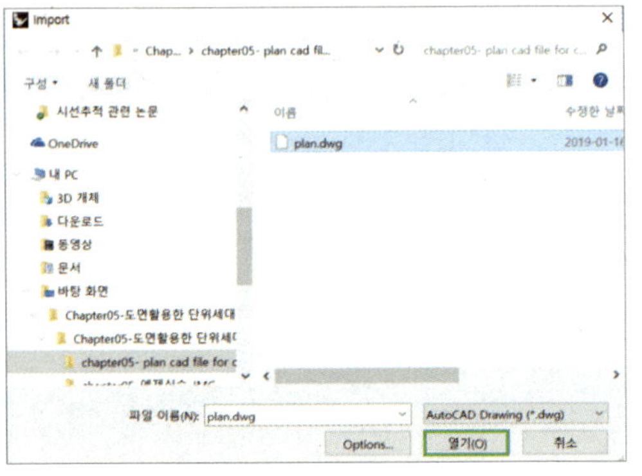

· 캐드 파일(plan.dwg) 선택 후 열기(OK) 버튼 클릭

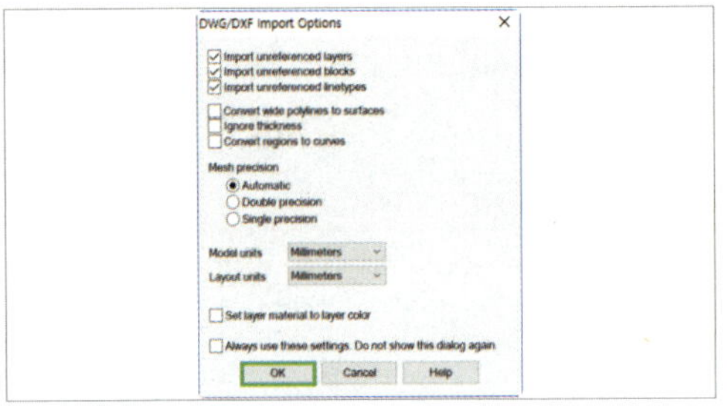

· 옵션창의 세부항목을 그림과 같이 체크 후 OK 클릭

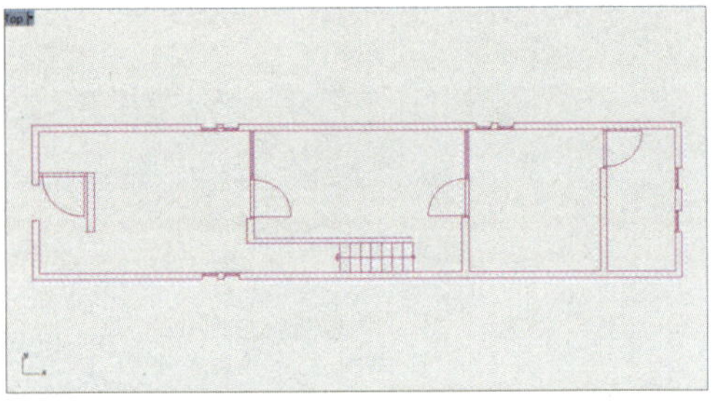

· 불러온 도면 확인하기

2. 레이어(Layers) 확인 및 새로운 레이어 생성하기 (Layer, BlockManager)

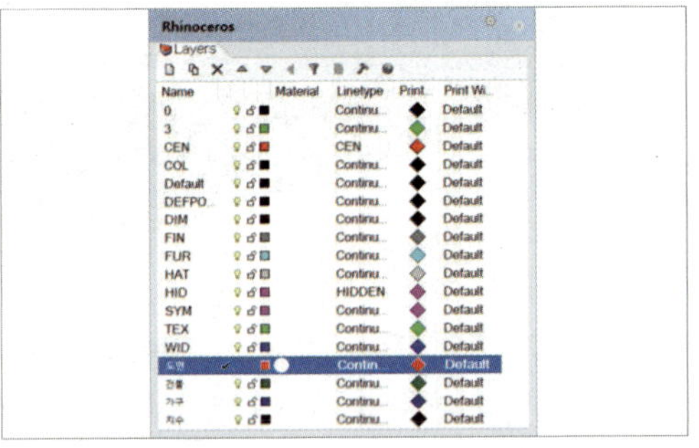

· 새로운 레이어 만들기
도면, 건물, 가구, 치수

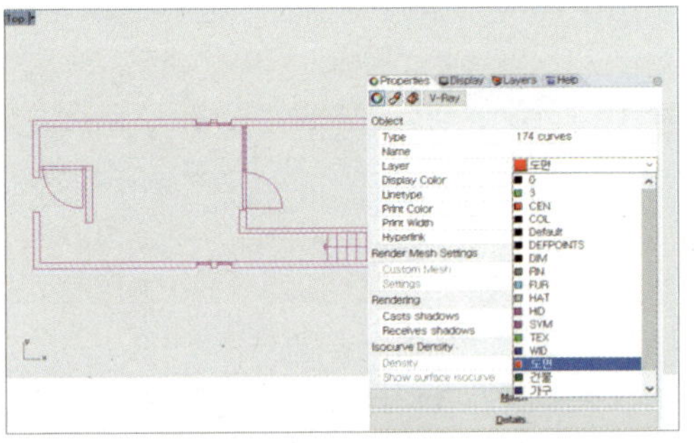

· 불러온 캐드파일 전체 선택
· 속성(Properties)에서 레이어(Layer) 항목을 '도면' 으로 변경

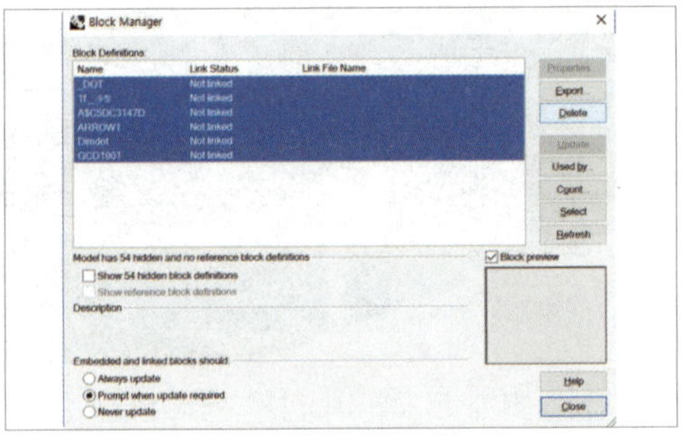

· 새로 생성한 레이어를 제외하고 불필요한 레이어 지우기
· 블록 관리자(BlockManager) 명령어 입력
· 블록 관리자(Block Manager)에서 모든 블록(Block) 제거(Delete) 클릭

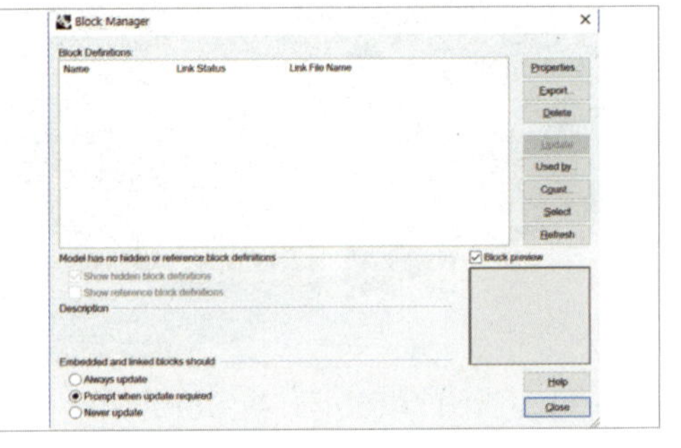

· 블록 관리자(Block Manager)에서 Close 클릭

※ 제거되지 않은 레이어는 블록(Block) 이름들이 등록되어 있기 때문이기 때문에 다음과 같이 Blockmanager를 이용하여 제거해야 해당 레이어 삭제 가능

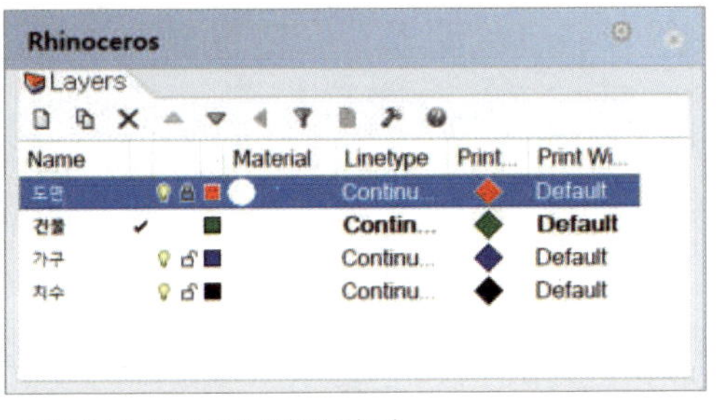

· 정리된 레이어 확인하기
· 도면 레이어 잠그기(Lock)

3. 벽체 세우기(Rectangle, ExtrudeCrv, Box)

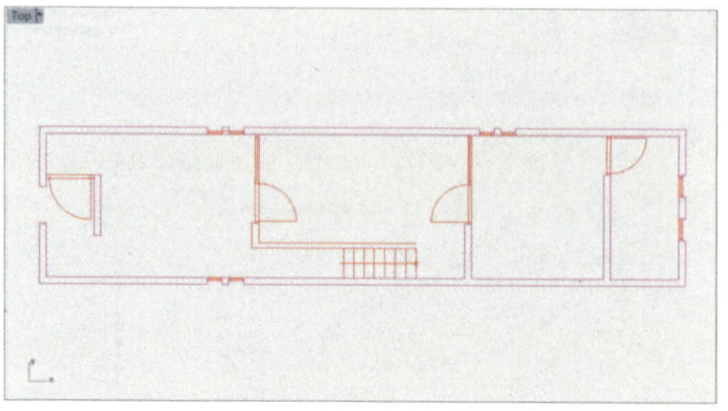

· 건물 레이어에서 작업 시작
· 폴리라인(Polyline)과 사각형(Rectangle) 명령어를 이용하여 벽체 선 그리기

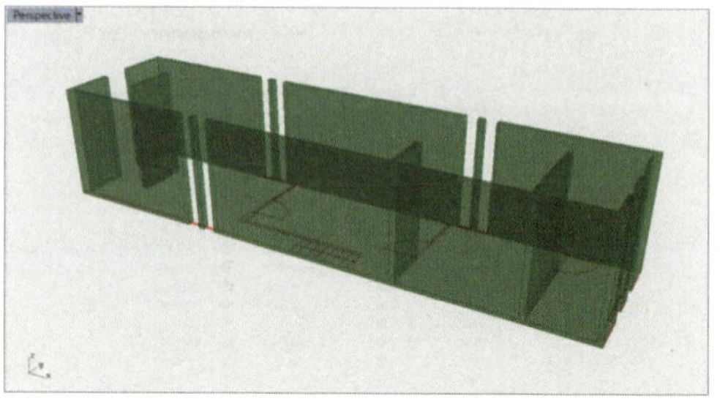

· 벽체가 될 선을 선택하고 커브돌출(Extrude Crv) 명령어를 이용하여 벽체를 생성한다(높이 3,000mm).

※ 커브돌출(ExtrudeCrv) 명령시 세부 명령어 중 S(Solid)옵션을 체크했는지 확인

· 박스(Box) 명령어를 활용하여 창틀벽체 만들기(높이 : 800mm)

· 창틀벽체 복사하여 창틀 상부 벽체 만들기

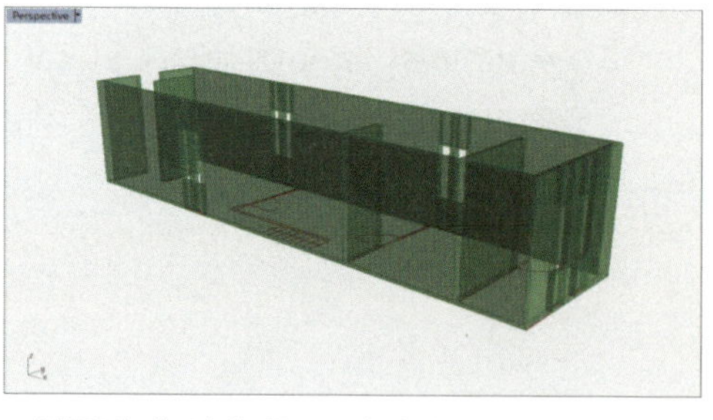

· 창틀벽체 선택 후 복사하여 배치하기

4. 창호 만들기(PlanarSrf, MoveFace)

· 수직 직사각형(Rectangle : vertical) 명령어를 이용하여 창문틀이 될 사각형 그리기

· 이동(Move) 명령어를 이용하여 벽의 중간점으로 이동

· 사각형 선택 후 상단 표시여부(Visibility) 탭 아래 감추기(Hide)를 선택

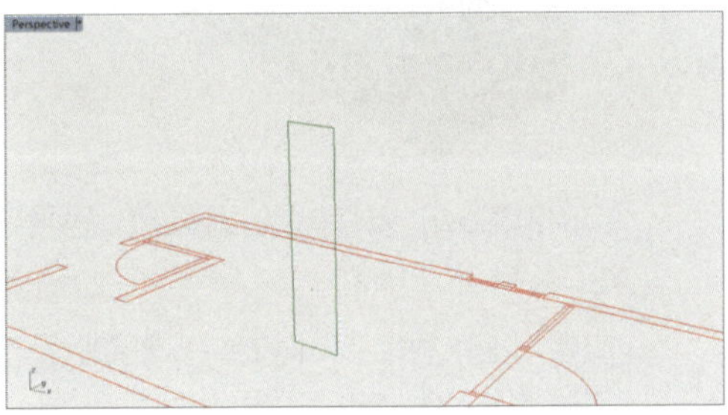

· 만들어진 사각형을 선택 후 Visibility→Hide를 활용하여 사각형을 제외하고 모두 감추기

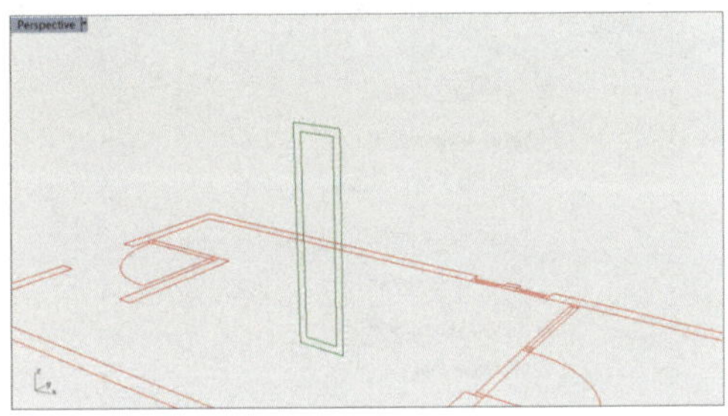

· 커브 간격띄우기(Offset) 명령어를 활용하여 간격 50mm인 창문틀 두께 만들기

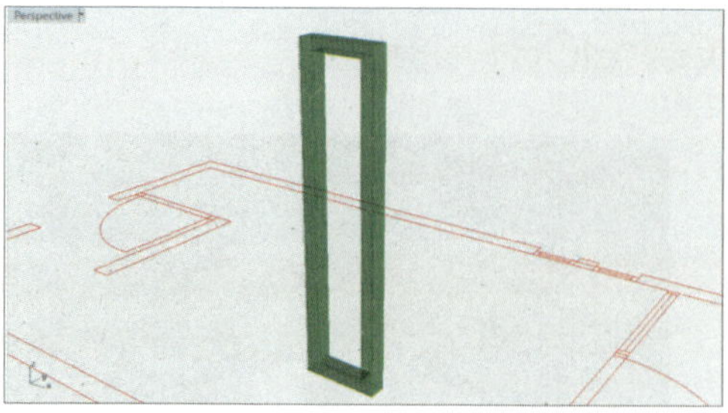

· 커브돌출(ExtrudeCrv) 명령어를 활용하여 깊이 75mm인 창문틀 만들기(-75 입력)

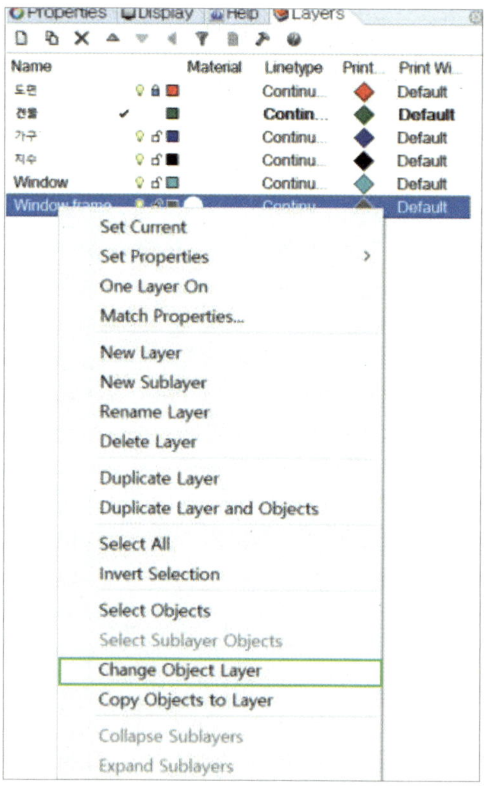

· 새로운 레이어를 만들고 창문유리와 창문틀을 생성된 레이어로 전환
새로운 레이어 : Window, Window frame

※ 새로운 레이어로 오브젝트를 옮길 시 오브젝트를 선택 후 새로운 레이어 위에서 우클릭 후 change object layer를 선택

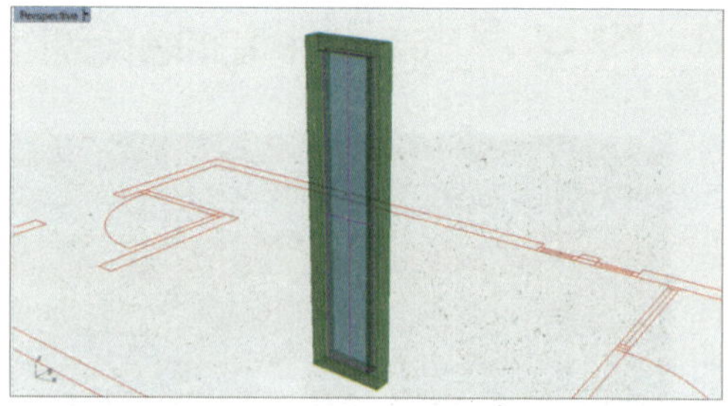

· 커브 간격띄우기(Offset)된 선을 선택 후 면 만들기(PlanarSrf) 명령어를 활용하여 창문유리 만들기
· 생성된 창문유리는 창문틀의 중간 위치로 이동시킴

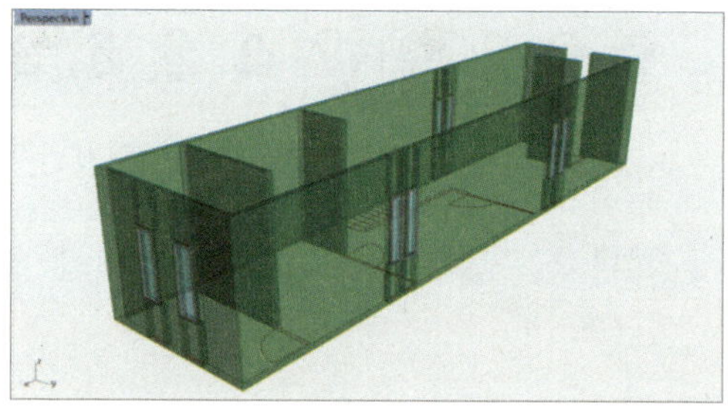

· 보이기(Show) 명령어를 입력 후 만들어진 창문을 복사해 배치

※ 좌측 2개의 창은 폭이 다르기 때문에 위의 방법을 활용하여 추가로 만들기

5. 내벽 및 프레임 만들기(MoveFace)

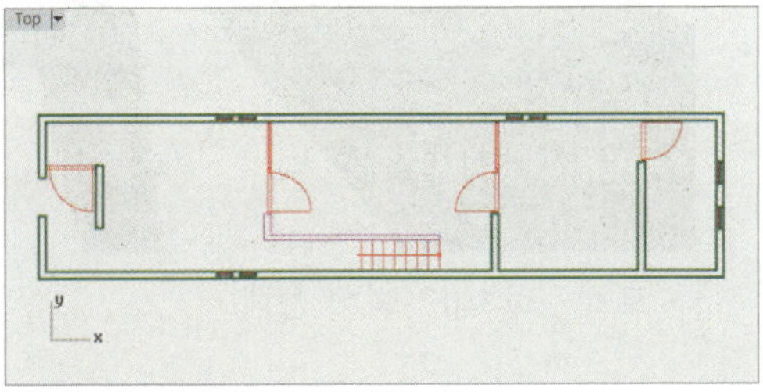

· 폴리라인(Polyline)으로 내벽선 그리기

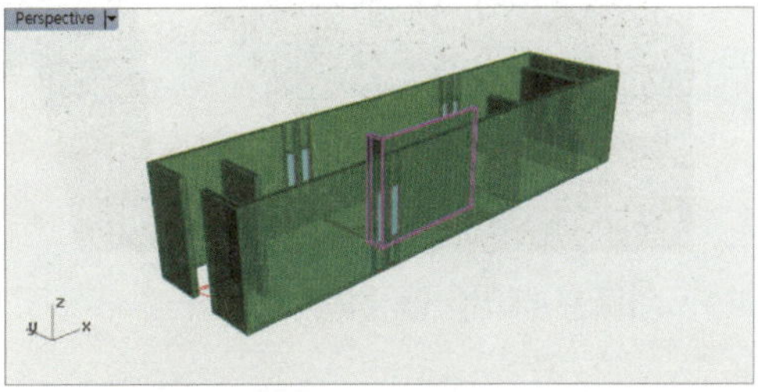

· 커브돌출(ExtrudeCrv) 명령어를 활용하여 내벽선 세우기(높이 : 3,000mm)

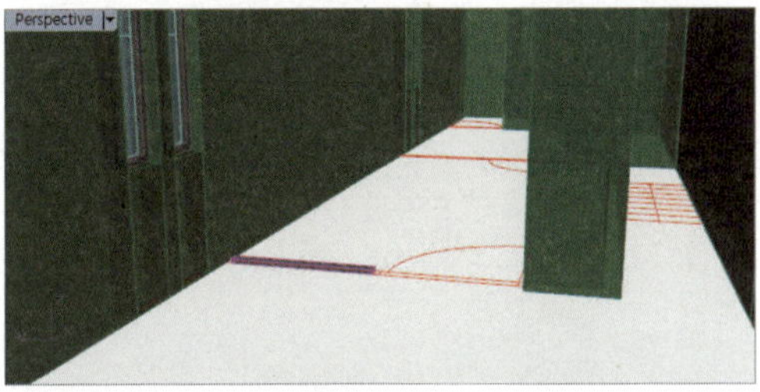

· 박스(Box) 명령어를 활용하여 수평 프레임 만들기(높이 : 30mm)

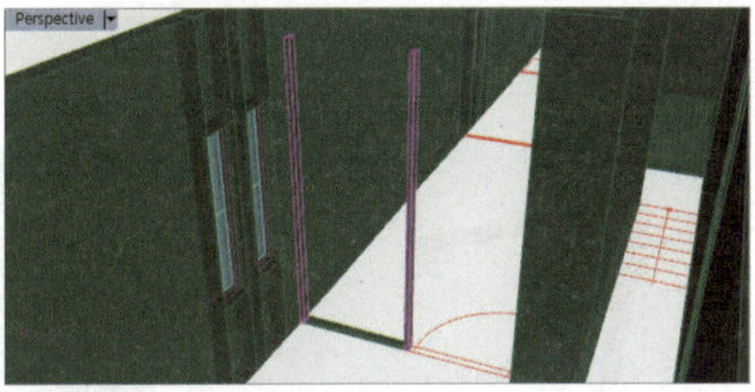

· 박스(Box) 명령어를 활용하여 수직 프레임 세우기(높이 : 2600mm)

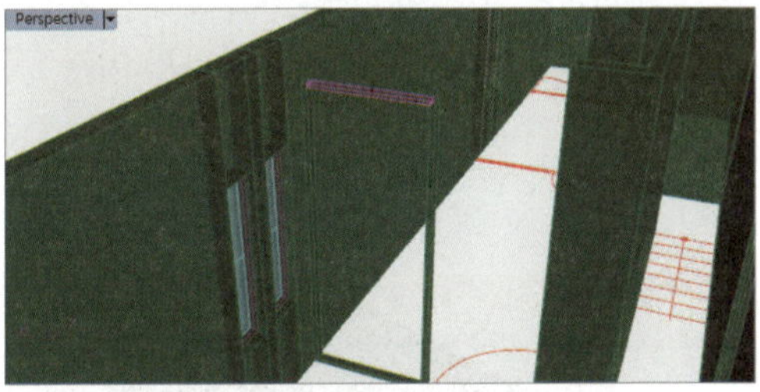

· 복사(Copy) 명령어 활용하여 반대쪽 프레임 복사

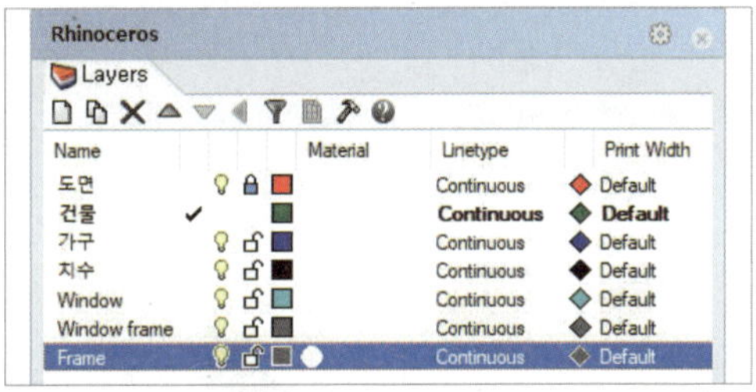

· 새로운 레이어(Frame) 생성 후 수직/수평 프레임을 Frame 레이어로 전환

· 새로운 레이어를 적용한 프레임

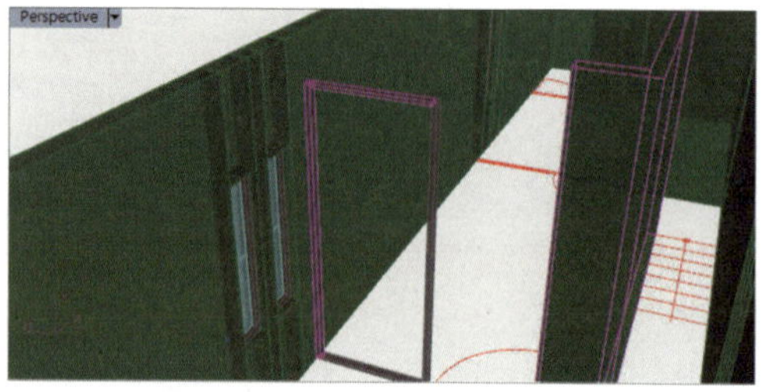

· 프레임과 내부 벽체 선택

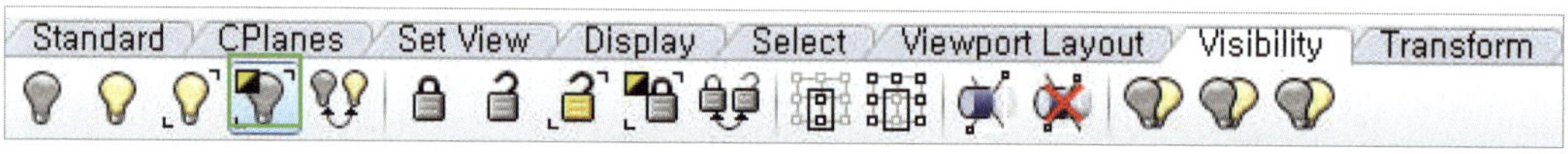

· 상단 표시여부(Visibility) 탭 아래 감추기(Hide)를 선택

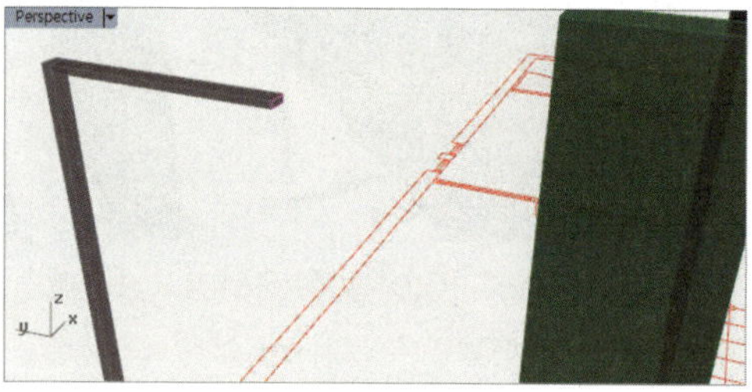

· Visibility→Hide를 활용하여 선택 개체만 남기고 감추기

· 면 이동(MoveFace) 명령어 입력 후 이동하기 원하는 면을 선택

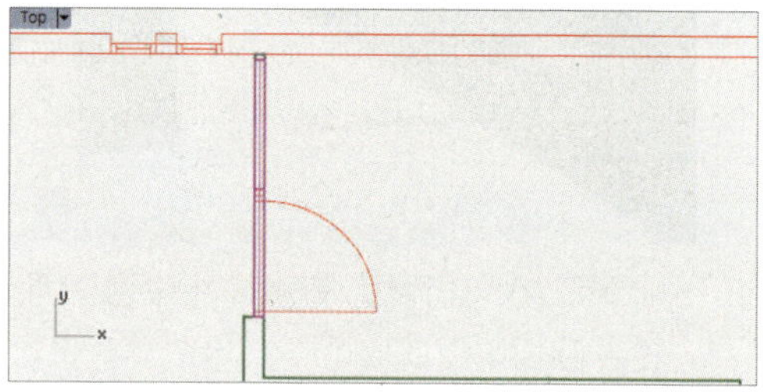

· 개체스냅의 투영(Project)이 체크된 상태에서 기준점을 선택 후 이동경계까지 이동

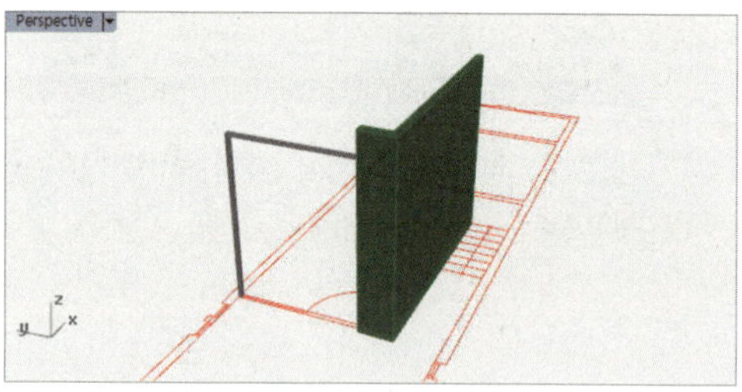

· 면 이동 결과물 확인

· 보이기(Show) 명령어를 활용하여 모든 개체 보이기

6. 내부 유리 만들기 1(Cylinder, Mirror)

- Window 레이어에서 작업
- 개체스냅의 투영(Project)이 체크 해제된 상태에서 프레임내 유리가 삽입될 위치에 폴리라인(Polyline)으로 선 그리기

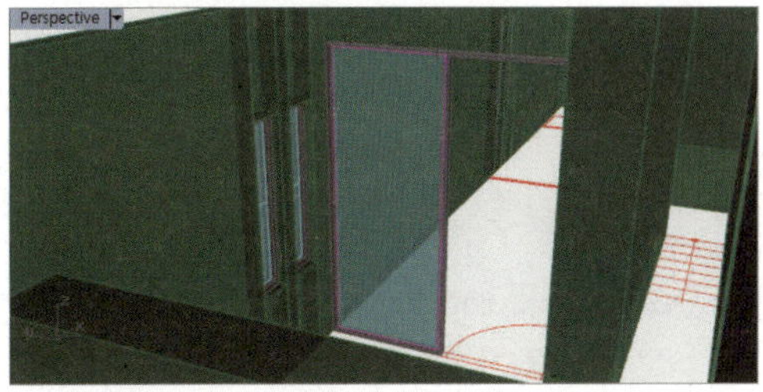

- 커브돌출(ExtrudeCrv) 명령어를 활용하여 유리 만들기(높이 : 2,540mm)

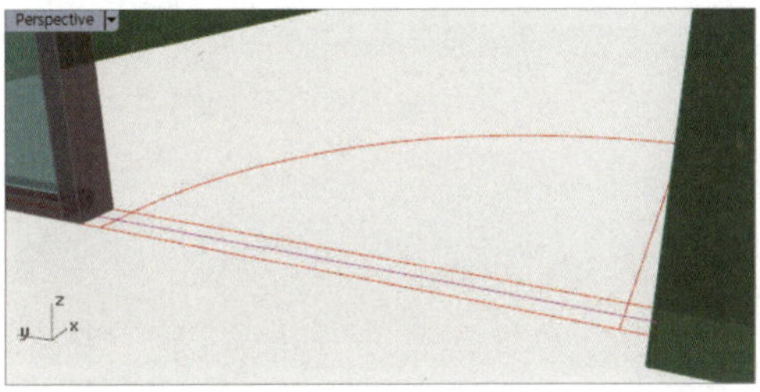

- 유리문이 삽입될 위치에 폴리라인(Polyline)으로 선 그리기

- 커브돌출(ExtrudeCrv) 명령어를 활용하여 유리 만들기(높이 : 2,570mm)

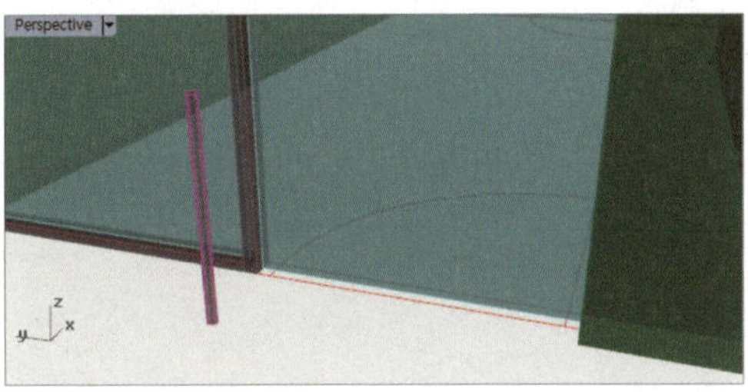

- Frame 레이어에서 작업
- 유리문 손잡이 만들기
  원기둥(Cylinder) 명령어를 활용하여 반지름 15mm, 높이 600mm인 손잡이 만들기

※ 만들어진 원기둥(cylinder)의 상 · 하부가 막혀있지 않다면 Cap명령어를 이용하여 막아줄 수 있음

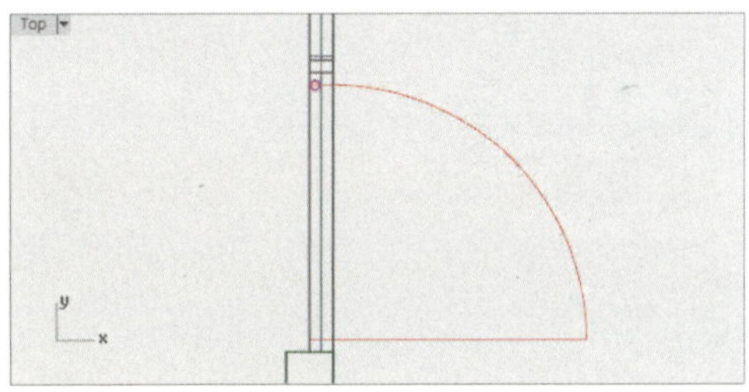

- Top view에서 원기둥을 알맞은 위치에 배치

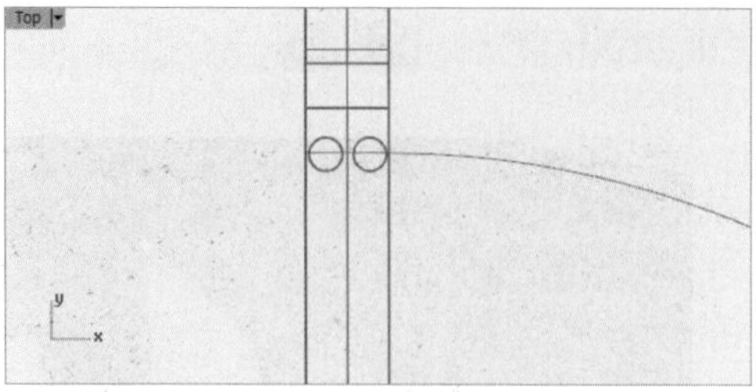

· 미러복사(Mirror) 명령어를 활용하여 내부 손잡이 만들기

· 두 손잡이를 선택한 후 이동(Move) 명령어를 활용하여 수직 이동
세부옵션 : V(Vertical)
이동거리 : 1,000mm

· 프레임+유리+손잡이를 선택 후 그룹화 〈단축키 : Ctrl + G〉
· 복사(Copy) 명령어를 활용하여 이동 배치

7. 실내인테리어 보 만들기(MoveFace)

· 건물 레이어에서 작업
· 수직 직사각형(Rectangle : vertical) 명령어를 활용하여 보의 단면 그리기

· 커브돌출(ExtrudeCrv) 명령어를 활용하여 보를 완성

· 복사(Copy) 명령어를 활용하여 나머지 보를 생성

· 개체스냅의 투영(Project)를 체크하고 면 이동(MoveFace) 명령어를 실행한 후 이동하고자 하는 면을 선택

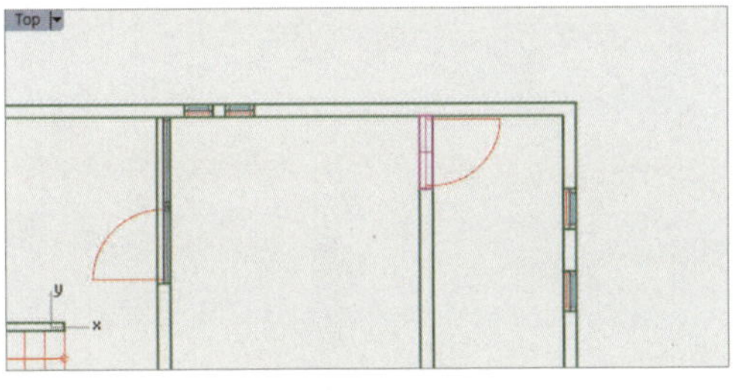

· Tow view에서 이동하고자 하는 면의 기준점에 맞게 이동 조절

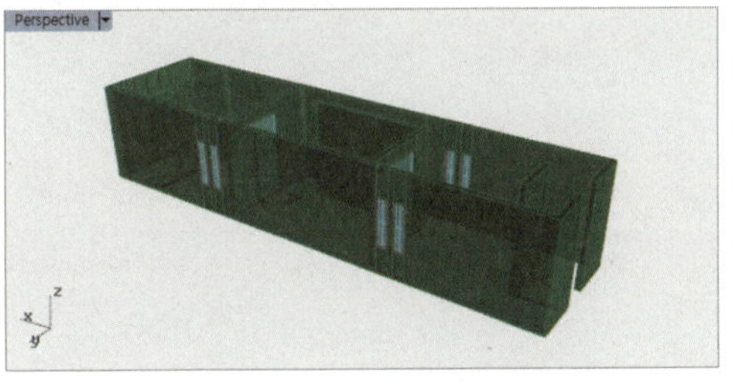

· 이동된 보 확인

8. 내부 유리 만들기 2

· Frame 레이어에서 작업

· 박스(Box) 명령어를 활용하여 유리문 프레임 생성(높이 : 30mm[수평 프레임], 2,600mm [수직 프레임])

· Window 레이어에서 작업

· 폴리라인(Polyline)명령어를 활용하여 유리문의 가로폭 선을 평면상에 그린 후 커브돌출(ExtrudeCrv) 명령어를 활용하여 유리문 만들기(높이 2,570mm)

· 복사(Copy) 명령어를 활용하여 앞서 모델링한 유리문 손잡이를 적절한 위치에 배치

9. 슬라브 및 계단 만들기

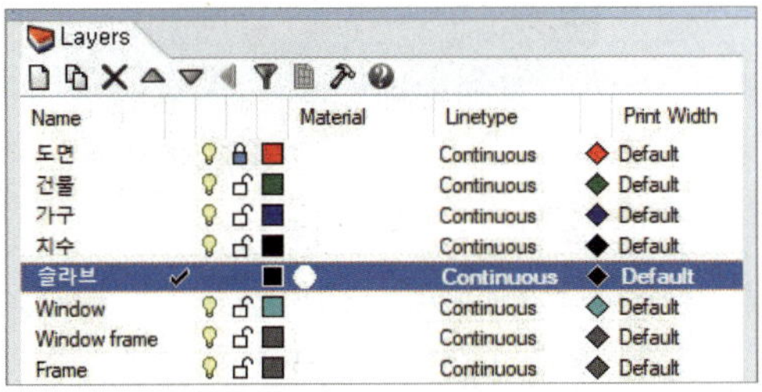

· 새로운 레이어(슬라브) 만든 후 현재 레이어로 설정

· 직사각형(Rectangle) 명령어를 활용하여 바닥 슬라브 범위 그리기

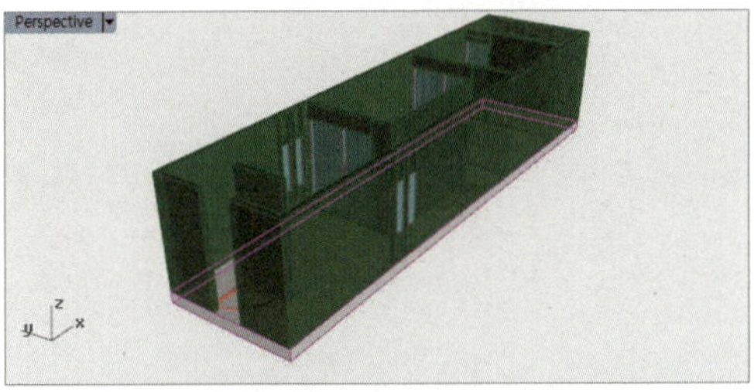

· 커브돌출(ExtrudeCrv) 명령어를 입력 후 높이값 -300 입력

· 박스(Box) 명령어를 활용하여 계단 만들기 230(깊이)×655(너비)×250(높이)

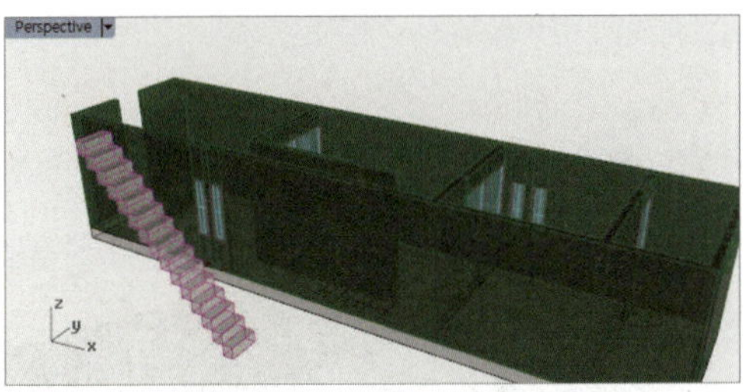

· 복사(Copy) 명령어를 활용하여 계단을 15개 후 복사 정렬하고 그룹화 〈단축키 Ctrl + G〉

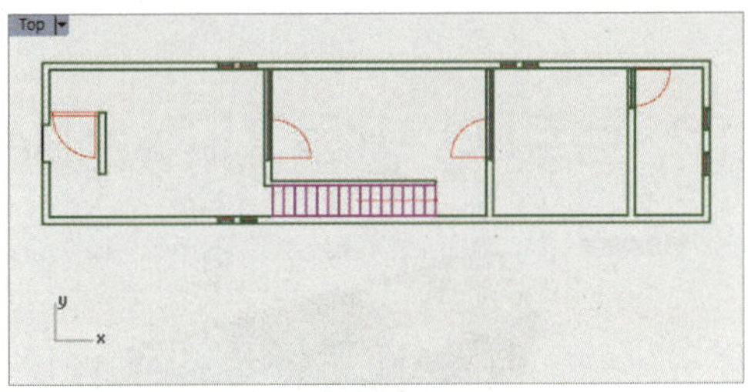

· Top view에서 계단의 위치 지정

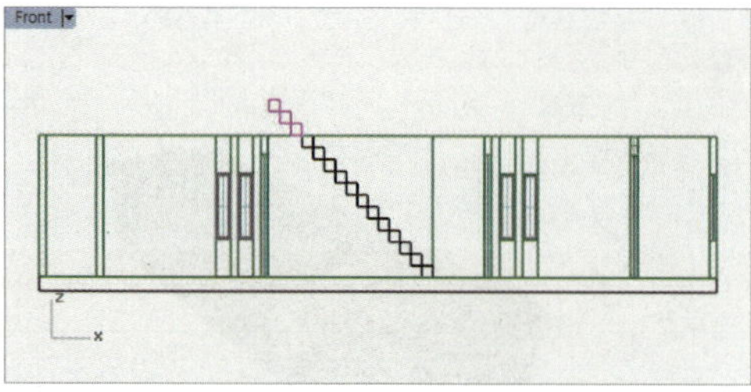

· Front view로 이동 후 불필요한 계단 삭제

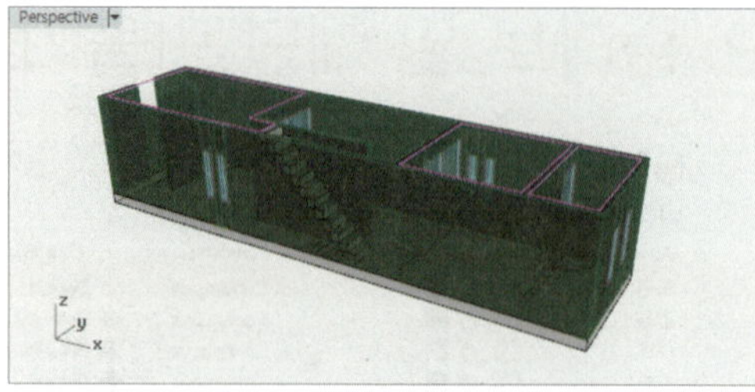

· 직사각형(Rectangle), 폴리라인(Polyline)을 활용하여 상부 슬라브가 위치할 테두리선 그리기

※ 슬라브 레이어에서 작업 중인지 확인

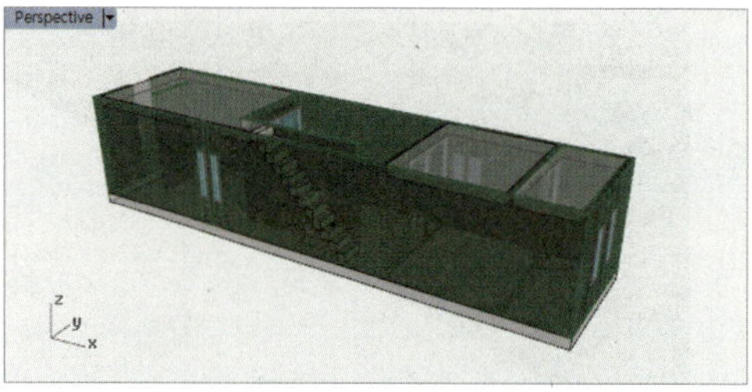

· 커브돌출(ExtrudeCrv) 명령어를 활용하여 상부 슬라브 두께 적용하기(-300)

10. 브릿지 만들기(DupBorder)

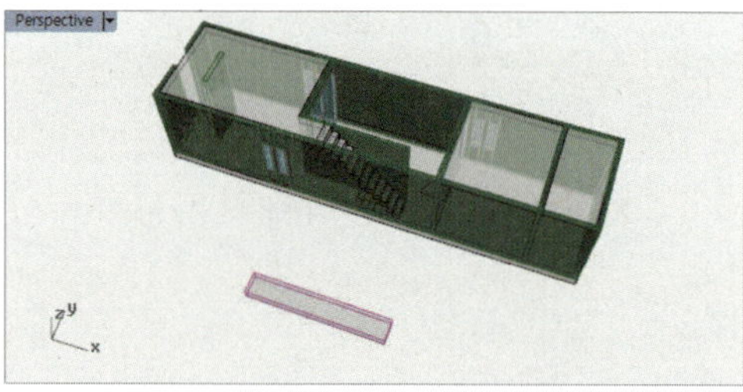

· 박스(Box) 명령어를 활용하여 브릿지 만들기 4550(길이) × 700(폭) × 300(두께)

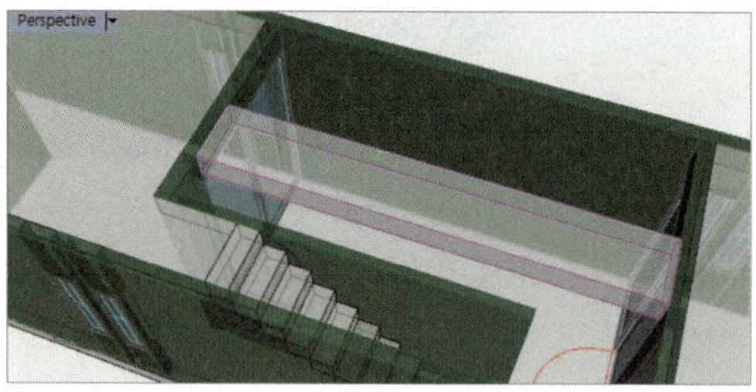

· Top view에서 브릿지를 위치시킴

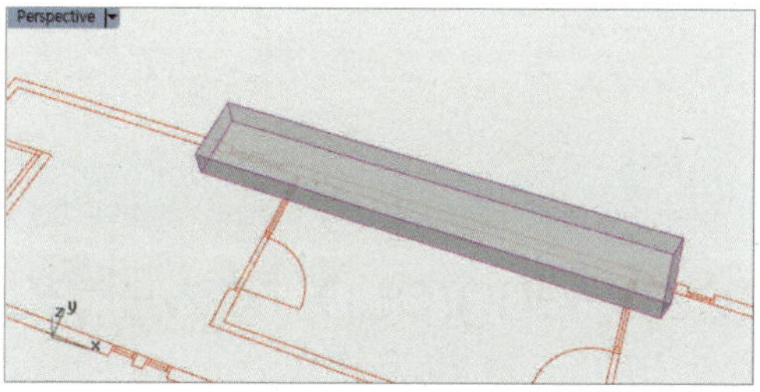

· 선택개체제외 숨기기( ) 명령어를 활용하여 브릿지만 남기기

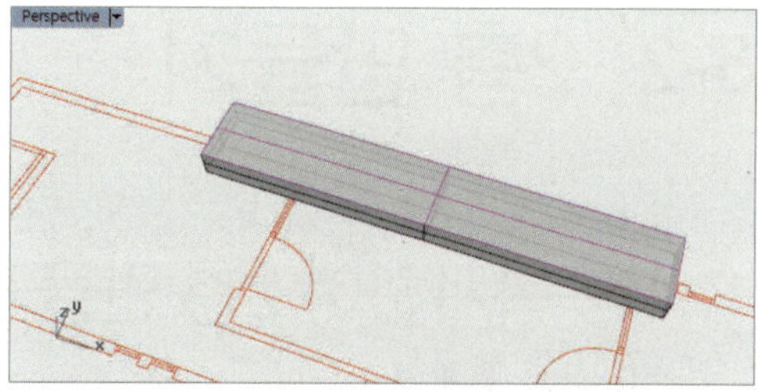

· 분해(Explode) 명령어를 활용하여 브릿지 개체를 분해하고 윗면 선택

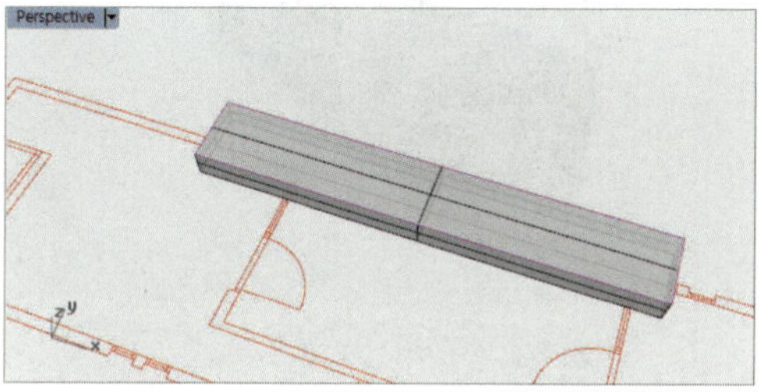

· 테두리복제(DupBorder) 명령어를 활용하여 외곽선 만들기

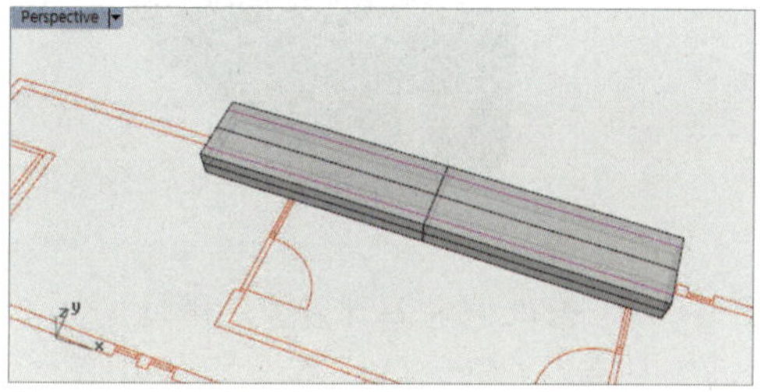

· 분해(Explode) 명령어로 외곽선 분해
· 좌우측 선 선택 후 간격띄우기(Offset) 거리 : 100mm

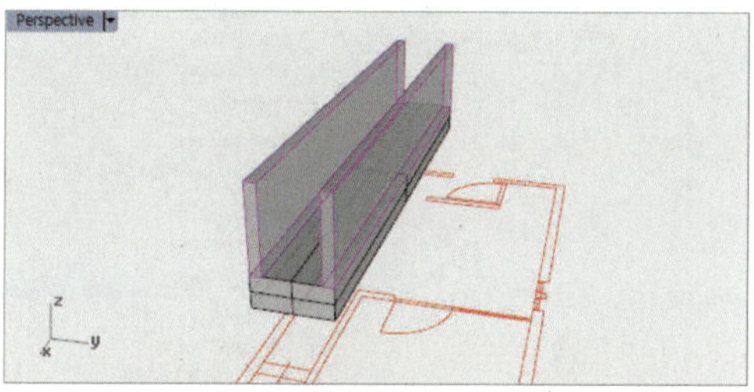

· 박스(Box) 명령어를 활용하여 난간 만들기 (난간높이 : 800mm)

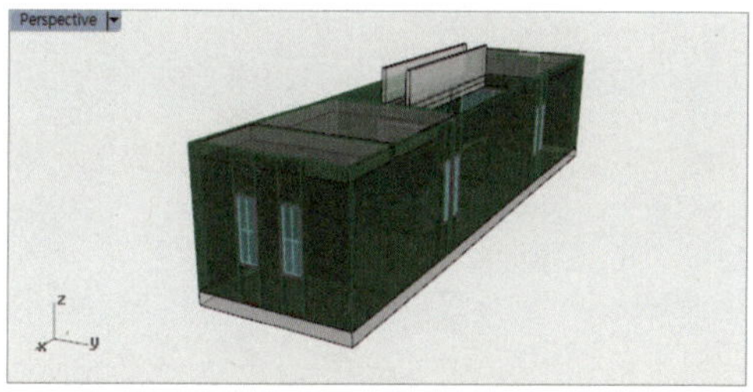

· 난간과 브릿지를 선택 후 그룹화 〈단축키 : Ctrl +G〉
· 보이기(Show) 명령어 적용하여 모든 모델링 나타내기

5-2 2층 만들기

1. 1층 복사하여 2층 만들기(Group, Ungroup, MoveFace)

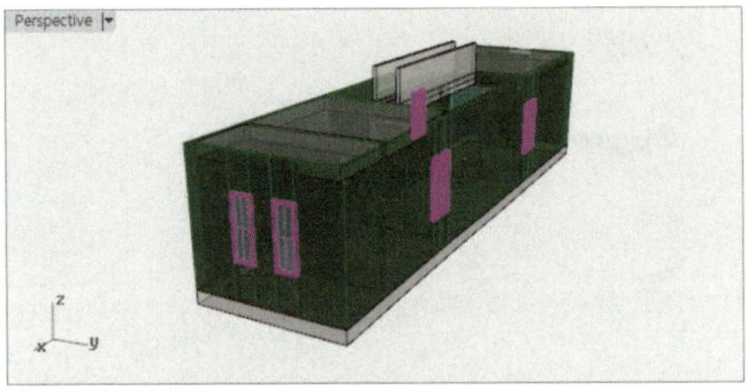

· 모든 창과 창문 프레임을 그룹화
〈단축키 : Ctrl +G〉

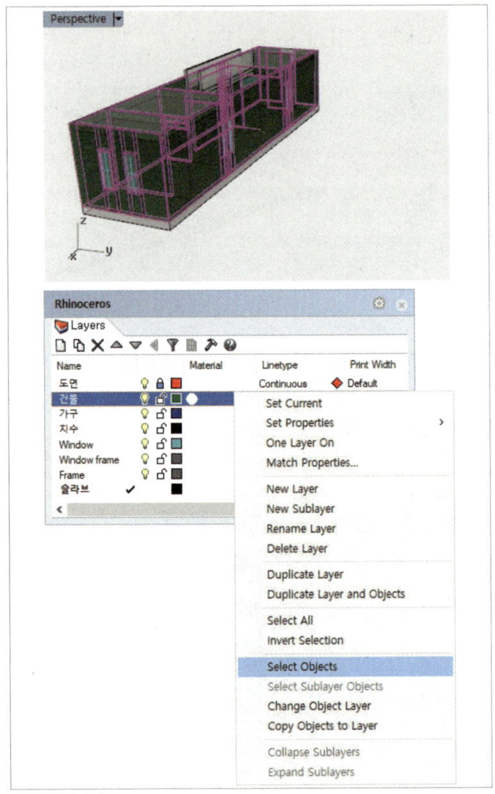

· 건물 레이어 위에서 우클릭하여 '개체선택(Select Object)' 을 선택
· 선택된 건물 레이어의 모든 개체를 그룹화
〈단축키 : Ctrl +G〉

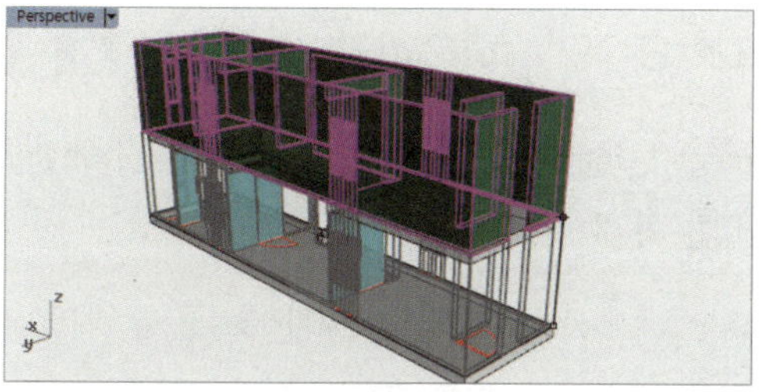

· 1층 벽체와 창문의 그룹을 복사(Copy)하여 배치

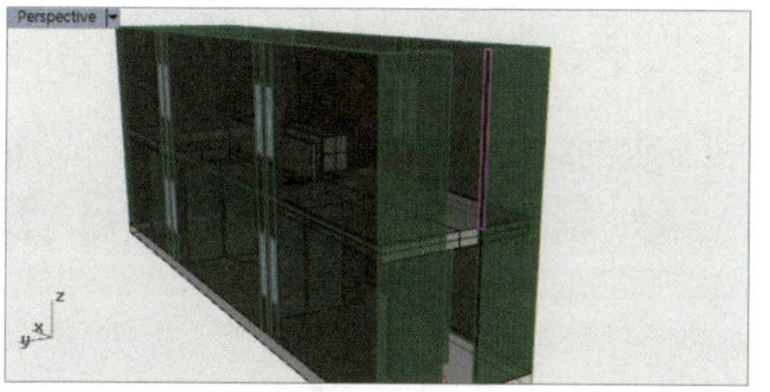

· 2층 전체 그룹해제(Ungroup)
· 개체스냅 투영(Project) 체크 후 면이동(MoveFace) 명령어를 활용하여 2층 벽체면 연장하기

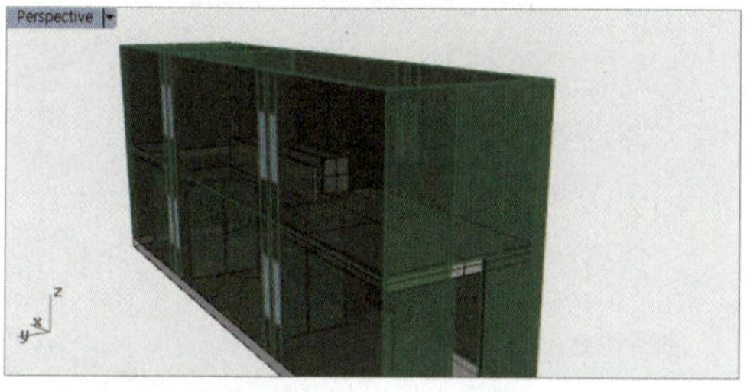

· 연장된 벽체면 확인하기

· 수직 직사각형(Rectangle:vertical) 명령어를 이용하여 수직 직사각형 그리기

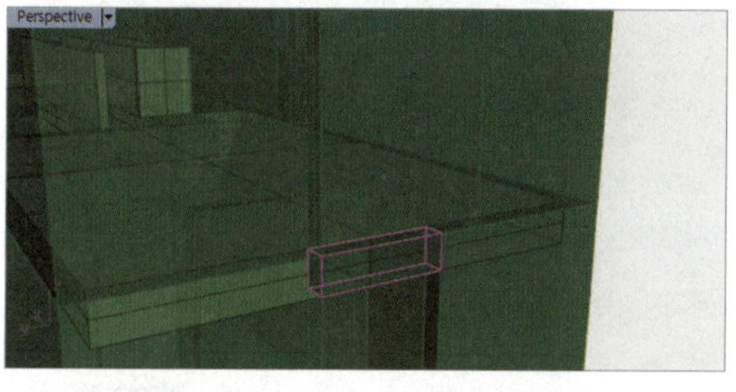

· 커브돌출(ExtrudeCrv) 명령어를 활용하여 벽 두께 적용하기
· 생성된 개체는 '건물' 레이어로 전환

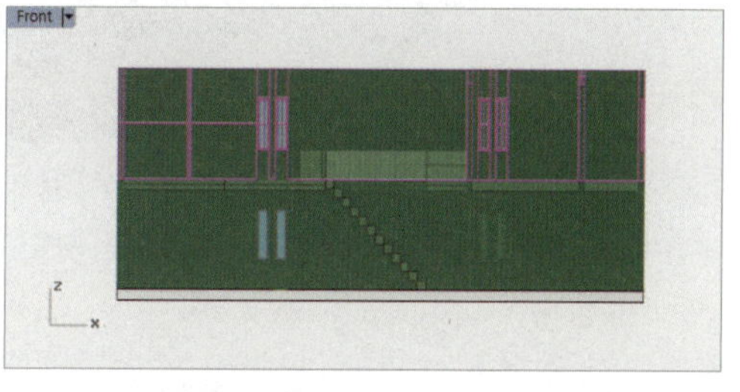

· 브릿지 수정을 위해 2층 개체 모두 선택 후 감추기(Hide)

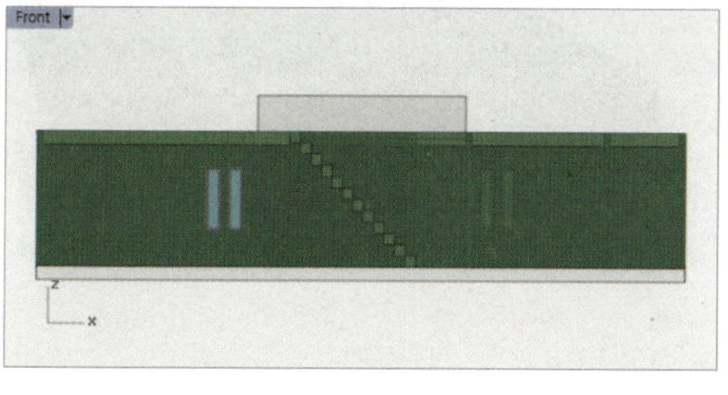

· 감추기(Hide) 결과 확인하기

2. 2층 브릿지 부분 수정(MoveFace, MoveEdge)

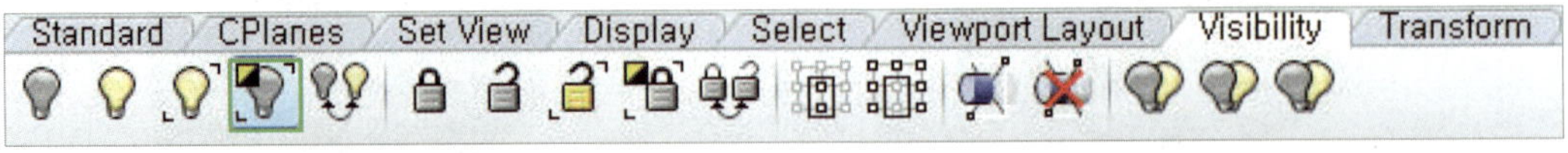

· 2층 바닥 슬라브와 브릿지 선택 후 상단 표시여부(Visibility) 탭 아래 감추기(Hide)를 선택

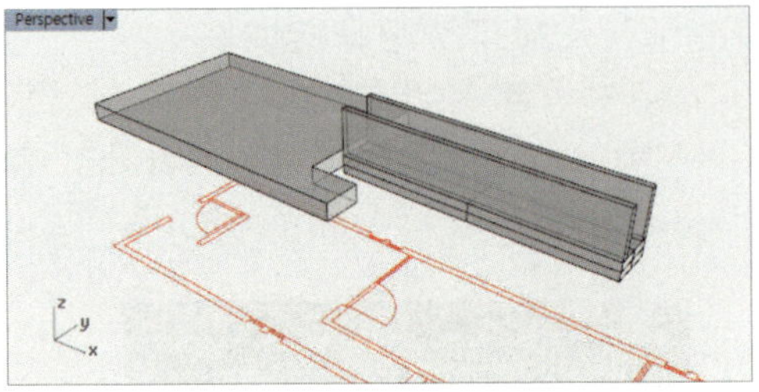

· 선택개체인 바닥과 브릿지 확인

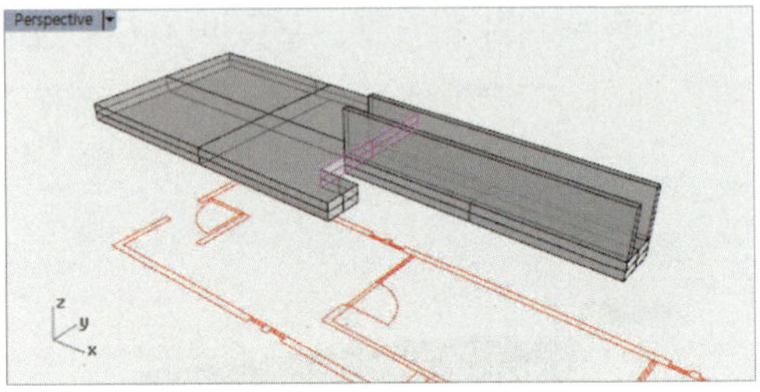

· 개체스냅의 투영(Project) 체크
· 면이동(MoveFace) 명령어 활용하여 바닥 슬라브의 측면을 브릿지와 맞닿도록 수정

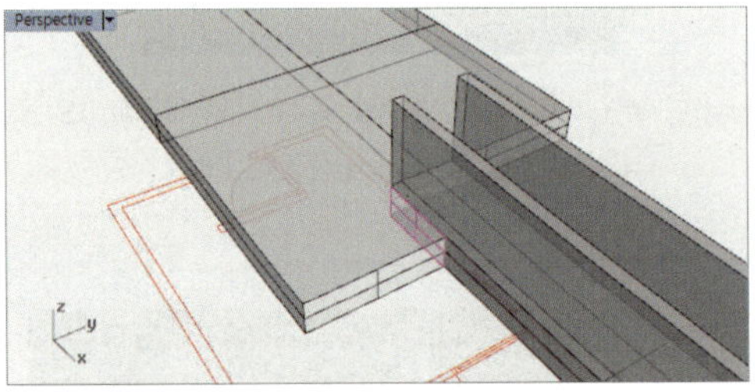

· 면이동(MoveFace) 명령어 활용하여 바닥 슬라브의 측면이 브릿지의 측면과 맞닿도록 수정

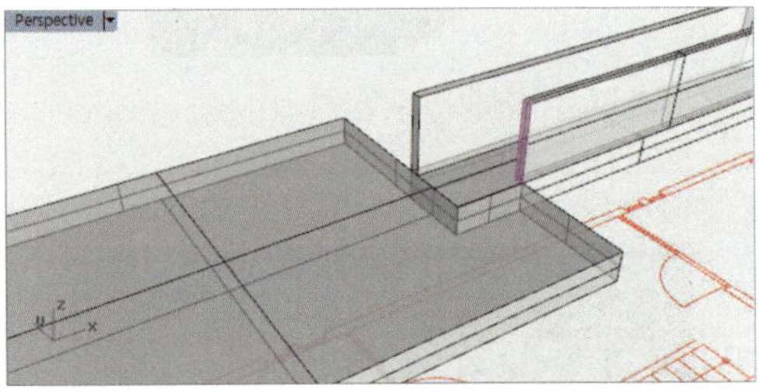

· 면이동(MoveFace) 명령어 활용하여 브릿지 난간의 면을 바닥 슬라브의 모서리 위치로 맞추기

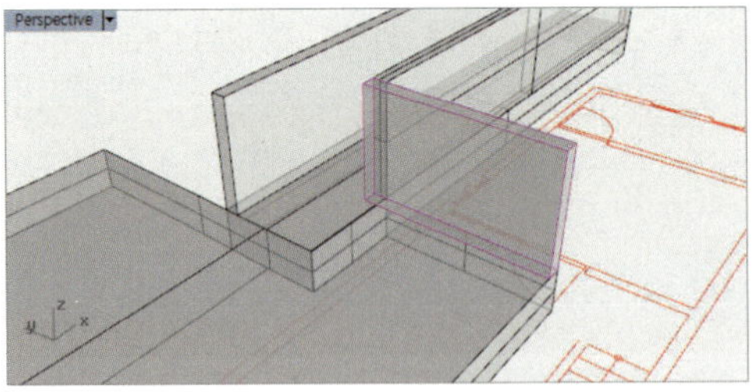

· 직사각형(Rectangle) 명령어를 활용하여 층계참 난간 만들기
난간두께 : 100mm
난간높이 : 800mm

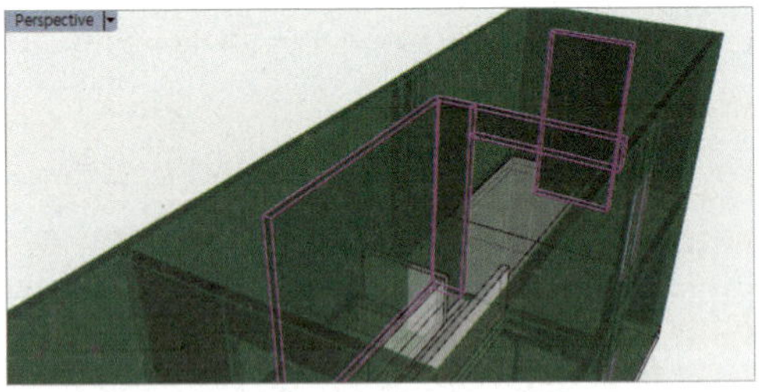

· 보이기(Show) 명령어 적용
· 2층 모델링 개체에서 불필요한 선택

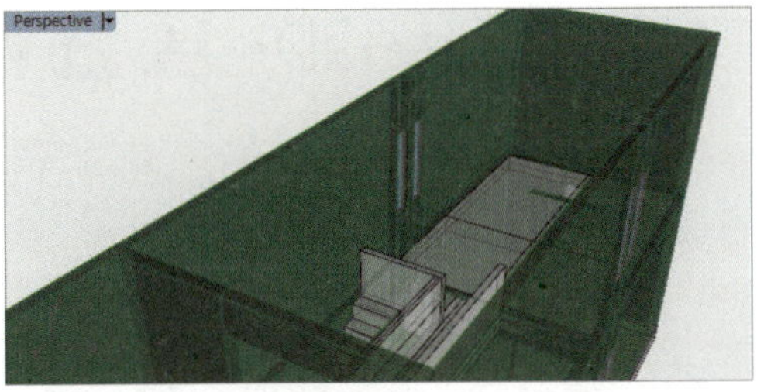

· 삭제(Delete) 명령어로 제거

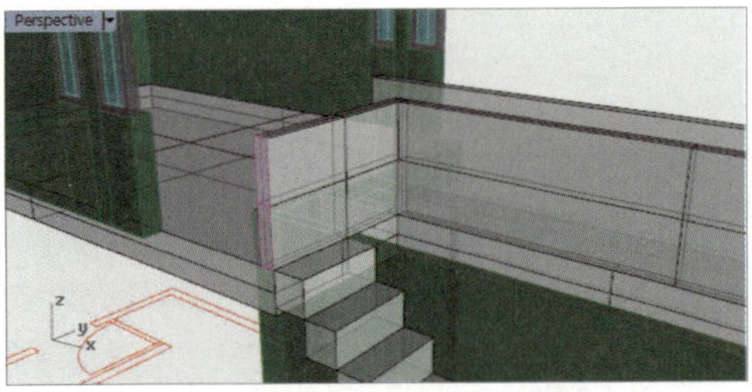

· 필요한 부분만 남기로 숨기기(Hide)
· 면이동(MoveFace) 명령어 실행 후 브릿지 난간 단면 선택

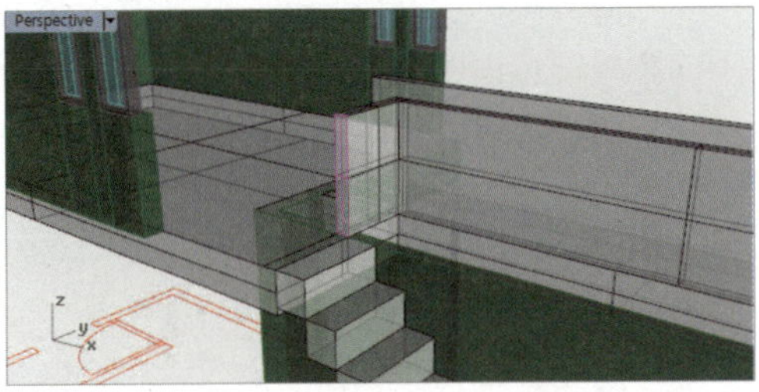

· 면을 이동하여 브릿지 난간 단면이 계단 끝점과 맞닿도록 이동

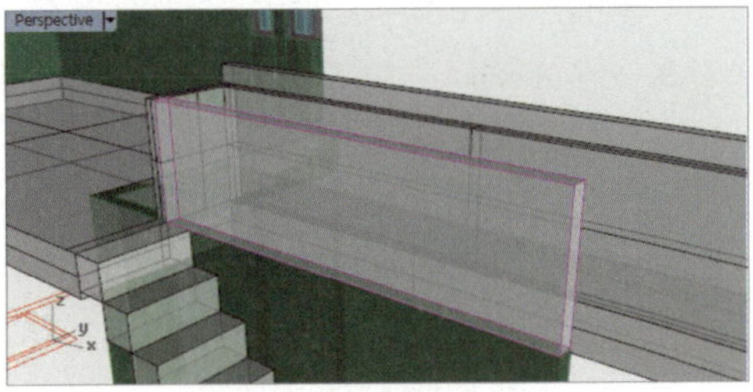

· 박스(Box) 명령어를 활용하여 계단난간 추가

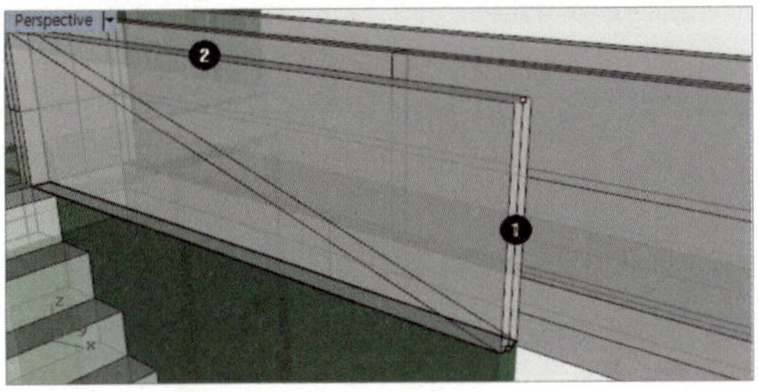

· 가장자리이동(MoveEdge) 명령어를 활용하여 선 이동
(계단 난간의 상부 모서리선 선택 후 하부 모서리선까지 끌어내리기)

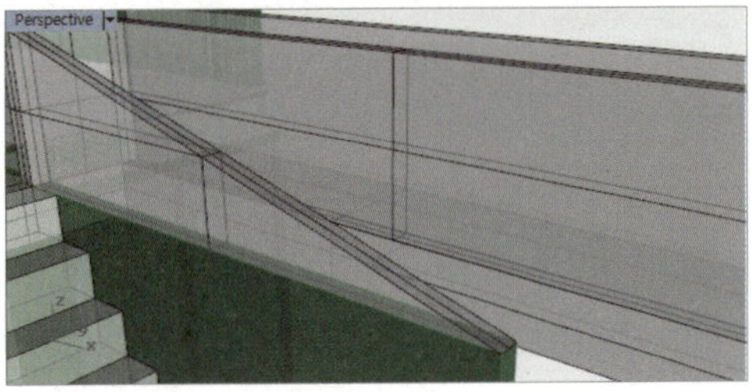

· 이동 완료된 모서리 확인

3. 2층 창–문틀 만들기(Trim, Fillet, Rotate–2D)

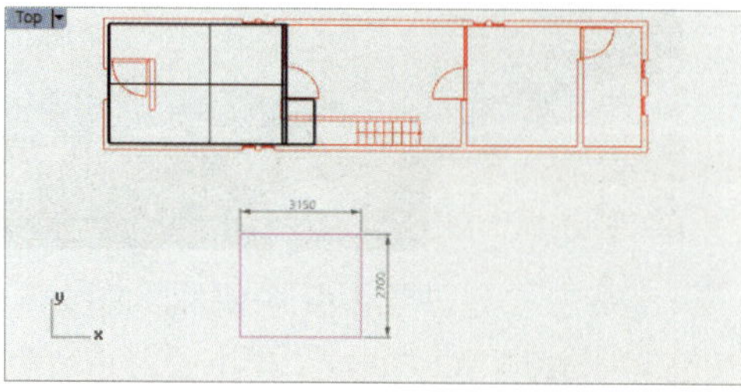

- Top view에서 직사각형(Rectangle) 명령어를 활용하여 사각형 그리기(3150 x 2700)

※ top view에서 그려진 사각형은 z축의 0레벨에 그려짐을 알자.

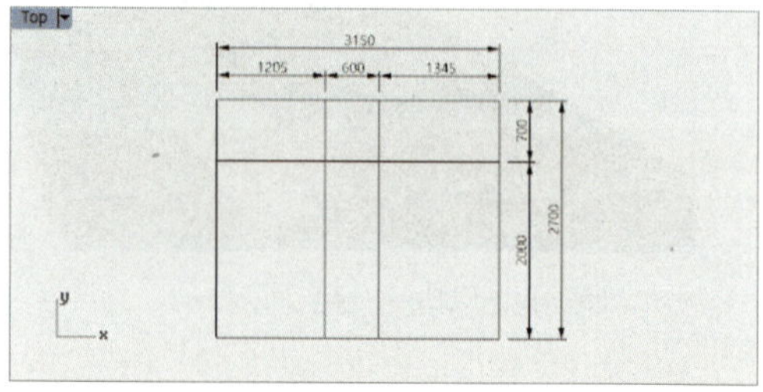

- 분해(Explode) 명령어로 직사각형의 폴리라인을 4개의 선으로 분리
- 커브 간격띄우기(Offset) 명령어를 활용하여 도면과 같은 거리로 선 복사하기

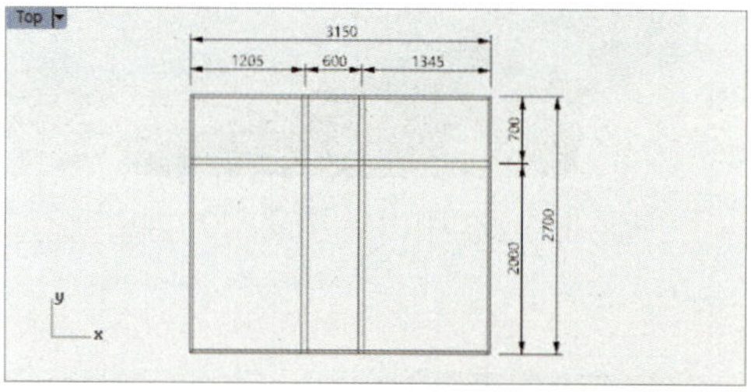

- 거리 30mm 만큼 각 선을 간격 띄우기(Offset)

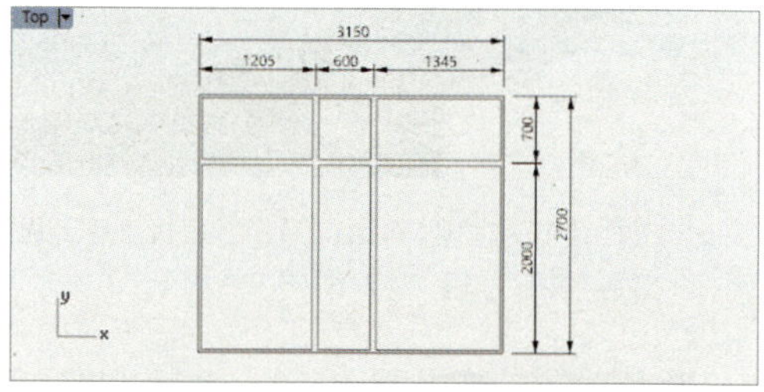

- 자르기(Trim), 커프 필릿(Fillet)명령어를 이용하여 선 정리

※ 커프 필릿(Fillet) 명령어를 활용할 경우에는 세부옵션 반지름(R)=0으로 입력

- 결합(Join) 명령어로 선 합치기

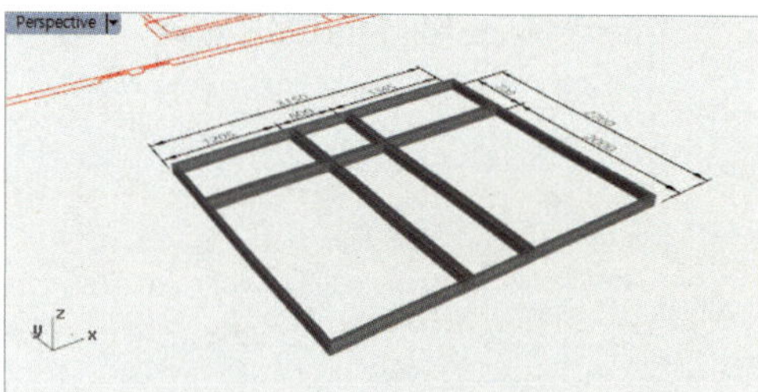

- 선 전체 그룹화 〈단축키 Ctrl +G〉
- 커브돌출(ExtrudeCrv) 명령어를 활용하여 프레임 두께 적용하기(두께 : 100mm)

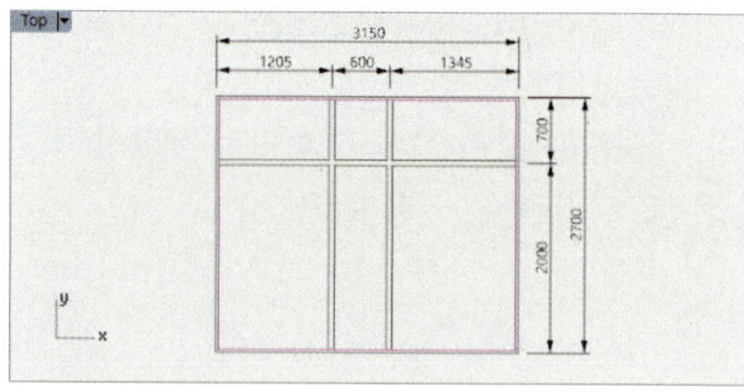

- Window 레이어에서 작업
- 직사각형(Rectangle) 명령어를 활용하여 프레임 내 사각형 그리기

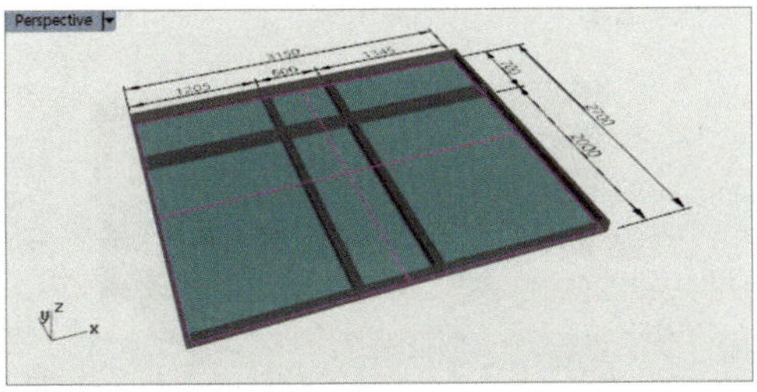

· 사각형을 선택 후 면만들기(PlanarSrf) 명령어를 활용하여 유리면 만들기

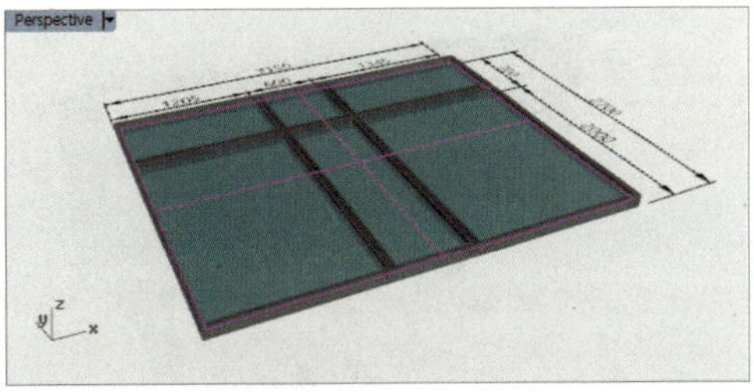

· 유리면을 프레임의 중간점으로 이동시킨 후 프레임과 창을 그룹화

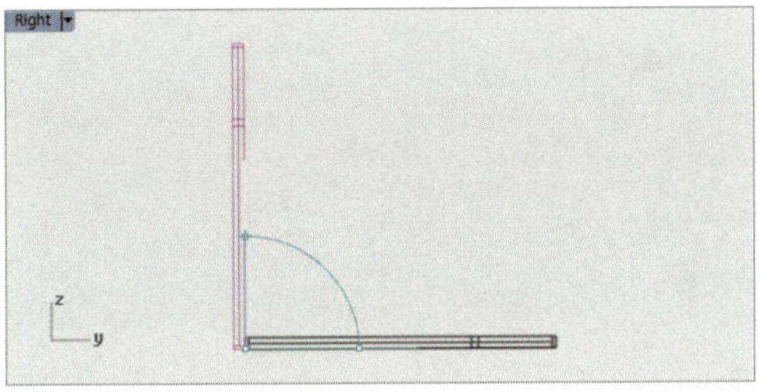

· Right view로 이동
· 2D 회전(Rotate-2D) 명령어를 활용하여 프레임과 창 세우기

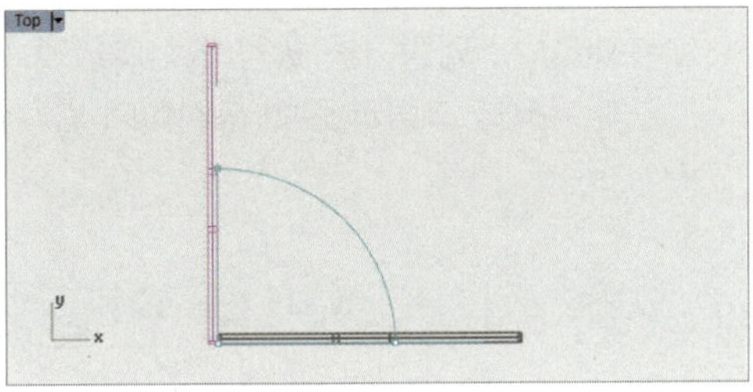

· Top view로 이동
· 2D 회전(Rotate-2D) 명령어를 활용하여 프레임과 창의 방향 지정해주기

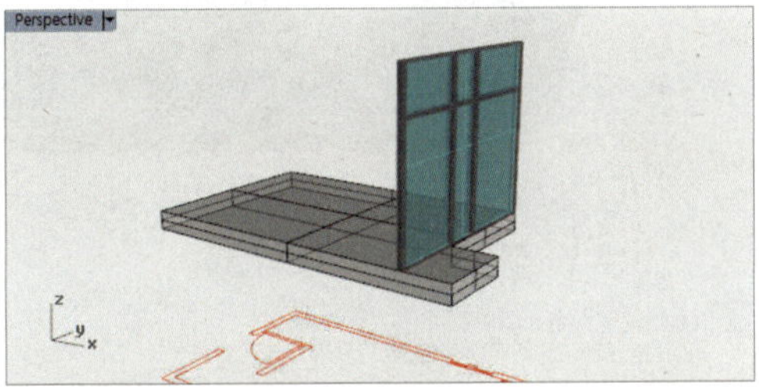

· Perspective view로 이동
· 이동(Move) 명령어를 활용하여 프레임의 위치 지정해주기

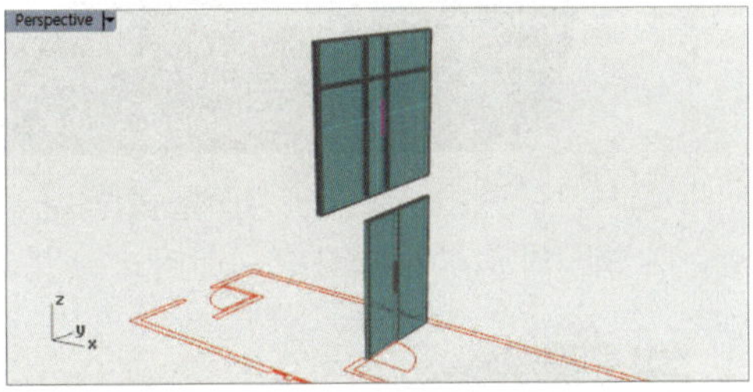

· 보이기(Show) 명령어로 개체를 보이게 한 후 1층 문의 손잡이를 복사(Copy)하여 2층 유리에 위치 시킴
· 창, 프레임, 손잡이를 그룹화

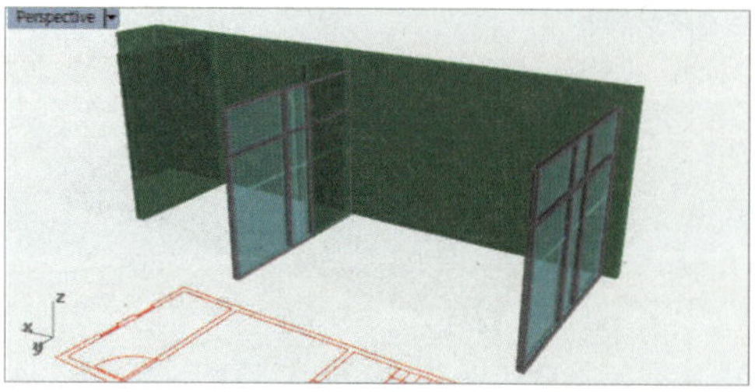

· 숨기기(Hide) 명령어를 활용하여 그림과 같이 프레임과 벽체를 제외한 나머지 개체 숨기기
· 복사(Copy) 명령어를 활용하여 그룹진 프레임과 유리를 그림과 같이 복사하여 배치함

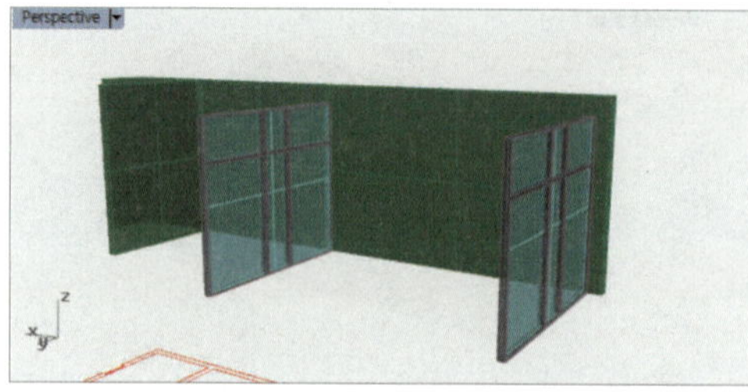

· 면이동(MoveFace) 명령어를 활용하여 프레임과 겹치는 벽체를 이동하여 제거하기

4. 2층 천정 슬라브 만들기

· 직사각형(Rectangle) 명령어를 활용하여 창 프레임의 상부에 사각형 그리기

· 커브돌출(ExtrudeCrv) 명령어를 활용하여 슬라브 만들기(두께 : 100mm)

· 면이동(MoveFace) 명령어를 활용하여 슬라브를 창 프레인 전면으로 돌출시키기(돌출길이 : 200mm)

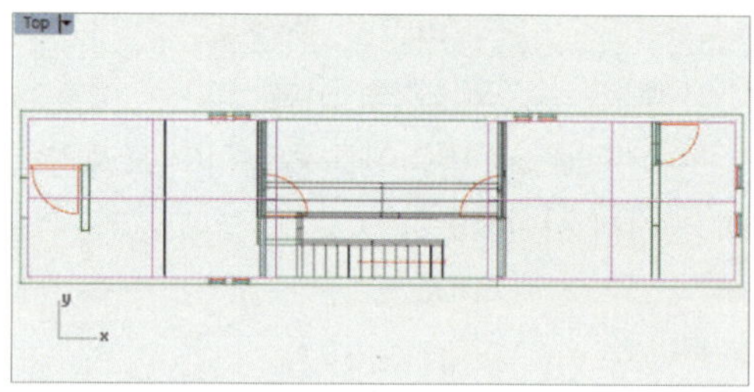

· Top view로 이동
· 개체스냅의 투영(Project) 켜기
· 복사(Copy) 명령어를 활용하여 슬라브를 반대쪽 상부에 복사하여 배치함
· 모델링 작업이 끝나면 모든 개체의 레이어 설정 상태를 확인

도면 활용하여 2층 단독세대 모델링하기

Exercise

실습하기 05

도면화 작업

– 챕터 4와 챕터 5를 통해 만들어진 모델을 도면화 작업해보자

내용

· 도면화 작업 연습

명령어 연습

· Make 2D

· Export DWG or DXF

▶ 연습하기 Make 2D을 사용한 2D 평면화 연습

▶ 예제 실습 간단한 3D 도형을 이용한 오브젝트 만들기

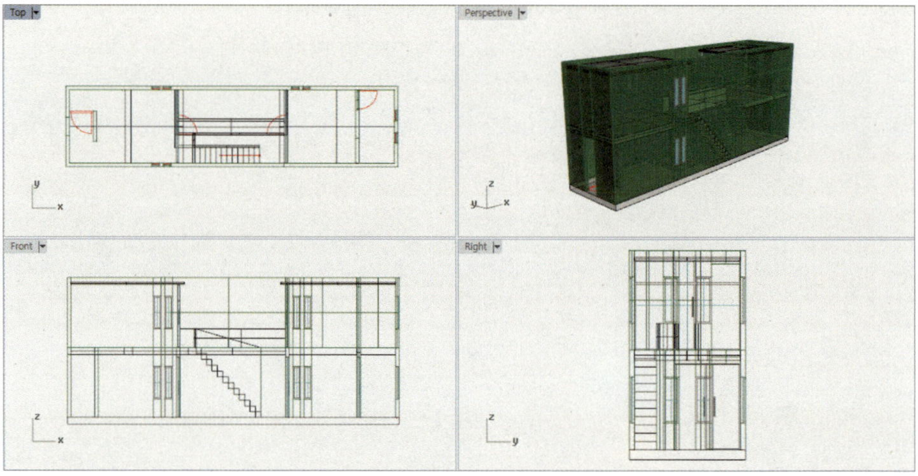

▶ 사용되는 명령어 Make 2D, Dim, Export Selected

▶ 예제 실습 만들어진 오브젝트를 Illustrator를 이용 도면화 하기

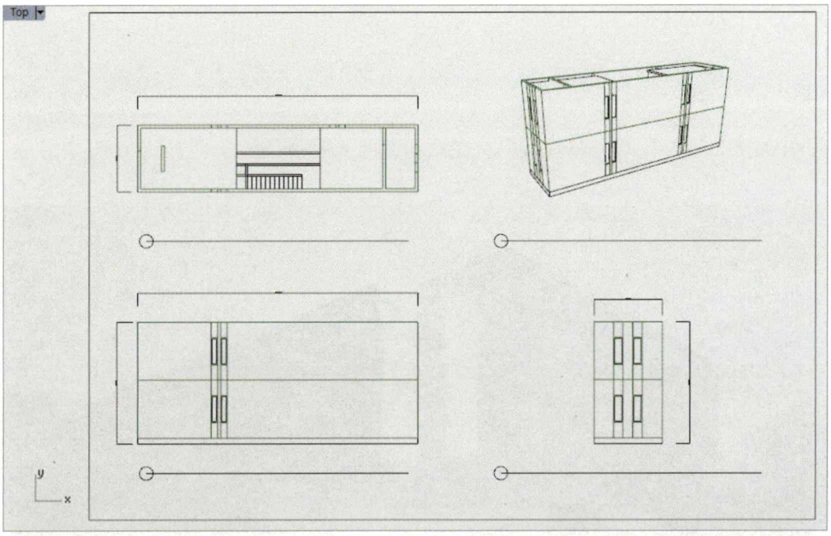

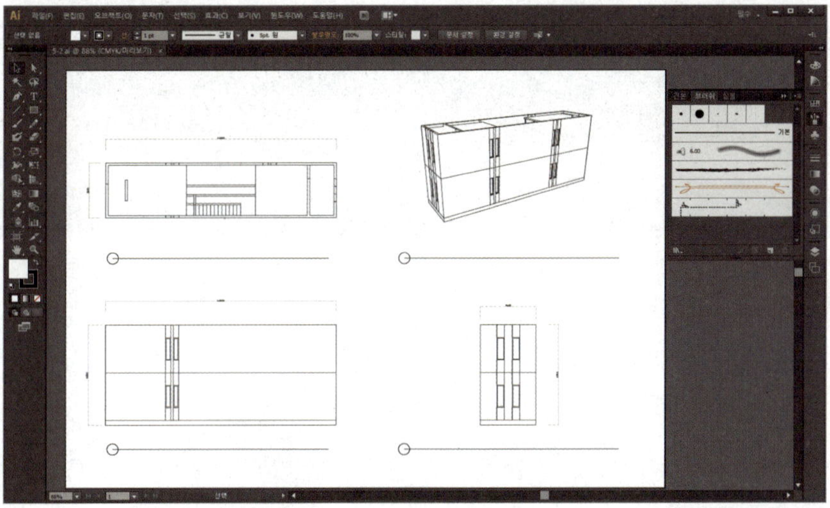

▶ 사용되는 명령어 Make 2D, Dim, Export Selected

▶ 작업과정

1. Make 2D 명령어를 사용하여 평면화 시킴
2. 평면화 이후 vector 라인들에 치수를 기입함
3. 일러스트레이터 (Illustrator)를 이용하여 A3 도면을 만든 후 일러스트레이터에서 정리
4. A3 일러스트레이터 파일을 제출

Reference **참고사례**

양평하우스 42

디자인 및 자료제공: J2o Design (https://www.j2odesign.com)

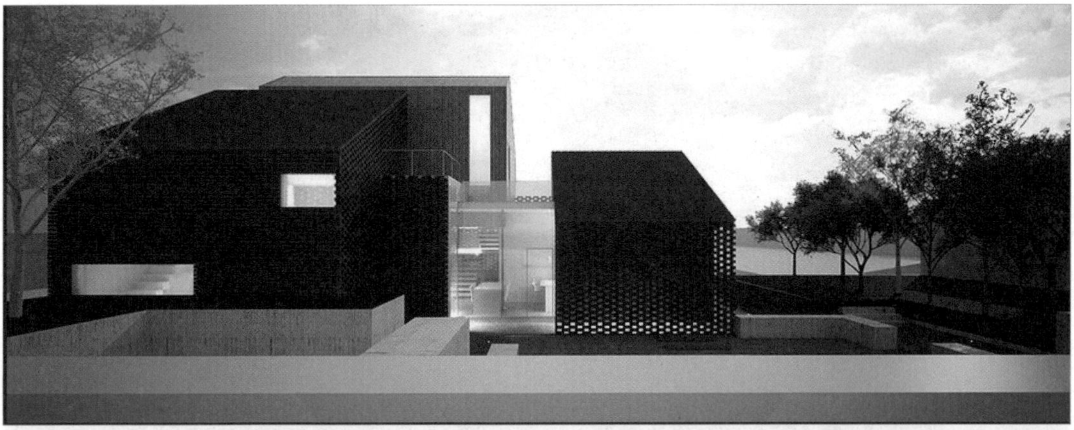

도면 활용하여 2층 단독세대 모델링하기

자유곡선 가구 만들기

Chapter 06
자유곡선 가구 만들기

위글 사이드 체어(Wiggle Side Chair)
버터플라이 스툴(Butterfly Stool)

Media Sculpture 효성건설 해링턴플레이스 미디어 조형물
작품크기 3,000 x 3,750 x 4,300[H] mm
디자인 및 자료제공: J2o Design (https://www.j2odesign.com)

6-1 위글 사이드 체어 (Wiggle Side Chair)

작품설명 : 위글 사이드 체어 (Wiggle Side Chair)
디자이너 : 프랭크 게리 (Frank Gehry)
연도 : 1972
의미 : 미국 출신 건축가 프랭크 게리 (Frank Gehry)의 디자인 의자인 위글 사이드 체어 (Wiggle Side Chair)는 골판지와 게리 특유의 비선형적인 감성이 더해진 실험적인 의자로 가공성과 착석감 또한 뛰어난 의자이다. 라이노(Rhino)의 강력한 넙스(NURBS) 모델링 방식을 이용해 효과적이며 빠르게 만들어 볼 수 있는 샘플이다.

위글 사이드 체어 (Wiggle Side Chair)
출처 : https://www.vitra.com/en-gb/living/product/details/wiggle-side-chair

새로운 명령어 익히기
직사각형(Rectangle)/ 치수 넣기(Dimension)/ 이미지 넣기(Picture Frame)/ 커브라인그리기(Curvedine) /레이어(Layer) 만들기/ 커브활용 개체 만들기(ExtrudeCrv)/ 커브 따라가는 배열(ArrayCrv)

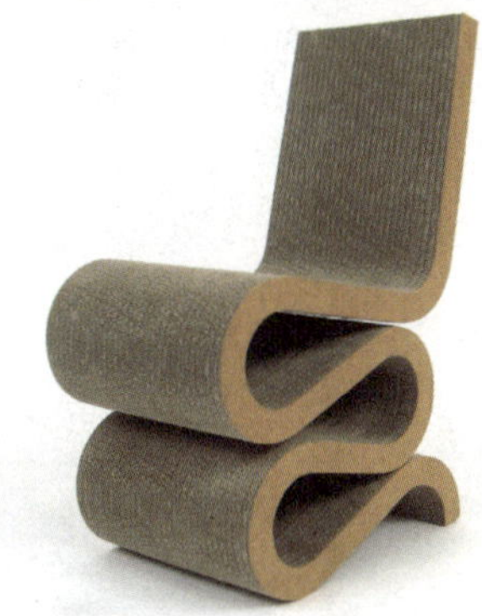

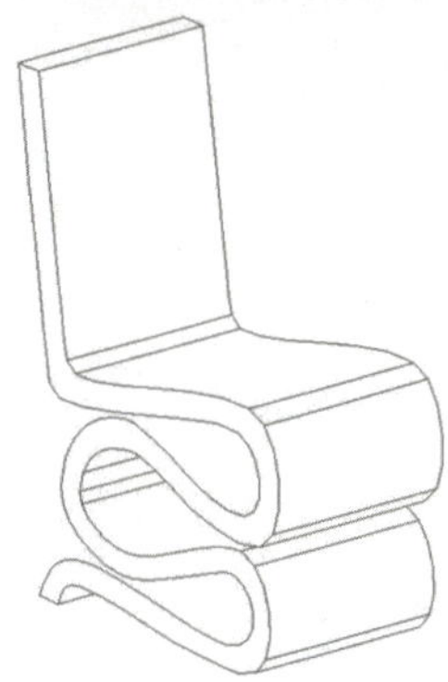

위글 사이드 체어 (Wiggle Side Chair)

Left view

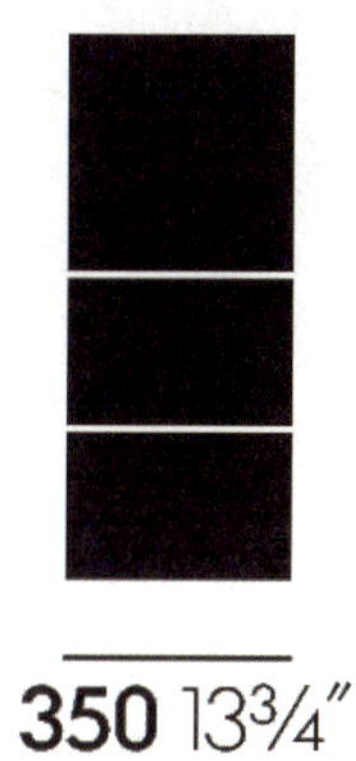

Front view

1. 가이드 작성하기(Dim)

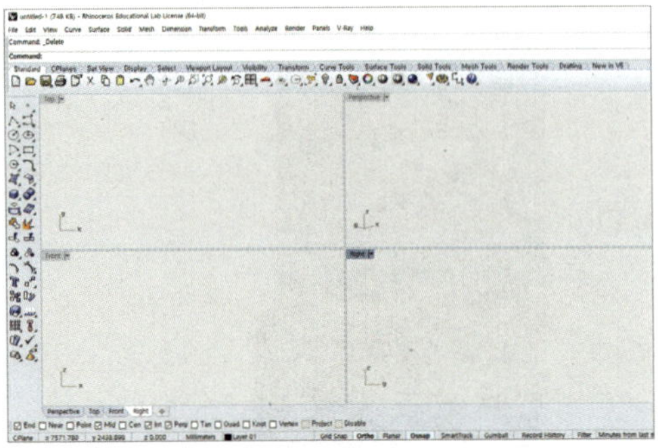

· 라이노(Rhino) 프로그램 실행

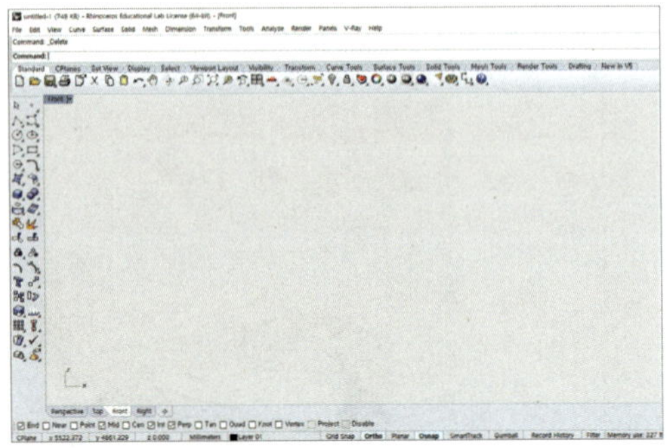

· 4분할되어 있는 Viewports에서 Front view를 더블클릭

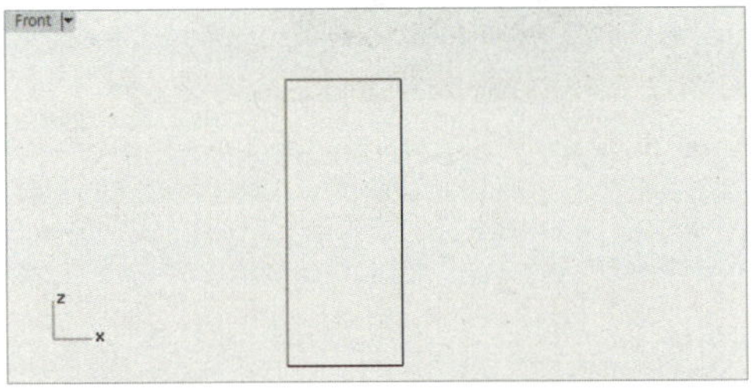

· 직사각형(Rectangle) 명령어를 활용하여 가이드 사각형 그리기(크기 : 350×870mm)

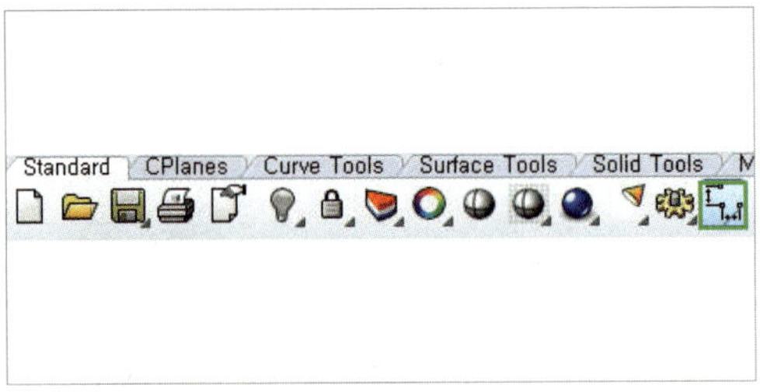

· Standard/Linear Dimension 선택 후 치수를 기입할 2개의 점(양 끝점)을 클릭

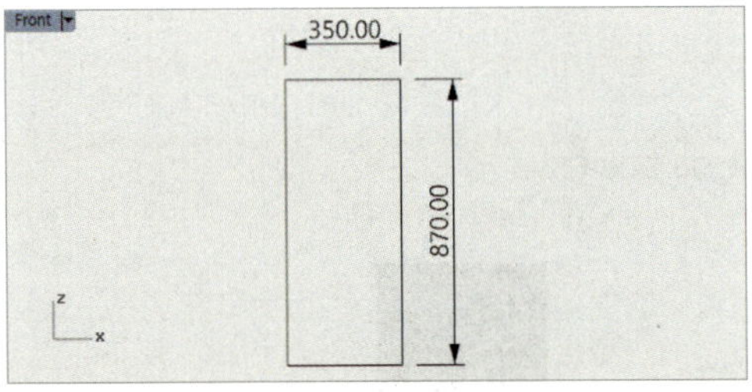

· 치수 기입하여 크기 확인

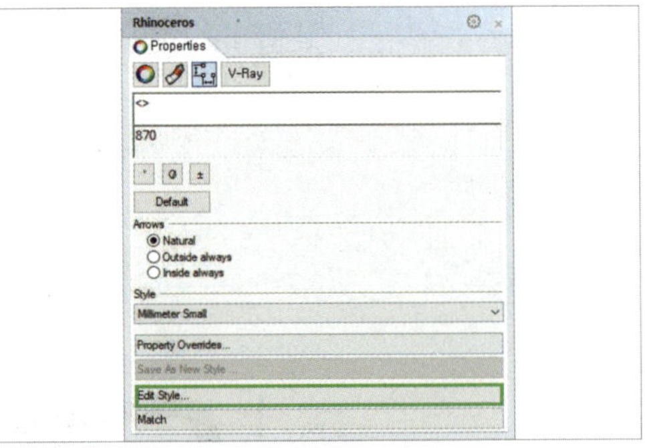

· 치수선 선택 후 속성(Properties) 패널의 스타일 편집(Edit Style) 선택

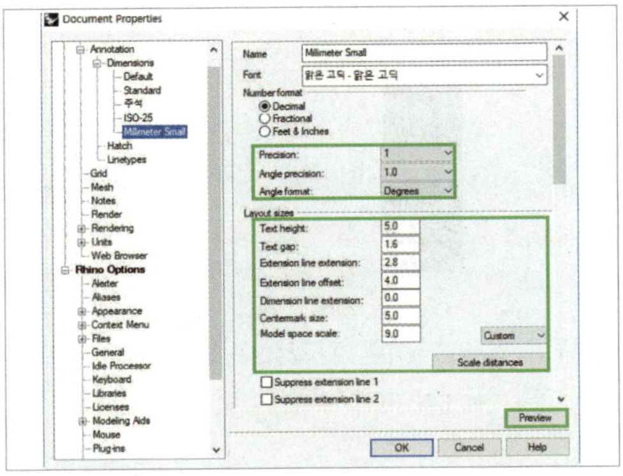

· 문서속성(Document Properties) 옵션창의 수치값을 조정한 후 미리보기(Preview)로 확인

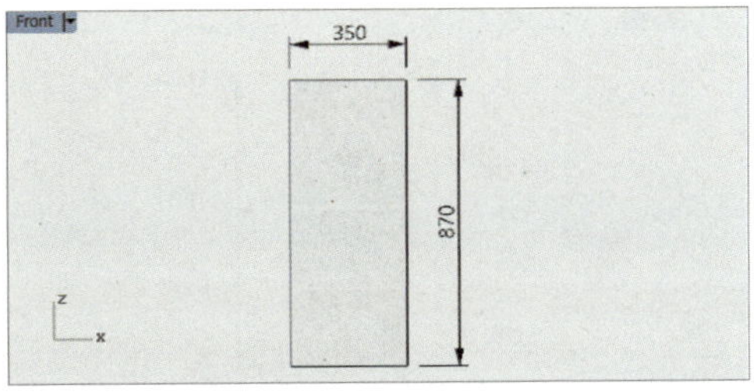

· 치수 및 치수선 완성

Tip Viewports 중 활성화된 창은 파란색으로 표시됨

2. 이미지 가져오기(PictureFrame)

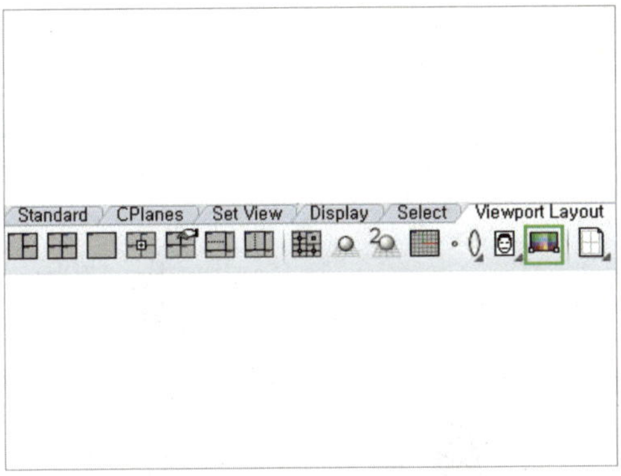

· 그림 프레임(PictureFrame) 명령어 입력

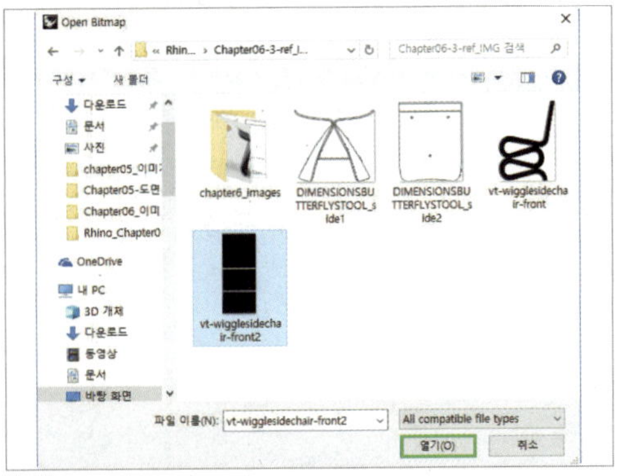

· 비트맵 열기(Open Bitmap) 창이 뜨면 'Front' 이미지를 선택 후 열기(Open) 클릭

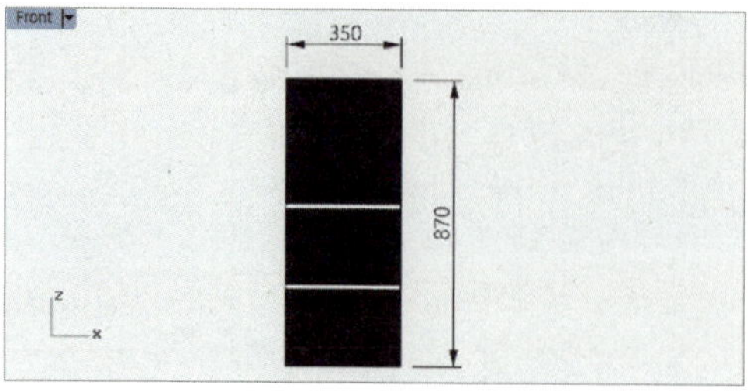

· 가이드 사각형의 하부 양 끝점 클릭

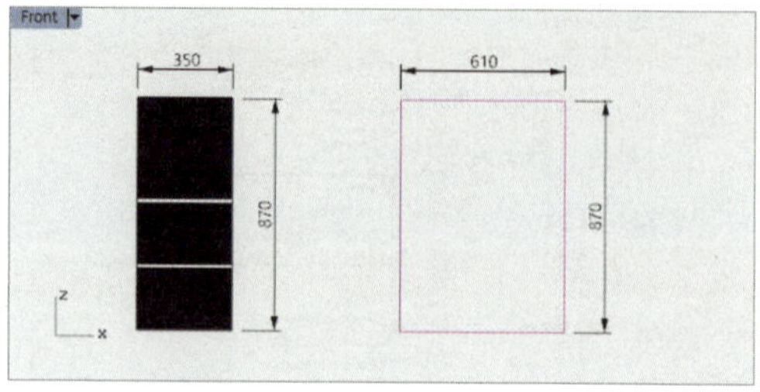

· 추가로 가이드 사각형(크기 : 610 x 870mm) 을 그리고 치수 기입

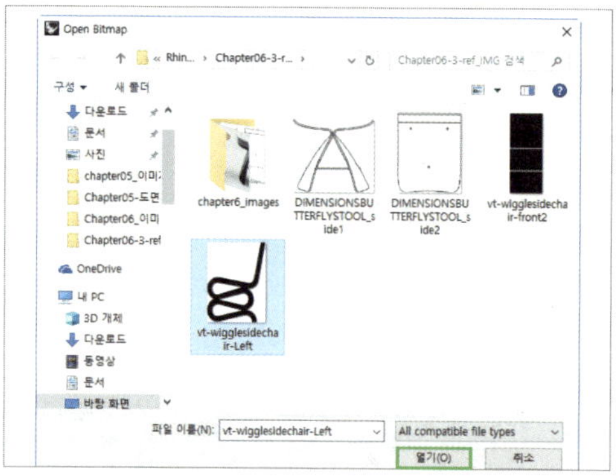

· 그림 프레임(PictureFrame) 명령어 입력
· 비트맵 열기(Open Bitmap) 창이 뜨면 'Left' 이미지를 선택 후 열기(Open) 클릭

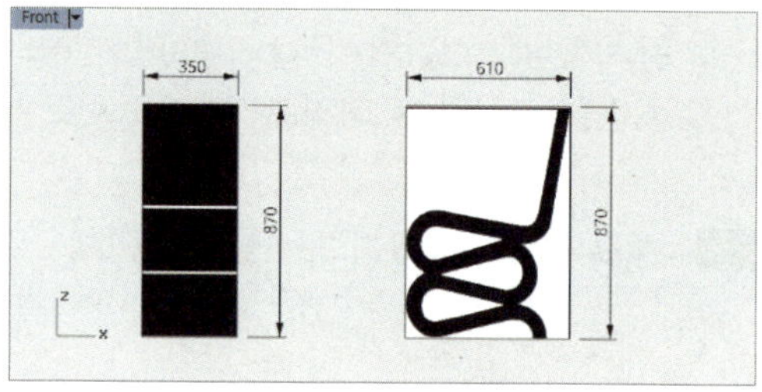

· 가이드 사각형의 하부 양 끝점 클릭

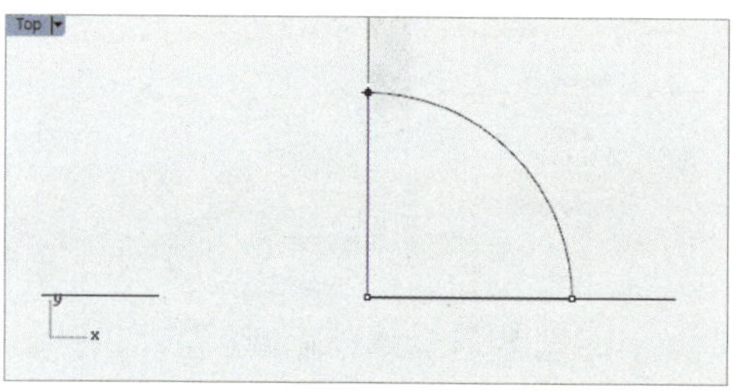

· Top view로 이동
· 2D 회전(Rotate-2D) 명령어를 활용하여 90도 회전시키기

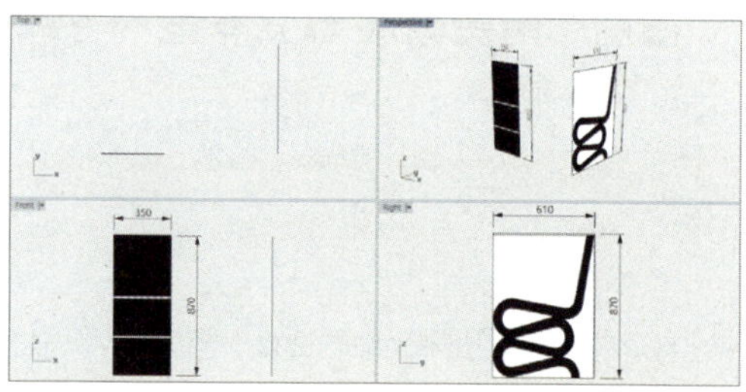

· 이미지 배치 확인하기

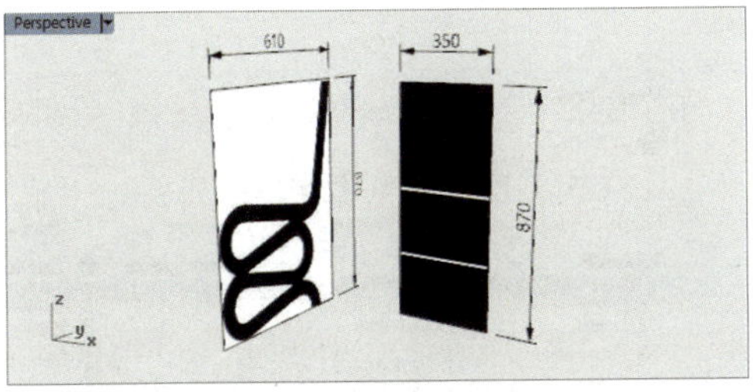

· 이동(Move) 명령어를 활용하여 배치 수정하기

Tip 가이드 사각형의 크기는 삽입할 이미지 크기와 동일하게 만듦.
→ 가이드 사각형에 이미지를 불러와 맞추는 방식으로 작업하면 편리함.

3. 레이어 만들기(Layers)

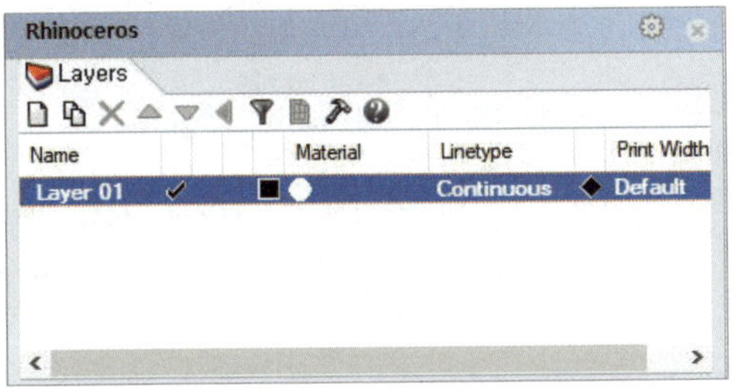

· Default는 기본 레이어로 현재 작업한 모든 개체는 Default 레이어로 생성됨

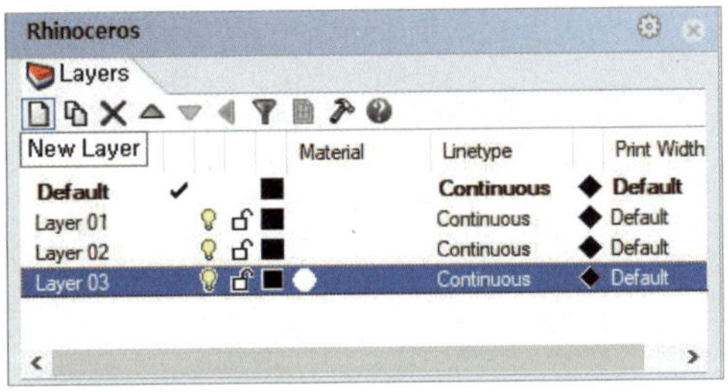

· 새로운 레이어(New Layer) 클릭하여 Layer 01, Layer 02, Layer 03 만들기

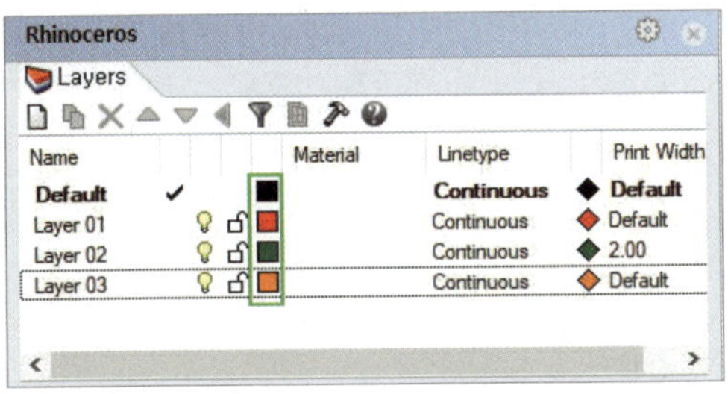

· 각 레이어의 색 옵션을 클릭하여 원하는 레이어의 색 선택하기

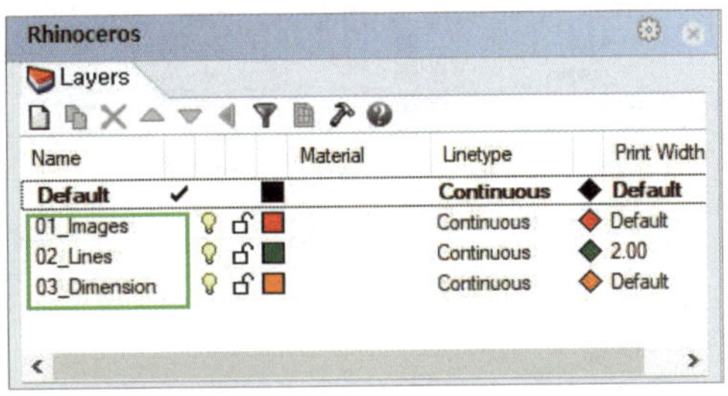

· Layer 글자를 더블클릭하여 그림과 같이 레이어의 명칭을 수정

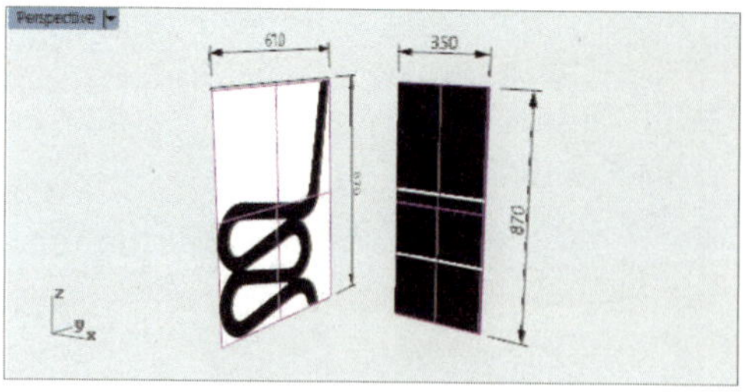

· 그림을 선택

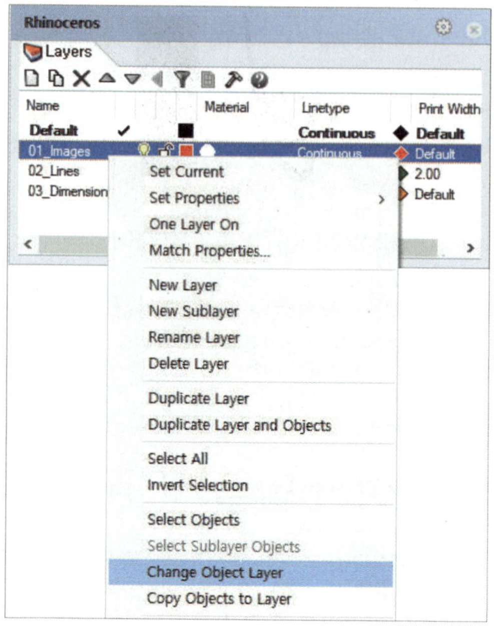

· 01_Images 레이어 선택

· 우클릭 한 후 풀다운 메뉴에서 개체 레이어 변경(Change Object Layer)을 선택하여 레이어 이동

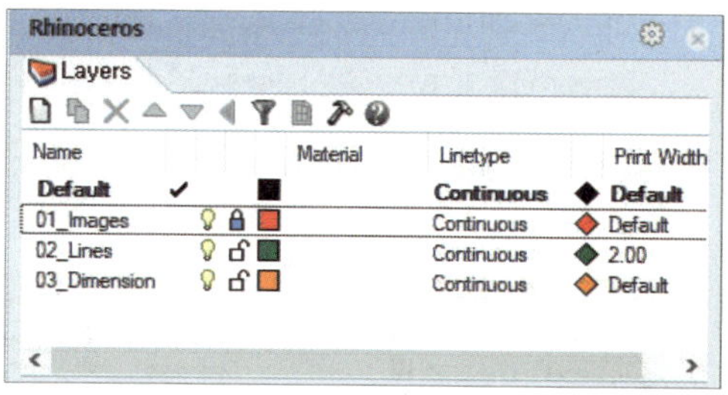

· 01_images 레이어를 lock 시킴(개체선택 불가)

4. 개체 만들기(Curve, ArrayCrv)

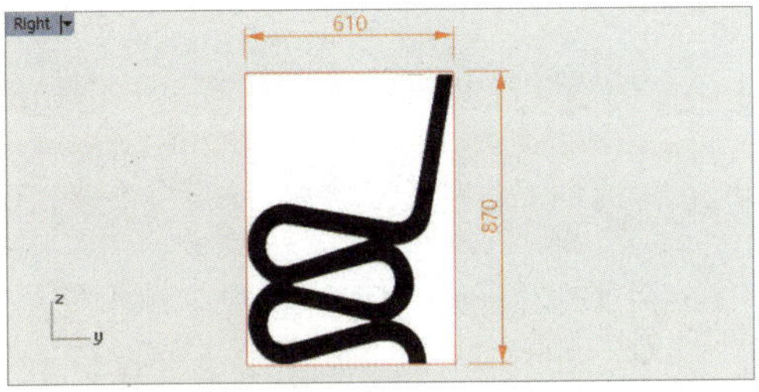

· Right view로 이동
· 현재 레이어 Lines으로 전환하기

· 개체스냅의 투영(Project) 켜기
· 커브(Curve) 명령어를 활용하여 곡선 그리기

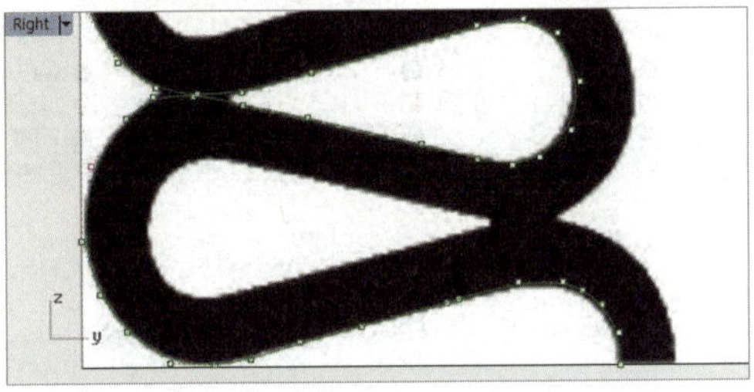

· 점편집(F10)을 클릭 후 곡선 수정
· 점편집 해제(F11)

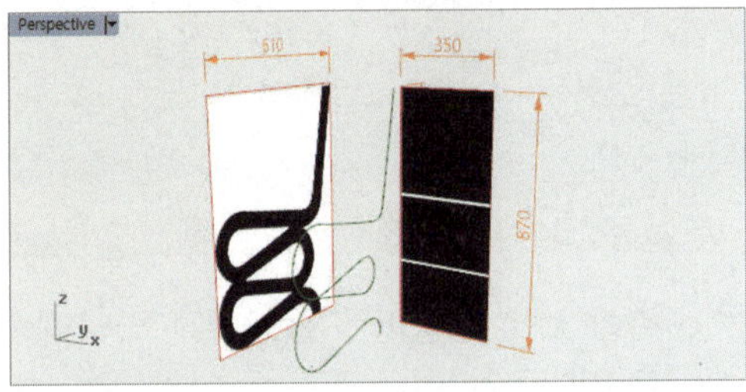

· Perspective view로 이동

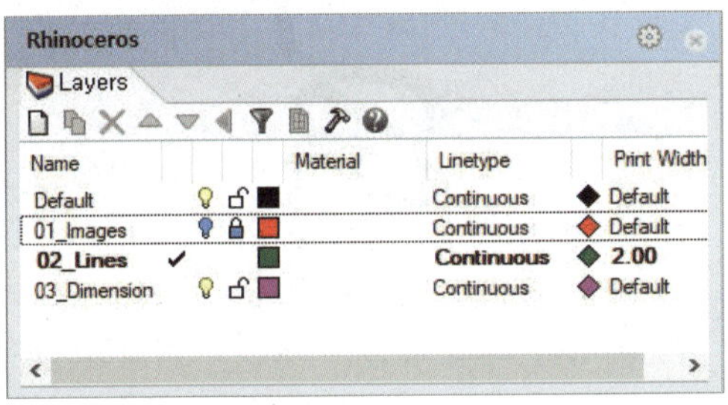

· Images 레이어 끄기

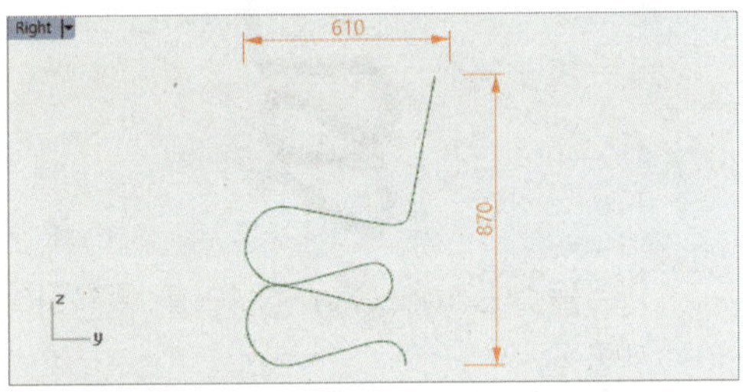

· Right view로 이동

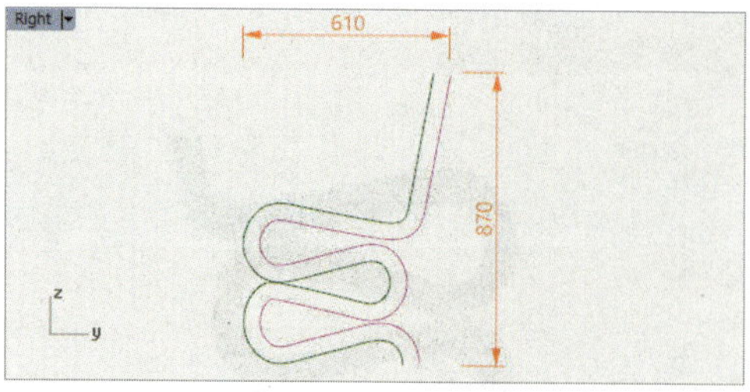

· 커브 간격띄우기(offset) 명령어를 활용하여 간격띄워 복사하기(이격 거리 : 50mm)

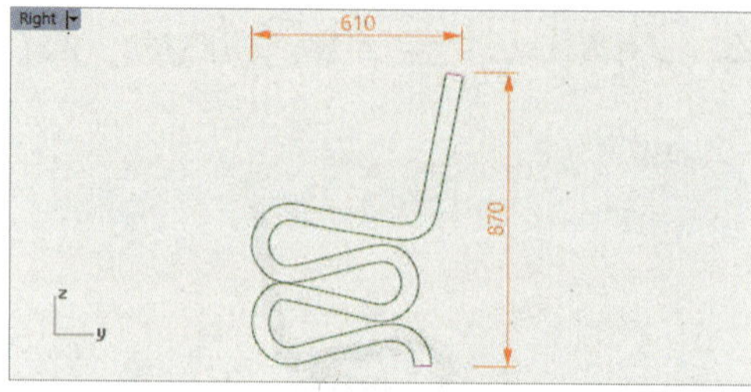

· 선그리기(Line) 명령어를 활용하여 상 · 하부 선 그리기

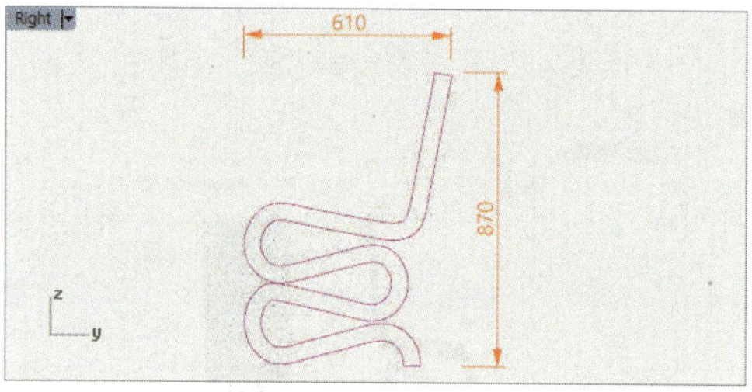

· 결합(Join) 명령어를 활용하여 하나의 선으로 이어주기

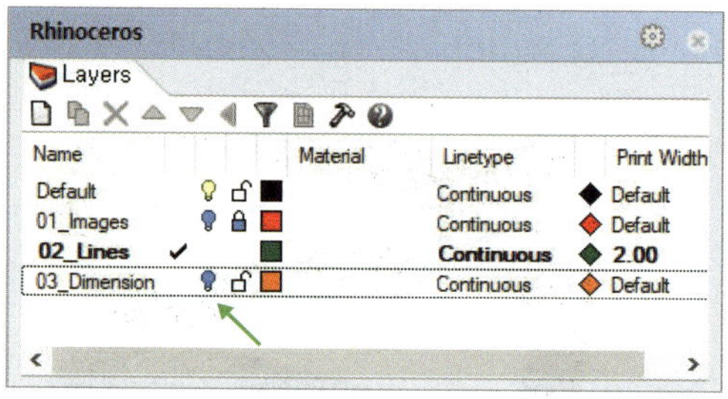

· Dimension 레이어 끄기

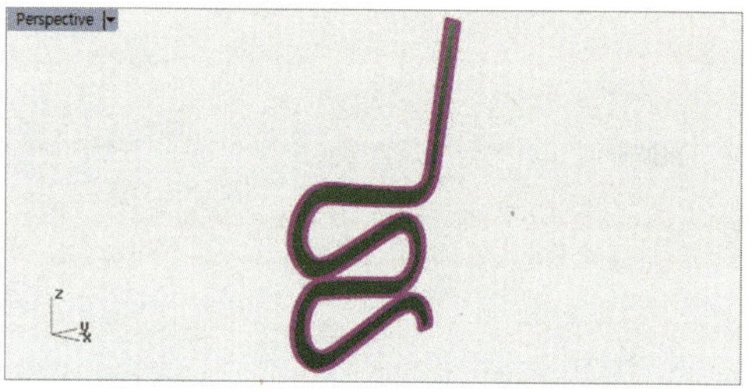

· 커브돌출(ExtrudeCrv) 명령어를 활용하여 두께를 줌
하위옵션 : S(Solid)=Yes
두께 : 10mm

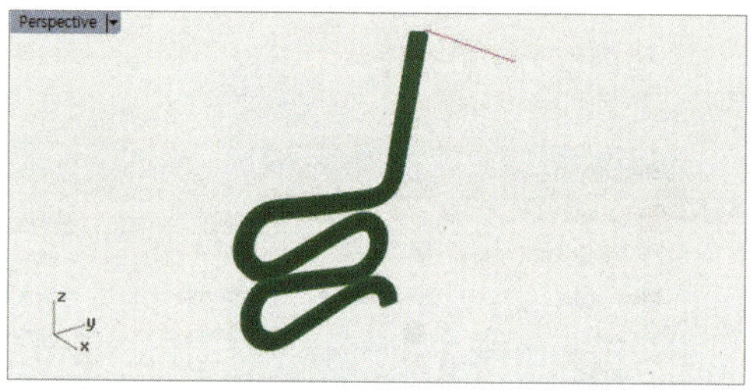

· 개체 상부에 가이드선 그리기(길이 : 350mm)
· 커브를 따라 배열(ArrayCrv) 명령어 입력 후 개체와 가이드선 선택

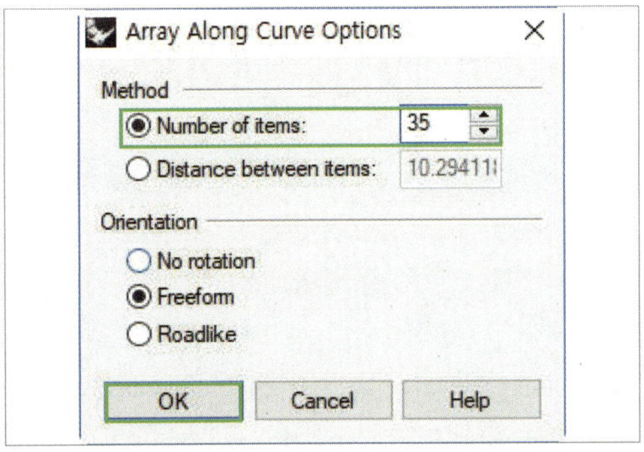

· 옵션창에서 '항목의 수(Number of items) : 35'
입력 후 OK 클릭

위글 사이드 체어(Wiggle Side Chair) 완성

6-2 버터플라이 스툴(Burtterfly Stool)

작품설명 : 버터플라이 스툴 (Butterfly Stool)
디자이너 : 소리 야나기 (Sori Yanagi)
연도 : 1956
의미 : 일본을 대표하는 디자이너 소리 야나기 (Sori Yanagi)의 버터플라이 스툴 (Burtterfly Stool)은 2장의 성형합판을 조합한 심플한 구조의 다지인 의자로 마치 나비의 모습을 한 작품이다. 라이노(Rhino)의 강력한 넙스(NURBS) 모델링 방식을 이용해 효과적이며 빠르게 만들어 볼 수 있는 샘플이다.

버터플라이 스툴 (Burtterfly Stool) by 소리야나기 (Sori Yanagi)
출처 : https://www.moma.org/collection/works/2279

새로운 명령어 익히기
직사각형(Rectangle)/ 치수넣기(Dimension)/ 이미지 넣기(PictureFrame)/ 커브라인그리기(Curvedine)/ 면 만들기(Loft) /면 두께주기 (Offsetsurf)/ 물체 미러복사(Mirror) 등

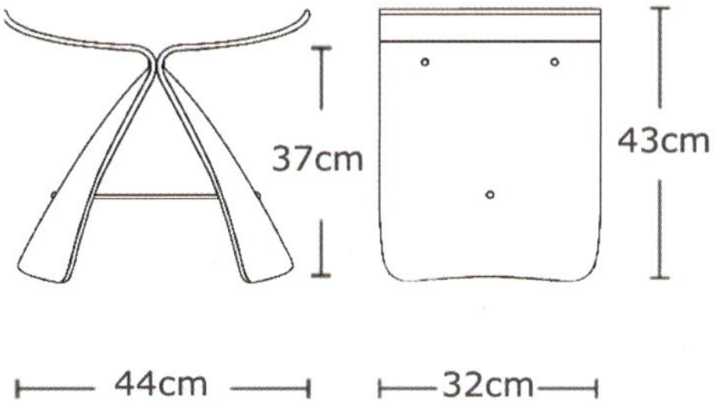

버터플라이 스툴 (Burtterfly Stool)
출처 : https://www.vitra.com/en-us/living/product/details/butterfly-stool

1. 가이드 작성하기

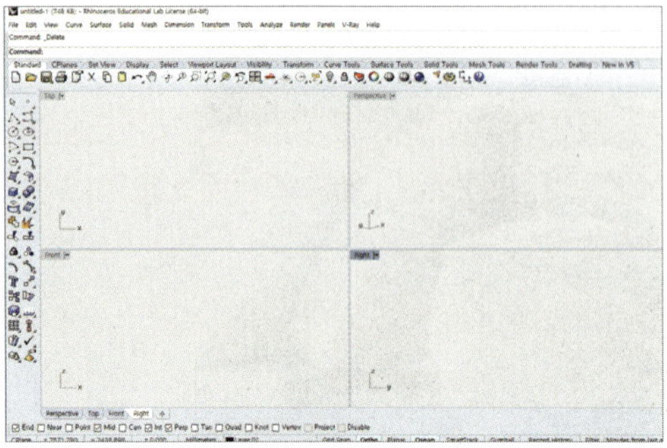

· 라이노 프로그램을 실행

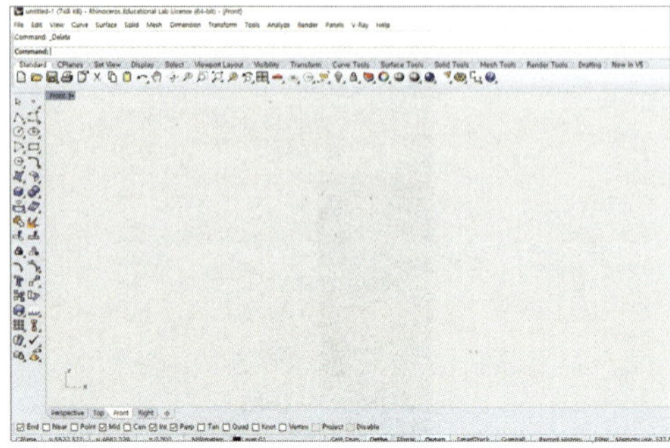

· 4분할되어 있는 Viewports에서 Front view를 더블클릭

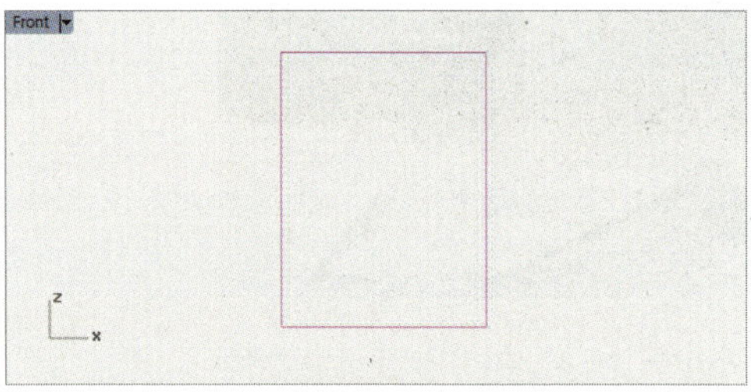

· 직사각형(Rectangle) 명령어를 활용하여 가이드 사각형 그리기(크기 : 320 x 430mm)

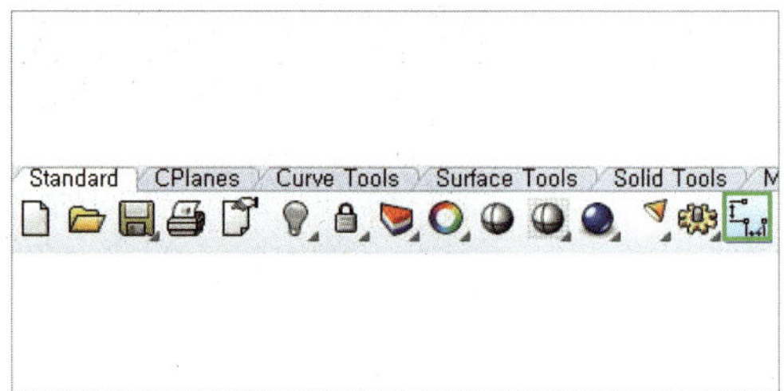

· Standard/Linear Dimension 선택 후
치수를 기입할 2개의 점(양 끝점)을 클릭

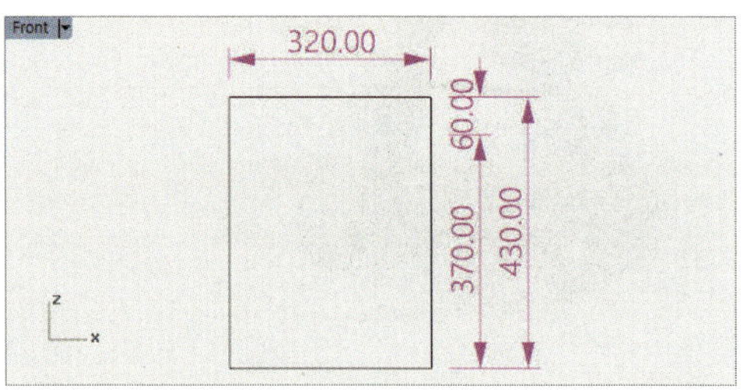

· 치수 기입하여 크기 확인

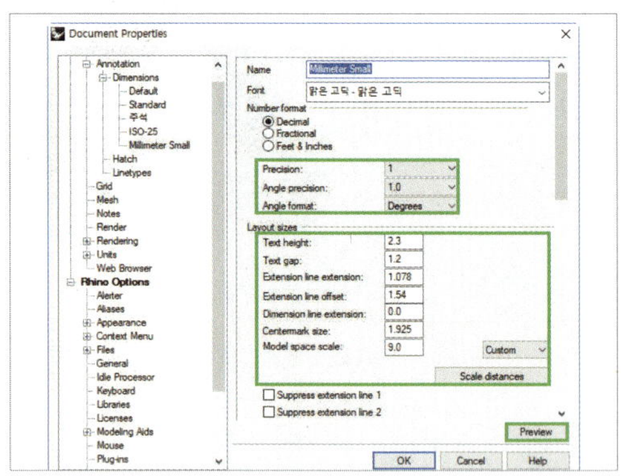

· 치수선 선택 후 속성(Properties) 패널의 스타일 편집(Edit Style) 선택
· 문서속성(Document Properties) 옵션창의 수치값을 조정한 후 미리보기(Preview)로 확인

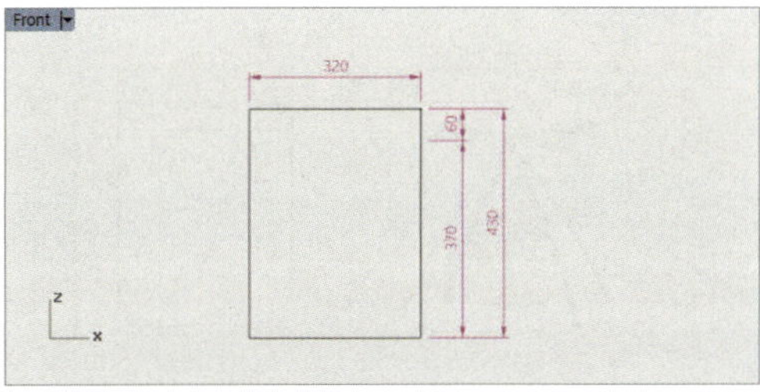

· 치수 및 치수선 완성

Tip Viewports 중 활성화된 창은 파란색으로 표시됨

2. 이미지 가져오기(PictureFrame, Scale1D)

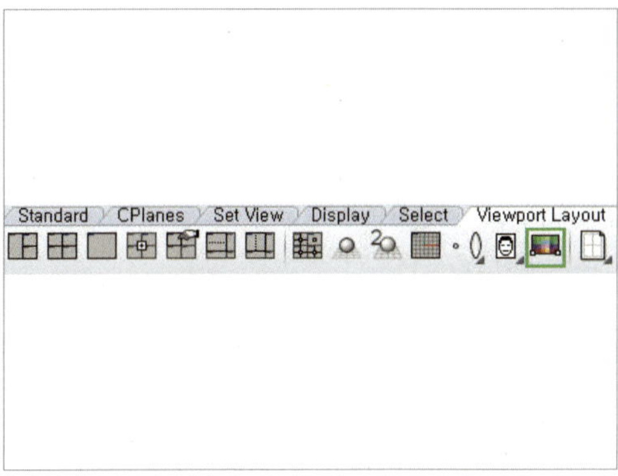

· 그림 프레임(PictureFrame) 명령어 입력

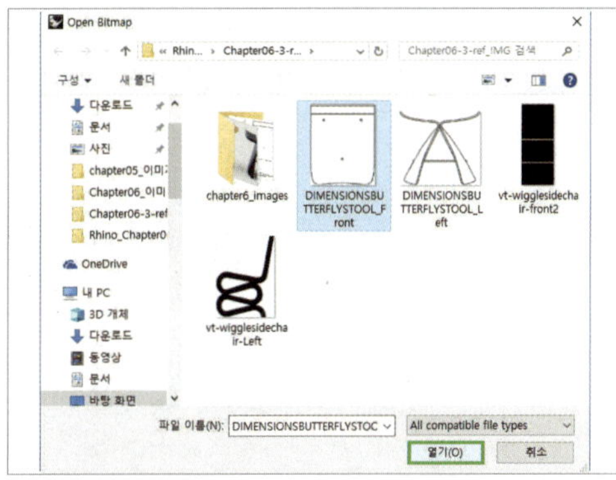

· 비트맵 열기(Open Bitmap) 창이 뜨면 'Front' 이미지를 선택 후 열기(Open) 클릭

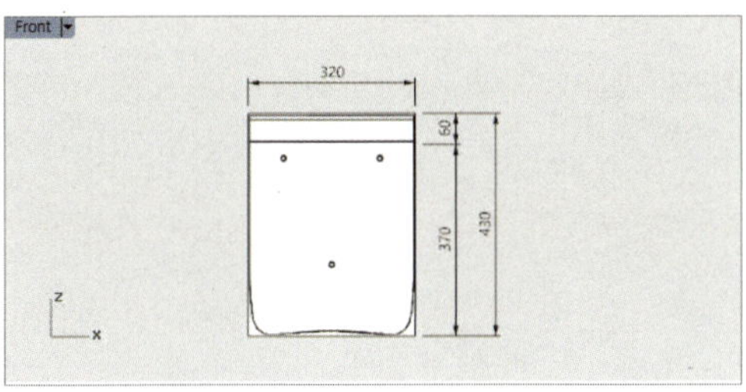

· 가이드 사각형에 이미지 맞추기

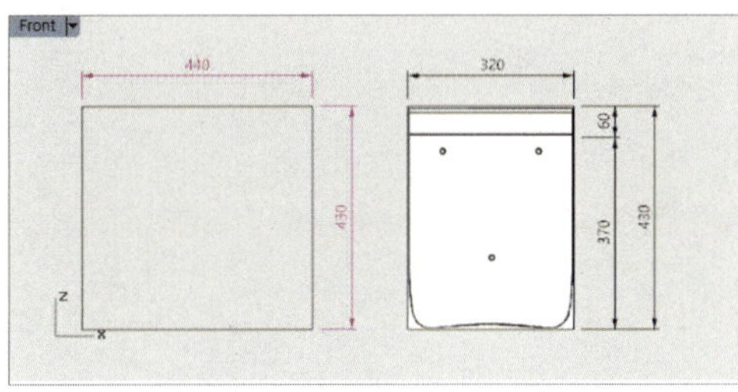

· 추가로 가이드 사각형(크기 : 440 x 430mm)을 그리고 치수 기입

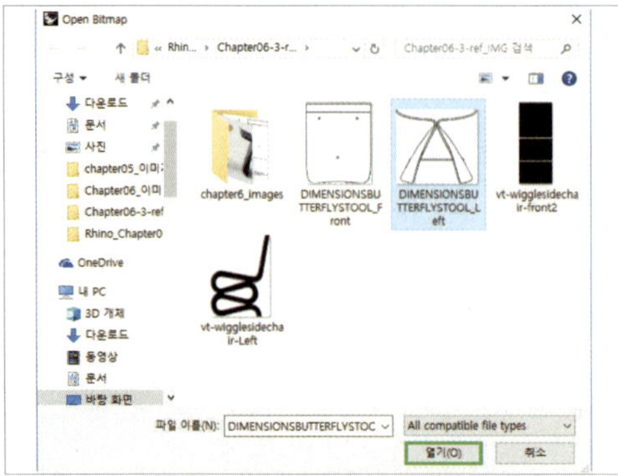

- 그림 프레임(PictureFrame) 명령어 입력
- 비트맵 열기(Open Bitmap) 창이 뜨면 'Left' 이미지를 선택 후 열기(Open) 클릭

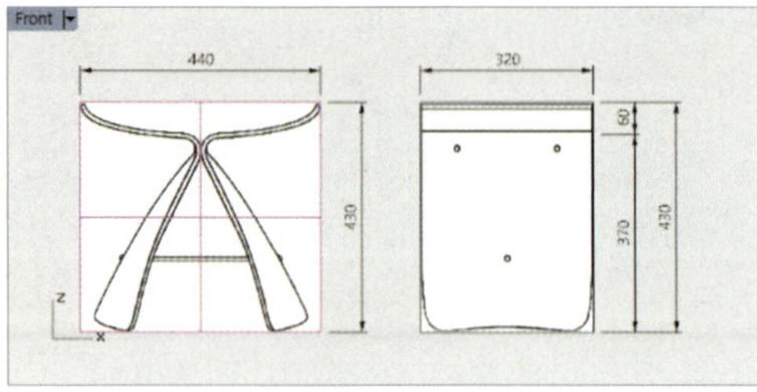

- – 가이드 사각형에 이미지 맞추기

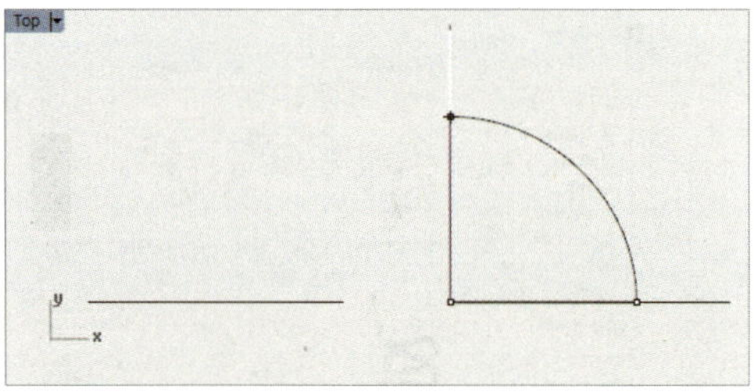

- Top view로 이동
- 2D 회전(Rotate-2D) 명령어를 활용하여 90도 회전시키기

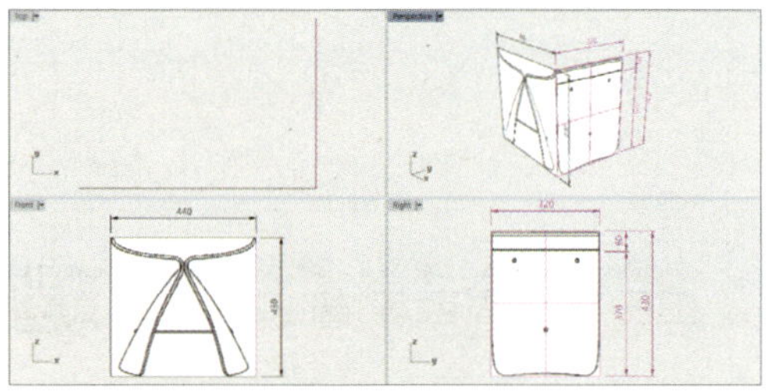

- 이동(Move) 명령어를 활용하여 배치하기

Tip 가져올 이미지의 크기(184 x 230mm)는 실제 의자 크기(440 x 430mm)와 상이하여 1D 크기조정(Scale1D) 명령어를 활용하여 동일하게 맞춰야함.

3. 레이어 만들기(Layers)

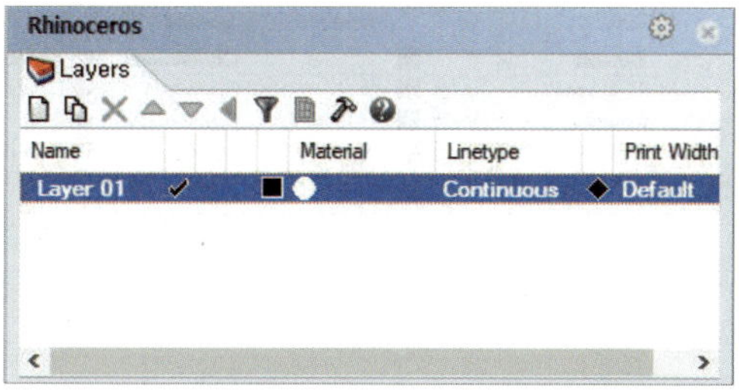

· Default는 기본 레이어로 현재 작업한 모든 개체는 Default 레이어로 생성됨

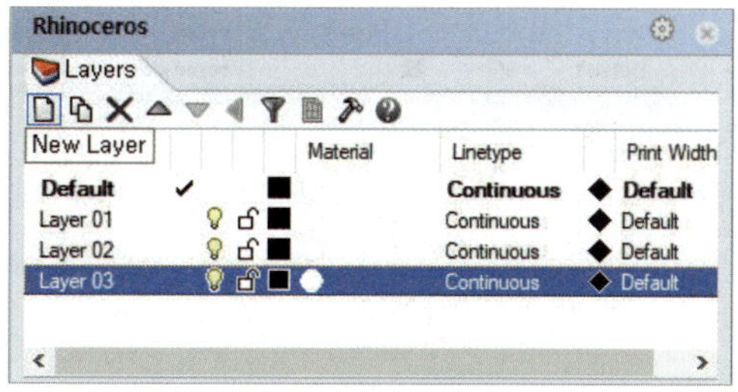

· 새로운 레이어(New Layer) 클릭하여 Layer 01, Layer 02, Layer 03 만들기

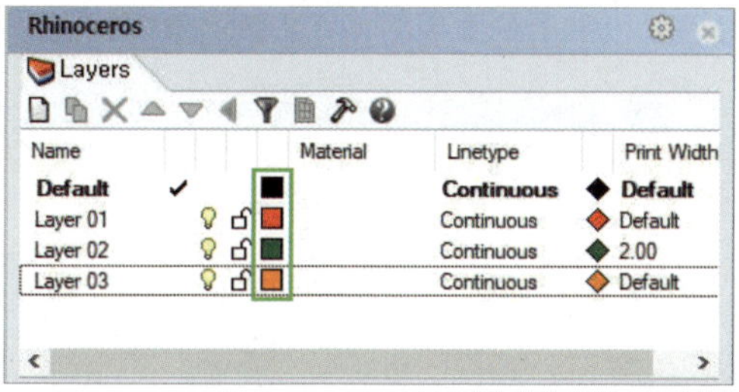

· 각 레이어의 색 옵션을 클릭하여 원하는 레이어의 색 선택하기

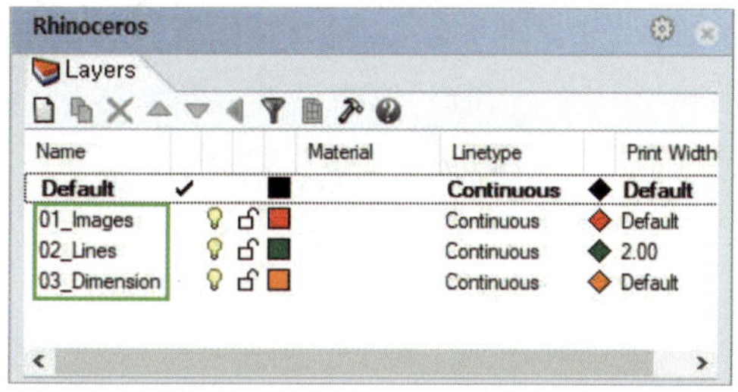

· Layer 글자를 더블클릭하여 그림과 같이 레이어의 명칭을 수정

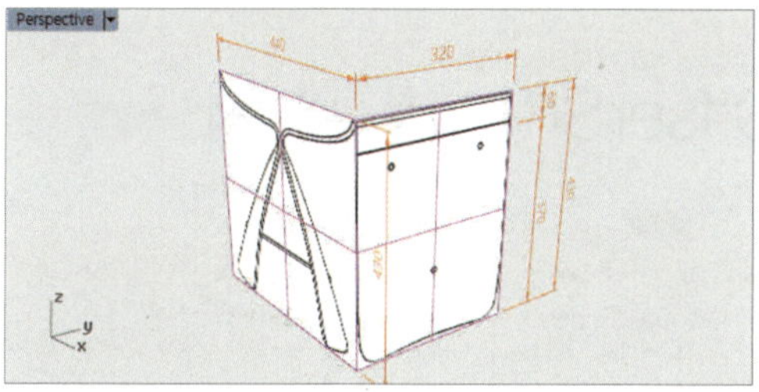

· 그림을 선택

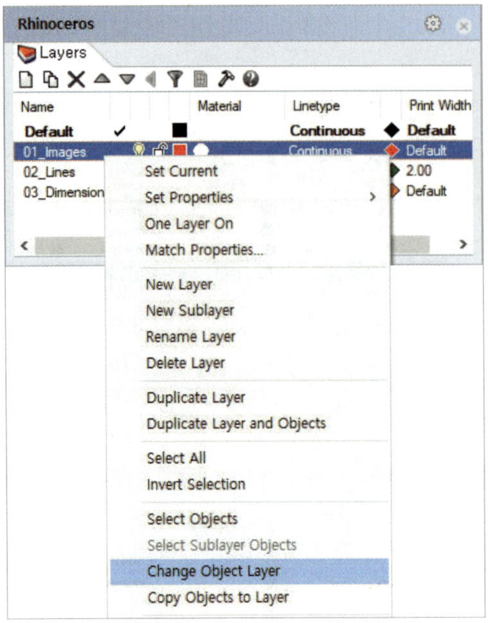

- 01_Images 레이어 선택
- 우클릭 한 후 풀다운 메뉴에서 개체 레이어 변경(Change Object Layer)을 선택하여 레이어 이동

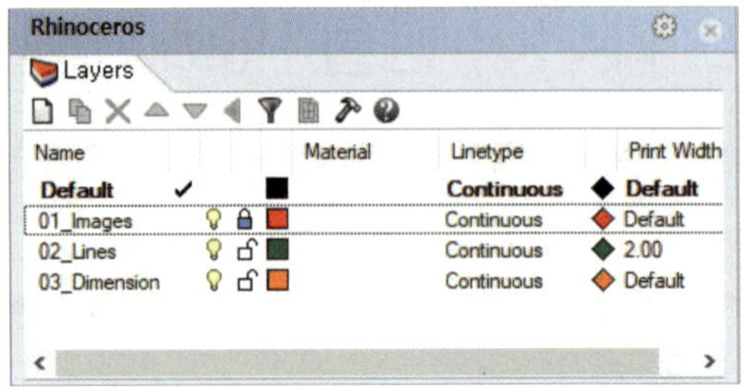

- 01_images 레이어를 lock 시킴(개체선택 불가)

4. 개체 만들기(Curve, Loft, OffserSrf) 

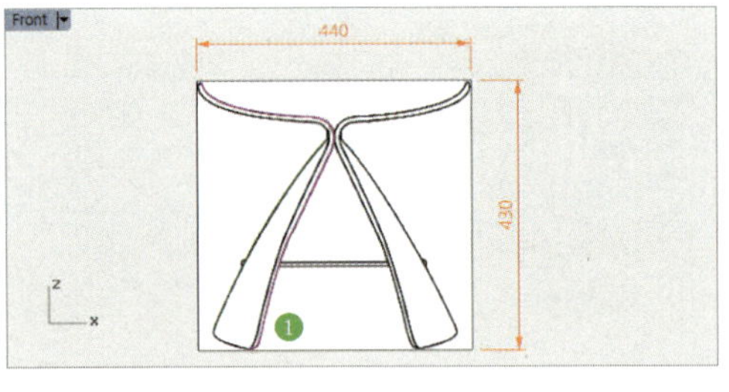

- Front view로 이동
- 현재 레이어 Lines으로 전환하고, 개체스냅의 투영(Project) 켜기
- 커브(Curve) 명령어를 활용하여 곡선 그리기– 점편집(F10)을 클릭 후 곡선 수정

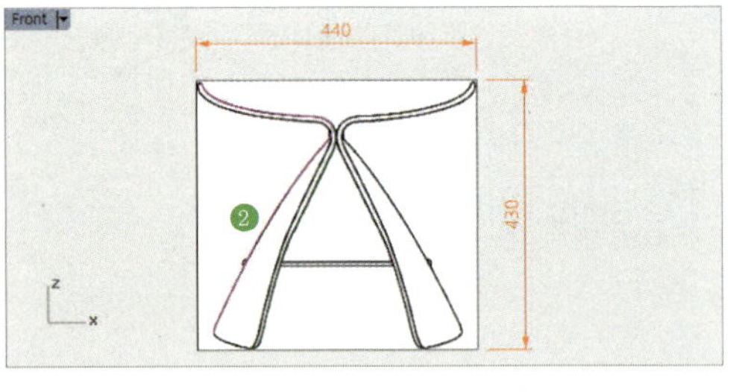

- 복사(Copy) 명령어 입력 후 옵션항목에서 I(InPace) 선택 Enter
- 점편집(F10)을 클릭 후 곡선 수정 후 점편집 해제(F11)

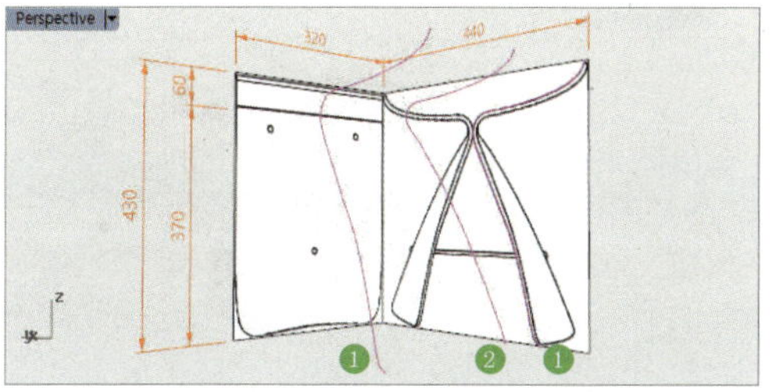

· 1번 선은 양 끝, 2번 라인을 중간에 배치함

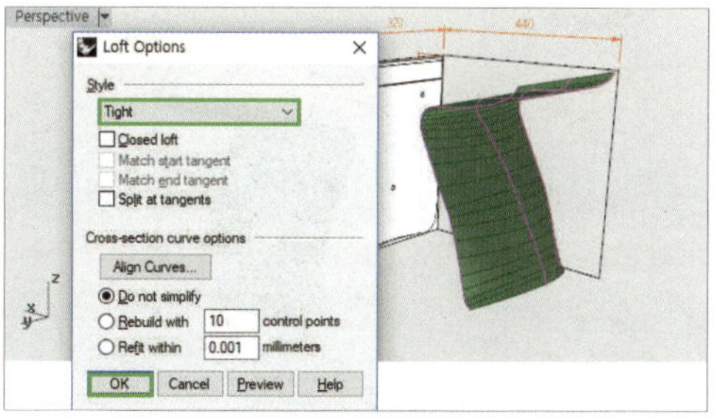

· 면 만들기(Loft) 명령어 입력
· ①. ②의 3개의 선을 선택한 후 Enter
· 옵션 창에서 'Style'을 'Tight'로 변경한 후 OK 클릭

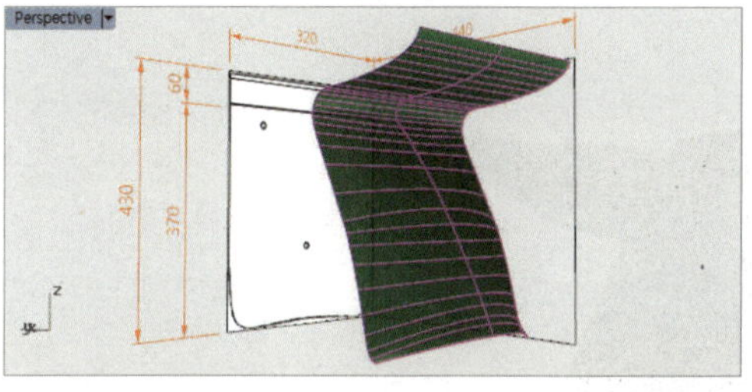

· 면 생성 확인

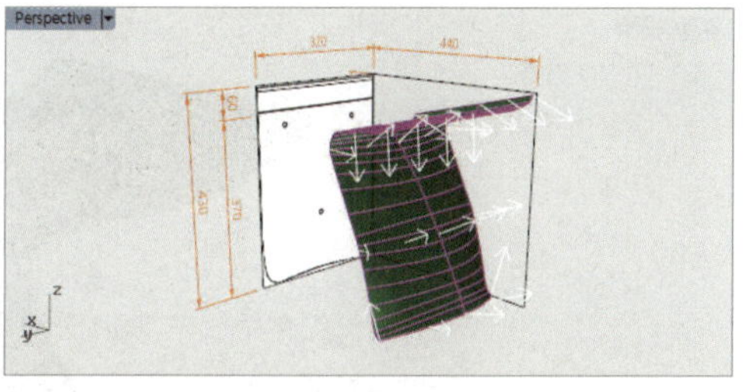

· 면 간격띄우기(OffsetSrf) 명령어 입력
· 개체 선택 후 Enter
· 10(두께) 입력 후 Enter

Tip
- Loft 스타일 탭에서 Loose와 Straight Section을 Preview 하여 어떻게 다른 면이 생성되는지 확인해보자
- Loft 명령어는 선택하는 순서가 중요함으로 왼쪽에서 오른쪽으로 또는 오른쪽에서 왼쪽으로 선택함

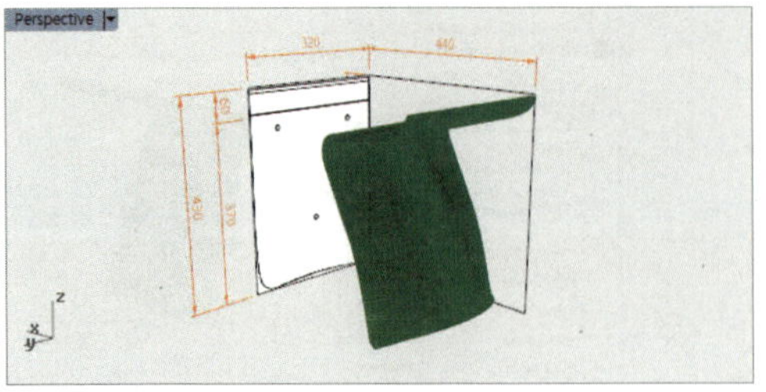

· 10mm 두께의 개체 생성

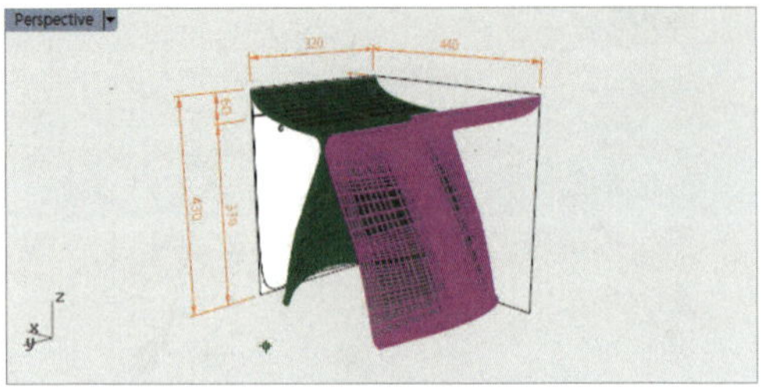

· 미러(Mirror) 명령어를 활용하여 좌우대칭으로 복사하기

Tip 미러(Mirror) 명령어 실행할 때에는 Top view에서 정확하게 중점을 찾아 대칭시킴

버터플라이 스툴 (Burtterfly Stool) 완성

Exercise

실습하기 06

자유 곡선을 이용해 3D 오브젝트 만들기

– 유선형 가구 만들기 (2가지 오브젝트)

내용

· 유선형 가구 1

명령어 연습

· Rectangle, Ellipse
· Trim, Fillet, Chamfer
· Hatch, Rotate, Explode

▶ 연습하기

· 모델링 연습
· 3d 명령어 연습

▶ 예제 실습 1 유선형 가구 1
오브젝트 사이즈 (size : 350 x 350 x 500 mm(H))

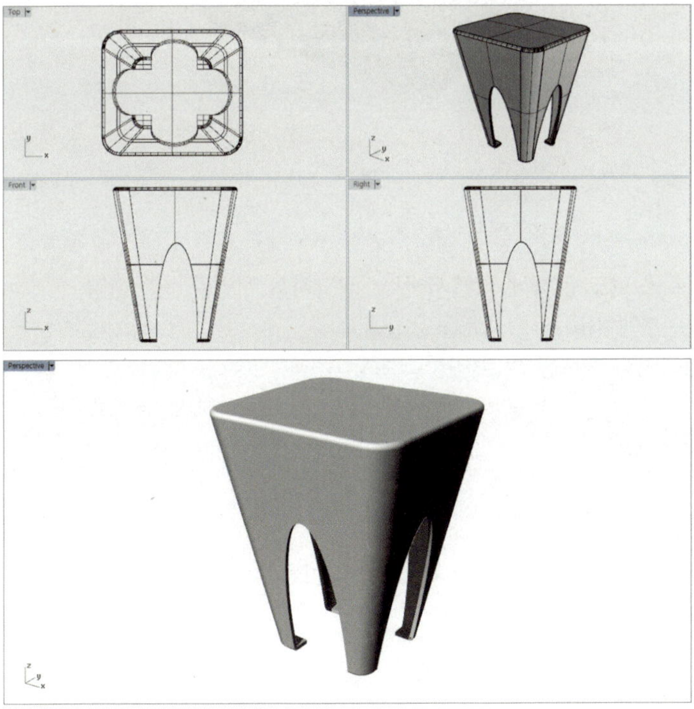

▶ 사용되는 명령어 Polyline, Extrudecurve, offsetsurf

▶ 예제 실습 2 유선형 가구 2

오브젝트 사이즈 (size : 500 x 800 x 400 mm(H))

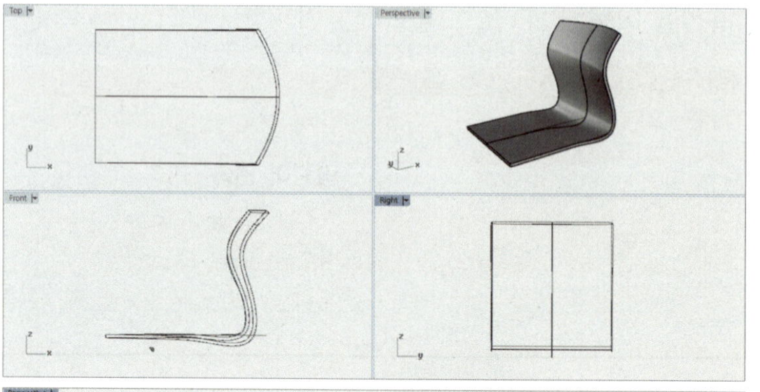

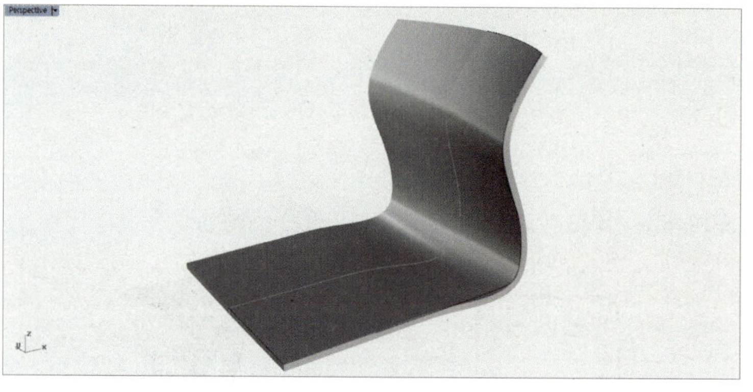

▶ 사용되는 명령어 Polyline, Extrudecurve, offsetsurf, Mirror

▶ 작업 과정

1. 위의 오브젝트를 보고 어떻게 만들지 먼저 생각하여 작업순서를 정함
2. 정해진 작업순서에 따라 오브젝트를 만들자
   (사용되는 명령어의 힌트를 보고 만들어보자)
3. 만들어진 오브젝트의 perspective view를 screen capture해서 jpeg로 저장
4. 저장된 jpeg를 제출

Reference

참고사례

Media Sculpture 효성건설 해링턴플레이스 미디어 조형물

작품크기 3,000 x 3,750 x 4,300[H] mm

디자인 및 자료제공: J2o Design (https://www.j2odesign.com)

작품이미지 **1-1**

효성 해링턴플레이스 미디어조형물

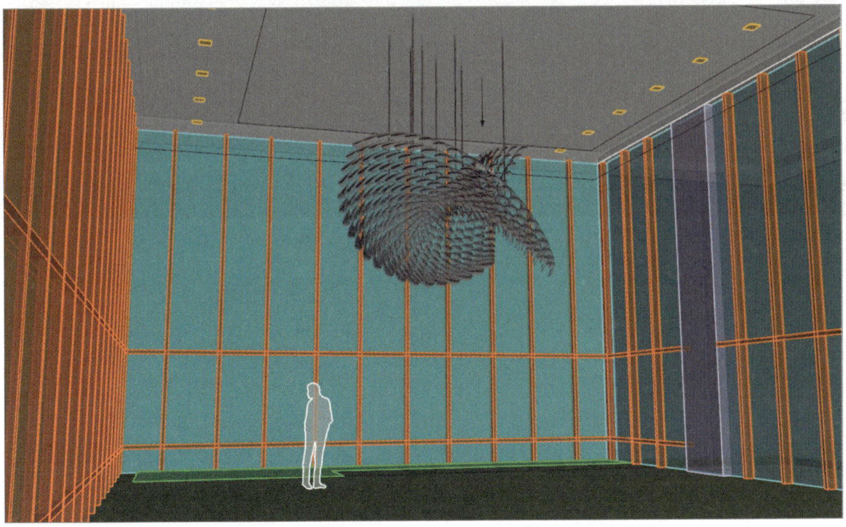

Rhino image : 라이노 3d model 작업과정

작품이미지 **1-2**

효성 해링턴플레이스 미디어조형물

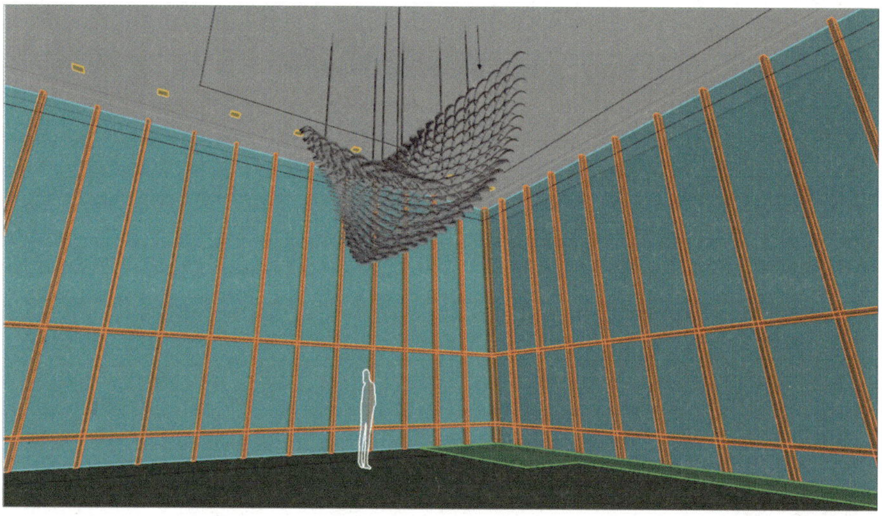

Rhino image : 라이노 3d model 작업과정

Reference 참고사례

공공디자인 스마트미디어포레스트 미디어라인 파고라 & 벤치

디자인 및 자료제공: J2o Design (https://www.j2odesign.com)

작품이미지 **1-1**

용산 스마트미디어포레스트 벤치

작품이미지 **1-2**

용산 스마트미디어포레스트 벤치

작품이미지 1-3

용산 스마트미디어포레스트 벤치

작품이미지 1-4

용산 스마트미디어포레스트 벤치

작품이미지 1-5

용산 스마트미디어포레스트 벤치

작품이미지 1-6

용산 스마트미디어포레스트 벤치

패턴을 적용한 커브 벽면 만들기

Chapter 07

패턴을 적용한 커브 벽면 만들기

라이노(Rhino) 기본 툴 활용하여 패턴벽 만들기
패널링 툴(Paneling Tools) 활용하여 패턴벽 만들기

Helio City Media Sculpture 잠실 헬리오시티 미디어 조형물: 루 스피어
디자인 및 자료제공: J2o Design (https://www.j2odesign.com)

7-1 라이노(Rhino) 기본 툴 활용하여 패턴벽 만들기

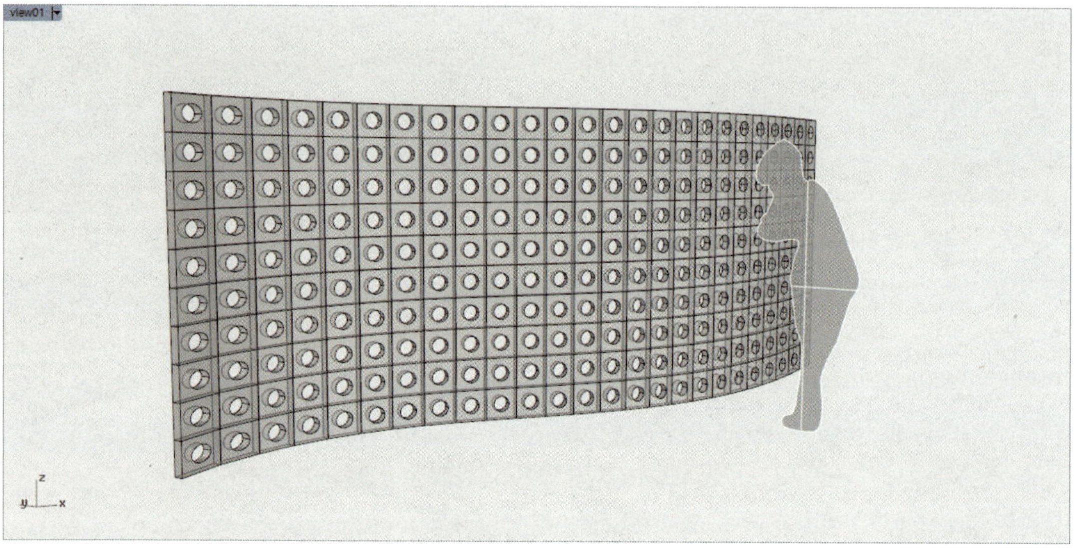

패턴이 적용된 커브 벽체

1. 커브 벽면 만들기(Rebuild, CreateUVCrv)

+ 마우스 왼쪽 버튼

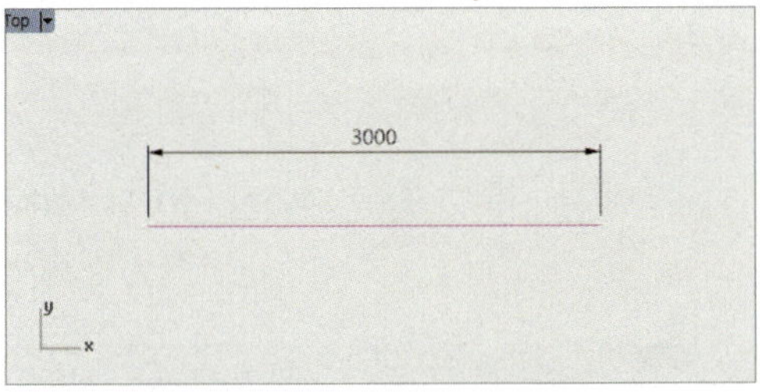

· 폴리라인(Polyline) 명령어를 활용하여 선 그리기

· 복사(Copy) 명령어를 활용하여 3개의 동일한 선 만들기

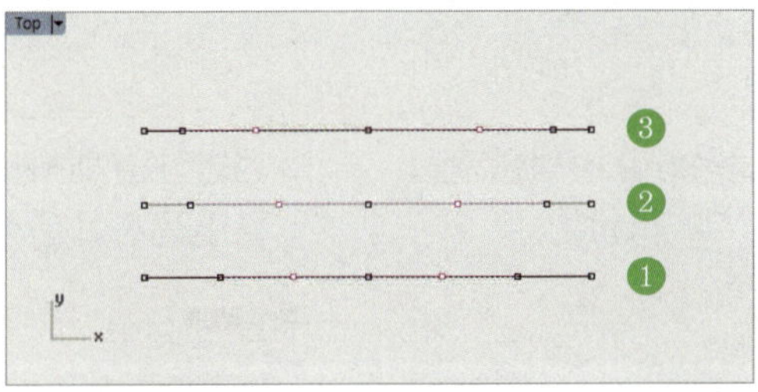

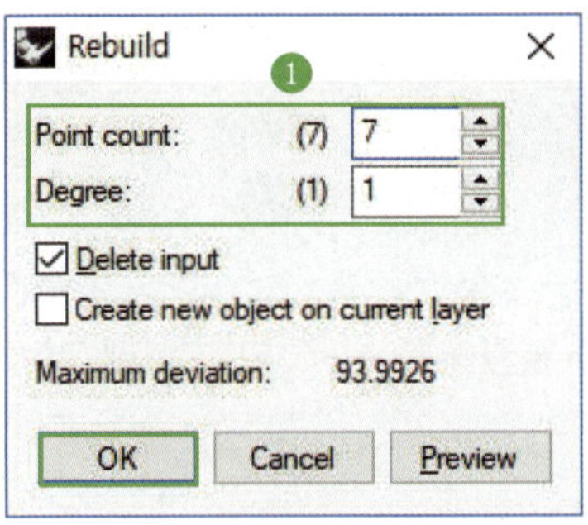

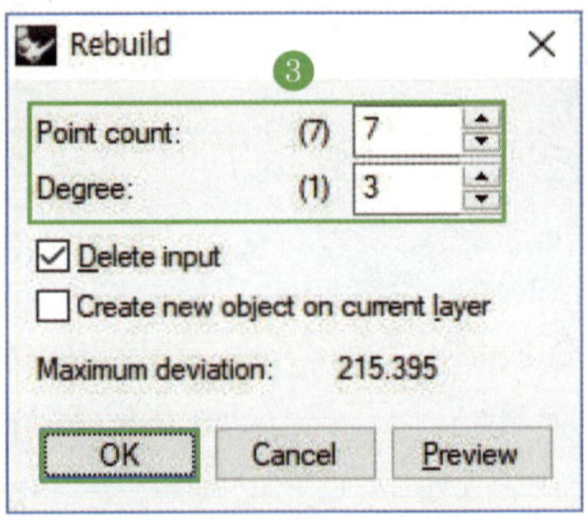

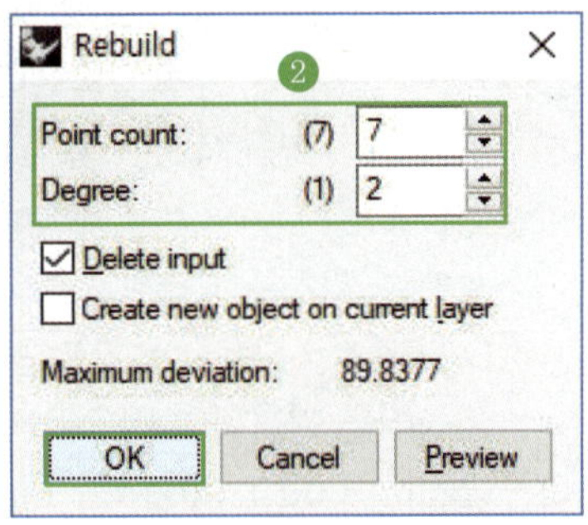

· 커브 재생성(Rebuilid) 명령어를 활용하여 ❶, ❷, ❸ 선의 속성 중 '점의 수(Point Count), 정도(Degree)' 의 수치값을 그림과 같이 변경
· 3개의 선을 선택 후 점편집(F10) 클릭하기
· 중간점 양쪽의 두 점을 각각의 선마다 선택하기

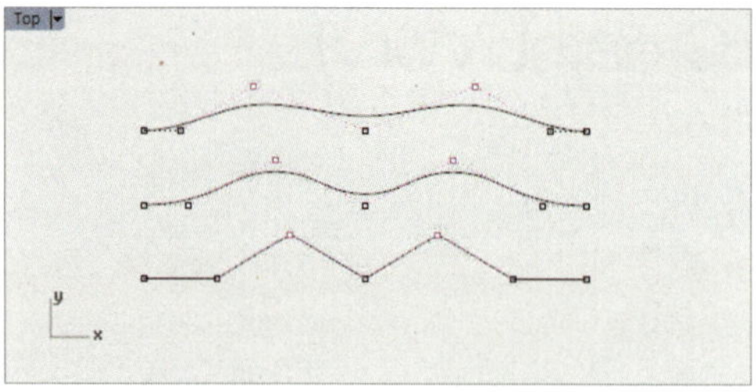

· 선택한 점을 이동(Move) 명령어를 활용하여 상부로 이동하기(거리 : 300mm)

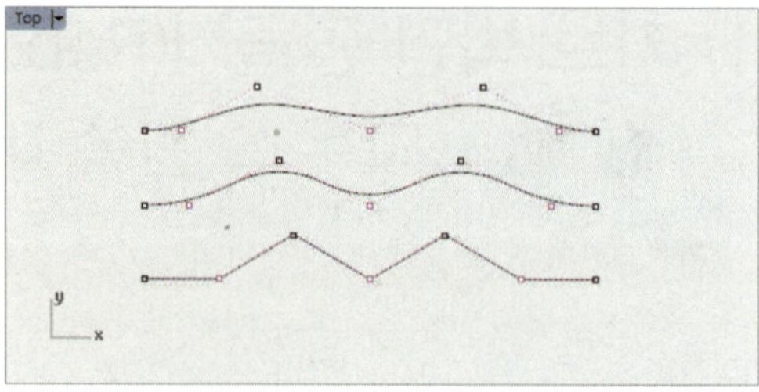

· 앞에서 선택한 점을 제외한 나머지 선택하기

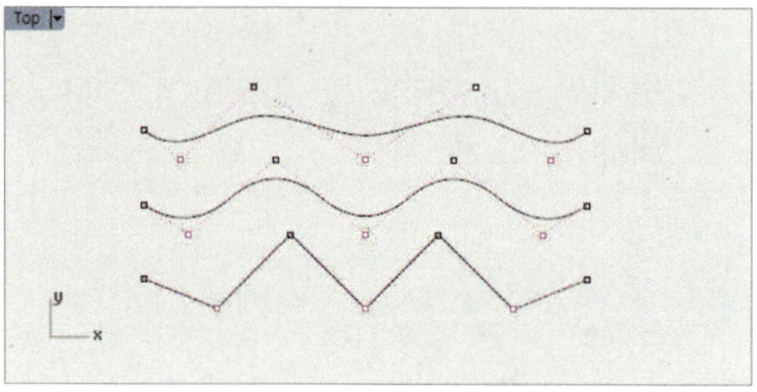

· 이동(Move) 명령어를 활용하여 선택한 점을 하부로 이동하기(거리 : 200mm)

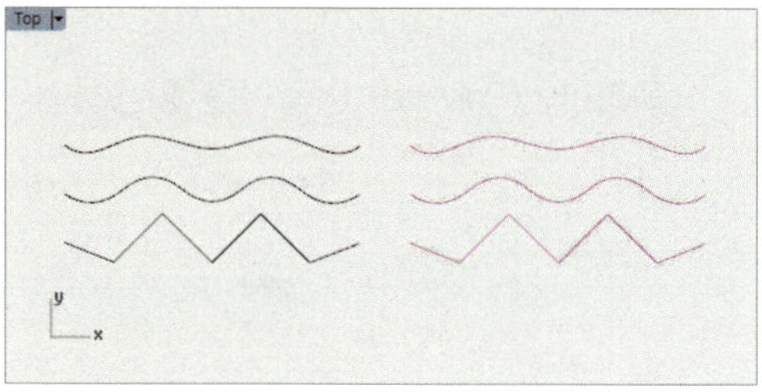

· 점편집을 해제(F11)하고 복사(Copy) 명령어를 활용하여 완성된 선을 이동 복사

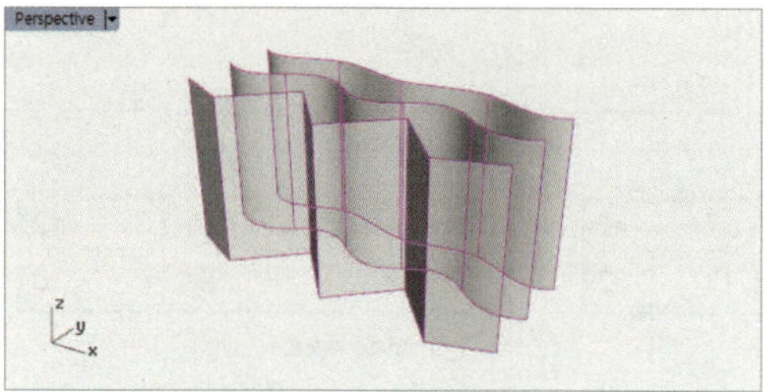

· 3개의 선을 선택 후 커브돌출(ExtrudeCrv) 명령어를 활용하여 면으로 세우기 (높이 : 1,500mm)

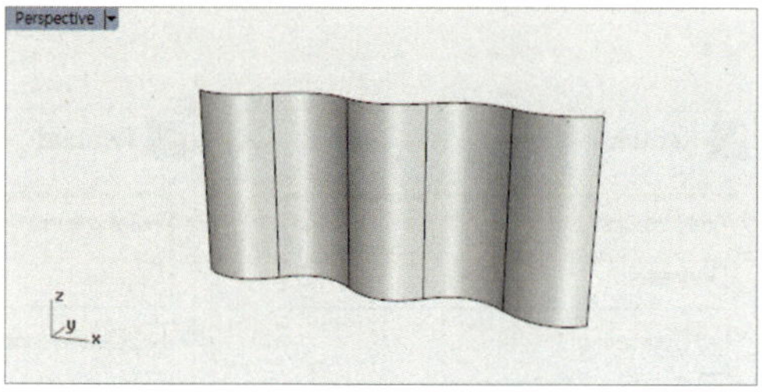

· 복사(Copy) 명령어를 활용하여 2번째 커브 이동 복사

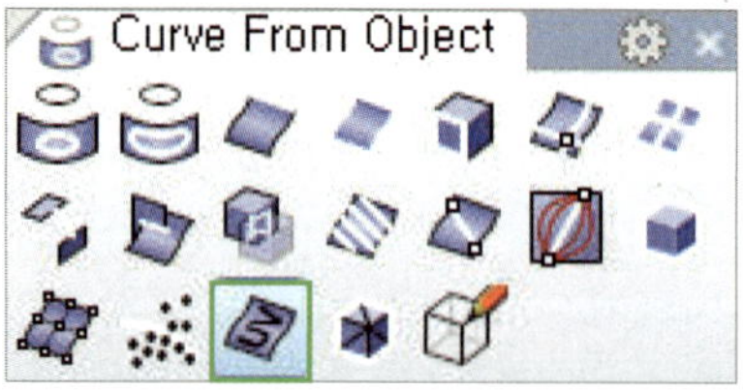

· 개체로 커브 만들기(Curve From Object)/ UV 커브 만들기(Create UV Curve) 명령어 클릭

Tip UV 아이콘 위에서
왼쪽 마우스 클릭 : Create UV Curve
오른 마우스 클릭 : Apply UV Curve

2. 패턴 만들기(Array)

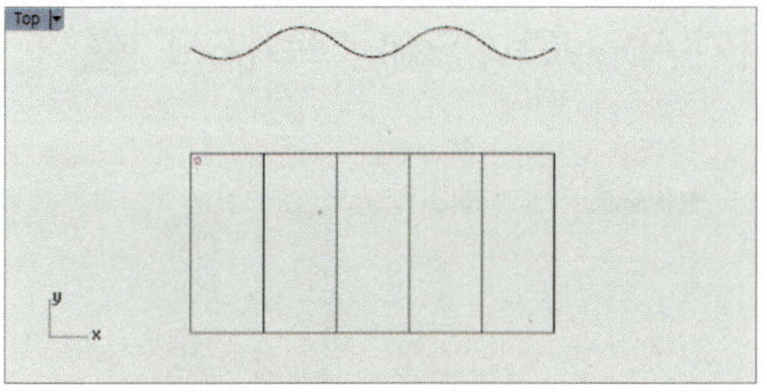

· 원(Circle) 명령어를 활용하여 모통이 근처에 원 그리기(반지름 : 25)
· 직사각형 배열(Array) 명령어를 입력 또는 아이콘을 클릭한 후 원을 선택
· 세부옵션 입력
X 방향 개수 : 5 입력 후 Enter
Y 방향 개수 : 10 입력 후 Enter
Z 방향 개수 : 1 입력 후 Enter
X 방향 띄울 공간 : 직접 사각형의 끝점을 클릭한 후 띄울 만큼의 Y 클릭 후 Enter

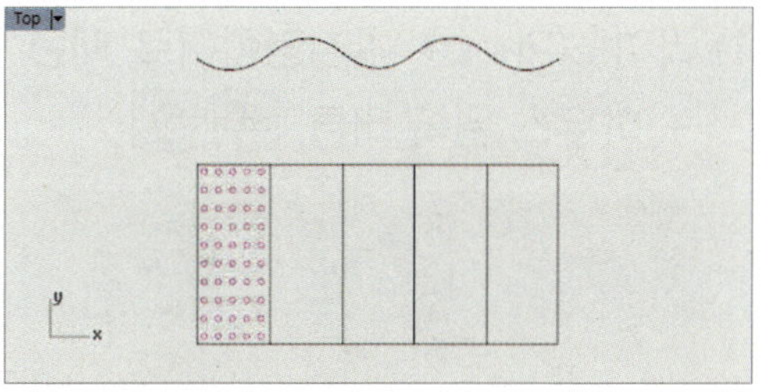

· 전체 원 선택 후 그룹화

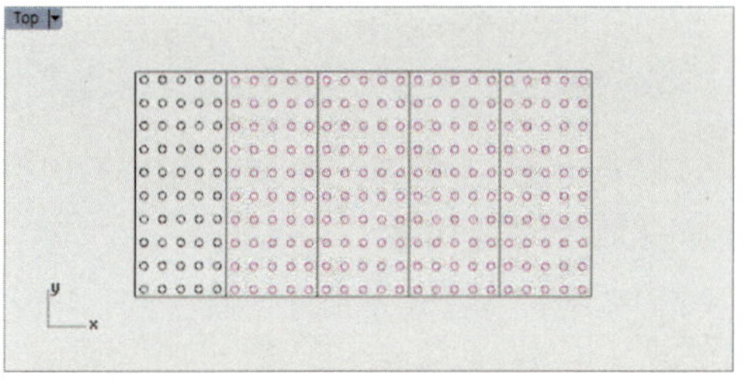

· 복사(Copy) 명령어를 활용하여 원의 그룹을 그림과 같이 4회 이동 복사하기

3. 패턴 적용하기

1) 라이노(Rhino) 기본 명령어로 패턴 적용하기(ApplyCrv, Split, OffsetSrf) + 마우스 왼쪽 버튼,

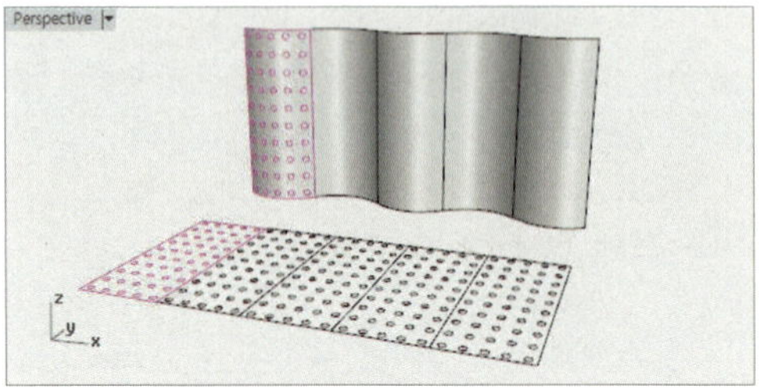

- 원과 사각틀 선택 후 UV 커브 적용하기 **(ApplyCrv) 명령어** 입력
- 첫 번째 커브면(Surface) 선택

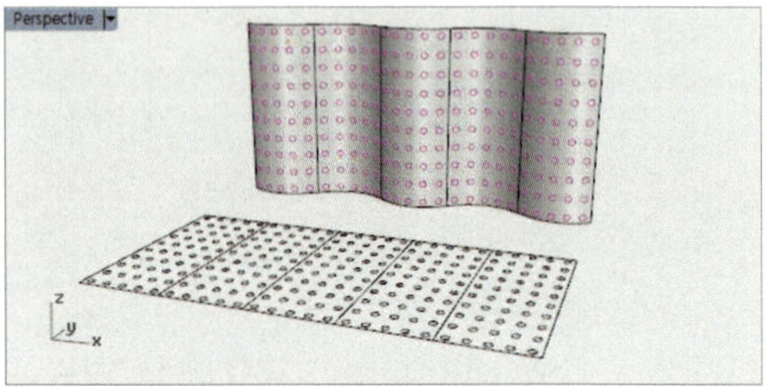

- 앞의 명령을 반복하여 실행
- 커브면의 원을 모두 선택 후 그룹화

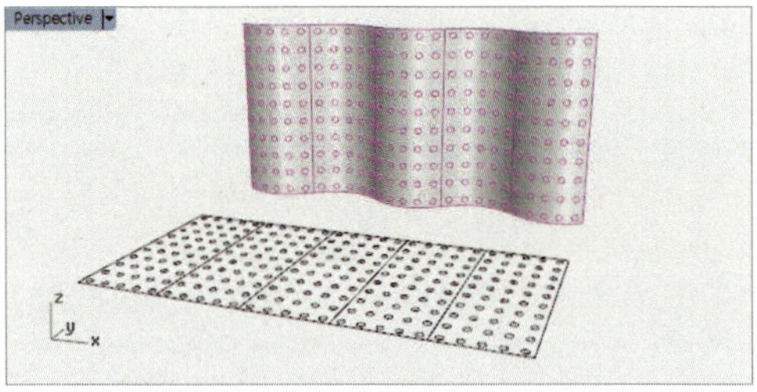

- 전체 커브(Surface) 선택 후 분할(Split) 명령어 입력
- 그룹된 원을 선택 후 Enter

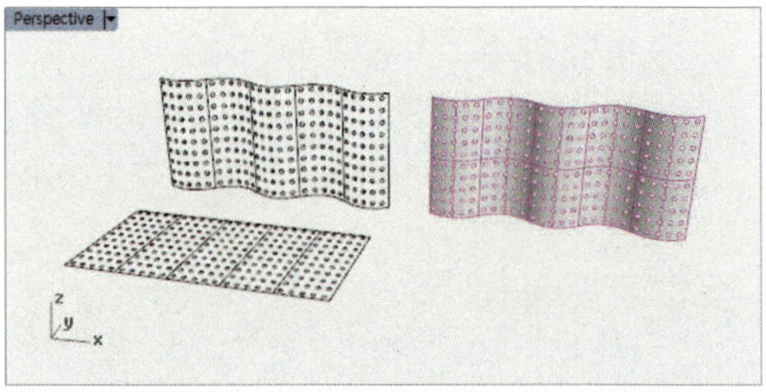

- 이동(Move) 명령어를 활용하여 잘려진 면(Surface)을 이동

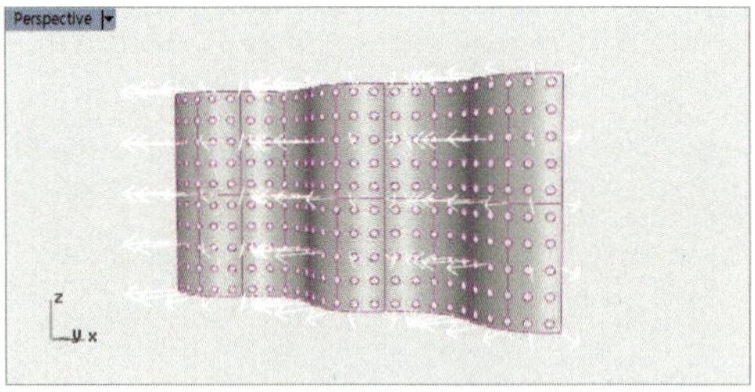

- 면 간격띄우기(OffsetSrf) 명령어 입력 후 면 선택
- 50(거리값) 입력 후 Enter

Tip 명령어 반복은 Enter 또는 Space Bar
복수선택시 선택 추가는 Shift+선택, 선택 제외는 Ctrl+선택

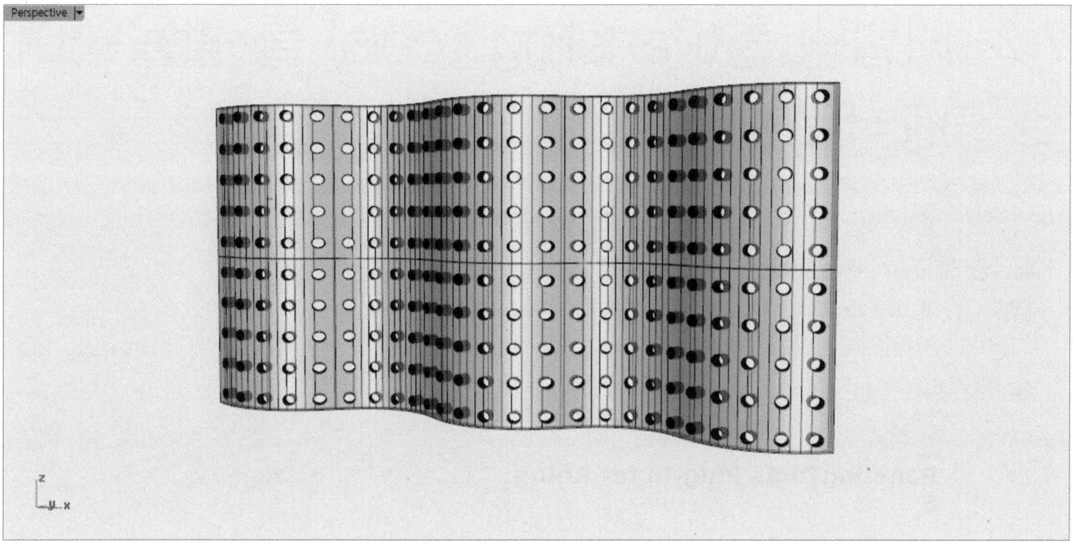

패턴이 적용된 커브 벽면 완성

7-2 패널링 툴(Paneling Tools) 툴 활용하여 패턴벽 만들기

- 패널링 툴 (Paneling Tools) 다운로드하기

https://wiki.mcneel.com/labs/panelingtools 에서 확인

다음의 라이노(Rhino) 웹사이트 중 하나인 mcneel 사이트 또는 Food 4 Rhino에서 Paneling Tools을 다운받도록 하자.

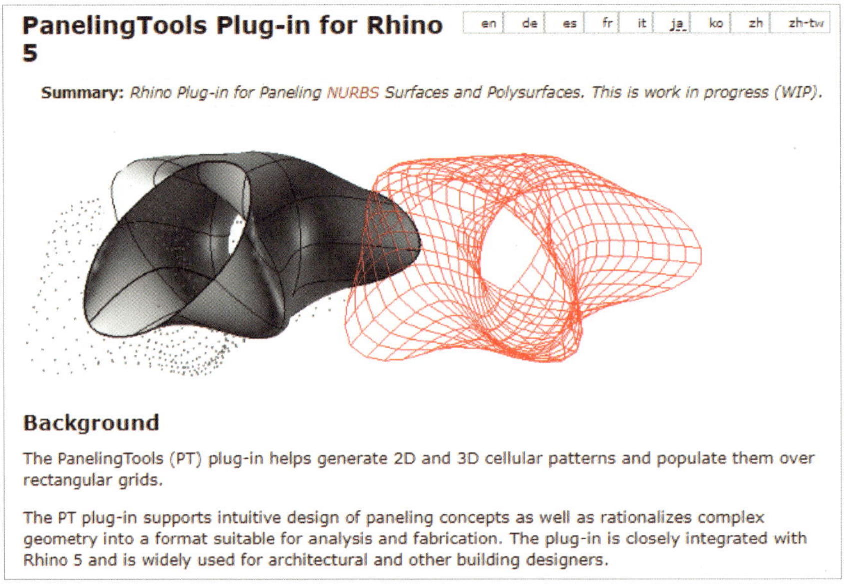

PanelingTools Plug-in for Rhino 5

en | de | es | fr | it | ja | ko | zh | zh-tw

Summary: *Rhino Plug-in for Paneling NURBS Surfaces and Polysurfaces. This is work in progress (WIP).*

Background

The PanelingTools (PT) plug-in helps generate 2D and 3D cellular patterns and populate them over rectangular grids.

The PT plug-in supports intuitive design of paneling concepts as well as rationalizes complex geometry into a format suitable for analysis and fabrication. The plug-in is closely integrated with Rhino 5 and is widely used for architectural and other building designers.

패널링 툴 (Paneling Tools Plug–in)

– 패널링 툴 (Paneling Tools) 이란?

라이노(Rhino 3D)뿐만 아니라 다른 모든 3d 애플리케이션은 모두 Plug-in이 존재 하지만, 특히 라이노는 사용자(User) 중심의 Plug-in이 매우 발달된 프로그램이다. 이런 라이노(Rhino 3D)의 수많은 Plug-in 중 하나인 패널링 툴(Paneling Tools)은 3D 모델링 중 빠르게 다양한 패턴을 입힐 수 있도록 특화된 Plug-in으로서 현재까지도 사라지지 않고 Grasshopper (Plug-in for Algorithmic Design)등 과도 연동되어질 만큼 많은 사용자들이 사용하고 있는 Plug-in이다.

Paneling Tool을 이용한 간단한 예제를 통하여 2D와 3D 패턴을 오브젝트에 입혀보도록 하자.

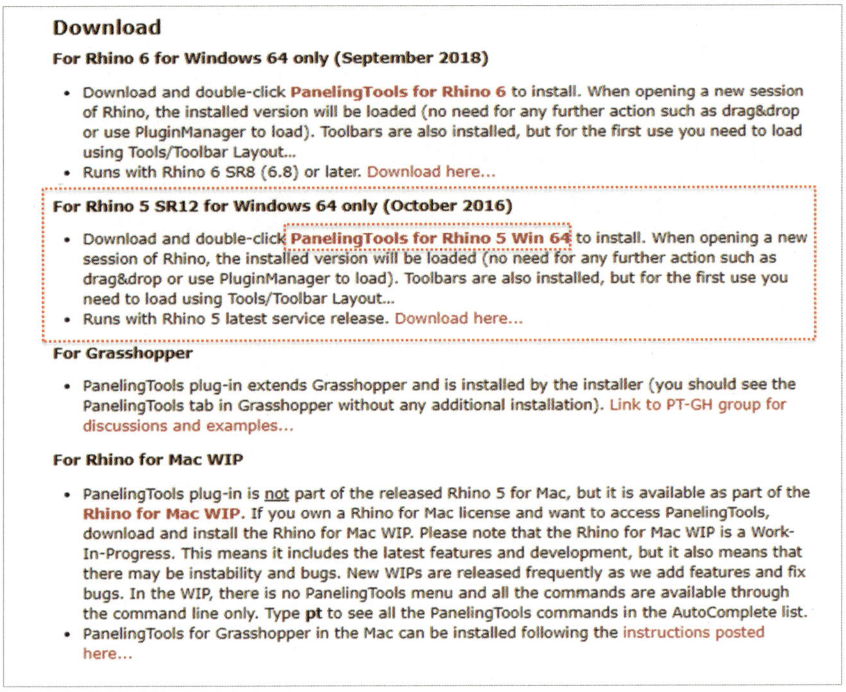

Download

For Rhino 6 for Windows 64 only (September 2018)

- Download and double-click **PanelingTools for Rhino 6** to install. When opening a new session of Rhino, the installed version will be loaded (no need for any further action such as drag&drop or use PluginManager to load). Toolbars are also installed, but for the first use you need to load using Tools/Toolbar Layout...
- Runs with Rhino 6 SR8 (6.8) or later. Download here...

For Rhino 5 SR12 for Windows 64 only (October 2016)

- Download and double-click **PanelingTools for Rhino 5 Win 64** to install. When opening a new session of Rhino, the installed version will be loaded (no need for any further action such as drag&drop or use PluginManager to load). Toolbars are also installed, but for the first use you need to load using Tools/Toolbar Layout...
- Runs with Rhino 5 latest service release. Download here...

For Grasshopper

- PanelingTools plug-in extends Grasshopper and is installed by the installer (you should see the PanelingTools tab in Grasshopper without any additional installation). Link to PT-GH group for discussions and examples...

For Rhino for Mac WIP

- PanelingTools plug-in is not part of the released Rhino 5 for Mac, but it is available as part of the **Rhino for Mac WIP**. If you own a Rhino for Mac license and want to access PanelingTools, download and install the Rhino for Mac WIP. Please note that the Rhino for Mac WIP is a Work-In-Progress. This means it includes the latest features and development, but it also means that there may be instability and bugs. New WIPs are released frequently as we add features and fix bugs. In the WIP, there is no PanelingTools menu and all the commands are available through the command line only. Type **pt** to see all the PanelingTools commands in the AutoComplete list.
- PanelingTools for Grasshopper in the Mac can be installed following the instructions posted here...

위의 'Paneling Tools for Rhino 5 Win 64' 붉은색 글씨를 클릭하여 다운 받음

1. 패널링 툴(Paneling Tools) 설치하기

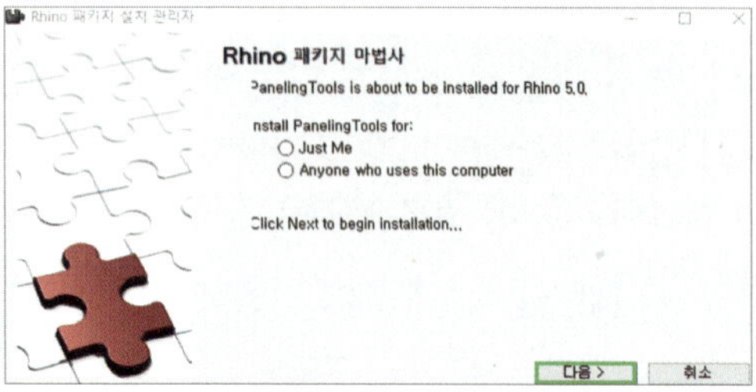

· 다운받은 Paneling Tools을 더블클릭으로 실행하여 설치

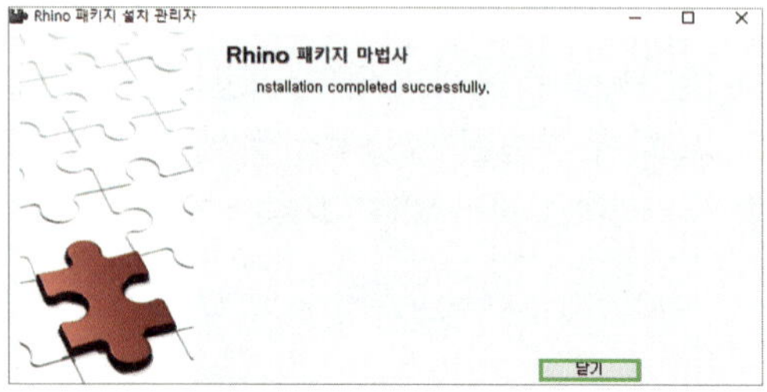

· 설치 완료 확인

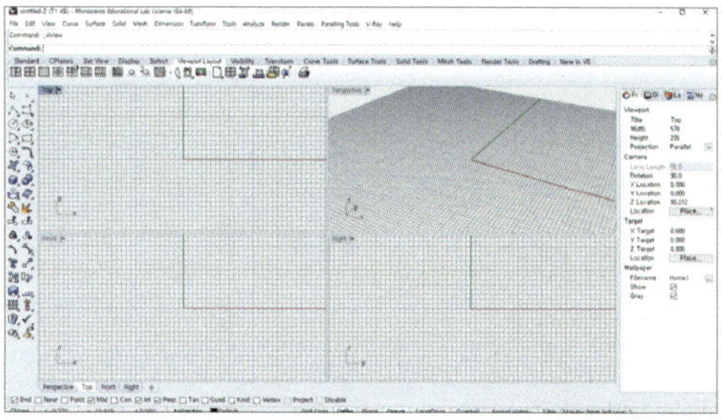

· 설치 완료 후 라이노(Rhino) 프로그램 실행

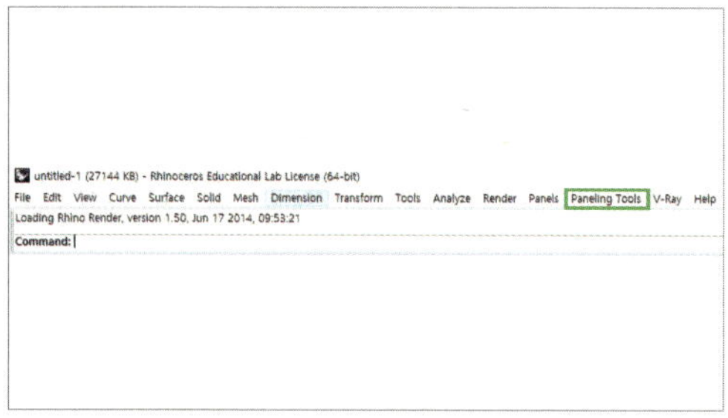

· 우측 상단에 Paneling Tools가 새로 설치된 것을 확인

2. 커브 벽체 만들기(Curve, ExtrudeCrv)

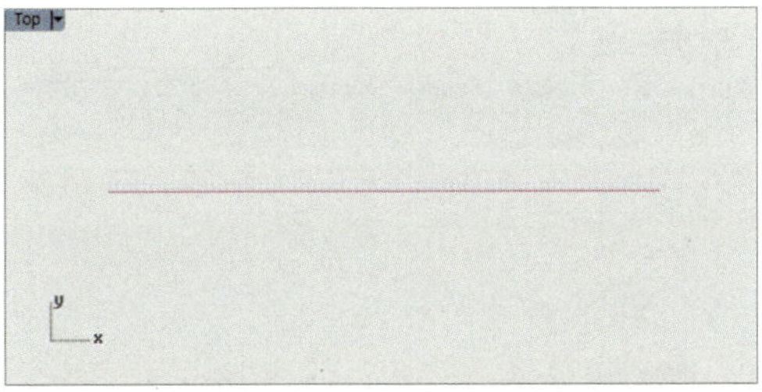

· Top view로 이동
· 선그리기(Line) 명령어를 활용하여 가이드 라인 그리기(길이 : 4,000mm)

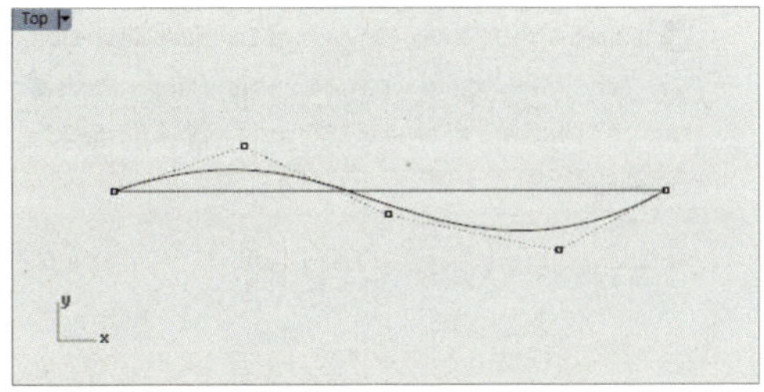

· 커브(Curve) 명령어를 활용하여 커브선 그리기

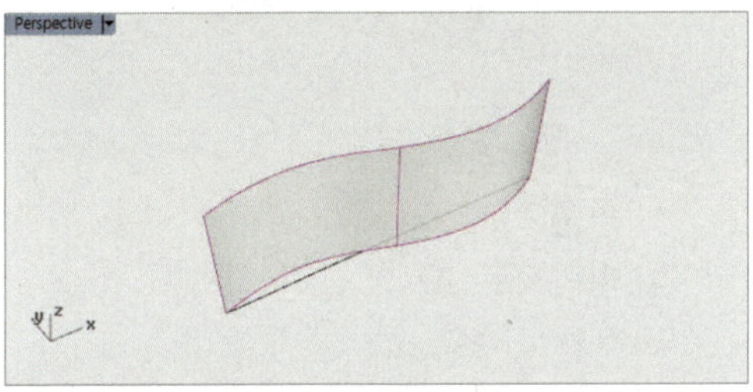

· Perspective view로 이동
· 커브돌출(ExtrudeCrv) 명령어를 활용하여 높이 세우기(높이 : 1,500mm)

3. 패턴 만들기

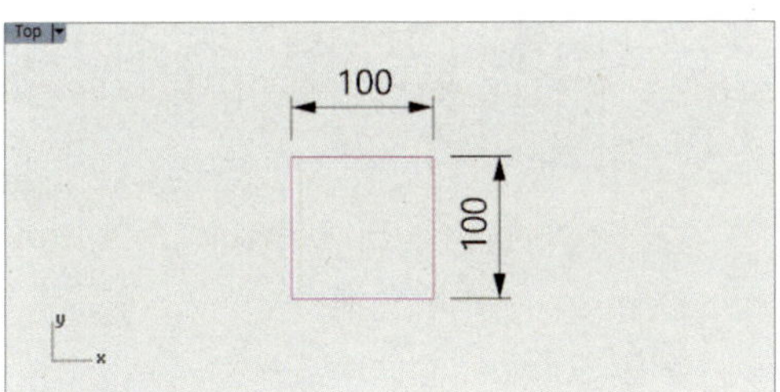

· Top view로 이동
· 직사각형(Rectangle) 명령어를 활용하여 사각형 그리기(100×100mm)

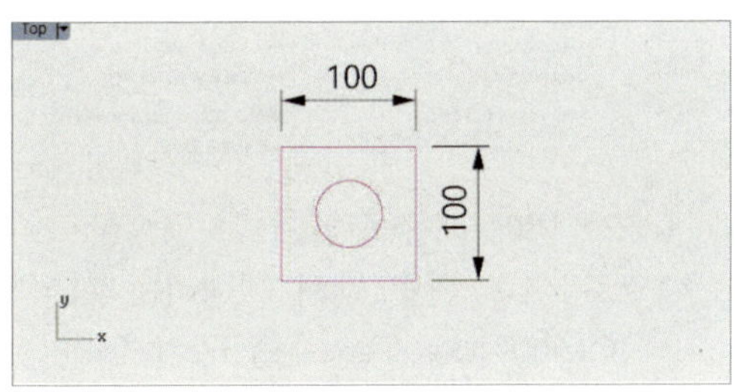

· 개체스냅의 중심점(Cen) 체크
· 원그리기(Circle) 명령어를 활용하여 사각형 내측에 원 그리기(반지름 : 25)
· 원과 사각형을 그룹화 〈단축키 Ctrl+G〉

4. 패턴 적용하기(Split)

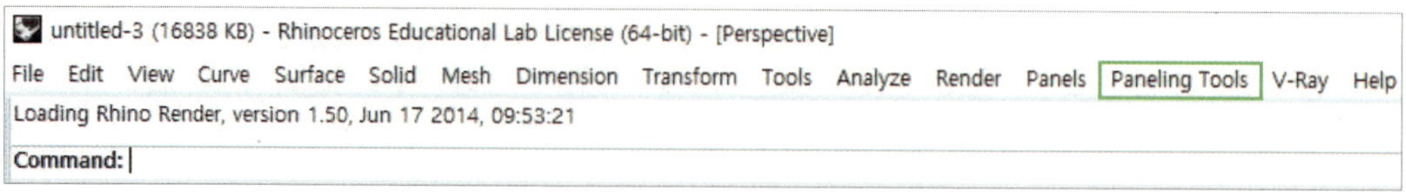

· Paneling Tools로 작업시작

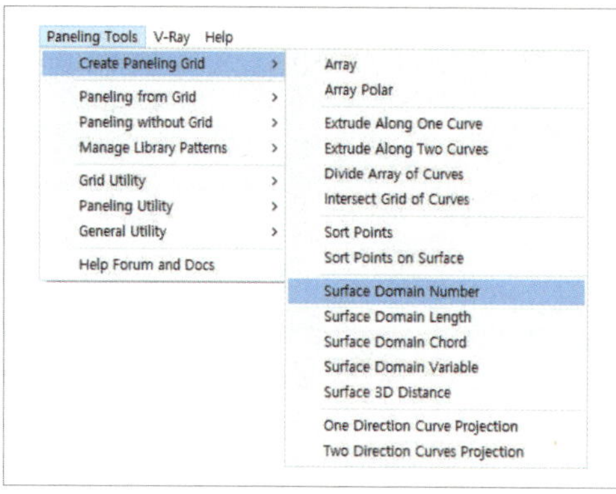

· 면에 도메인(Domain)을 생성하기 위해서는 Paneling Tools/Surface Domain Number 명령 실행

※ 면에 패턴이 들어갈 간격 등을 설정하는 과정

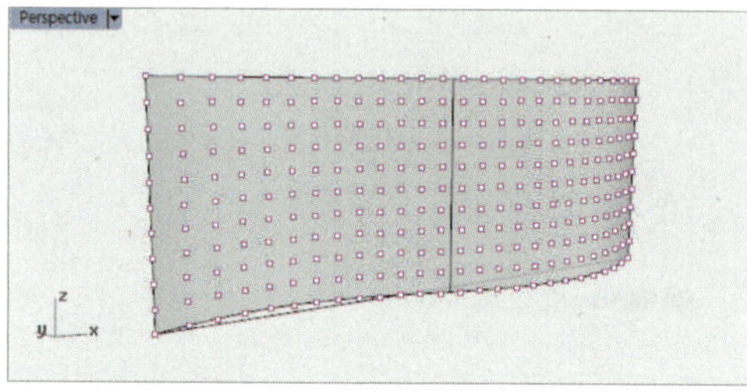

· 세부 옵션 입력
  U 방향으로 25,
  V 방향으로 10,
  Group = Yes
· 도메인(Domain) 생성 확인

※ Group을 No로 설정할 경우 점 선택이 어려움

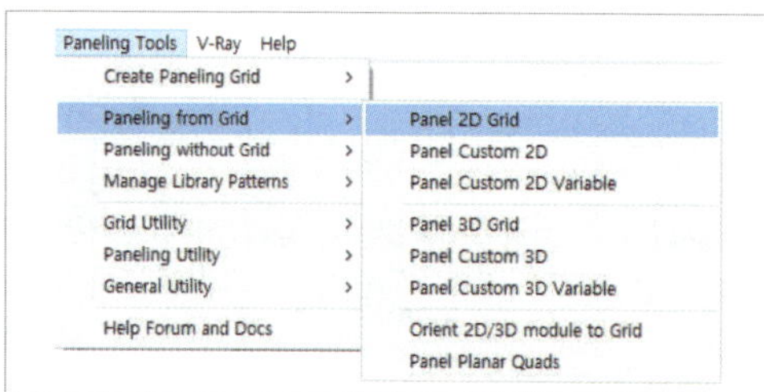

· 커브 벽에 패턴을 넣기 전 평평한(Flat) 면으로 커브 벽을 다시 생성하는 과정으로 Paneling Tools/Paneling From Grid/Panel 2D Grid를 활용하여 커브 벽을 그리드에 맞는 평면사각형으로 다시 생성함

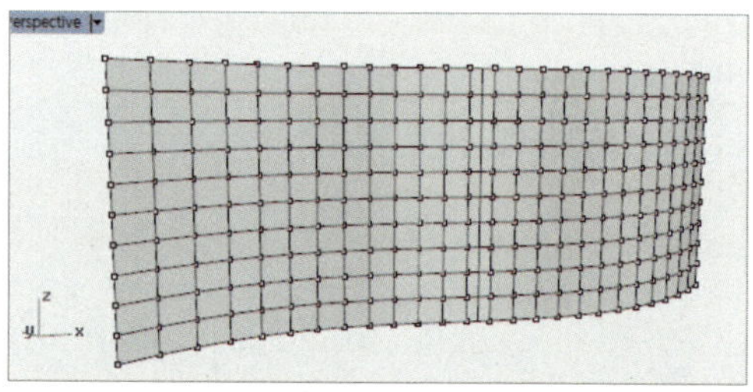

· Panel 2D Grid 선택
· Domain 선택 후 Enter
· 벽면(Surface) 선택 후 Enter
· 세부 옵션 입력
  AddFlatFaces = Yes

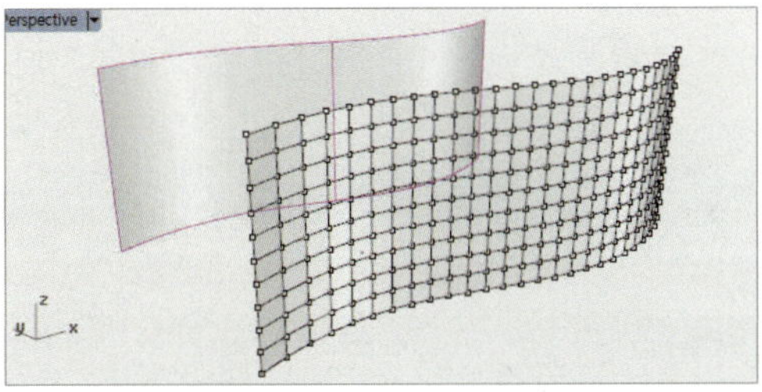

· 평평한(Flat)한 면이 새로 생성되었기 때문에 기존의 커브 면은 선택하여 후방으로 이동

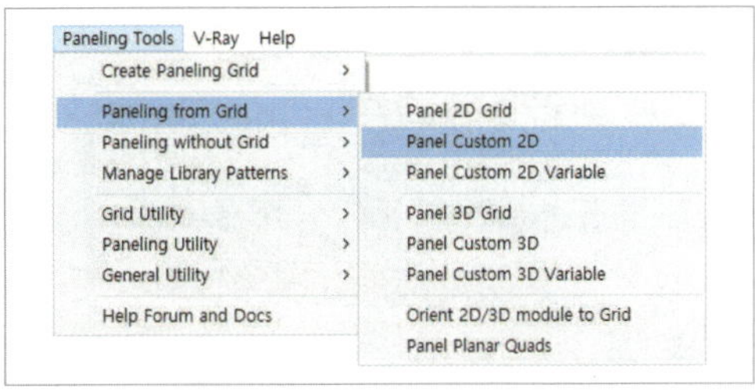

· Paneling Tools/Paneling from Grid/Panel Custom 2D 선택
· 도메인(Domain) 선택 후 Enter
· 새로 생성된 면(Surface) 선택 후 Enter
· 패턴(사각형과 원의 그룹) 선택 후 Enter

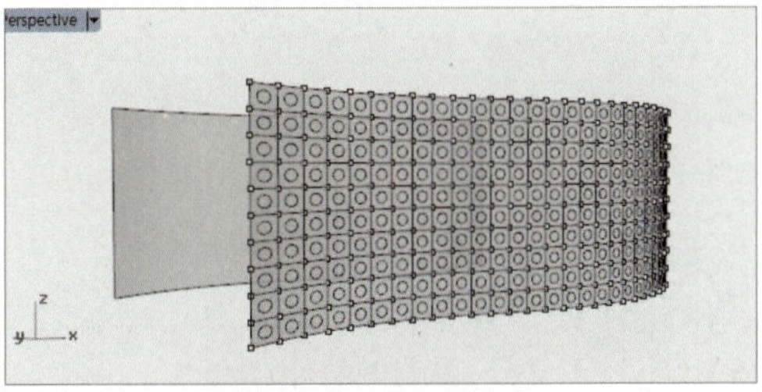

· 패턴이 적용된 커브 면 확인

※ 새로운 평평한 면(Flat Surface)이 생성되었기 때문에 분해(Split) 명령어 이용 가능

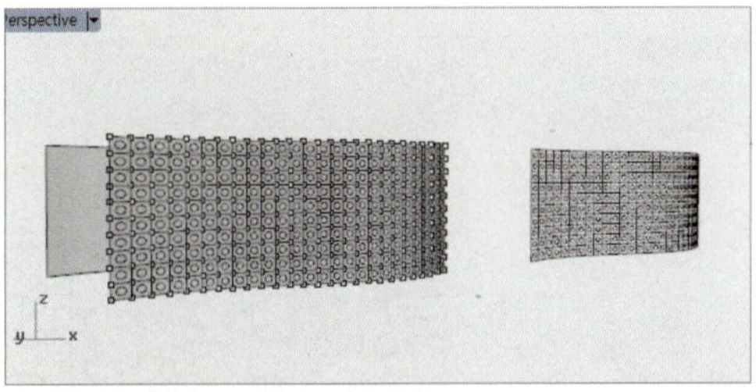

· 복사(Copy) 명령어를 활용하여 새로 생성된 면과 패턴을 이동 복사

※ 많은 선이 겹쳐 있기 때문에 커팅을 용이하게 하기 위함

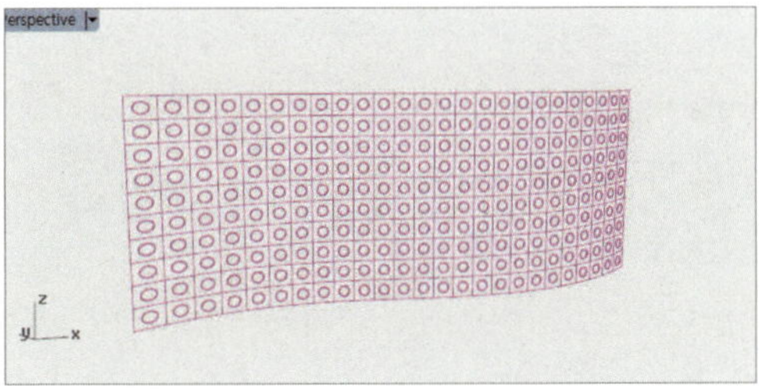

· 분해(Split) 명령어를 활용하여 면을 커팅

※ 면을 먼저 선택 후 만들어진 선을 선택

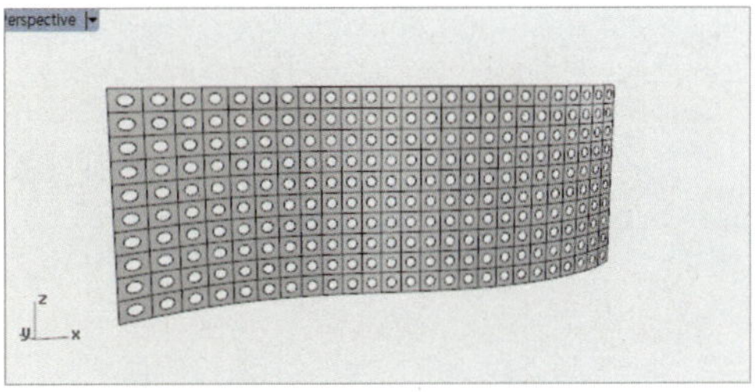

· 선 삭제, 잘려진 면(Surface)만 남김
· 그룹 해제(Ungroup) 후 원의 면(Surface)을 삭제

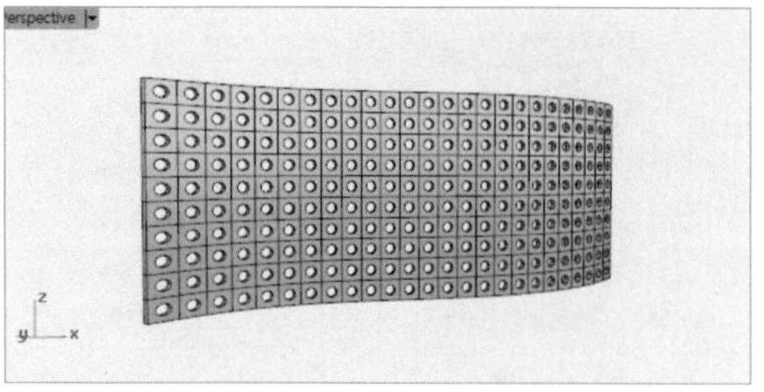

· 면 간격띄우기(OffsetSrf) 명령어 입력
· 세부 옵션 입력
  B(Bothsides) : 좌우 두께 적용
  두께 : 20

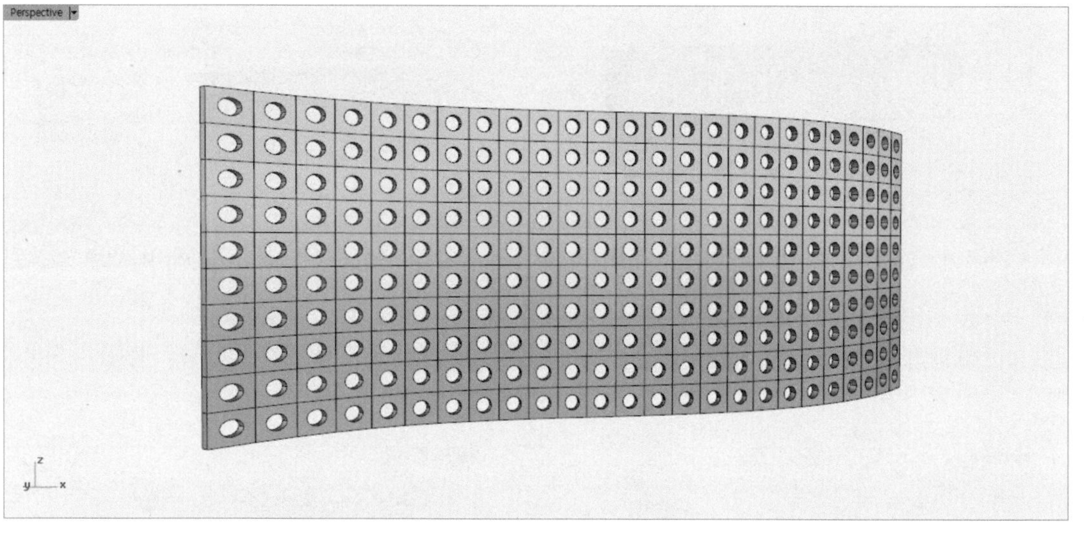

2D 패턴을 적용한 커브 벽체 완성

5. 패널링 툴(Paneling Tools)을 활용하여 3D패턴 적용해보기

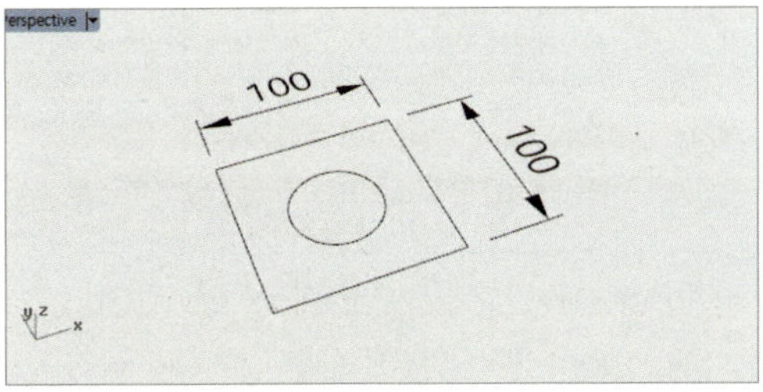

· 앞에서 만든 2D 패턴을 이용하여 3D 패턴으로 만들어 보자

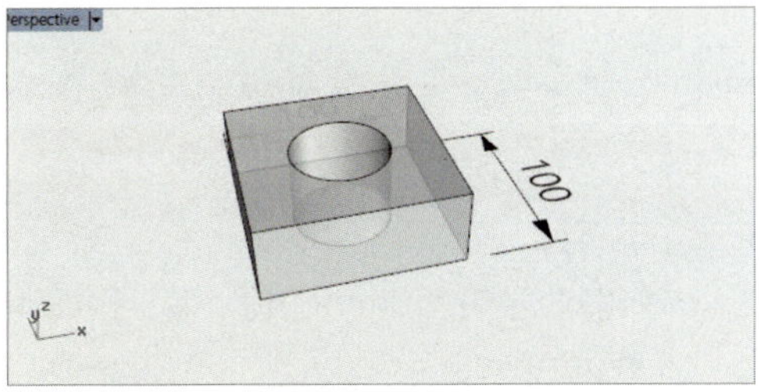

· 커브돌출(ExtrudeCrv) 명령어 활용하여 3D 패턴 만들기(두께 : 40mm)

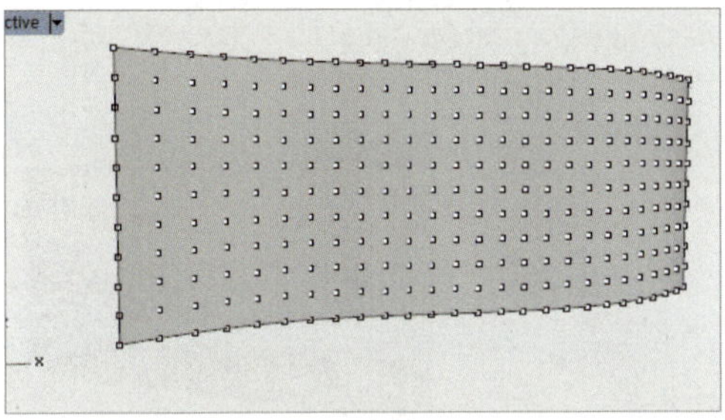

· 위의 2D 패턴 적용과 동일한 방법으로 커브면 도메인(Domain) 생성

※ 면에 패턴이 들어갈 간격 등을 설정하는 과정

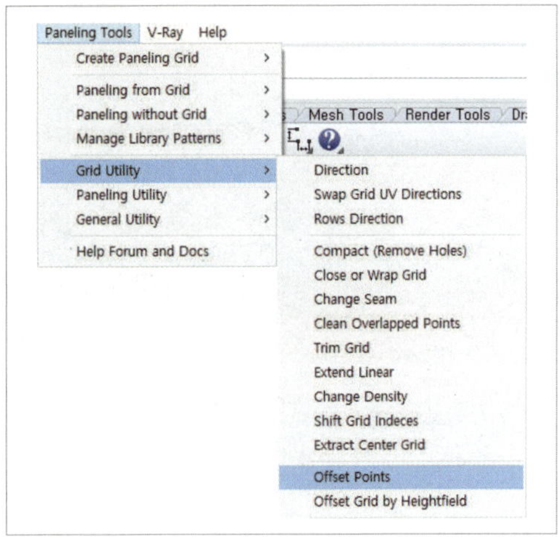

· Paneling Tools/Grid Utility/Offset Points 명령어 실행
· 도메인(Domain) 선택
· 세부 옵션 중 I (Distance) = 50 입력
· 표면(Surface) 클릭

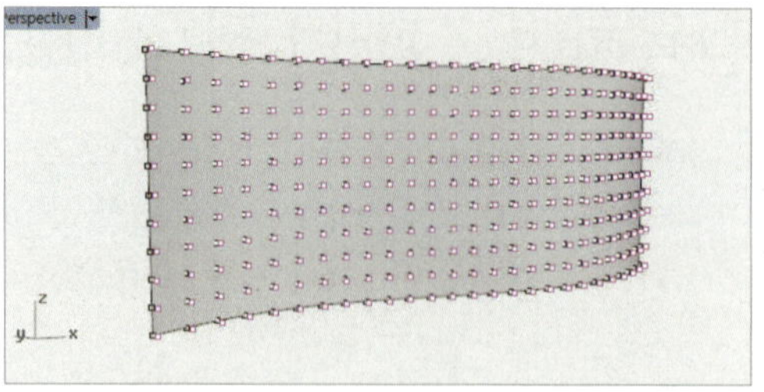

· 그림과 같이 50mm 이동 복사된 도메인 (Domain) 확인

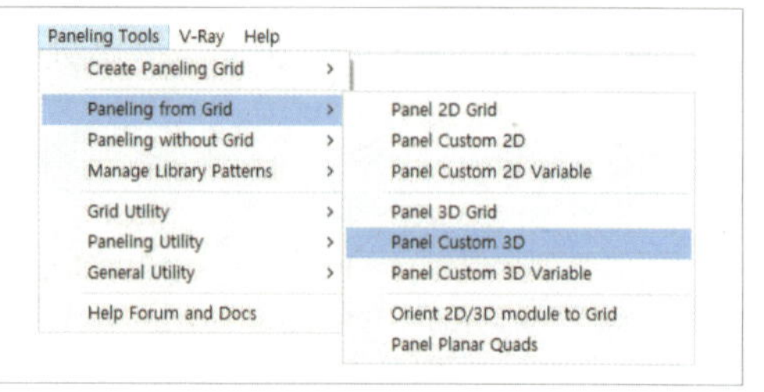

· Paneling Tools/Paneling from Grid/Panel Custom 3D 명령어 선택
· 첫 번째 도메인(Domain) 선택 후 Enter
· 두 번째 도메인(Domain) 선택 후 Enter
· 새로 생성된 면(Surface) 선택 후 Enter
· 패턴(3D 개체) 선택

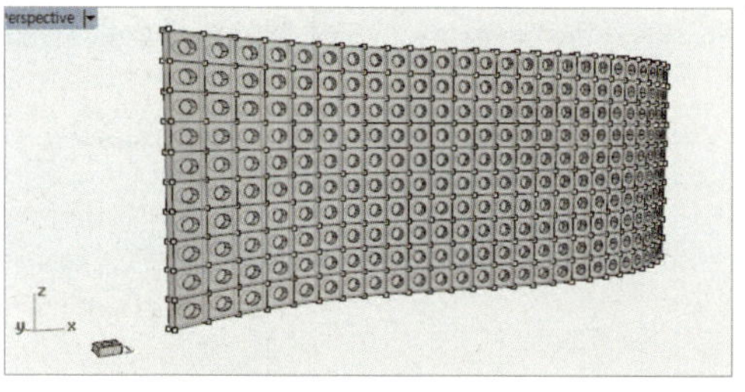

· 이동(Move) 명령어를 활용하여 커브 면을 후방으로 이동하기

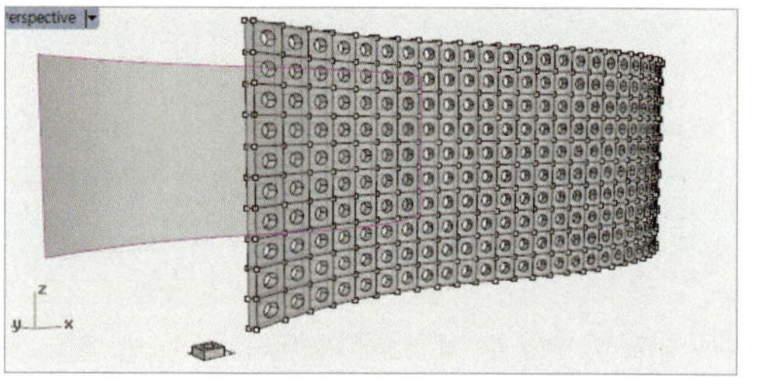

· 후방으로 이동한 커브 면 선택 후 숨기기 (Hide)

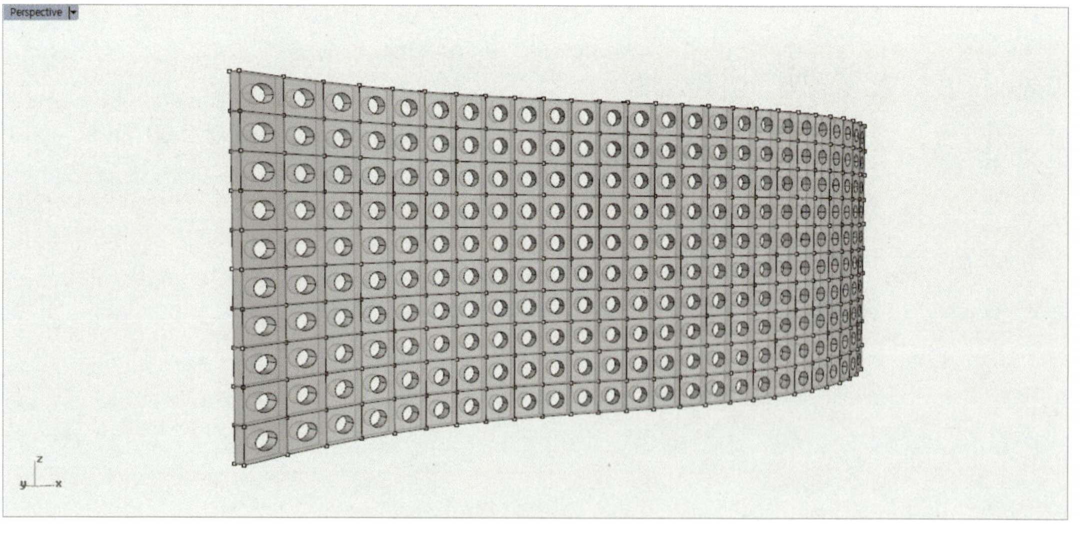

3D 패턴을 적용한 커브 벽체 완성

Exercise

실습하기 07

간단한 패턴을 2가지 만들고 벽체를 만들어 패턴을 입혀보도록 하자

– 패턴을 이용한 예제를 찾아 오브젝트에 입히기

내용

· 간단한 2D 패턴 만들기
· 벽체 만들기
· 패턴 적용 하기

명령어 연습

▶ 연습하기

· 2D 패턴 만들기 연습
· 2D / 3D 패턴 적용하기 연습

▶ 예제 실습 1 2D 패턴 만들기
패턴 사이즈 (size : 50 x 50 mm)

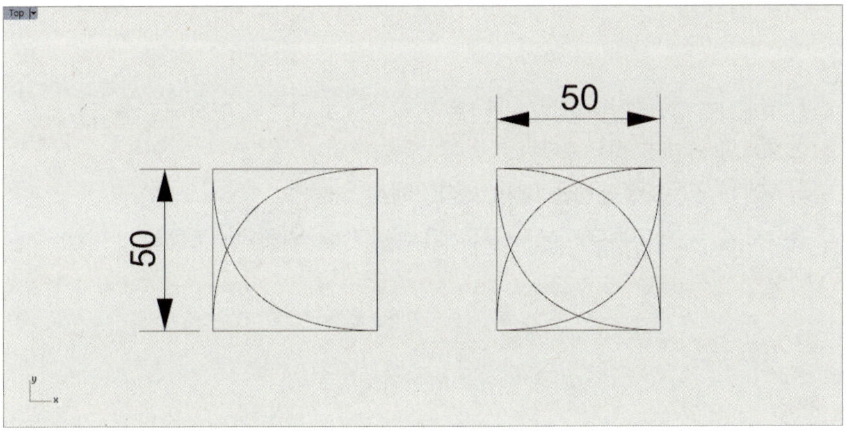

▶ 사용되는 명령어 Polyline, Curve

Exercise

▶ 예제 실습 2 2D 패턴 3D 오브젝트에 적용하기
적용될 오브젝트 사이즈(size : 1,000 x 1,000)

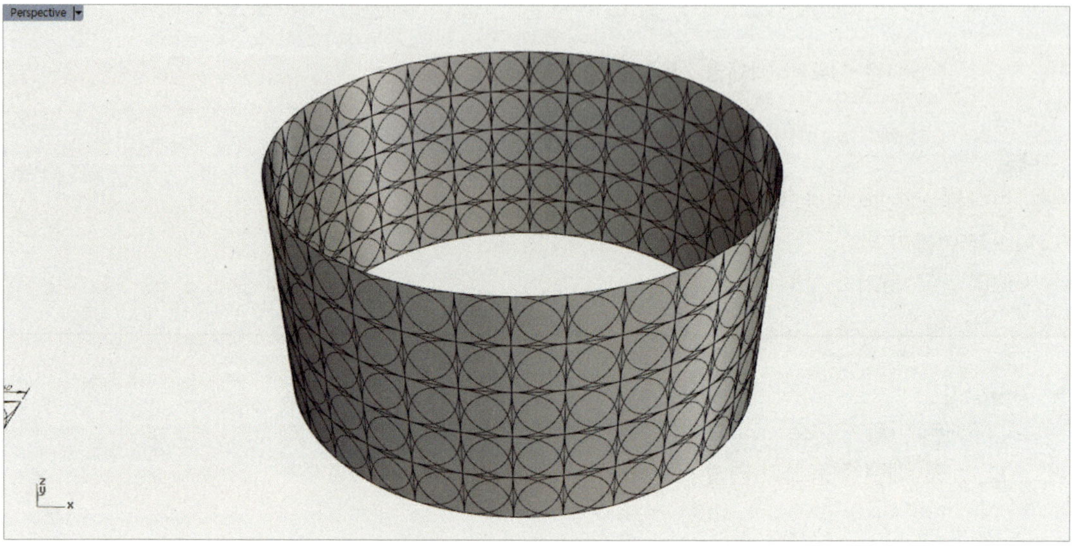

▶ 사용되는 명령어 Polyline, CreateUVCrv, ApplyCrv

▶ 작업 과정

1. 예제 실습 1에서와 같이 간단한 2d 패턴을 만듬 (3d 패턴으로 도전해도 좋음)
2. 예제 실습 2에서 기본 도형을 만듬
3. 예제 실습 1에서 만든 2d 패턴을 예제 실습 2에서 적용함
4. 적용된 3d 오브젝트의 perspective를 screen capture를 이용하여 jpeg로 저장
5. 저장된 jpeg를 제출

Reference 참고사례

Helio City Media Sculpture 잠실 헬리오시티 미디어 조형물: 루 스피어

작품크기 15,000 x 15,000 x 5,000[H] mm

디자인 및 자료제공: J2o Design (https://www.j2odesign.com)

작품이미지 **1-1**

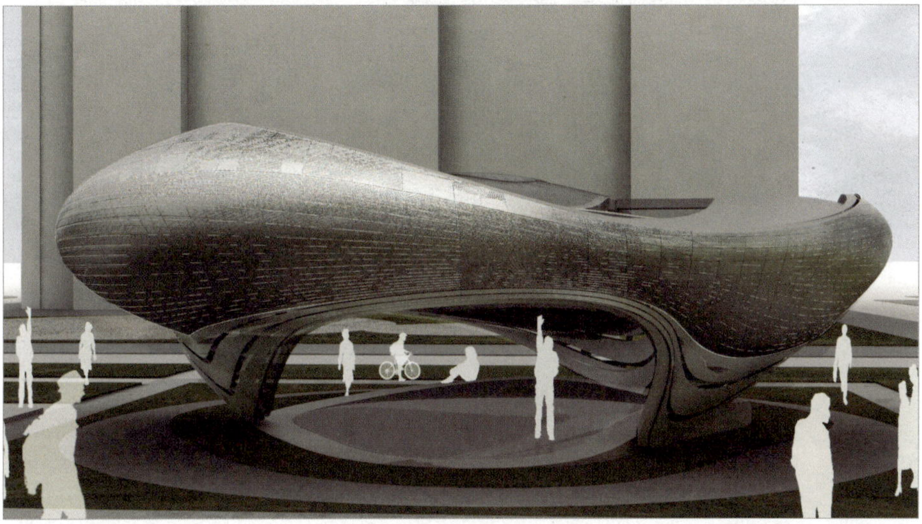

헬리오시티 미디어 조형물

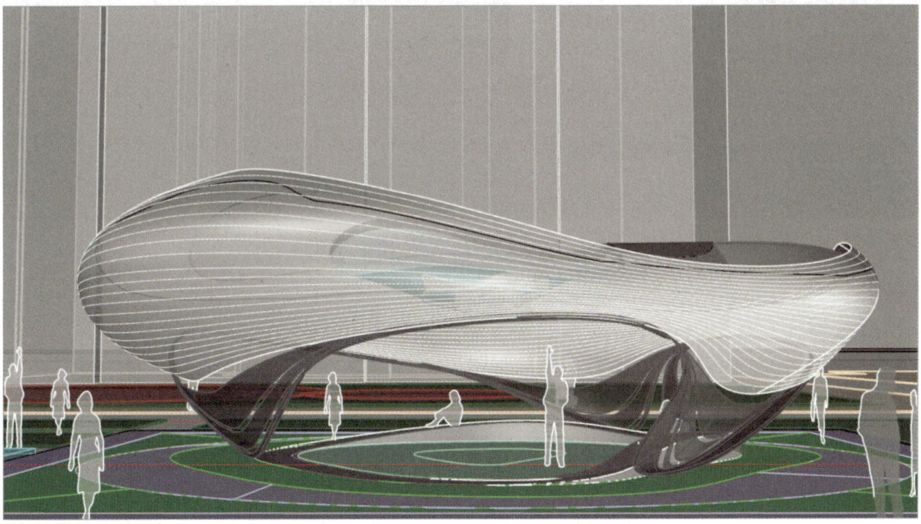

Rhino image : 라이노 3d model 작업과정

작품이미지 1-2

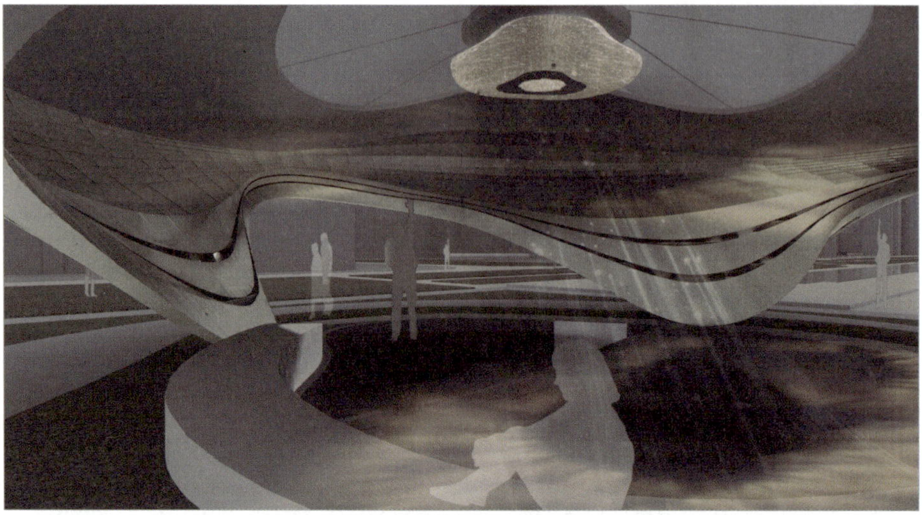

헬리오시티 미디어 조형물

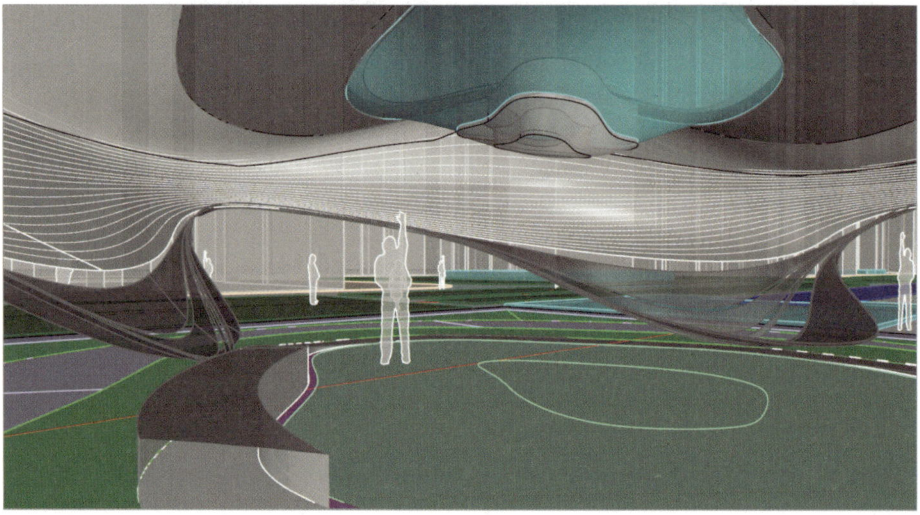

Rhino image : 라이노 3d model 작업과정

Reference 참고사례

삼성생명 미디어 조형물 : 바람의 조형 (WINDy Sculpture)

작품크기 : 18,000 x 7,000 x 8,000(H)mm

디자인 및 자료제공: J2o Design (https://www.j2odesign.com)

작품이미지 **1-1**

WINDy Sculpture

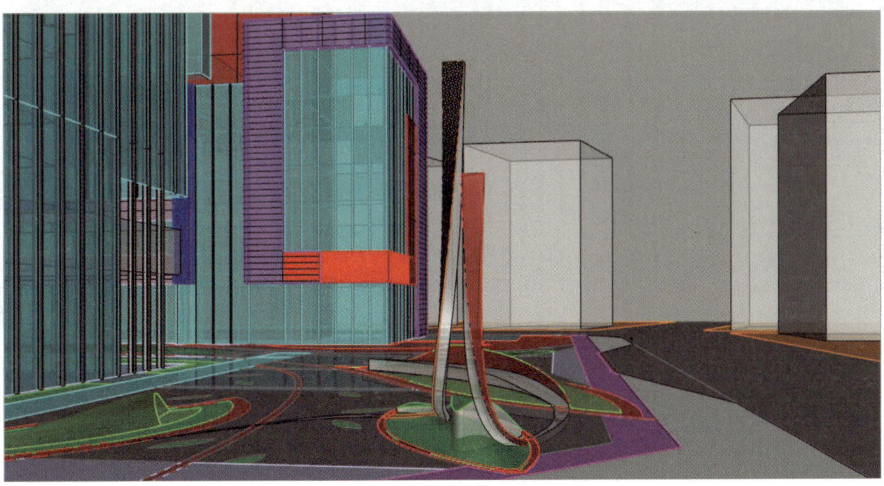

Rhino image : 라이노 3d model 작업과정

작품이미지 1-2

WINDy Sculpture

Rhino image: 라이노 3d model 작업과정

작품이미지 1-3

WINDy Sculpture

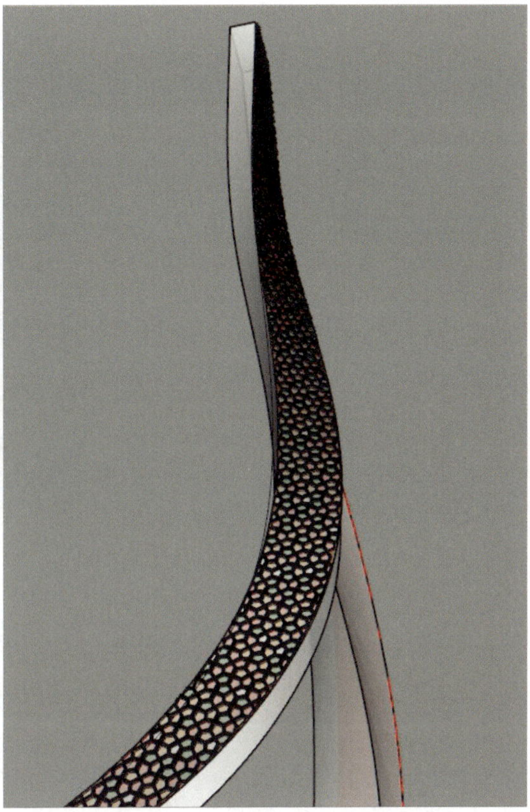

Rhino image: 라이노 3d model 작업과정

WINDy Sculpture

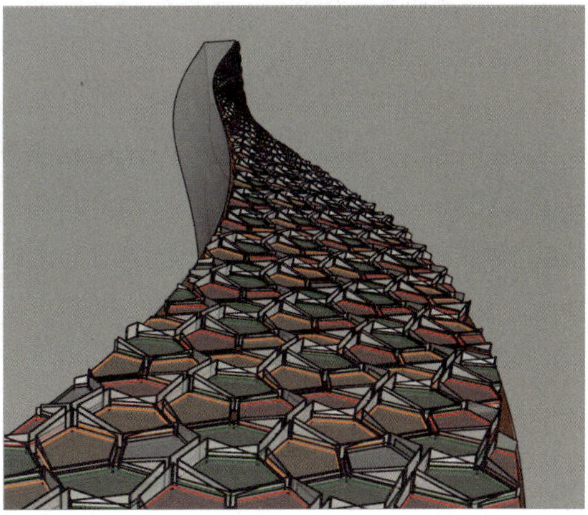

Rhino image: 라이노 3d model 작업과정

작품이미지 2

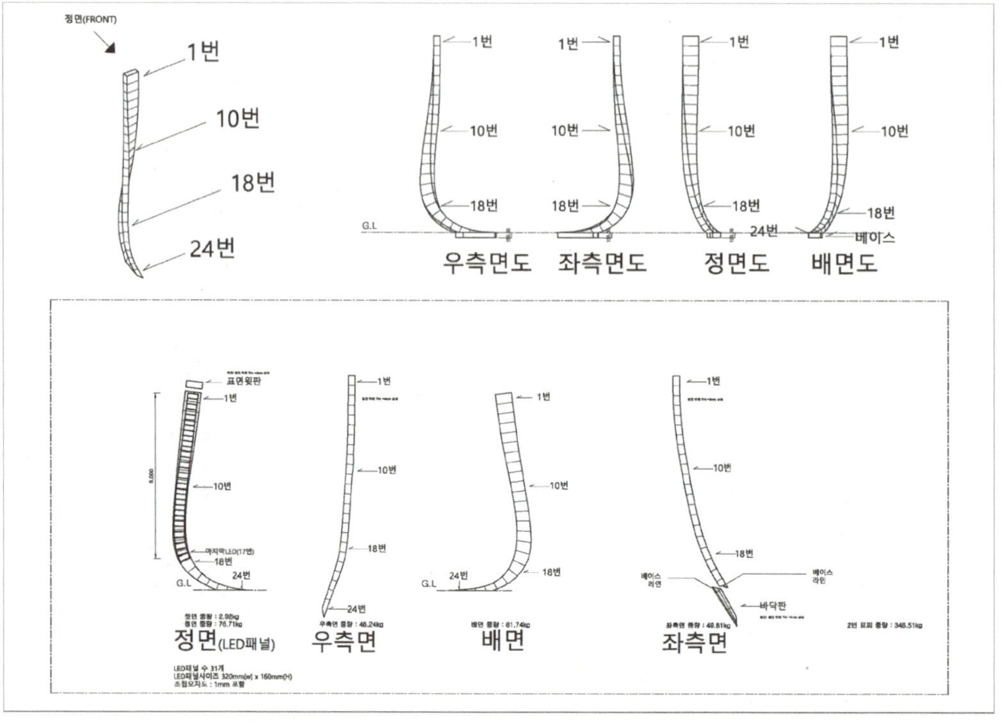

image 2 : 제작과정

작품이미지 3

image 3 : 제작과정

작품이미지 4

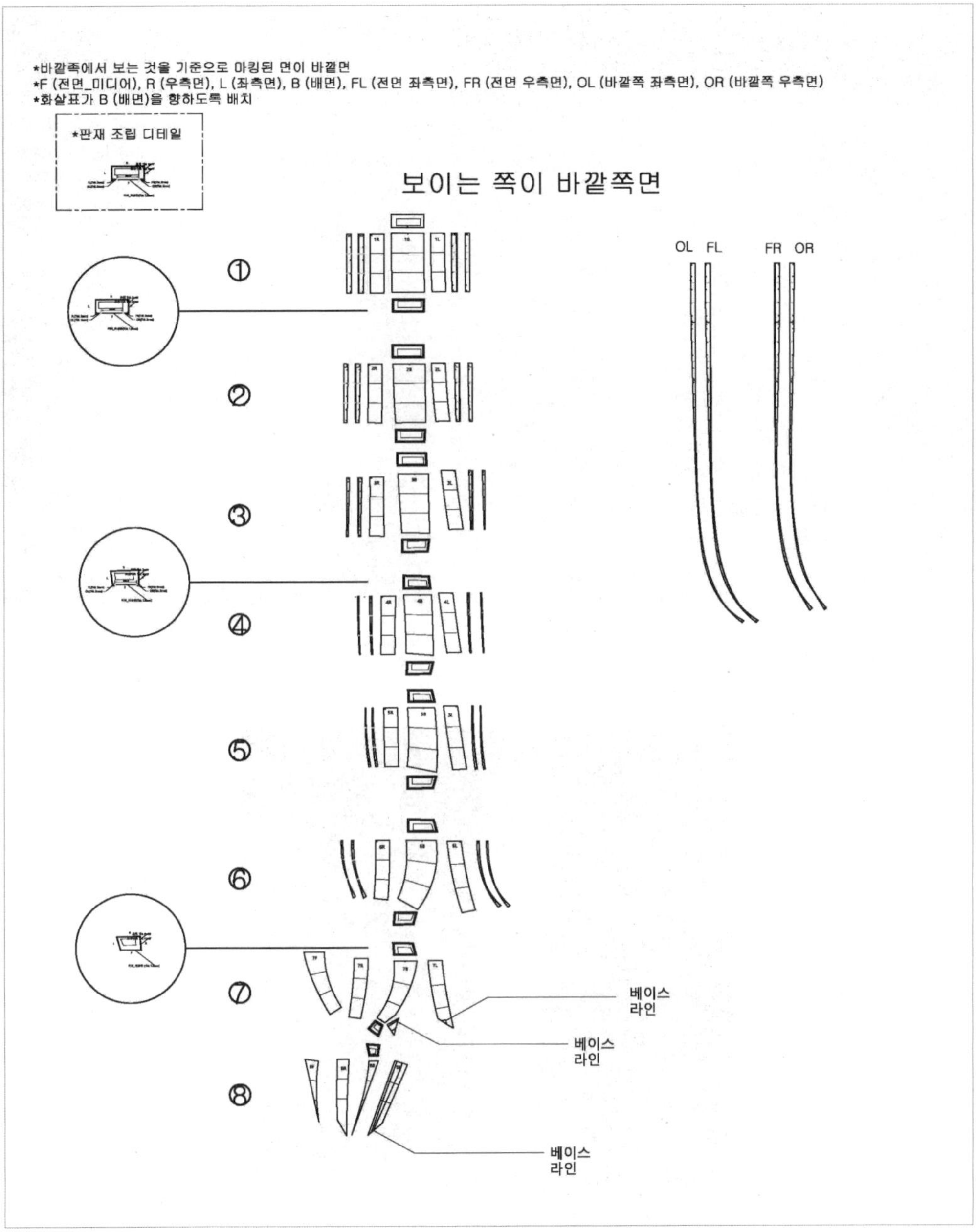

image 4 : 제작과정

작품이미지 5

image 5 : 제작과정

작품이미지 6

image 6 : 제작과정

MEMO

렌더링하기 1
V-Ray (Plug-In)

Chapter 08
렌더링하기 1 : V-Ray (Plug-In)

렌더링 이해하기
V-Ray 이해 및 설치하기
V-Ray 렌더 셋업(Render-setup) 이해하기

수수꽃다리[봄]
디자인 및 자료제공: J2o Design (https://www.j2odesign.com)

8-1 렌더링 이해하기

V-ray Logo by Chaos Group

Skyscraper Building Render Test by J.S.Lee

1. 렌더링이란?

V-ray, Mental Ray, Finalrender, Brazil, RenderMan 등과 같은 렌더링 엔진을 이용해 3D에서 만들어진 오브젝트들(Objects)과 장면(Scene)을 2D 이미지로 바꾸는 과정(또는 영상을 만들어내는 과정)을 말한다. 렌더링(Rendering)시 모든 장면(Scene)의 산술적 계산은 3D 오브젝트를 메쉬(Mesh)로 변환되어서 계산되어 진다. 다시 말해 Rhino에서 넙스(Nurbs)로 만들어진 모델역시 렌더링 계산시 메쉬(Mesh)로 전환되어 계산하게 됨으로 (넙스)Nurbs 모델링 시 메쉬(Mesh)의 수를 미리 짐작하면서 모델링을 한다면 더욱 빠르고 효율적인 렌더링 결과를 가질 수 있다.

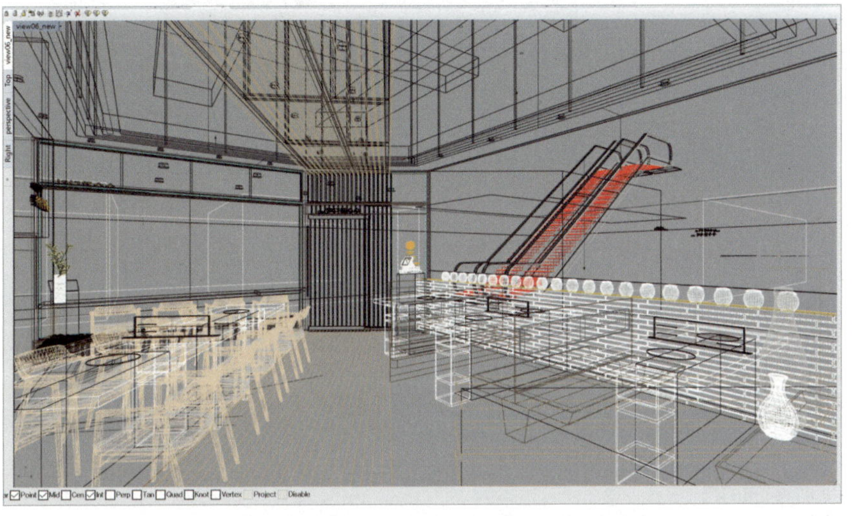

Wireframe Scene by J2o Architecture (수수꽃다리/용산)

After Rendering by J2o Architecture (수수꽃다리/용산)

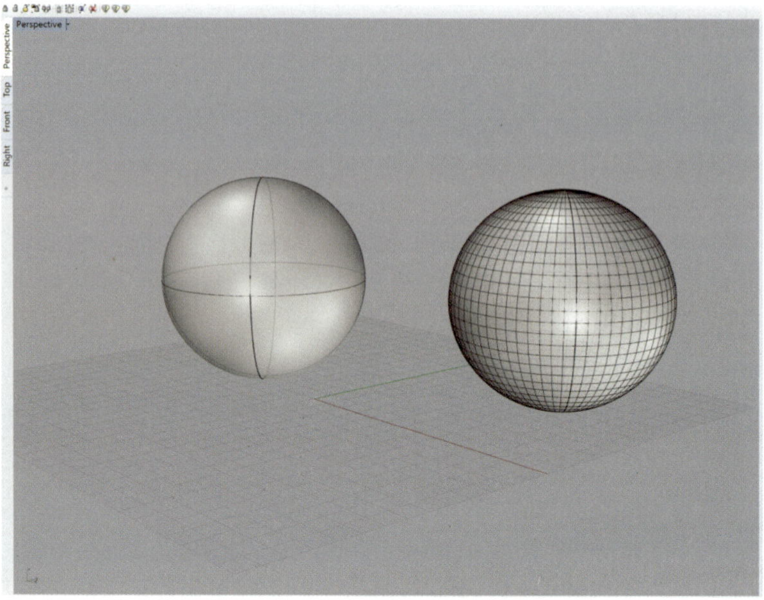

Rhino 넙스(Nurbs) 모델링 → 메쉬(Mesh) 변환

2. V-Ray를 위한 렌더링 용어 알기

1) Local Illumination

기본 라이팅 시스템으로 라이트가 비춰진 부분만 계산하기 때문에 매우 빠른 렌더링이 가능하지만, 확산광, 반사광등의 표현을 위해 보조라이트를 추가 설치해야 하는 방식. V-ray를 사용하지 않은 상태의 라이노, 3ds Max 등의 기본렌더링 방식

2) Radiosity – 레디오시티

Local Illumination이 가지는 단점을 보완하기 위한 방식으로 1차 조명 후 반사되는 2차 이후의 간접광을 정확히 표현하기 위해 개발된 방식

3) Global Illumination (G.I) – 글로벌 일루미네이션(가장 중요)

Radiosity 방식을 기반으로 실제와 같은 고 퀄리티의 렌더링을 위한 방식
실제와 같이 렌더링을 위해 V-ray 렌더링에서는 빛의 확산(Diffuse), 반사(Reflection), 굴절(Refraction) 등을 지원하고 있으며 또한, Raytracing, Caustic, Indirect Illumination등을 함께 지원하고 있음

4) Photon – 푸톤

G.I 렌더 기법에서 쓰이는 용어로 설치된 조명에서 방출되는 빛이 가진 최소 입자 단위임. 조명(라이트)을 설치시마다 항상 각 조명의 photon이 얼마인지 항시 체크해야 함

5) Photon map 푸톤 맵

렌더시 위의 Photon을 계산 후 파일로 저장을 하게 되는데 이를 Photon Map이라고 함

6) Indirect Illumination : 간접 조명

빛이 물체에 도달한 후 반사 되는 빛을 의미함

7) Raytracing 레이트레이싱

Phong shading을 개선하기 위해 개발된 기법으로 반사, 굴절 등을 정확하게 표현해줄 수 있기 때문에 모든 3D 렌더링 방식으로 사용되고 있음. V-Ray 렌더링에서는 Raytracing을 지원함

8) Caustic : 커스틱

빛이 물체를 통과할 때 굴절에 의해 빛이 다른 대상에 나타나는 효과를 의미하며 물과 같은 효과를 렌더링 할 경우에만 사용함(복잡한 계산에 의해 시간이 매우 많이 소요됨)

9) V-Ray Interactive

실시간 렌더뷰(view)를 제공함

8-2 V-Ray 이해 및 설치하기

1. V-Ray 란?

1997년 Chaos Group (소피아, 불가리아)에 의해 개발된 V-Ray는 3ds Max 의 렌더링 플러그 인(Plug-In) 렌더링 엔진으로 개발되었다. 수많은 3ds max의 렌더링(렌더링 엔진) 플러그인 중 빠른 렌더링 속도와 높은 렌더 퀄리티 때문에 점진적으로 시장을 장악하게 되었고, 2000년 중반에 들어 V-Ray는 3ds max의 기본 렌더링 엔진이라고 일반적으로 생각할 정도로 많은 유저(User)를 만들어 내었다. 이를 기반으로, 2000년 중반이후 Chaos Group의 제품 개발 및 확장으로 인해 V-Ray는 현재 대부분의 유명 3D 애플리케이션의 플러그 인(Plug In)으로 유저(User)들에게 사랑받고 있으며 현재는 Real-Time Render등 더욱 그 영역을 넓혀 가고 있다.

2. 지원 애플리케이션

3ds Max, Maya, Rhino, MODO, Cinema 4D, Sketch-Up, NUKE, Revit, Blender, Node, 등

V-Ray 렌더링 결과물 (by J.S. Lee)

V-Ray 렌더링 결과물 (by J.S. Lee)

Test Render - Rhino V-Ray (by J.S. Lee)

Test Render - Rhino V-Ray (by J.S. Lee)
Render Time 4.4s (렌더타임 4.4초)

260 W Broad ,Dallastown, PA 17313, U.S.A _ Cigar Lounge by Rafael Vinoly Architects

260 W Broad ,Dallastown, PA 17313, U.S.A _ Bathroom by Rafael Vinoly Architects
(NewYork, NY, U.S.A) Image Rendered by J.S.Lee _V Ray Rendering

3. V-Ray 만의 특징

G.I 렌더 방식은 탁월하게 부드러운 렌더 퀄리티로 인해 V-Ray 이외에도 많은 애플리케이션에서 사용되고 있는 방식이다. 하지만 V-Ray는 일반 광원에서 빛의 경로를 역추적하는 다른 애플리케이션의 방식과는 달리 카메라에서 빛을 역추적하는 방식을 사용하여 카메라에서 보이지 않는 부분은 계산하지 않기 때문에 렌더링 시간을 단축시키는 매우 효율적일 프로세스를 가진다. 그럼으로 렌더시 조절하는 부분이 타 애플리케이션보다 매우 적다.

4. V-Ray 다운로드 및 설치하기 (For Rhino)

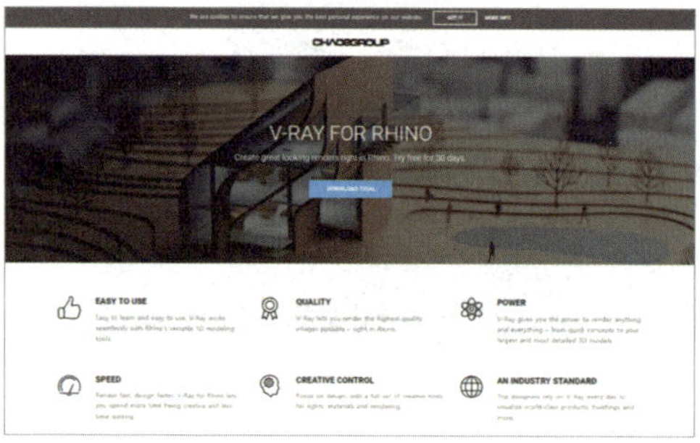

· 다운로드를 위해 홈페이지 접속
https://www.chaosgroup.com/vray/rhino/

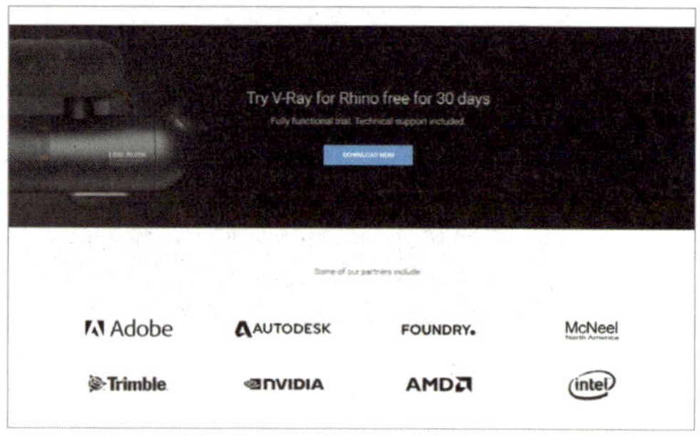

· 다운로드 하기(Download now)를 클릭

· 그림과 같은 화면이 나타나면 Sign In 하여 가입 후 다운로드(30일 무료 이용 가능)

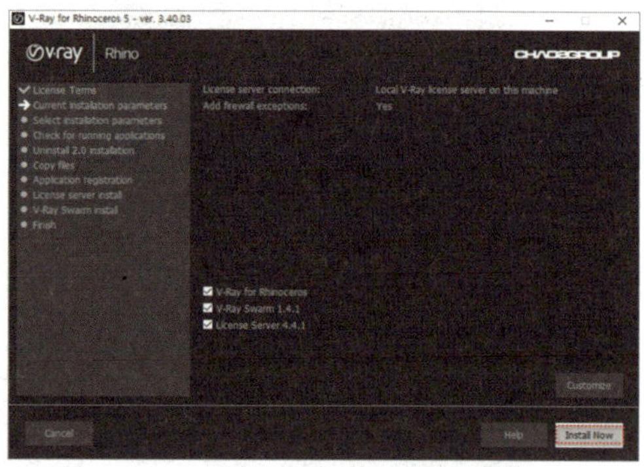

· 다운받은 파일을 두 번 클릭하여 실행
· 동의(I Agree) 클릭 후 설치하기(Install Now)

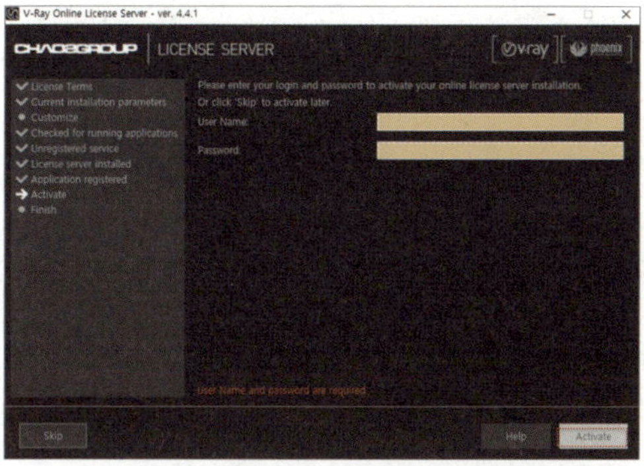

· 로그인하여 라이센스를 활성화(Activate) 함

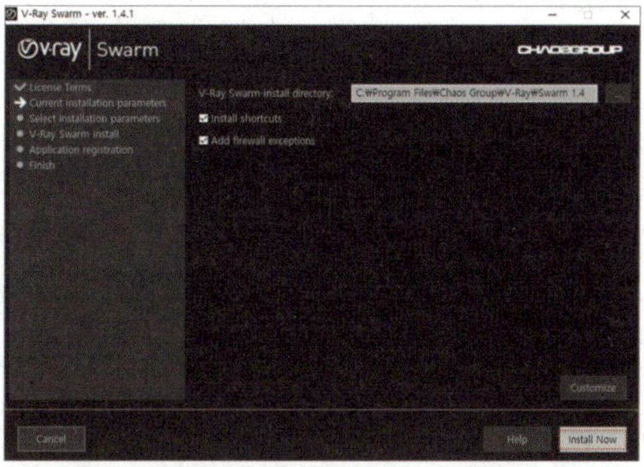

· 동의(I Agree) 클릭 후 설치하기(Install Now)

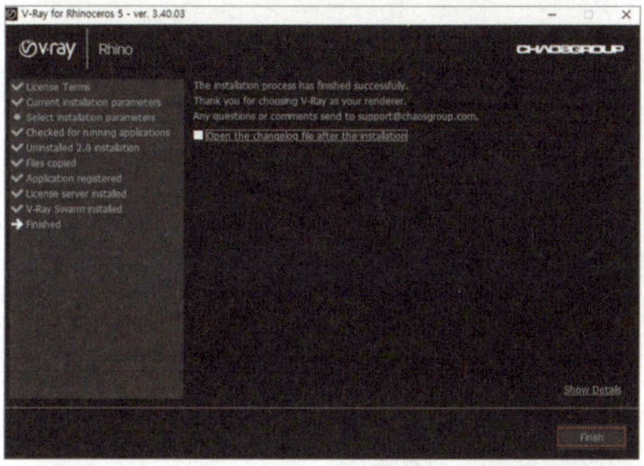

· 설치 완료(Finish)

8-3 V-Ray 렌더 셋업(Render-setup) 이해하기

1. V-Ray 렌더 셋업 기능 및 용어 알기

1) Global Illumination (G. I) – 글로벌 일루미네이션 (가장 중요)

실제와 같은 이미지를 만들어 내기 위해 실제 빛의 특성을 이용하는 방식으로 직접조명 이외에 간접조명의 경로를 추적하여 시뮬레이션 하는 것을 말함

기존 렌더 방식과는 달리 빛을 photon화 한 뒤 Photon의 경로를 계산하여 오브젝트와 부딪히는 포인트들의 값을 산출하여 그 부분의 밝기를 표현하는 방식으로, 실제 빛이 오브젝트에 닿아 반사하는 과정을 계산하여 표현하기 때문에 일반 스캔라인(Scanline) 방식 렌더링 보다 많은 렌더링 시간이 걸림

Global Illumination (G.I) 방식

Global Illumination (G.I) – 3.2 Sec

Global Illumination (G.I) – 10.5 Sec

출처 : https://docs.chaosgroup.com/display/VRAY/Rendering+an+Interior+Scene

2) Environment – 환경

Background 색을 바꾸거나 Skylihgt 의 유무를 결정함
G.I(Skylight)는 실내 · 외 Scene에 모두 사용 가능함
자연스러운 이미지를 위해 G.I(Skylight)는 반드시 켜둠(공기 중의 난반사를 표현)

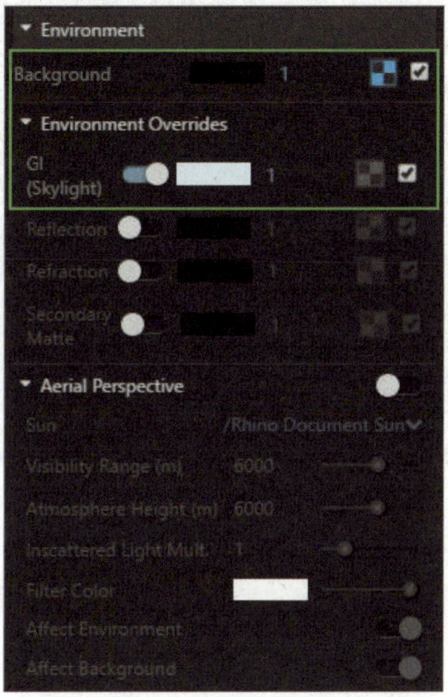

Environment 설정

3) Raytrace (Antialiasing)– 레이트레이스 (안티알리아싱)

이미지를 만들어내는 Pixel의 배열을 제어하는 기능

1. 최종 퀄리티를 높이기 위해서 Noise Limit의 수치를 조절 (조금 더 디테일한 표현 가능)
2. 수치가 커질수록 디테일한 표현 가능 (렌더 속도에 절대적인 영향을 미치기 때문에 최종 렌더 시에만 사용하도록 하자)

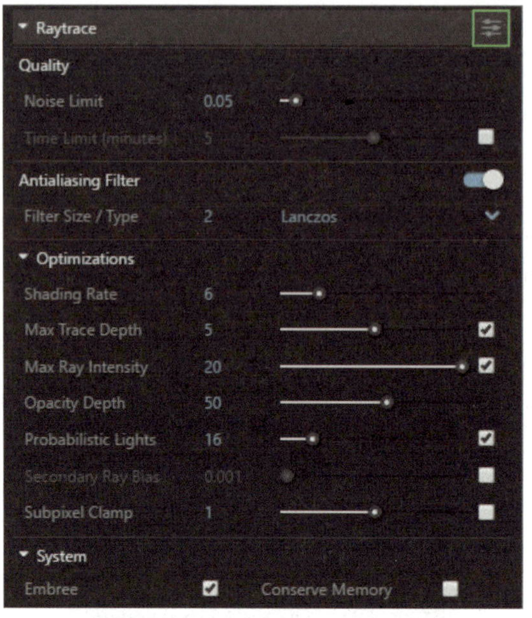

Raytrace(Antialiasing) 레이트레이스 (안티알리아싱) : 기본값

4) VFB channels (VRB 채널) – Virtual Frame Buffer 의 약자

· VFB channels를 이용하여 다양한 렌더 elements를 뽑을 수 있음

RGB Color	RGB값에 관련된 패스를 나타냄 (Default)
Alpha	알파값에 관련된 패스를 나타냄 (Default)
Diffuse	기본색에 관련된 패스를 나타냄
Reflection	반사에 관련된 패스를 나타냄
Refraction	굴절값에 관련된 패스를 나타냄
Self-illumination	셀프 일루미네이션 패스를 나타냄
Shadowshadow	관련 패스를 나타냄
Lighting	라이트에 관련된 패스를 나타냄
GI	G.I계산에 관련된 패스를 나타냄
Render ID	오브젝트 별로 다른 색을 나타냄
Material ID	Material 별로 다른 색을 나타냄
Z Depth	멀고 가까운 효과를 내는 패스
Normal	빛의 퍼짐에 관련된 패스
Background	백그라운드에 관련된 패스
Wire Color	씬에서 하이라이트와 그림자가 없는 flat한 색의 패스

· Z-depth 조절 기능 : VFB 채널 중 Z-depth의 수치를 조절할 수 있음

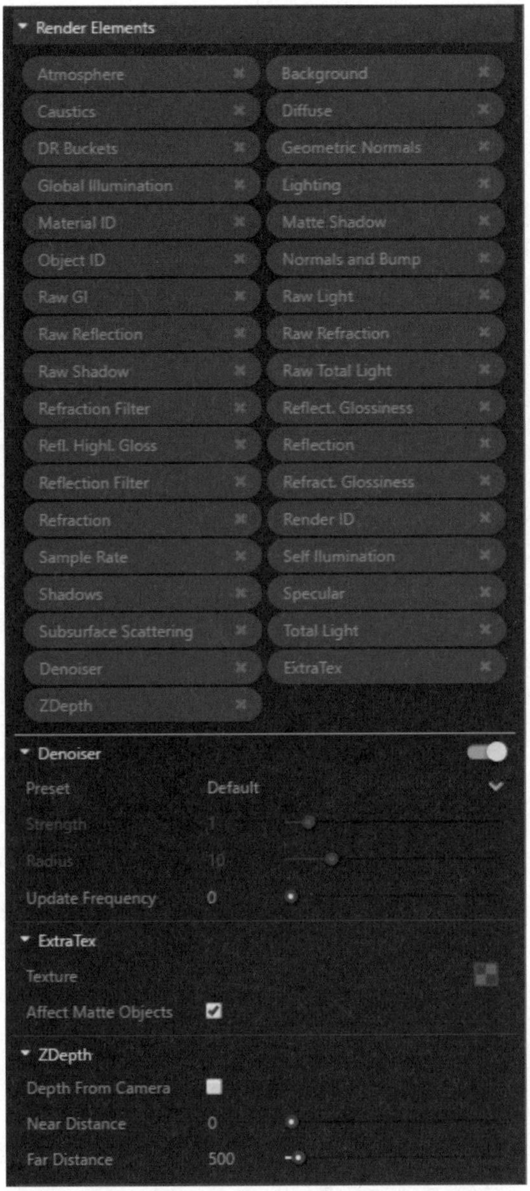

VFB channels (렌더 요소들을 선택 후 렌더)

5) Indirect Illumination (G.I) – 간접광 (G.I) : 가장 중요

- Global Illumination (글로벌 일루미네이션)의 셋업 부분임
- G.I는 가상현실 안에서 자연스러운 빛의 퍼짐과 반사를 만들어 내기 위해 반복적으로 빛과 오브젝트의 간접 반사 및 빛의 방출을 계산하는 렌더링 방식

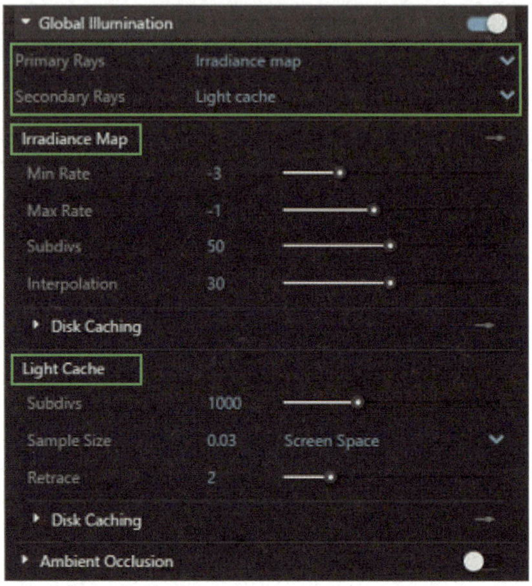

Indirect Illumination (G.I)

■ **Primary Rays** : 아래 3가지 세부 엔진 중 택 1

G.I 방식 중 광원에서 출발해 물체에 닿는 첫 번째 바운스를 선택해야 함

- Irradiance Map :기본적으로 프라이머리 바운스로 Irradiance map 선택
  핵심은 샘플(Sample)수임 : 샘플(Sample)은 빛의 정보를 말함
- Brute Map : 매우 정확한 렌더링이 가능하나 매우 느림
- Light Cache : Irradiance map과 달리 빛에서 나온 photon을 추적
  그렇기 때문에 가장 중요 부분은 density임
  오브젝트의 표면에 반사하는 방식이기 때문에 Skylight의 영향을 받지 않아 실내 렌더링에 적합함
  Photon mapping과 흡사하나 카메라로부터의 빛만을 추적함. 빠른렌더가능
  Bump maps 사용 시 다른 Map을 사용하는 것이 효율적임

- **Secondary Rays** : 아래 3가지 세부 엔진 중 택 1
  위의 첫 번째 바운스 이후 물체에 닿은 빛이 반사되는 두 번째 바운스를 선택해야 함
  – 높은 수치일수록 화면은 밝아짐
  · None : 여기 체크 할 시 첫 번째 바운스만으로 렌더링이 끝남
  · Brute force : 매우 정확한 렌더링이 가능하나 매우 느림
  · Light Cache : 디테일한 조절이 필요할 경우 Light Cache선택 (빛에서 나온 photon을 추적)

6) Irradiance Map – 이레디언스 맵

위에 나온 Indirect Illumination에서 Irradiance Map을 선택 시 활성화되는 창
· 핵심은 샘플(Sample) 수 임 : 샘플(Sample)은 빛의 정보를 말함
· G.I 렌더를 위해 화면(Scene)에 샘플(sample) 쏘아두고 계산을 하게 됨
· 샘플 수치는 0이 최대 -> 0일 경우 화면 전체에 최대 빽빽하게 샘플을 사용한 것임

[수치조절]
Min rate –4 / Max rate –4 : 주의– Min rate가 Max rate보다 높지 않게 함

HSph. subdivs 50 (Hemispheric Subdivs) : 샘플의 퀄리티를 제어
가상반구안의 샘플 수

Interpolation Samples 50 (Interpolation Samples) : 샘플 수 (과도한 사용은 금함)
높을수록 디테일해짐

Color Thresh (Color Threshold) 0.4 : 얼마나 민감하게 반응하는지에 대한 조절
수치가 낮을수록 디테일해짐

Nrm Thresh (Normal Threshold) 0.2 : 오브젝트의 Normal면의 변화에 민감하게 반응하는지 조절
수치가 낮을수록 디테일해짐

Distance Thresh (Distnace Threshold) 0.1 : 물체의 표면과 표면사이에 대해 민감하게 반응하는 지 조절
수치가 낮을수록 디테일해짐

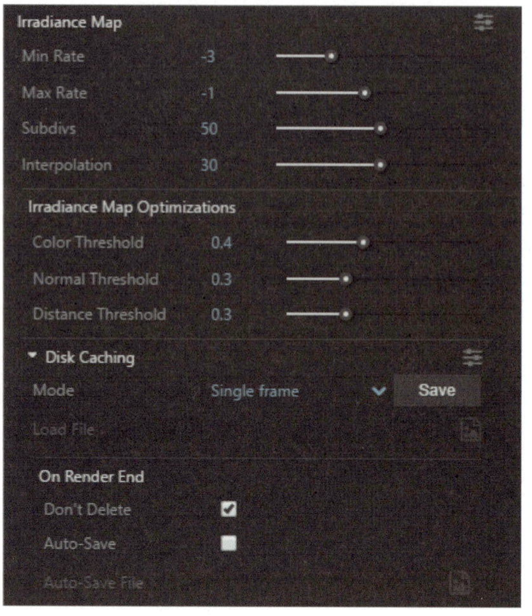

Irradiance Map 조절

7) Output

Output size와 비율 등을 여기서 조절함

Image aspect ratio : 이미지 사이즈 비율 조절가능

기본값 : **1.3333**으로 되어있음 → 옆에 L (Lock)을 누르면 위의 width 수치를 바꿀 때 마다 아래 Height가 같은 비율로 조절됨

※ 건축적인 view를 위하여 비율을 **1.777**로 맞추어봄 (Custom으로 조절시 자동으로 바뀜)

Output 창 조절로 원하는 Output 사이즈 조절

8) Caustic – 코스틱

빛의 굴절 등을 자연스럽게 표현, 주로 물의 표현에서 사용함

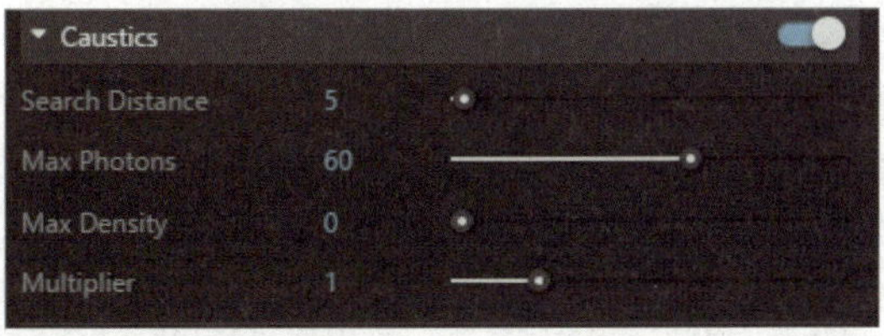

Caustic 조절
(우측 파란색 슬라이드바로 활성화)

9) Interactive – (Real Time Engine)

실시간 렌더링 지원 가능함 (Vray 3.4추가기능)

· 사용할 때 Ram의 많은 부분을 차지하기에 다운될 것을 대비해 작업을 저장 후 테스트 해보자.

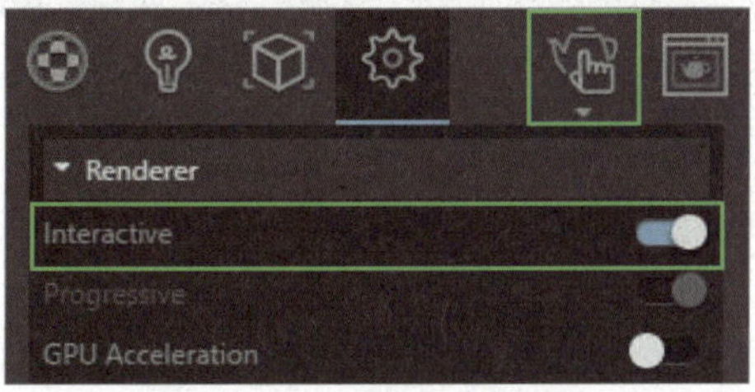

Render with V-Ray Interactive
(우측 파란색 슬라이드바로 활성화)

UCH-Booth, 168 Victoria Road, Mount Davis, Hong Kong, by Rafael Vinoly Architects (NewYork, NY, U.S.A)
Image Rendered by J.S.Lee _V Ray Rendering

UCH-Booth, 168 Victoria Road, Mount Davis, Hong Kong, by Rafael Vinoly Architects (NewYork, NY, U.S.A)
Image Rendered by J.S.Lee _V Ray Rendering

Exercise

실습하기 08

기본 도형(Box 등) 생성 후 각 재질로 렌더링 해보자

– 렌더링 연습 : Rendering Setting 파라미터를 바꾸어 다양하게 렌더링 테스트를 해보자. 챕터 8은 기본 렌더링에 대한 소개 챕터로 렌더링 연습을 해보기에는 불충분함으로 본 챕터에 나오는 v–ray를 설치하여 기본적인 키들을 조절해 보면서 렌더링을 익혀보도록 하자.

내용

- 렌더 셋업 조절
- v–ray plane의 이해
- Interactive Render의 이해

명령어 연습

- V–ray plane 설치해보기
- Render set up 조절해보기

▶ 명령어 연습하기

- 렌더링 셋업을 통해 다양한 렌더 파라미터를 조절해보자.
- v–ray plane 설치 후 Box 2개 or Cylinder 2개 정도의 오브젝트 만을 이용하여 렌더링을 해보자.

▶ 예제 실습 1

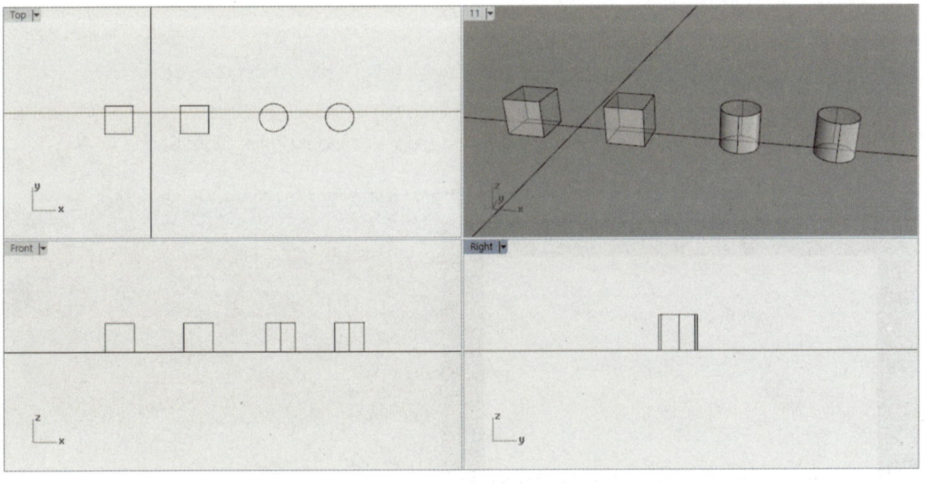

1. 렌더링 셋업 연습을 위한 기본 모델링 (Box size 200 x 200 x 100 mm)

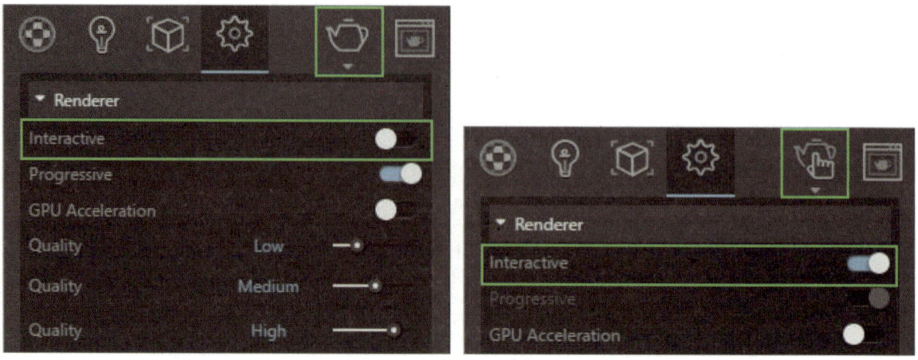

2. 렌더링 셋업 바꿔보기-Quality 조정, Output 사이즈, Interactive Render

▶ 예제 실습 2

Quality_Medium, Primary Rays_Irradiance map, Secondary Rays_Light Cache

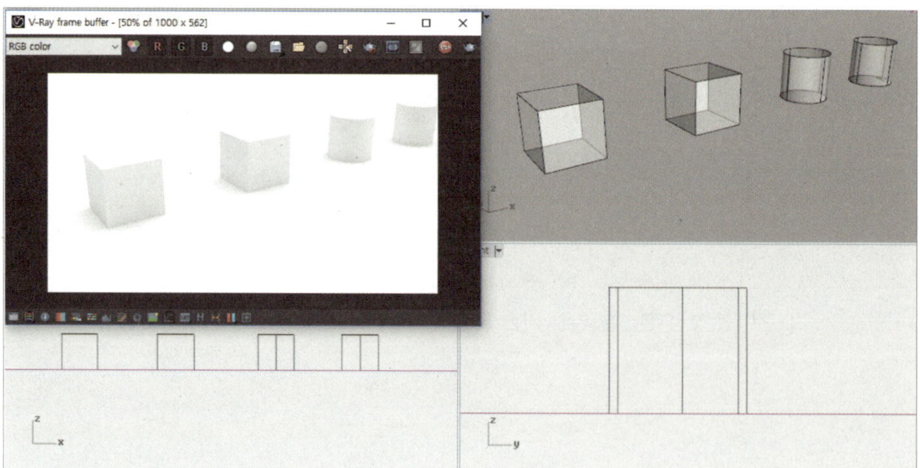

Render with V-Rary Interactive

▶ 작업 과정

1. v-ray plane을 설치 후 기본도형 (box or Cylinder 등)를 생성
   (size 200 x 200 x 100 mm box)
2. v-ray option에서 세팅 조절_Quality, Primary Rays, Secondary Rays
3. Render Output size를 조절 후 4가지 다른 세팅으로 jpeg을 저장
4. 저장된 4가지 파일을 제출

※ 세팅을 다르게 적용하여 여러 분위기의 렌더링이 만들어지는지 확인해보자.
왼쪽 아래 돌아가기 회전버튼을 클릭하면 기본 Default로 돌아감. (Render Output 사이즈 확인)

※ **V-ray Material을 적용**시켜 주지 않을 경우 정확한 최종 렌더 상태를 가늠하기는 힘들기 때문에 다음 챕터에서 V-ray Standard 재질 (Genetic) 을 만들어 적용 시켜준 후에 다시 위와 같이 테스트 렌더링을 해보도록 하자.

Reference 참고사례

수수꽃다리[봄]

전체 평수 : 19.6평 [64.68 m^2]

디자인 및 자료제공: J2o Design (https://www.j2odesign.com)

작품이미지 **1-1**

수수꽃다리[봄]

Rhino image : 라이노 3d model 작업과정

작품이미지 **1-2**

수수꽃다리[봄]

Rhino image : 라이노 3d model 작업과정

작품이미지 1-3

수수꽃다리[봄]

Rhino image : 라이노 3d model 작업과정

MEMO

렌더링하기 2
V-Ray(Plug-In)

Chapter 09
렌더링하기 2 : V-Ray(Plug-In)

뷰 저장하기
V-Ray 렌더링 시작하기
V-Ray 재질 이해하기

260 W Broad ,Dallastown, PA 17313, U.S.A _2nd_Lounge by Rafael Vinoly Architects (NewYork, NY, U.S.A)
Image Rendered by J.S.Lee

260 W Broad ,Dallastown, PA 17313, U.S.A _2nd_Lounge by Rafael Vinoly Architects (NewYork, NY, U.S.A) Image Rendered by J.S.Lee

260 W Broad, Dallastown, PA 17313, U.S.A _ Penthouse

163E64 St, New York, NY, U.S.A _ Kitchen by Rafael Vinoly Architects (NewYork, NY, U.S.A)
Image Rendered by J.S.Lee

9-1 뷰 저장하기

1. 뷰 저장하기(Named view)

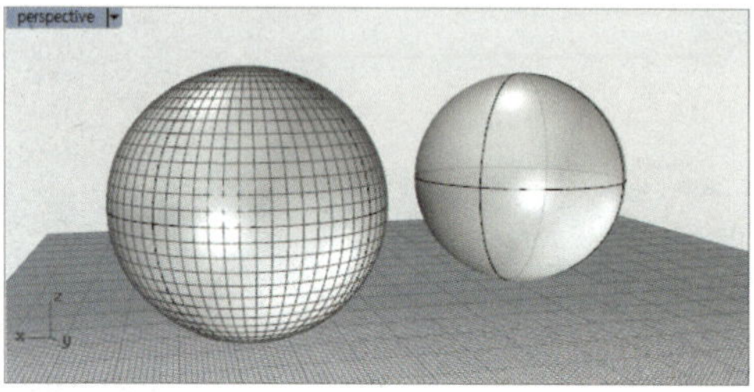

· 화면 배치하기

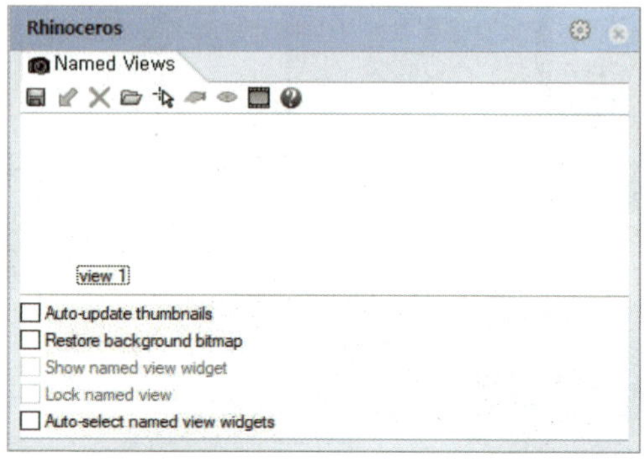

· 메뉴바에서 Panels/Named view 패널 체크
· Named view 패널의 저장 아이콘 클릭

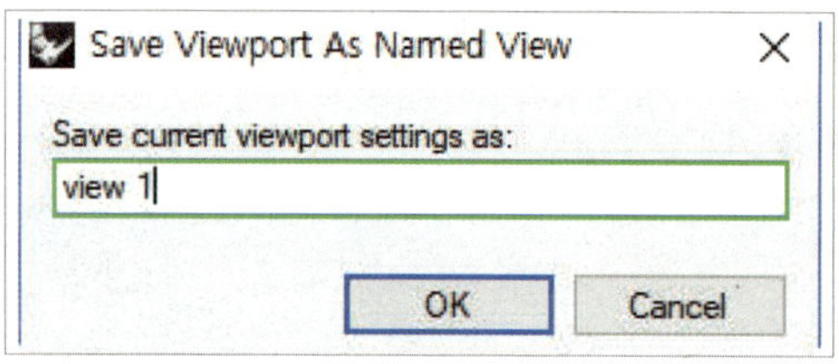

· 이름 입력 후 OK 클릭

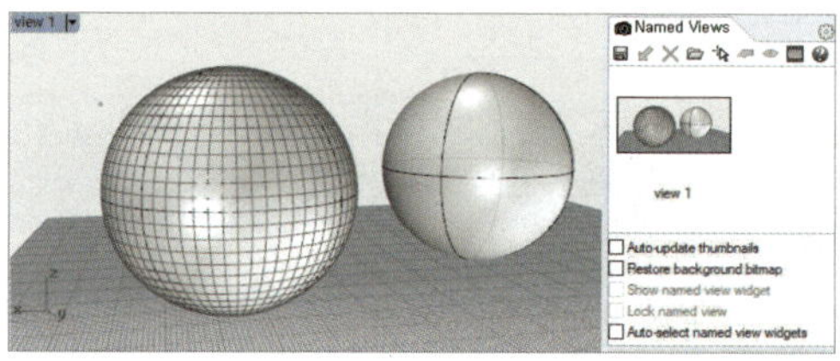

· 저장 완료
· 렌더시 Named View 패널에 저장된 View 1 클릭 후 렌더 실시 가능

9-2 V-Ray 렌더링 시작하기

1. V-Ray Tab 소개

· **브이레이 메인 탭 (V-Ray Main Tab)**

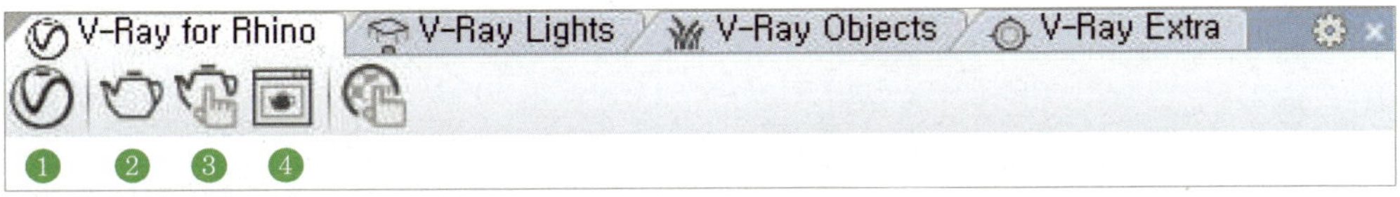

❶ V-Ray Asset Editor : 렌더 조절하기 – 재질, 라이트, 기본세팅 등의 조절
❷ V-Ray Render : 렌더하기 – 클릭 시 렌더 시작
❸ V-Ray Interactive Render : 실시간 렌더하기 – 클릭 시 실시간 렌더 시작
❹ Show Frame Buffer : V-Ray 렌더창 열기 – V-Ray만이 가진 렌더창 (옵션 포함)

· **브이레이 오브젝트 탭 (V-Ray Object Tab)**

❶ V-Ray Infinite Plane : 브이레이 플레인 (무한평면) – 반드시 설치하여야 함
❷ Export Proxy : 프록시 내보내기 – Proxy 오브젝트만을 저장할 때 사용
❸ Import Proxy : 프록시 불러오기 – Proxy로 저장된 파일을 불러올 때 사용
❹ Fur : V-Ray 퍼 – 털 등의 렌더 표현을 나타낼 경우 사용
❺ Clipper : 클리퍼 – 단면 등의 렌더시 설치하여 클리퍼의 상부등 일정 부분만 렌더 가능

· **브이레이 라이트 탭 (V–Ray Lights)**

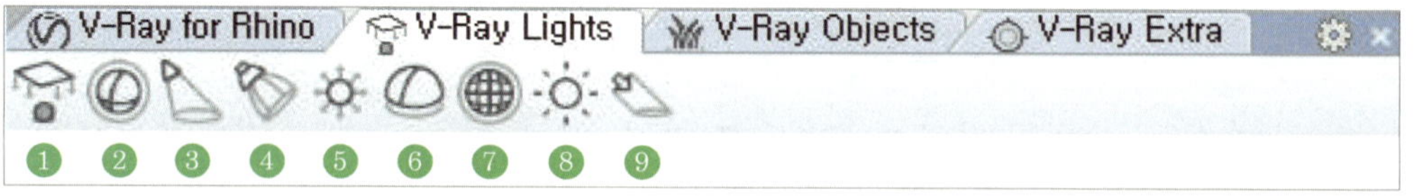

❶ V–Ray Planar Light : 플래너 라이트 – 평면라이트 (실내씬에서 천정에 설치하여 사용)
❷ V–Ray Sphere Light : 스피어라이트 – 원형스피어 라이트 (팬던트 조명등 설치 시 사용)
❸ V–Ray Spotlight : 스팟라이트 – 다운라이트 설치 시 사용
❹ V–Ray IES Light : IES 라이트 – IES 라이트 설치 시 사용
❺ V–Ray Point Light : 포인트라이트
❻ V–Ray Dome Light: 돔라이트 – 전체 씬의 라이트강도를 높일 경우 사용
❼ V–Ray Mesh Light : 브이레이 메쉬라이트 – 오브젝을 메쉬로 변환시 사용 (우클릭시 Release Mesh Light)
❽ V–Ray Sun Light : 브이레이 썬 – 외부 렌더씬 사용시 사용 (태양의 각도 등이 자동계산 됨)
❾ V–Ray Directional Light : 디렉셔널 라이트– 방향성을 가진 라이트

· **브이레이 엑스트라 탭 (V–Ray Extra Tab)**

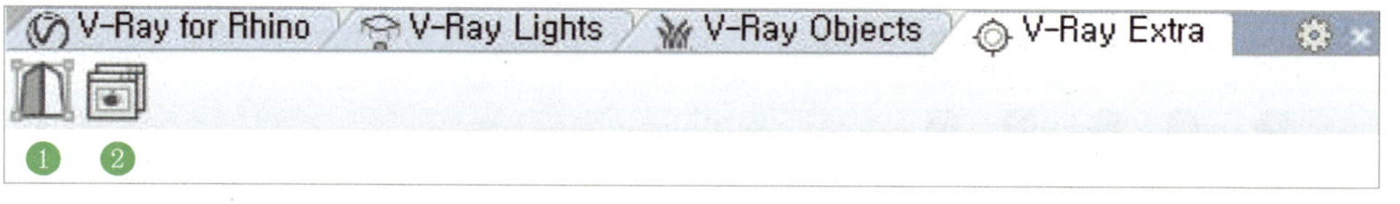

❶ Guess Lens Shift : 렌즈 움직이기 – 왜곡된 뷰(View)의 수직방향을 계산하여 왜곡 잡아줄 경우
❷ Batch Render : 배치 렌더 – 에니메이션 렌더시 여러장의 렌더를 실시할 경우 사용

· **브이레이 에셋 에디터 (V–Ray Asset Editor)**

세부 조절을 위한 좌우로 확장이 가능하며 오른쪽 창에서 세부 조절을 함

: 렌더 씬(Scene)에 사용된 재질, 라이트, Vray 지오메트리, 렌더 셋업(Set–up)의 세부조절시 V–Ray Asset Editor를 좌우로 확장하여 사용

브이레이 에셋 에디터 (V–Ray Asset Editor)

1. V–Ray Material : 재질 만들기 및 조절
2. V–Ray Light : 라이트 조절
3. V–Ray Geometry : V–Ray 지오메트리 조절
4. V–Ray Settings : 렌더 세팅관련 항목 조절
5. V–Ray Render : 렌더하기 (클릭하여 렌더)
6. Open V–Ray Frame Buffer : 프레임버퍼 열기
브이레이 렌더창 열기

· 세부 조절을 위해서는 옆의 작은 화살표를 클릭하여 좌우로 확장함

· 기본적인 렌더 세팅 뿐 만 아니라 사용되고 있는 재질, 라이트, V–Ray 지오메트리 (V–Ray plane등)등 렌더 씬(Scene)에서 사용되고 있는 전반을 하나의 창에서 조절이 가능함

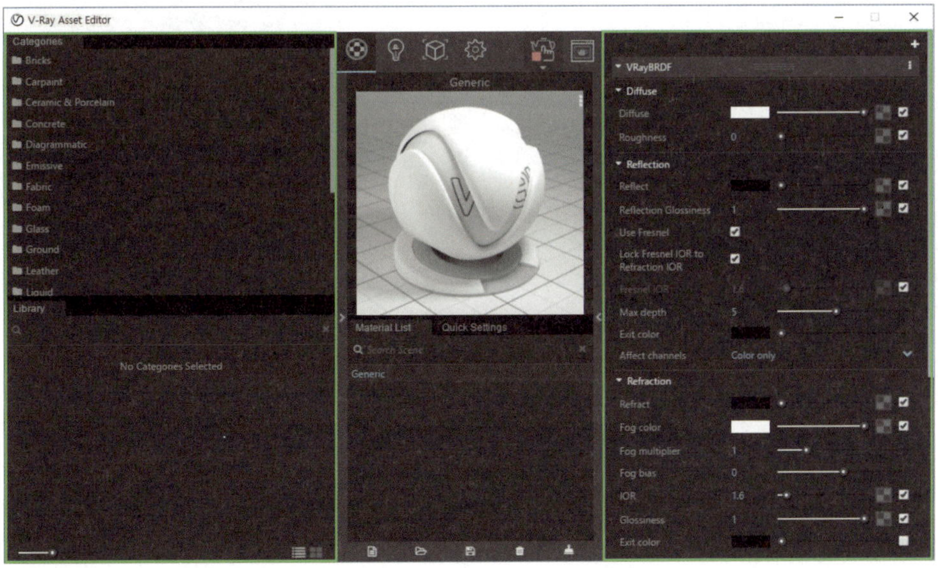

1) V-Ray Plane 설치

- V-Ray 플레인은 보이는 면은 작지만 렌더시 무한 평면(Infinite Plane)으로 인식됨으로 반드시 필요함
- V-Ray 렌더링은 바닥의 판이 있어야만 빛의 계산이 가능하기 때문에 실외 장면(Scene) 렌더시에도 반드시 필요함

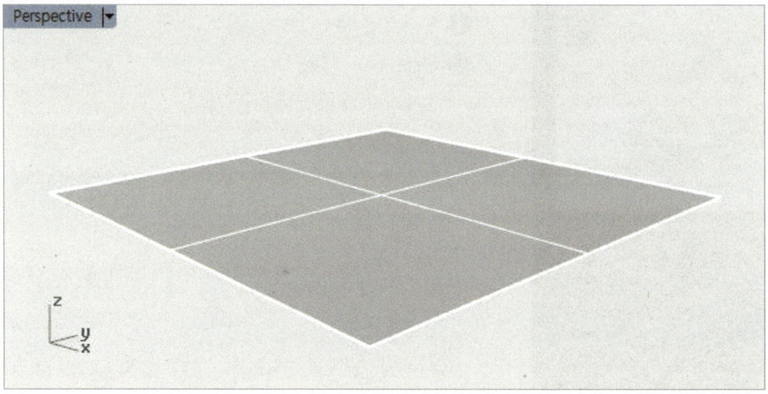

V-Ray Plane을 클릭하면 자동으로 (0, 0, 0)지점에 바닥의 판이 생성됨

2) V-Ray 렌더 셋업(Render Set up) 조절

아래 메뉴 중 Settings를 클릭하여 렌더 셋업(Set up)을 실시함

3) V–Ray Frame Buffer : 프레임 버퍼

프레임 버퍼란?

V–Ray만이 가진 렌더 창의 이름으로 기존 제공되는 일반 렌더 창보다 히스토리(History)를 기록하거나 색(Color)을 변형시키는 등 다양한 기능이 추가되어 있음

· **Region Render**

렌더링을 다시 하고자 할 경우 전체의 렌더링을 다시 해서 해당 부위를 확인한다면 오랜 시간이 걸리기 때문에 어떤 부분만을 렌더링하고 할 경우 사용

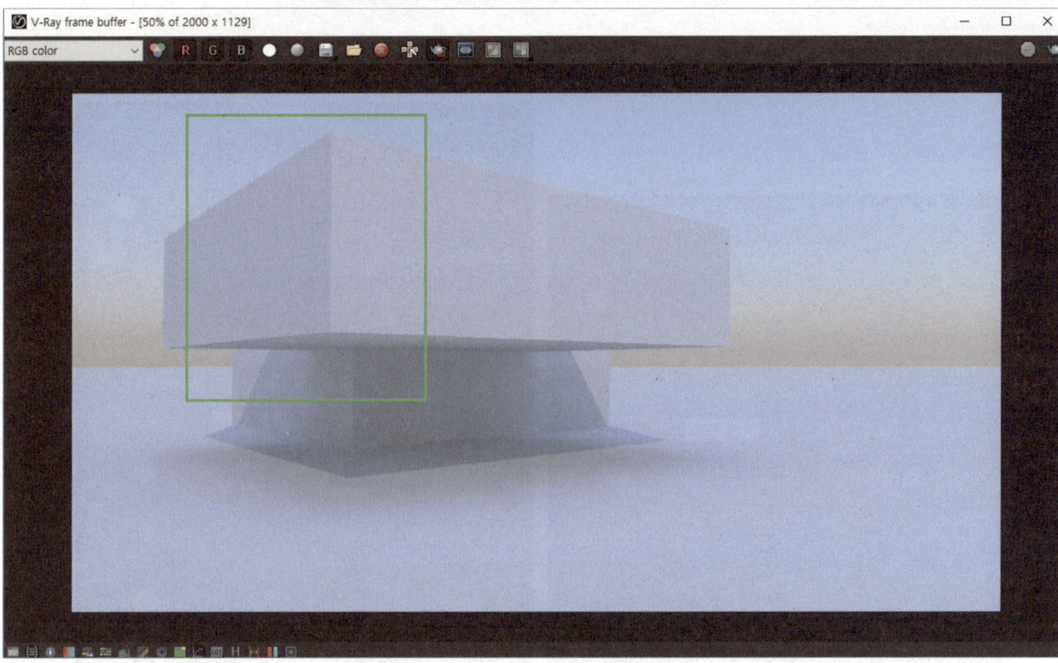

Region Render시 위와 같이 클릭 드래그로 영역을 지정해 주면 그 부분만 렌더 가능

4) Camera : 카메라

■ **Camera** : 카메라 수치 조절

- 기본적으로 V-Ray 설치시 카메라는 V-Ray camera로 인식됨
- EV (Exposure Value) 값으로 광도를 조절 (-15에서 25사이의 값을 적용시킴)
  → V-ray 렌더에서 가장 중요한 부분 중 하나로 기본값 10 에서 V-Ray Sun 설치 후 13-15사이의 값을 적용하여 알맞은 값을 찾아보자.
- 더욱 세부적으로 카메라의 조절이 필요할 경우 그림과 같이 슬라이드 부분을 누르면 세부 카메라 조절 항목이 더 생김
- 일반 카메라와 비슷하게 카메라 설정을 더 세밀하게 할 수 있음
- ISO, F Number, Shutter Speed 등의 세 가지를 세밀하게 조절하여 다양한 느낌의 분위기를 연출하거나

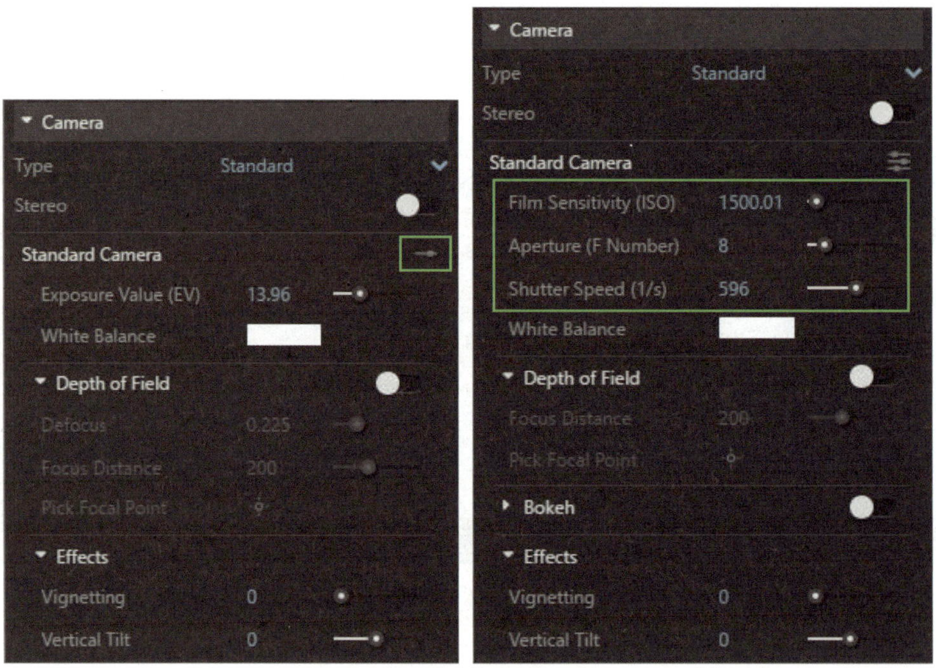

V-Ray Camera 세부 항목 조절

■ Environment : 환경조절

· Environment 에 Sky를 Mapping해주어야 함 (체크부분을 클릭하여 바꾸어줌)
→ 이후 V-Ray Sun과 연동하여 주변 환경이 반응

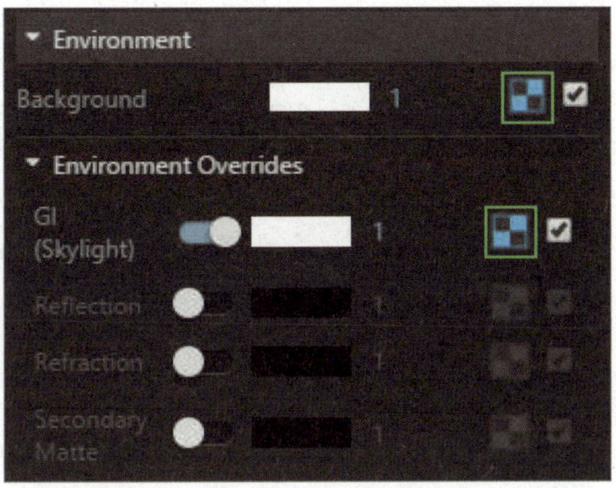

V-Ray Environment 세부 항목 조절

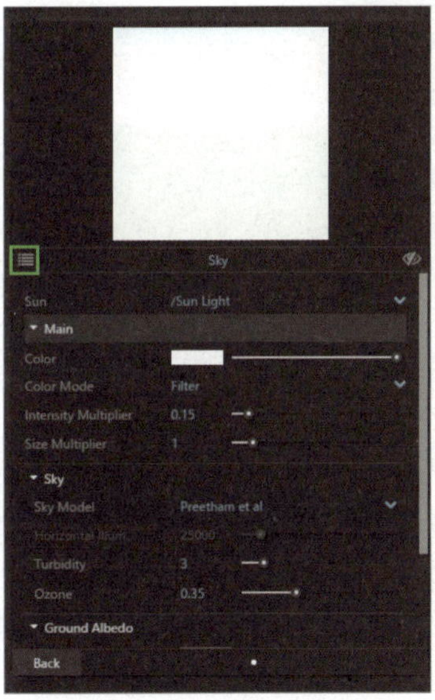

· 위의 붉은 점선 부분을 클릭하면 우측 이미지와 같이 Sky항목을 선택할 수 있음

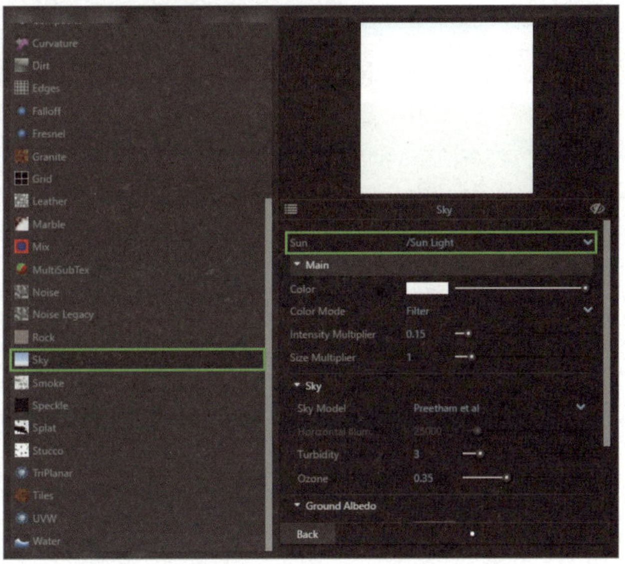

· Sun 항목에 Rhino기본 Sun이 아닌 V-Ray Sun이 선택되어있는지 다시 확인해보자

· Sky 선택 후 하단부 Back 버튼을 누르면 원래 화면으로 복귀함

5) V–Ray Planer Light : 조명 설치(실내 조명)

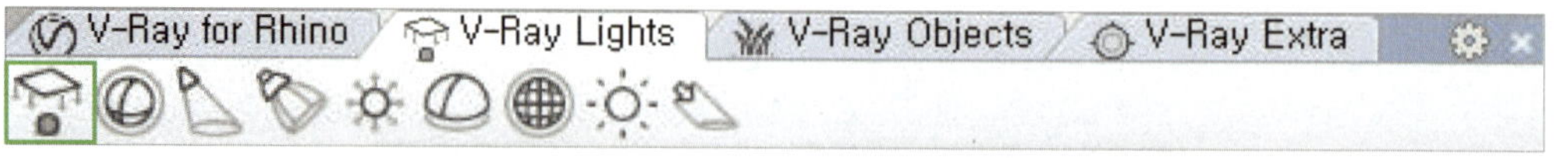

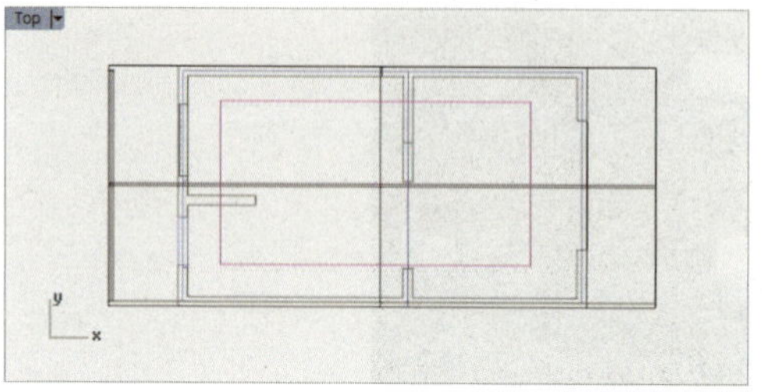

- Top view로 이동
- V–Ray Planer Light를 선택한 후 그림과 같이 원하는 크기로 조명(Planer Light) 범위를 그림

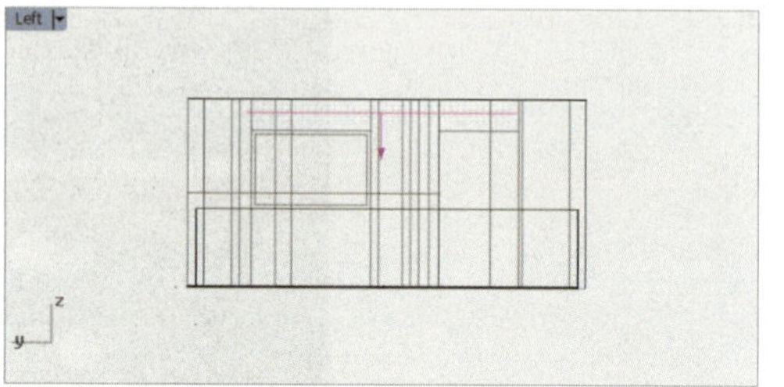

- Left view로 이동 후 조명(Planer Light)의 위치를 천정 아래로 맞춰줌

6) V–Ray Sun : 내 · 외부 렌더 시 태양의 효과를 넣을 경우 사용

※ V–Ray Sun 사용 시 반드시 체크할 사항 3가지 (중요 체크 사항)

1. Camera : EV (Exposure Value) 값이 적절한지 확인
2. Environment : Environment 항목 아래 G.I.와 Background 두 곳에 Sky가 설정되었는지 확인 (하부 메뉴로 들어가서 Sun에 V–Ray Sun이 선택되어 있는지 다시 확인)
3. V–ray Plane : V–Ray Plane 을 설치했는지 확인

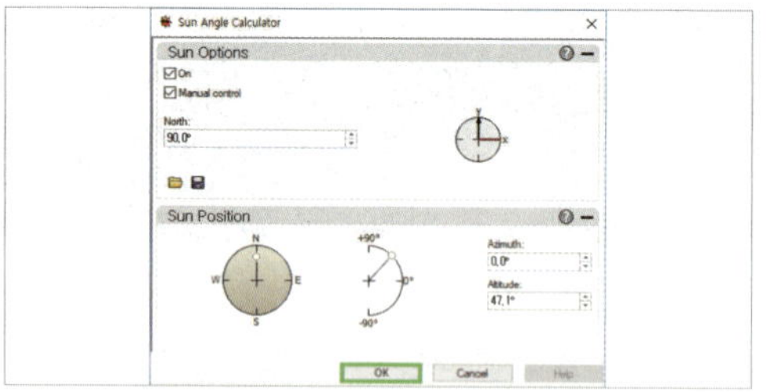

- V–Ray Sun 선택
- 옵션창에서 Altitude 조절 후 OK

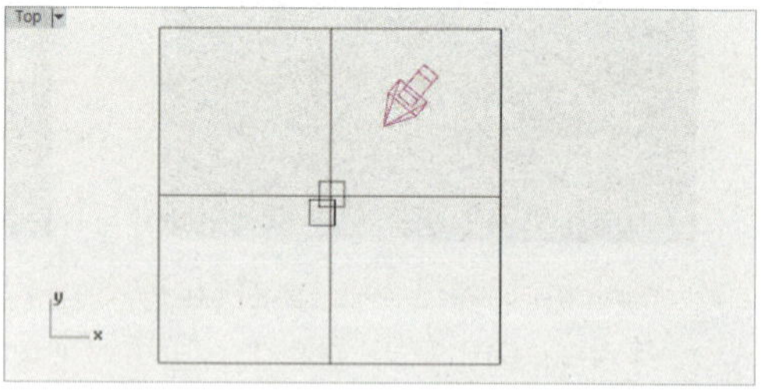

- Top view에서 한번 클릭하여 위치를 지정해줌

※ V–Ray Sun은 항상 같은 고도로 빛을 비추기 때문에 위치에 특별히 신경 쓸 필요 없음

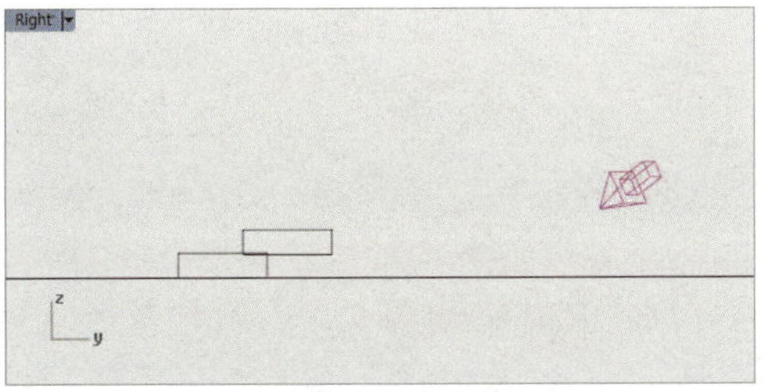

· Right view로 이동 후 고도 확인

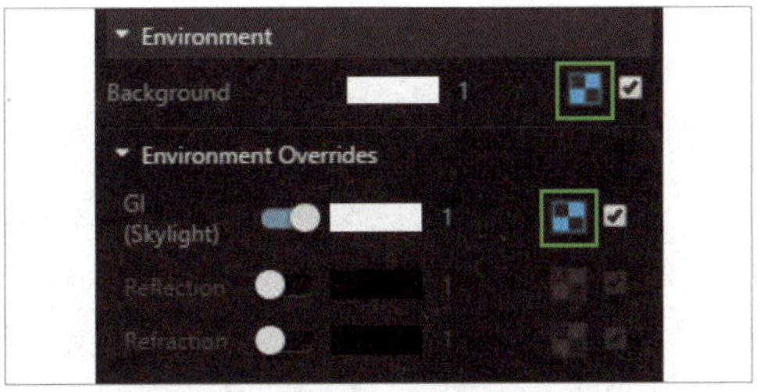

· Environment에서 G.I와 Background 항목 체크(체크 무늬를 클릭 후 Sky 선택)

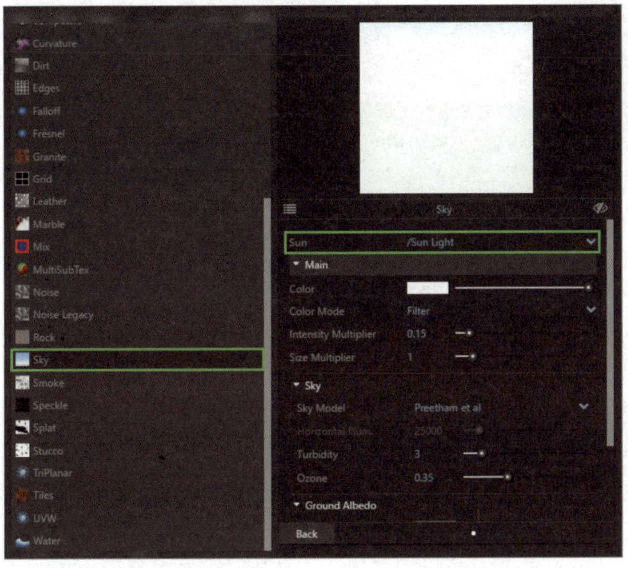

· 좌측 스크롤바를 조정하여 Sky를 찾아 선택해 줌

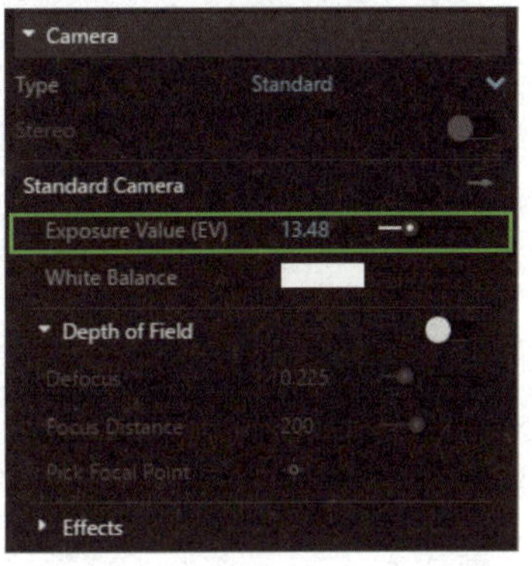

· Camera 항목에서 EV 값 확인

Tip V-Ray Sun 및 V-Ray 렌더 사용 시 반드시 V-Ray Plane을 설치해 주어야 함
(V-Ray 렌더링의 G.I 계산은 주변 환경을 빛이 바운스 하면서 형성되기 시작하기 때문)
V-Ray Plane에도 기본 재질이 들어가야 함

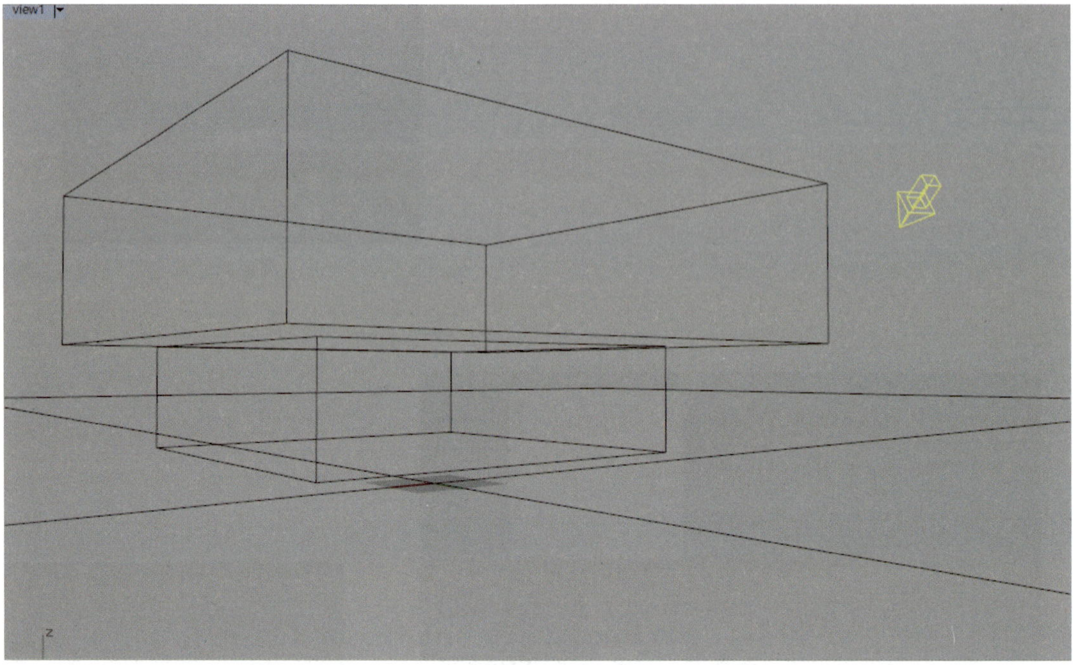

V-Ray Sun Test

V-Ray Sun Render Test

9-3 V-Ray 재질 이해하기

1. 재질(Material)의 이해

모델링, 렌더링, 빛의 이해만큼 재질(Material)의 이해는 전체의 3D 과정에서 중요한 부분을 차지한다. 이 여러 가지 과정에서 하나의 과정이라도 놓친다면 좋은 퀄리티(Quality)의 결과물을 내는 것은 쉽지 않다. 특히 실제의 세상은 수많은 셀 수 없는 재질 및 물질들로 이루어져 있기 때문에 이것들을 다 이해하는 것은 불가능하다고 할 수 있다. 그렇기에 렌더링은 시간과 노력을 들여 한 번에 하나씩 렌더링에 취미를 가지고 익혀나가는 것이 유일한 방법이다. 여기 챕터에서는 기본이 될 수 있는 5가지 재질(Material)을 통해 V-Ray Material에 대한 기본과정을 알아보도록 하자.

V-Ray Material Sample 1 (Aluminum)

V-Ray Material Sample 2 (Grass)

V-Ray Material Sample 3 (Wood)

V-Ray Material Sample 4 (Concrete)

2. 재질(Material) 관련 용어의 이해

- Diffuse : 기본색(Color) 및 재질 지정
  ※ 이미지를 Diffuse에 넣어주었을 때 기본색은 렌더에 영향을 주지 못함
- Reflection : 반사율에 대한 조절
- Refraction : 굴절률에 대한 조절
  ※ I.O.R : 굴절률을 지정
- I.O.R : 실질적인 굴절률 조절 (1.0 일 경우 변화가 없음) : 1.0–1.8 정도 사이에서만 사용하자.
- Transparency : 투명도에 대한 조절
- Emissive : 자체 빛을 발산하는 오브젝트의 경우 이를 만들어주기 위해 사용

3. 재질(Material) 적용하기 (기본 재질 이용하기)

1) 기본 재질(Basic Material) 만들기

먼저 기본 재질을 만들어보자. 라이노(Rhino)에서 제공하고 있는 Standard Material은 그 자체가 V–Ray 기본 재질이며, 아래 Create Material에 하위메뉴인 6가지 재질이 바로 V–Ray가 기본 제공하고 있는 재질이다.

많은 3D 애플리케이션 유저(User)들이 기본 재료(Material)를 변형하여 사용하기보다는 V–Ray Material을 on–line에서 다운받아서 사용하고 있으나, 기본 V–Ray의 이해 없이 다운로드한 Material의 사용은 큰 도움이 되지 못한다.

(1. Angle Blend, 2. Multi Material, 3. Skp Two Sided, 4. Standard, 5. Toon, 6. Two Sided)

- 브이레이 에셋 에디터 (V–Ray Asset Editor) 선택

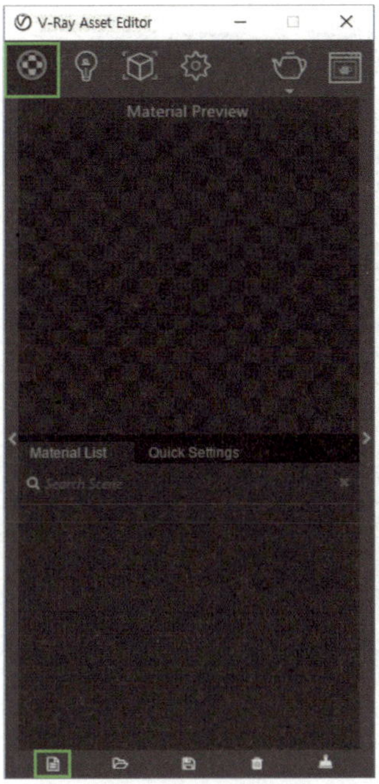

· Material 아이콘 클릭
· Add material 아이콘을 클릭

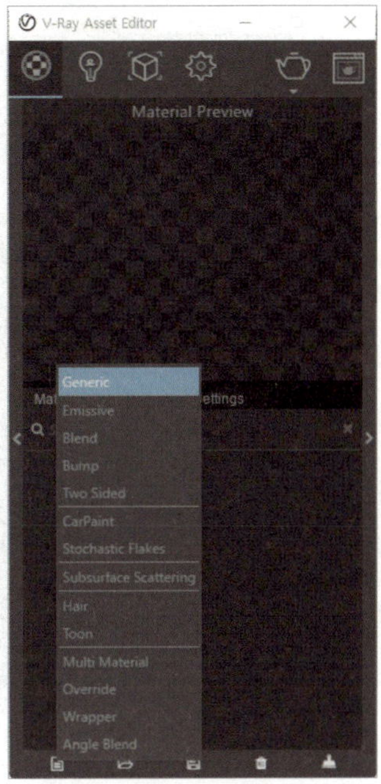

· Generic 재질 선택
(V–Ray 3.4버전에서는
Generic이 기본 재질)

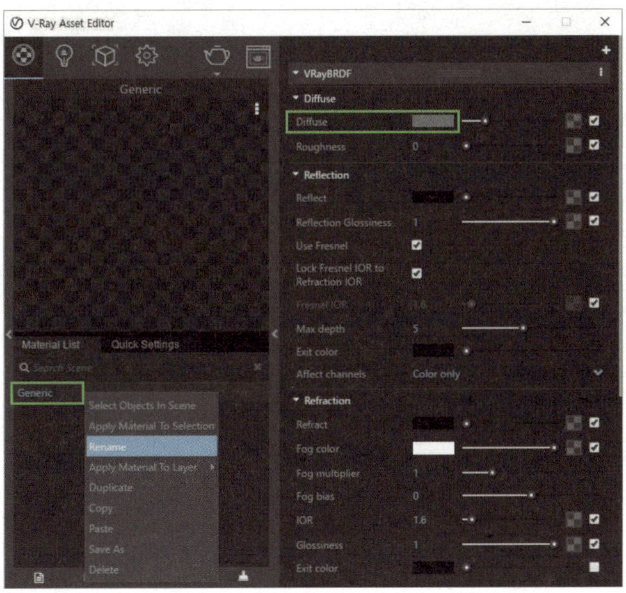

· Generic 글자 위에서 우클릭하여 Rename선택
· 재질의 이름을 Basic White로 수정
· 옵션항목 중 Diffuse는 회색 사각형을 클릭하여 흰색 지정

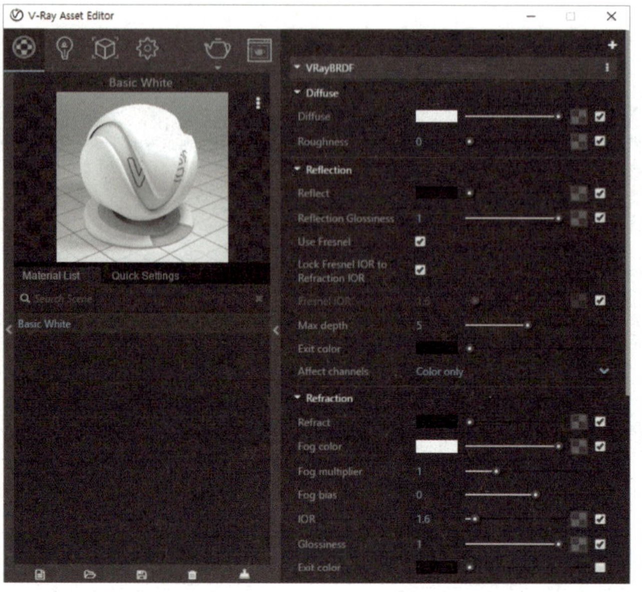

· 수정된 내용 확인하기

2) 기본 재질(Standard Material) 레이어에 적용하기 1

위의 만들어진 재질을 오브젝트에 적용하기 위해서는 먼저 레이어(Layer)를 만들고 만들어진 레이어에 재질을 적용하는 방식을 사용하는 것이 간편하다. 물론, 오브젝트(Objects)를 선택하여 앞서 만들어진 재질을 적용시킬 수도 있지만, 두 번째 방식을 선택한다면 매번 오브젝트를 수정하고 만들 때 마다 새로운 오브젝트에 재질(Material)을 적용시켜줘야 하는 번거로움이 발생하고, 어떤 오브젝트에 어떤 재질을 입혀주었는지를 매번 확인해야하기 때문에 여기서는 레이어를 새로 만들어 그 레이어(Layer)에 재질(Material)을 적용하는 방법을 알아보도록 하자.

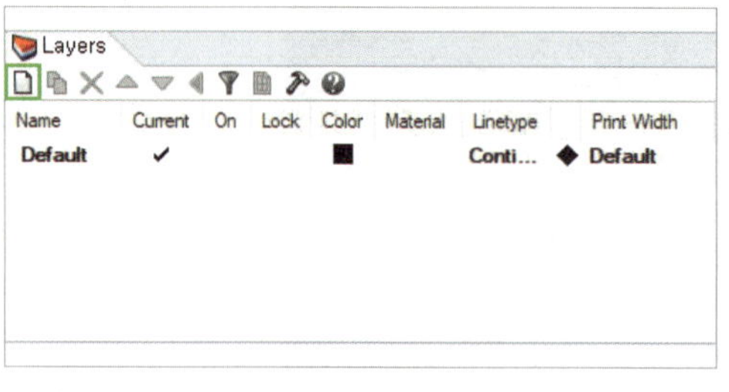

· 레이어 패널에서 New Layer를 클릭하여 새로운 레이어(Layer)어 만들기

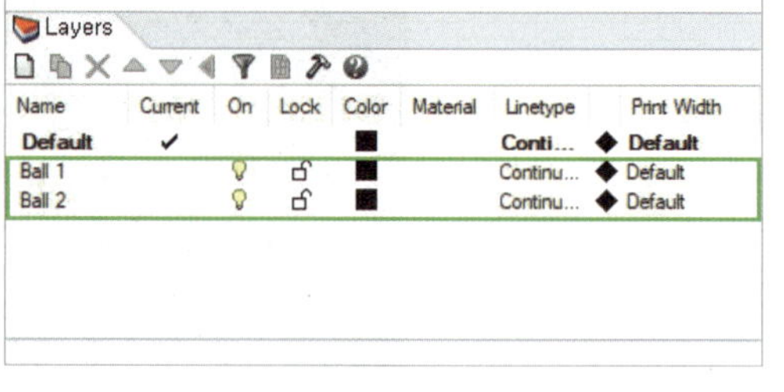

· Ball 1 레이어와 Ball 2 레이어 만들기

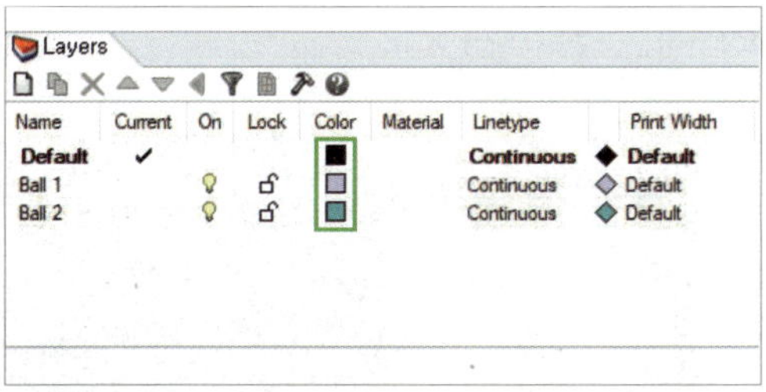

· 레이어의 색상을 색사각형을 클릭하여 바꾸기

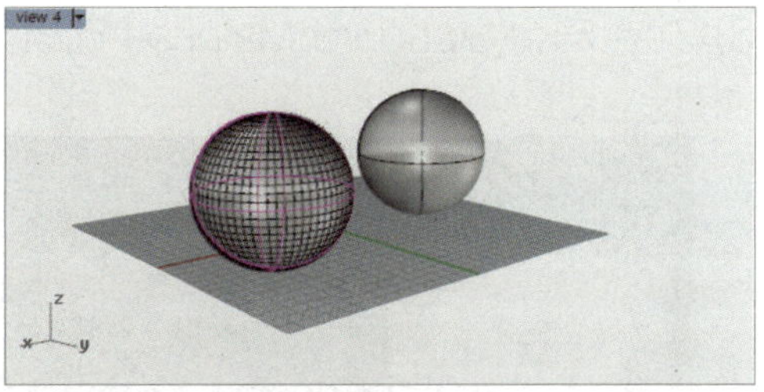

· Ball 1 레이어에 적용시킬 오브젝트를 선택

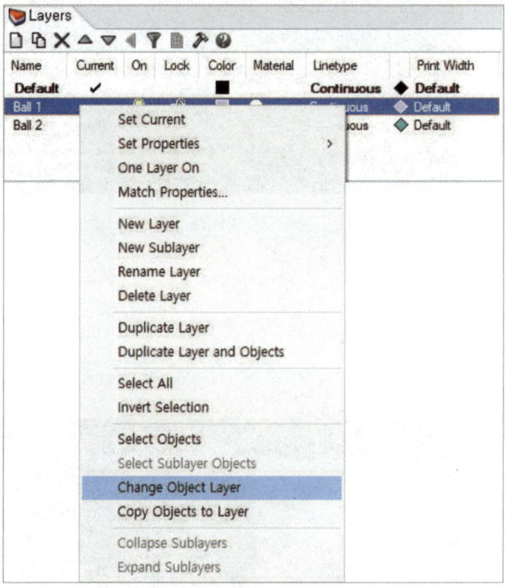

· Ball 1 레이어에서 우클릭한 후 Change Object Layer를 선택하여 레이어 적용

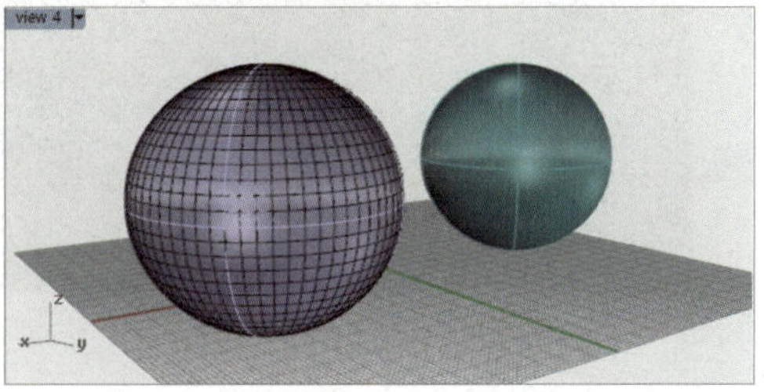

· Ball 2 오브젝트도 같은 방법으로 레이어 지정

3) 기본 재질(Standard Material) 레이어(Layer)에 적용하기 2

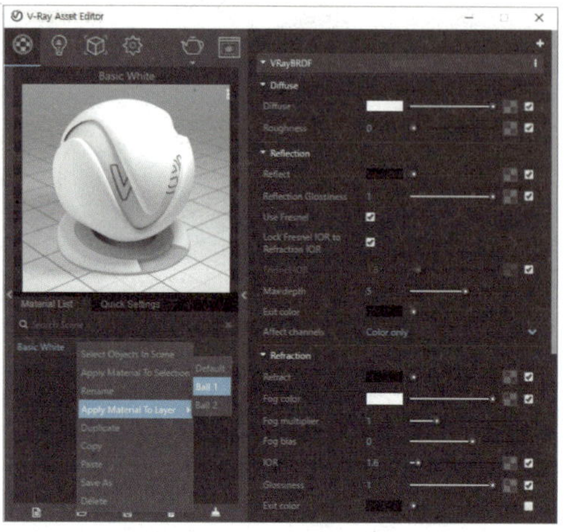

· Basic White 위에 마우스 포인트를 위치한 후 우클릭하기

· Apply Material to layer를 선택한 후 Ball 1 레이어 선택하기

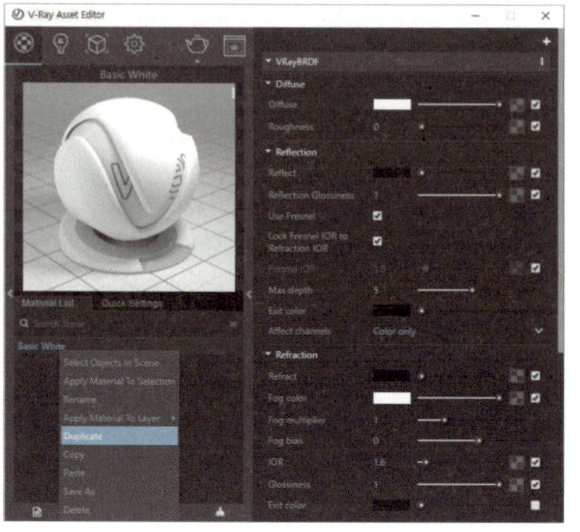

· Basic White를 복사(Duplicate)하여 재질을 하나 더 만들기

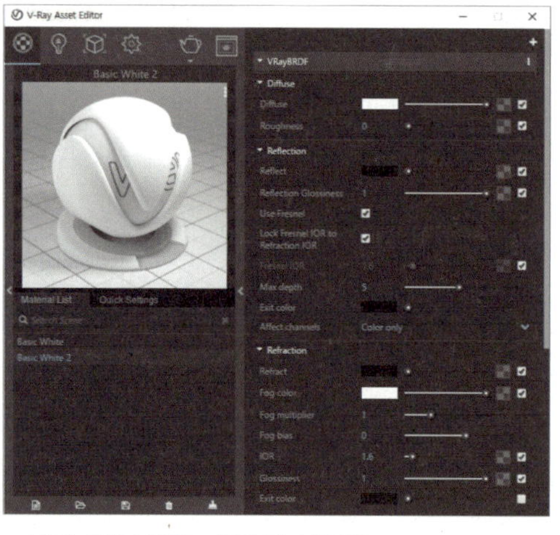

· 새로 만들어진 재질의 이름을 Basic White 2로 수정하기

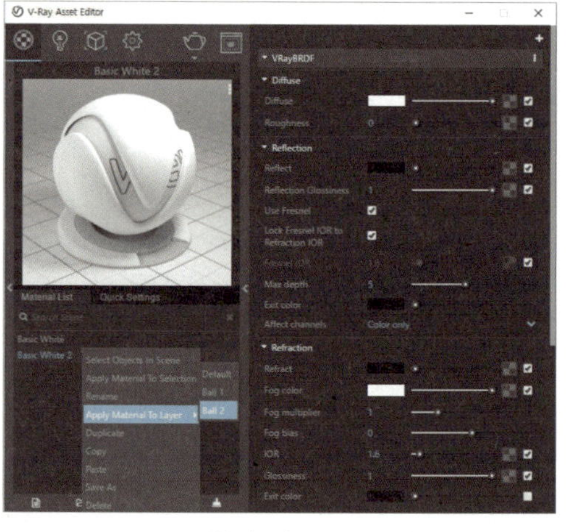

· Basic White 2 위에 마우스 포인트를 위치시킨 후 우클릭하기

· Apply Material to Layer를 선택한 후 Ball 2 레이어 선택하기

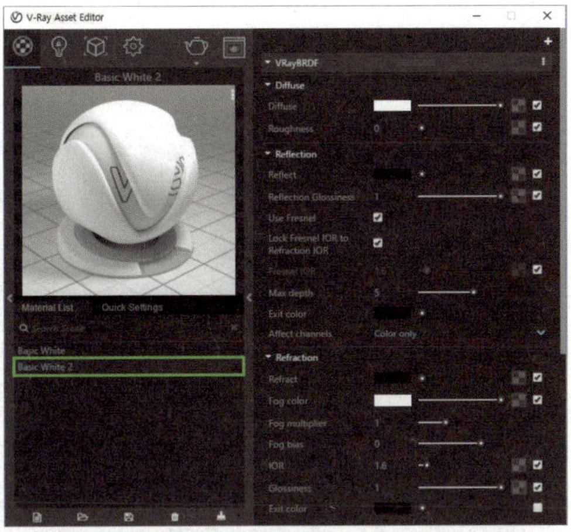

· Basic White 2 선택

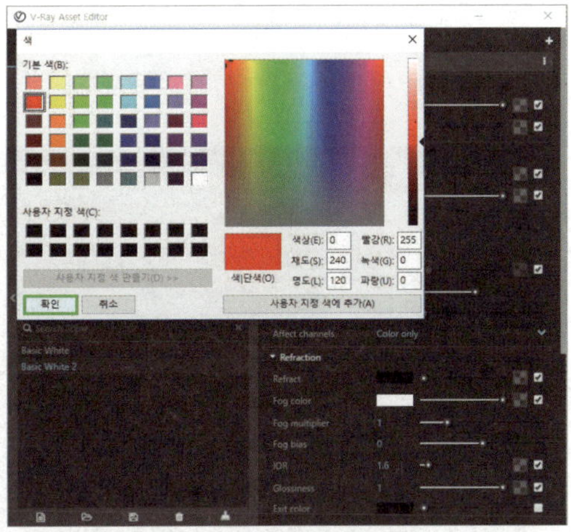

· 색을 수정하기 위해 Diffuse의 색상 사각형 클릭

· 옵션창이 뜨면 렌더시 표현하고 싶은 Ball 2의 색 선택 후 확인

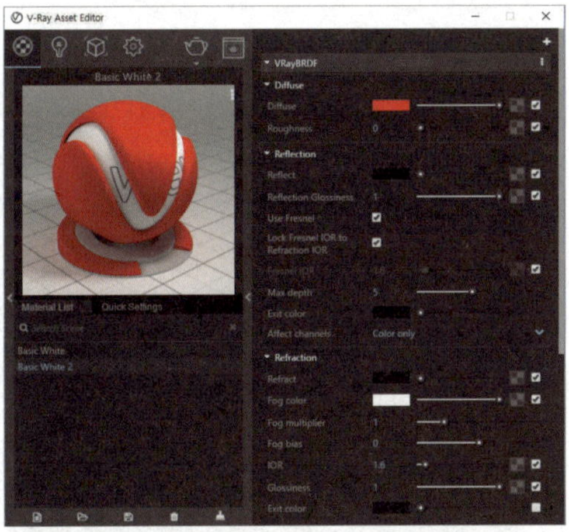

· 수정된 색상 확인하기

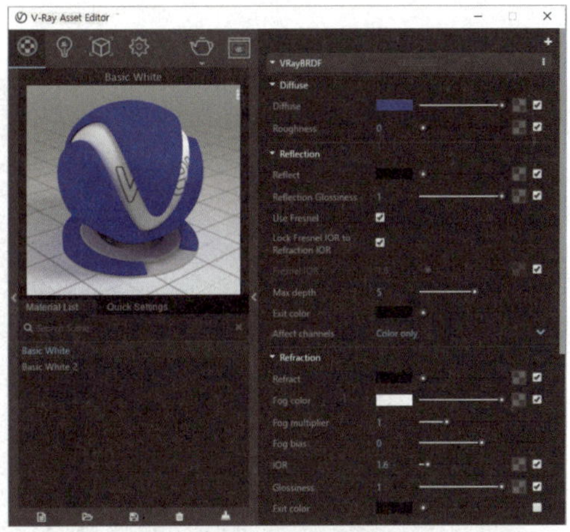

· Basic White의 색도 동일한 방법으로 수정하기

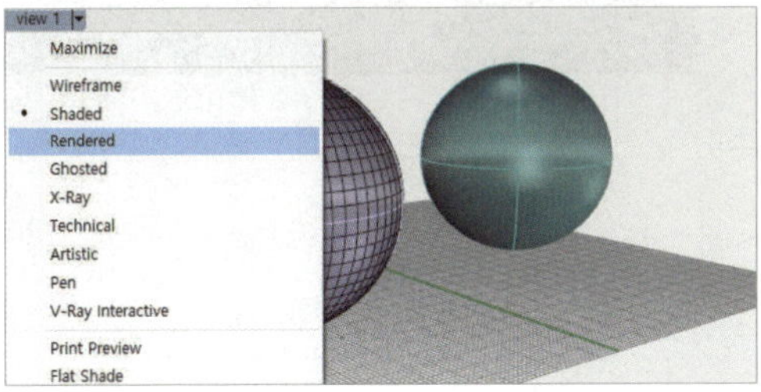

· View 1을 Rendered 모드로 전환하기

· Rendered 모드에서 보여지는 색 확인 (렌더시 나타나는 색과 같음)

4) V-Ray에서 제공하는 기본 재질의 이해

① Blend : 2가지 재질을 블랜드(Blend) 시켜주는 경우 사용

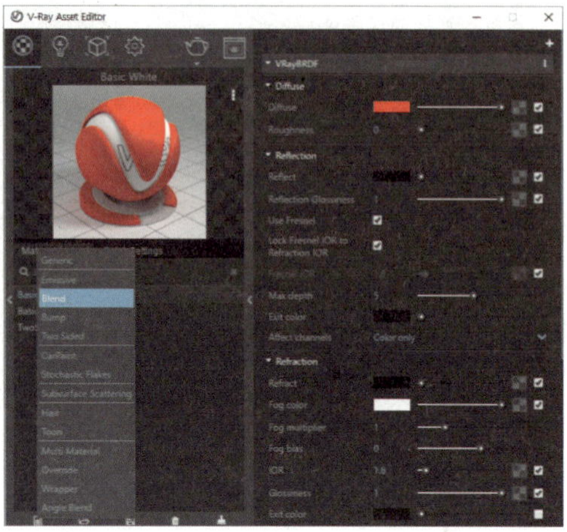

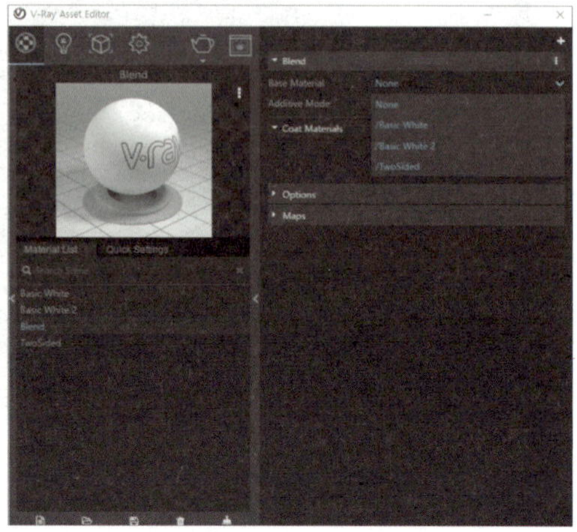

② Multi Material : 한 오브젝트에 여러 재질을 넣을 필요가 있는 경우 여러 개의 재질을 하나의 재질 안에 넣어 만들며, 재질에 ID Number를 부여하는 경우 사용

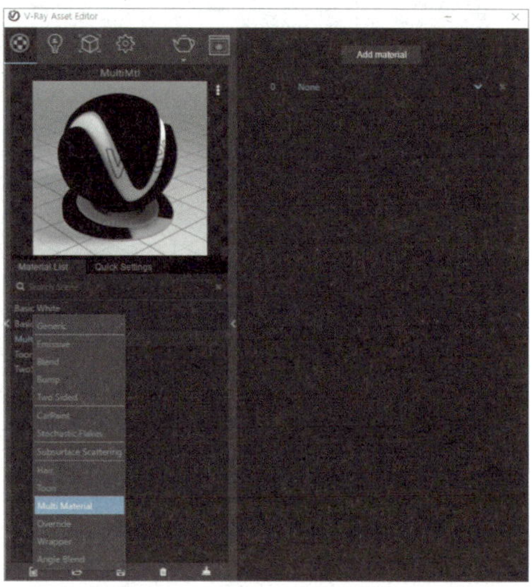

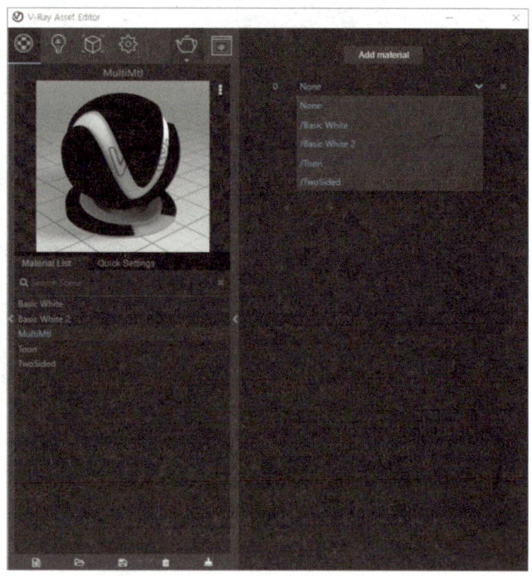

③ Standard : V–Ray 렌더링을 기본으로 하는 스텐다드 재질 모든 V–Ray 렌더링의 재질의 시작은 스텐다드 재질에서 시작됨
반사, 굴절, Emissive 등의 효과를 원할 시에는 우선 Standard 재질을 만든 후 만들어진 Standard 재질을 우클릭하여 반사, 굴절, emissive등을 생성해 내는 방식으로 만들어감

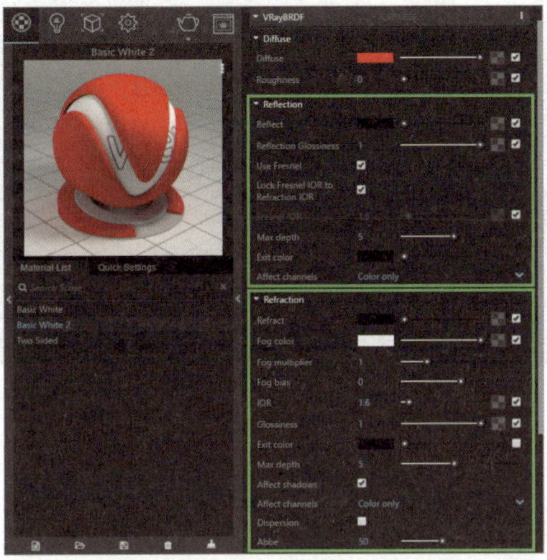

기본 재질 안에서 반사, 굴절 등 원하는 효과를 더해줌

· Reflection 레이어
: 적용시 반사에 관련된 항목이 추가됨

· Refraction 레이어
: 적용시 굴절에 관련된 항목이 추가됨

· Emissive 레이어
: 적용시 오브젝트가 라이트와 같은 역할이 가능

④ Toon : 툰렌더는 만화와 같은 이미지를 얻고자 할 때 사용되며, 외곽선 라인만 존재하는 렌더 결과를 만들어 낼 수도 있음 (외곽선의 라인 두께 등을 지정할 수 있음)

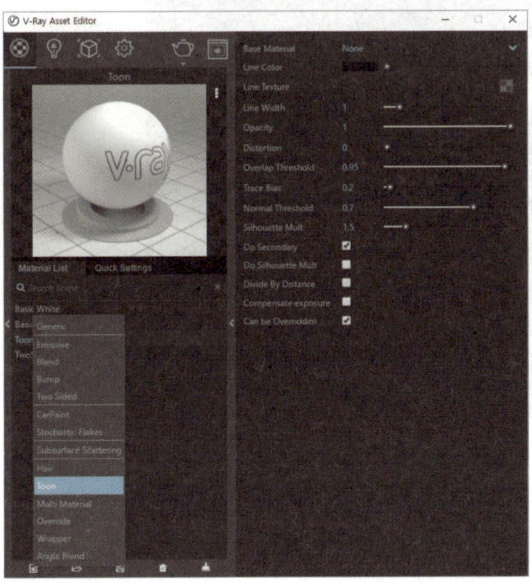

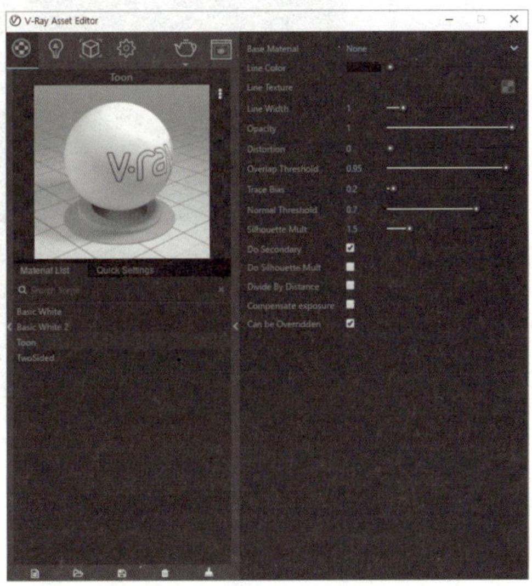

⑤ Two Sided : 보통 오브젝트의 뒷면에 라이트가 있을 경우 라이트를 보기위해 사용 재질을 이용하여 두 재질을 이용 (50% 이미지가 섞이는 렌더 작업에서 사용)

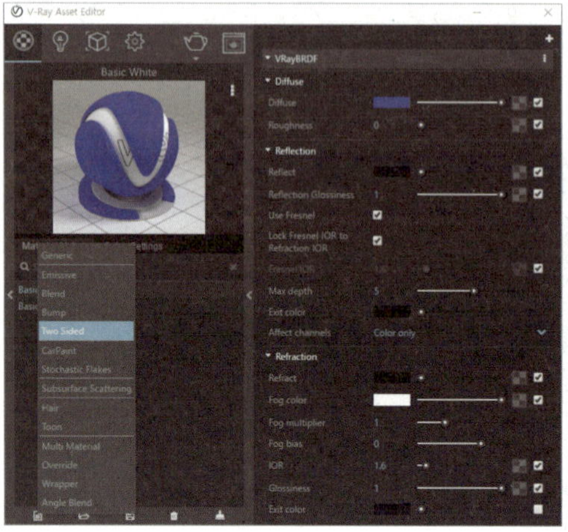

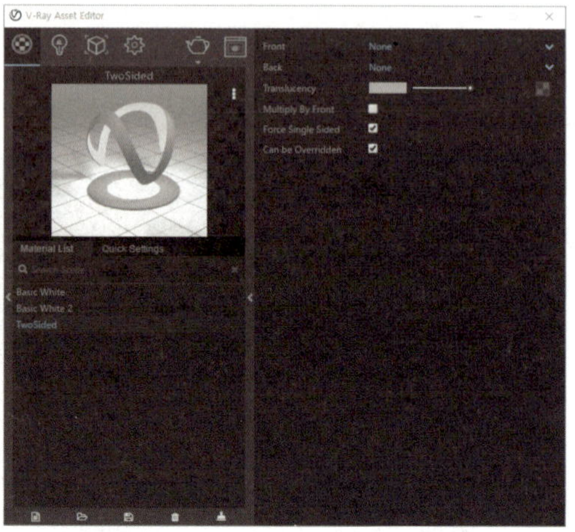

5) Library의 Material의 적용 및 기본 재질 적용하기

① 좌측으로 Asset Editor를 확장시키면 라이브러리를 볼 수 있음

※ V-ray 3.4는 기존의 V-Ray가 가지고 있지 않은 다양한 카테고리의 라이브러리를 지원하고 있음

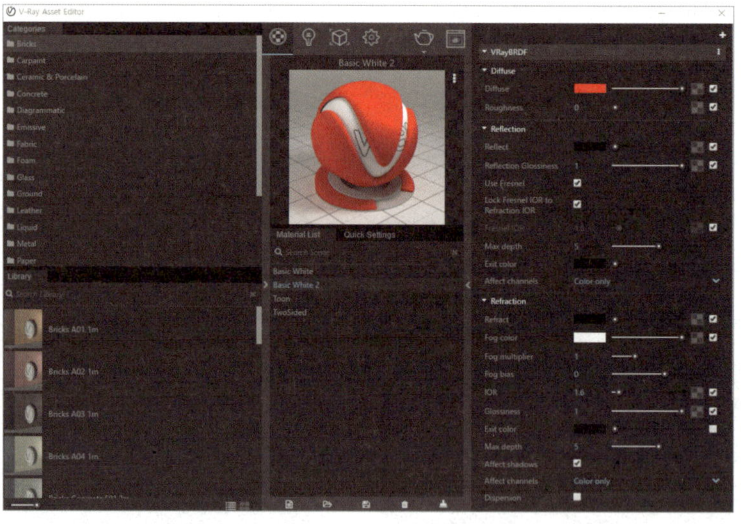

· 원하는 재질(Material) 선택 (좌측으로 화살표를 눌러 Asset을 확장시키면 라이브러리가 나옴)

② 재질 적용하기 : V-ray에서 제공되는 기본 재질들을 테스트 해보도록 하자.

■ 플라스틱(Plastic)

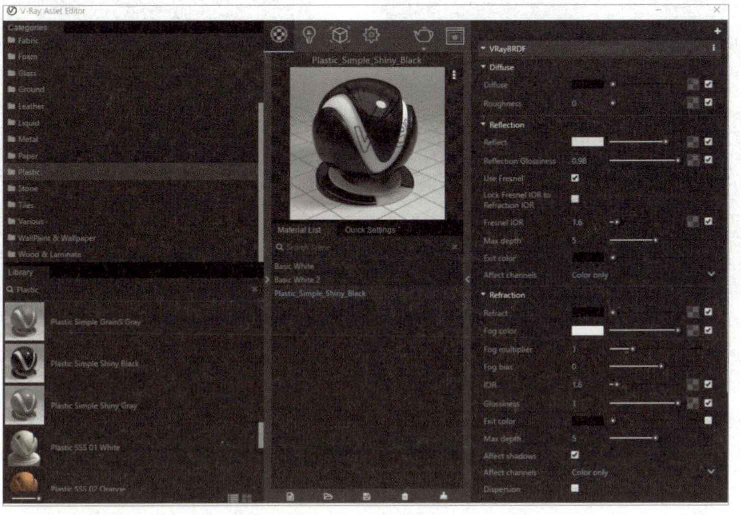

· 플라스틱 재질 중 Plastic Simple Shiny Black 선택

· 재질 위에서 우클릭하여 Add to scene 클릭

렌더링 재질 테스트 1

■ 유리(Glass)

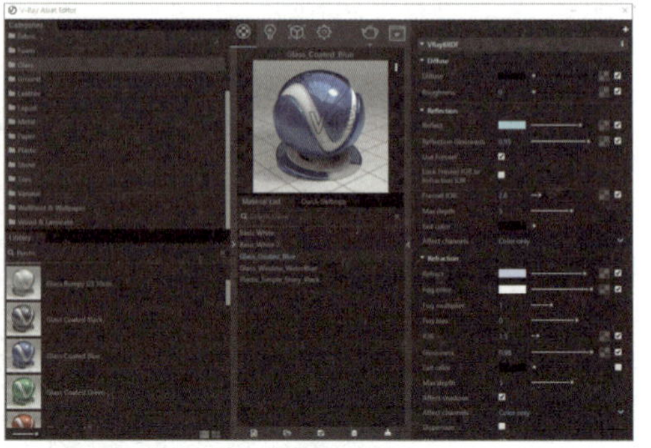

· 유리 재질 중 Clear_glass 선택

※ 유리등 재질의 반사관련

렌더시 유리 재질의 반사는 주변의 물체가 있지 않을 경우 실질적인 유리의 효과를 보기 힘들다. 우리 주변의 반사 물질들도 주변의 사물이 오브젝트에 비추어 지면서 반사의 효과를 볼 수가 있는데 이와 마찬가지라고 생각하면 된다.

■ 메탈(Metal)

· 메탈 재질 중 Aluminum_Polished를 선택

4. 텍스춰 매핑(Texture Mapping) 하기

렌더링에는 기본 색을 입히는 것만이 아닌 이미지를 오브젝트에 입히는 방식이 존재하는데 이것을 텍스춰 매핑(Texture Mapping)이라고 한다.

1) 당구공 만들기 따라하기

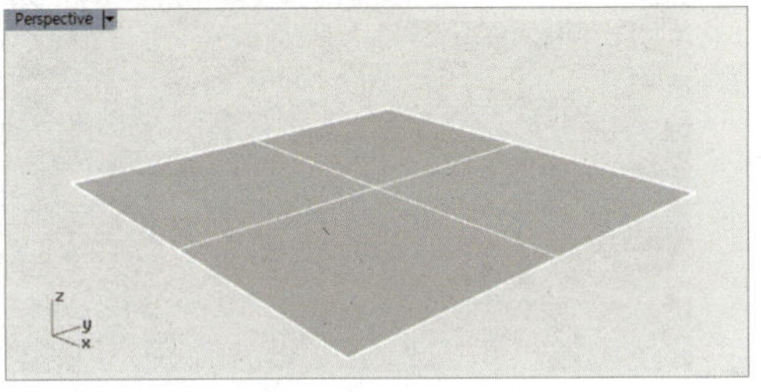

· V–Ray Plane을 클릭하여 Plane 설치하기

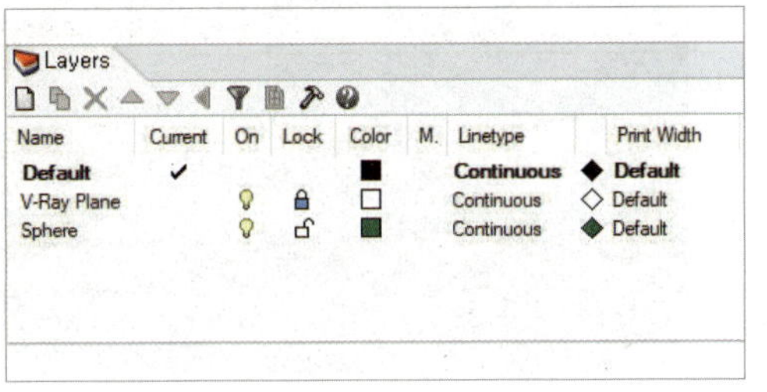

· 새로운 Layer를 만들고 그림과 같이 명칭, 컬러 수정한 후 V–Ray Plane은 기본 Material을 입혀준 후 잠그기(Lock)

· Sphere 레이어를 현재 레이어로 수정한 후 구(Sphere) 명령어를 활용하여 구 만들기 (반지름 : 180)

· 복사(Copy) 명령어를 활용하여 구(Sphere)를 이동 복사하기

2) 재질 만들기

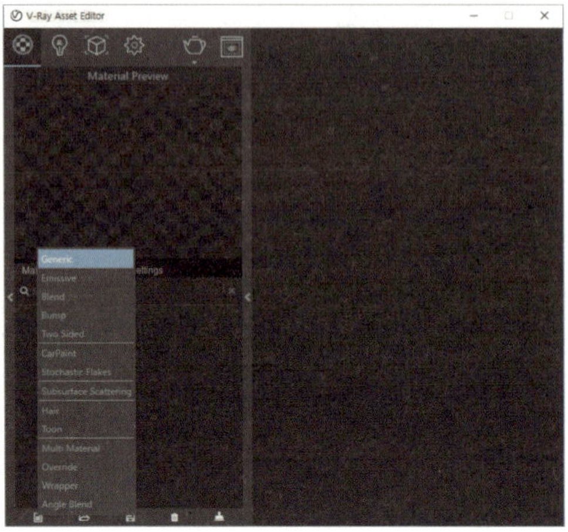

· Material 창을 열고 새로운 V-Ray Standard Material을 생성하기

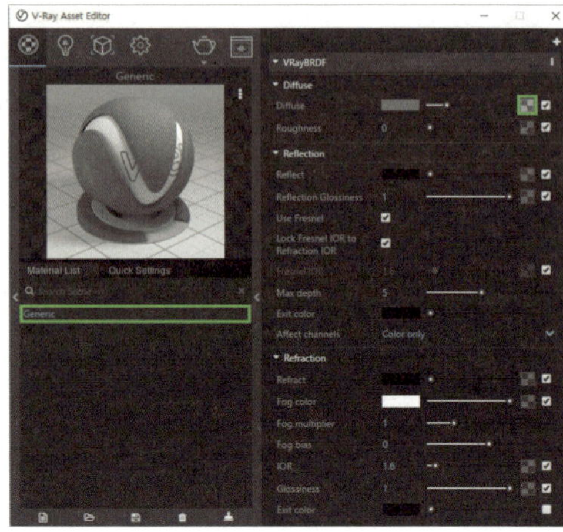

· Diffuse 창 옆의 작은 사각형 모자이크를 클릭하여 옵션 리스트 열기

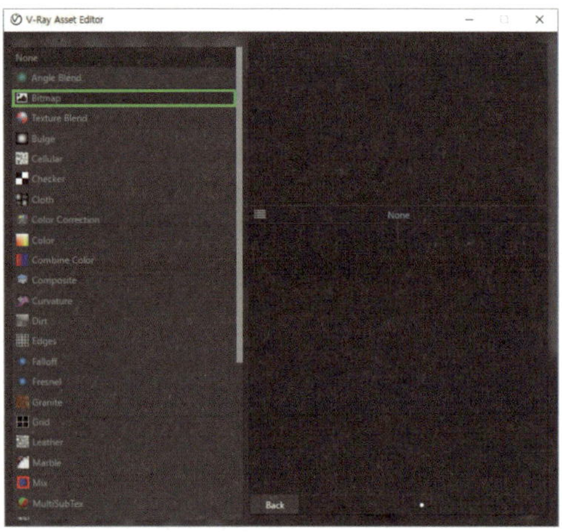

· Bitmap 선택하기

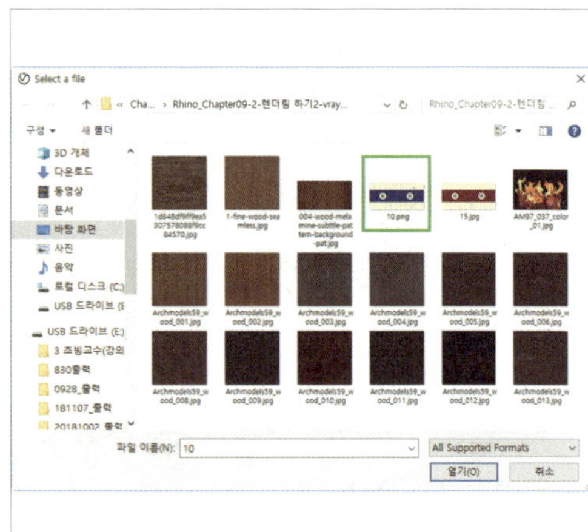

· 재질에 넣을 이미지(10.png)를 선택한 후 열기 클릭

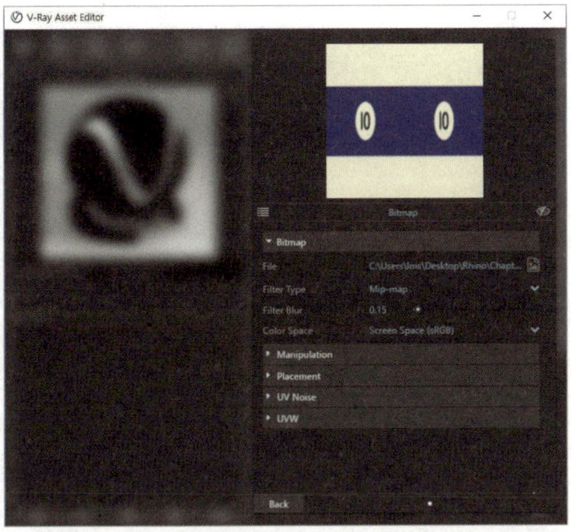

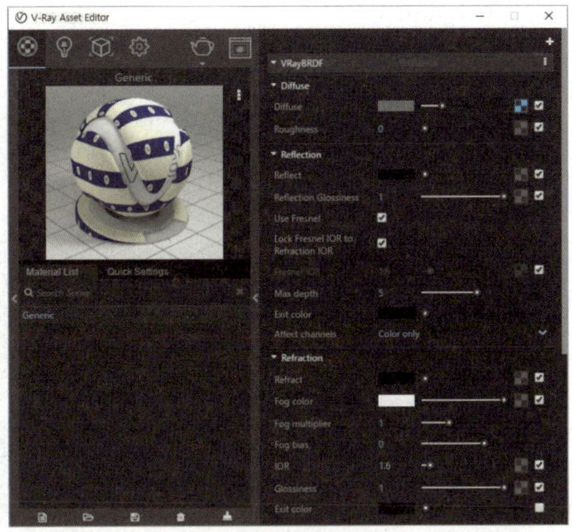

· 좌측 preview를 클릭하여 이미지 확인 후 Back 버튼 클릭하기

· Material 창에서 재질 확인하기

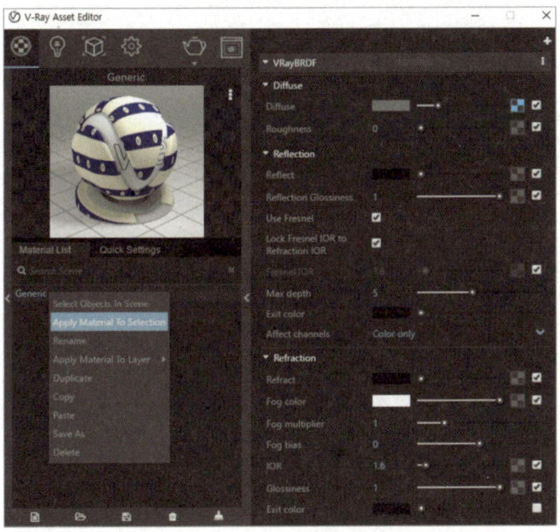

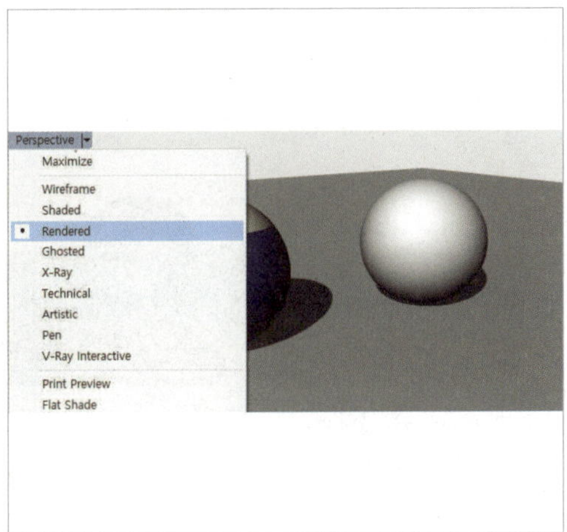

· 재질이 입혀질 한 개의 구(Sphere) 선택

· Material 창을 열고 Apply Material to Selection 적용하기

· Viewport를 길게 클릭하여 풀다운 메뉴의 Rendered view 선택하여 적용된 재질 확인

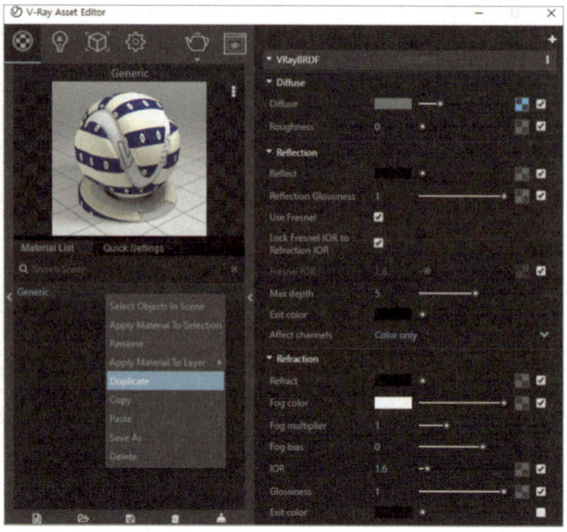

· Material 창을 열고 위에서 앞의 과정에서 만들어진 Generic 재질 복사하기
(재질명 위에서 우클릭하여 Duplicate Material 선택)

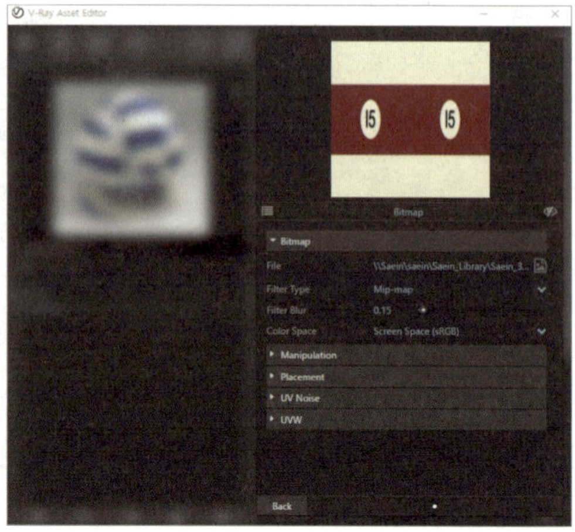

· 10번 공의 이미지를 입히는 동일한 과정을 수행하기

· View 이름 위에서 우클릭 하여 Rendered로 바꾸기 (Rotate를 활용하여 구를 살짝 회전)

3) 뷰 저장하기

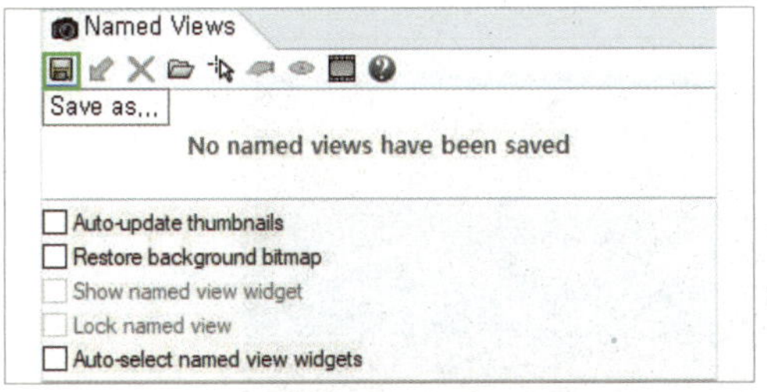

- 원하는 뷰를 Perspective view에서 잡은 후 Panels/Named views 체크하기
- Named Views 패널에서 저장(Save as) 버튼 클릭

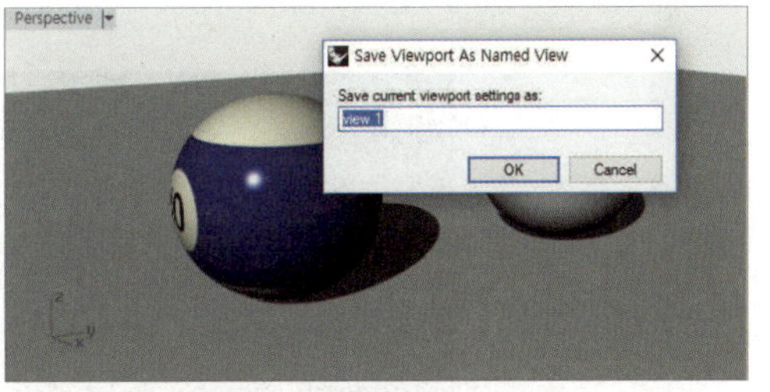

- 저장 창이 뜨면 이름을 view 1으로 입력하기

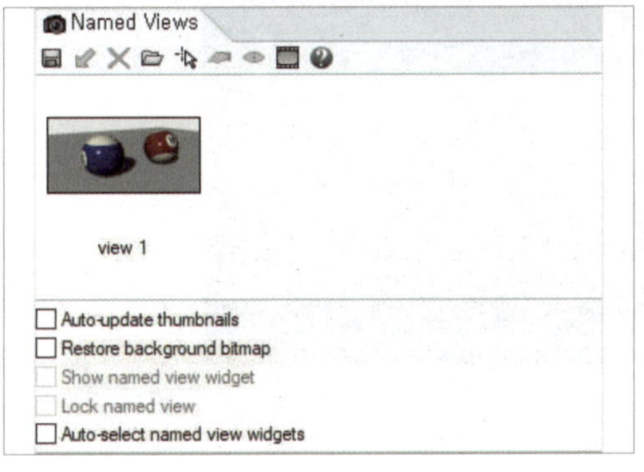

- 그림과 같이 뷰가 view 1으로 저장된 것을 확인하기

4) 렌더링 하기

■ Render Setup

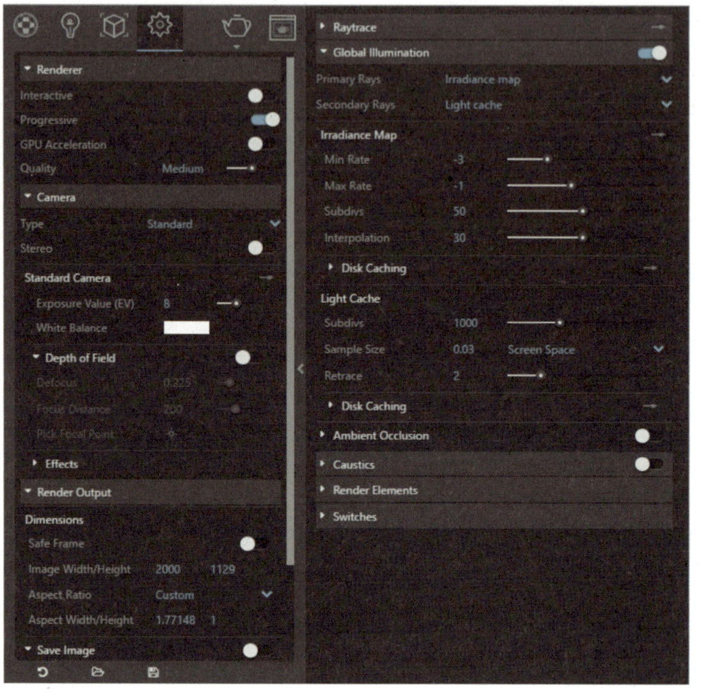

· Global Illumination

  Primary Rays : Irradiance Map 선택

  Secondary Rays : Light cache 선택

· 렌더 퀄리티는 좌측상단 Renderer의 Quality 옵션으로 조절 : 최종 렌더시 Medium이나 High로 설정 후 렌더 실시(최초 테스트 렌더는 Draft로 시작하여 여러번 다시 렌더링 결과를 확인하자)

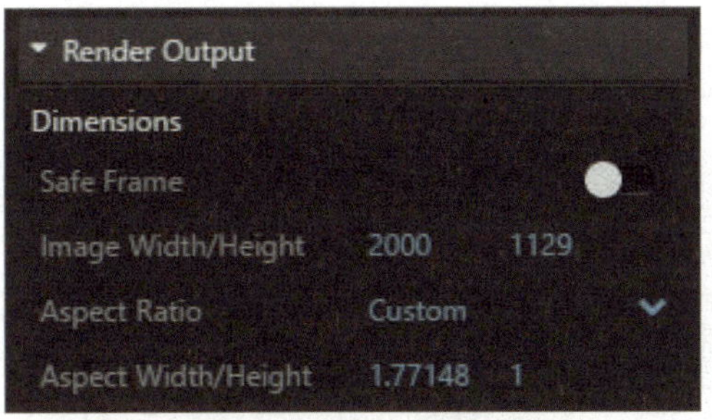

· 이미지 사이즈(Render Output)
최종 렌더 이미지 사이즈 결정을 위해
옵션 에디터에서 output 항목을 다음과 같이 수정하기
Aspect Ratio : 1.77 로 수정 후 L을 눌러 잠그기(Lock)
Image Width 2000 입력
(위에서 비율을 Lock 시켰기 때문에 자동으로 Height가 계산됨)
→ 이미지 사이즈(2000 x 1129)

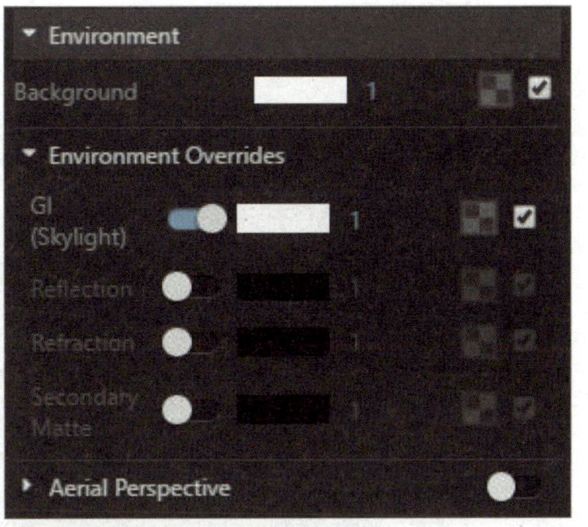

· Environment
그림과 동일하게 입력
· Render 버튼을 눌러 렌더를 실시!!

Rendering 결과

22 Thames_New York, NY, U.S.A_ EV Hall, by Rafael Vinoly Architects (NewYork, NY, U.S.A)
Image Rendered by J.S.Lee

22 Thames_New York, NY, U.S.A _ Lobby, by Rafael Vinoly Architects (NewYork, NY, U.S.A)
Image Rendered by J.S.Lee

Exercise

실습하기 09

챕터 3의 간단한 모델링을 활용하여 렌더링을 해보자 (2가지 물체)

– 렌더링하기 : 챕터 3의 오브젝트(Object)를 렌더링 해보자

내용

· 렌더링 하기
· 렌더링 이미지파일로 저장하기

명령어 연습

· Material Edit
· Render

▶ 연습하기 렌더링 연습

▶ 예제 실습 1

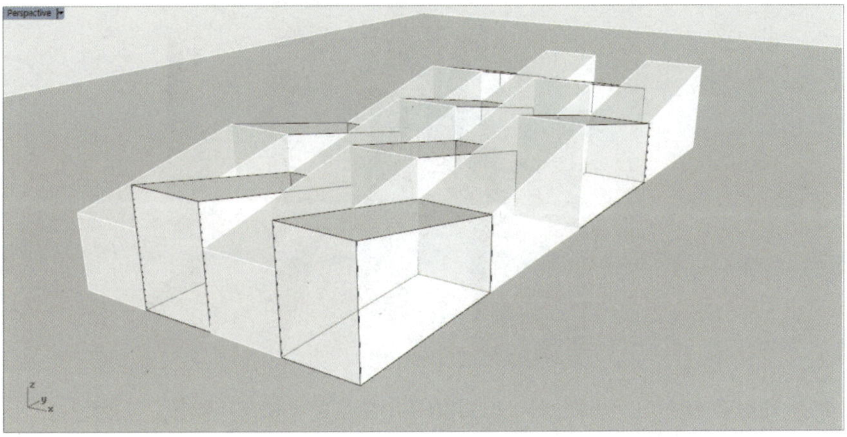

다양한 색과 재질로 테스트 한 후 좋은 결과물이 나오도록 렌더링 수치를 조절해보자.

▶ 예제 실습 2

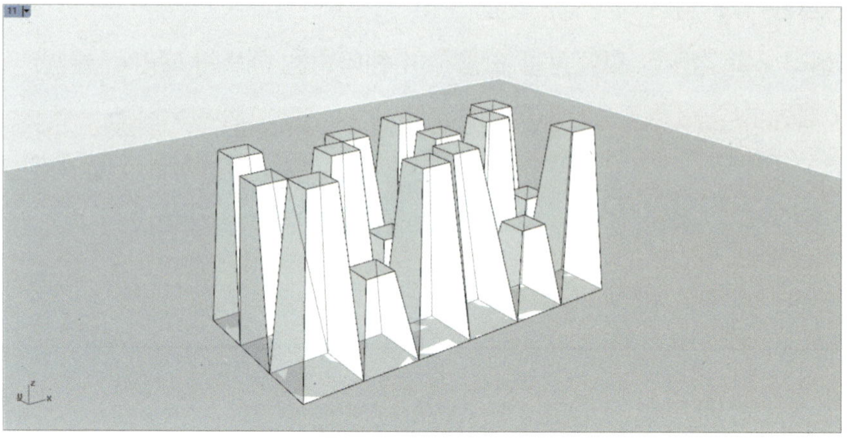

다양한 색과 재질로 테스트 한 후 좋은 결과물이 나오도록 렌더링 수치를 조절해보자.

▶ 작업 과정

1. 챕터(Chapter 3) 예제 실습1과 2에서 만든 오브젝트를 가지고 온다.
2. save as로 파일이름을 바꾸고 렌더링을 위한 setup을 한다.
3. 렌더링을 실행한 후 jpeg파일로 저장한다.
4. 저장된 파일을 제출

MEMO

렌더링하기 3
V-Ray (Plug-In)

Chapter 10
렌더링하기 3 : V-Ray (Plug-In)

위글 사이드 체어(Wiggle Side Chair) 렌더링하기
단위세대 렌더링하기

단위세대 렌더링

10-1 위글 사이드 체어(Wiggle Side Chair) 렌더링하기

1. 파일 열기 및 View 저장하기

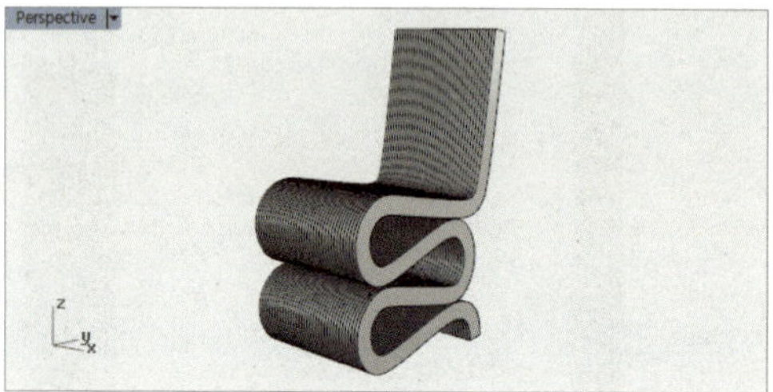

· Chapter 6에서 완성한 위글 사이드 체어(Wiggle Side Chair) 파일 열기

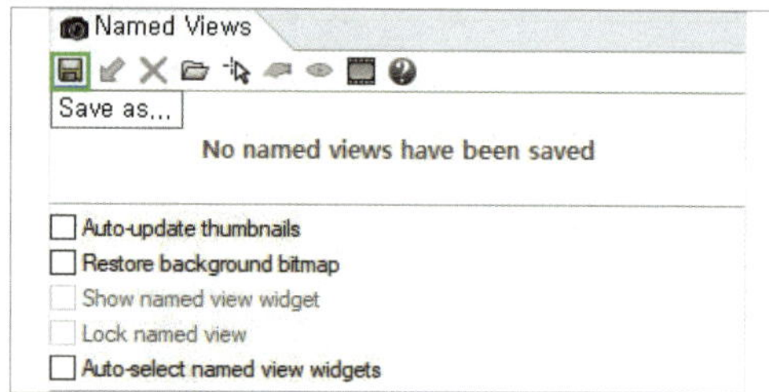

· 원하는 뷰를 배치하고, Panels/Named Views 체크

· Named Views 패널에서 저장(Save as) 클릭

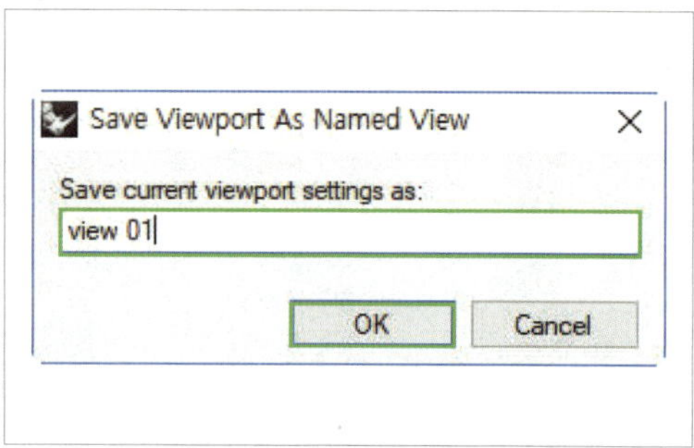

· View 01 이름 수정하고 OK

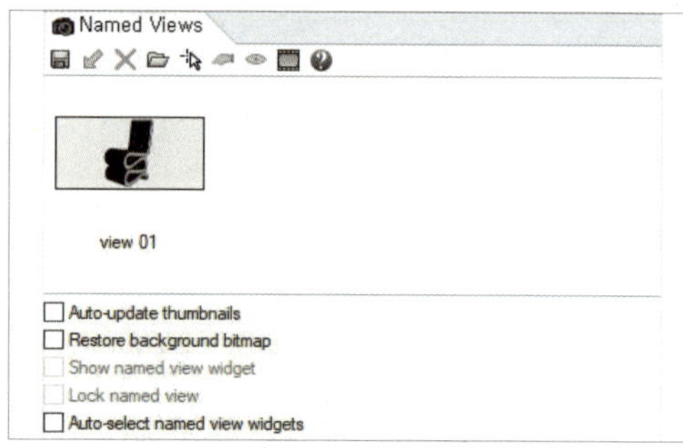

· 저장 확인

2. 레이어(Layer) 정리하기

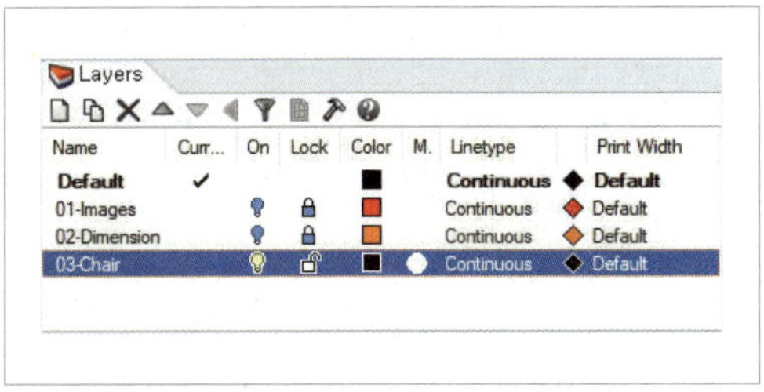

· 새로운 레이어 만들기(03–Chair)

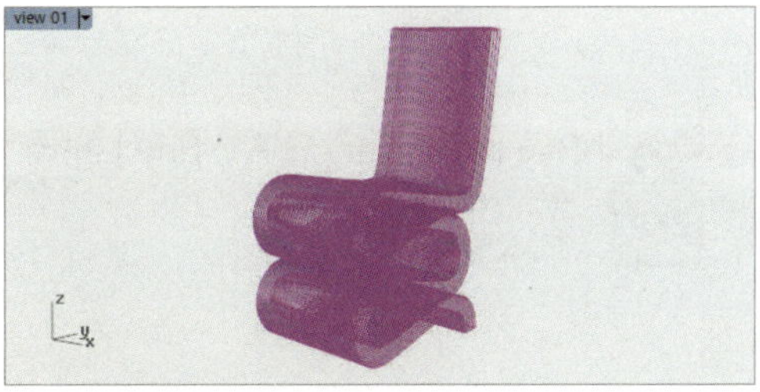

· 레이어를 변경할 오브젝트 선택

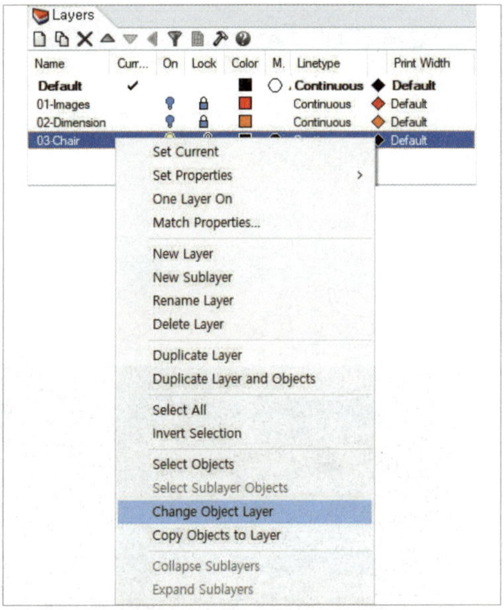

· 새로 만든 레이어(03–Chair) 위에서 우클릭
· 오브젝트 레이어 변경(Change Object Layer)을 클릭(Default Layer→03–Chair Layer로 변경됨)

3. V–Ray Plane 만들기

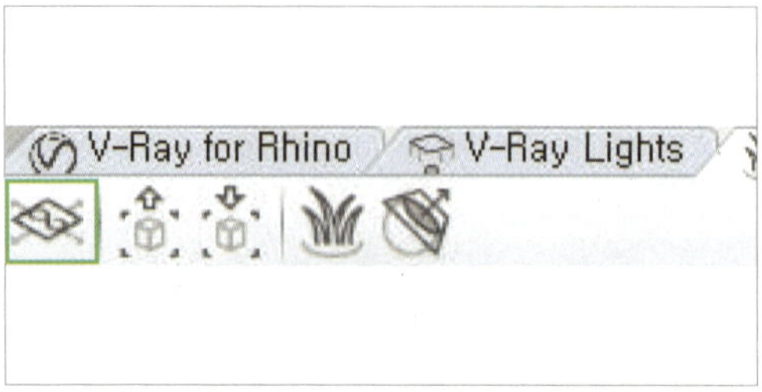

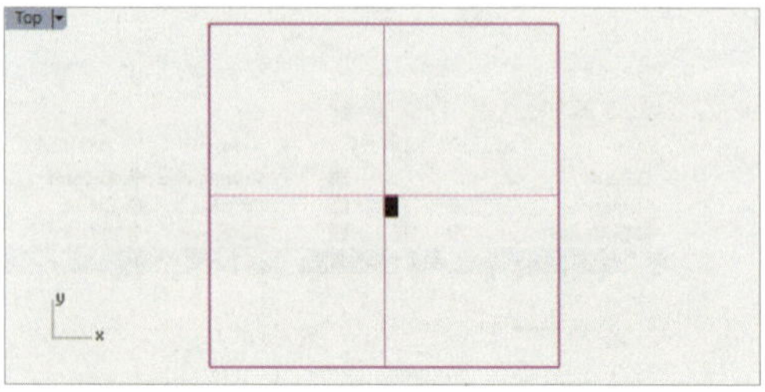

· Top View로 이동
· V–Ray Plane 버튼을 클릭

· 생성된 V–Ray plane 확인

Tip V–Ray 렌더링은 기본적으로 실제 세상의 빛과 같이 바닥의 반사된 빛들을 계산하여 얻어지게 되는 결과임으로 V–Ray Plane을 생성하지 않는다면 Bounce를 할 수가 없다. 따라서, V–Ray Plane을 만들지 않고 렌더링 할 경우 제대로 된 결과물을 얻을 수 없다.

4. 재질(Material) 만들기

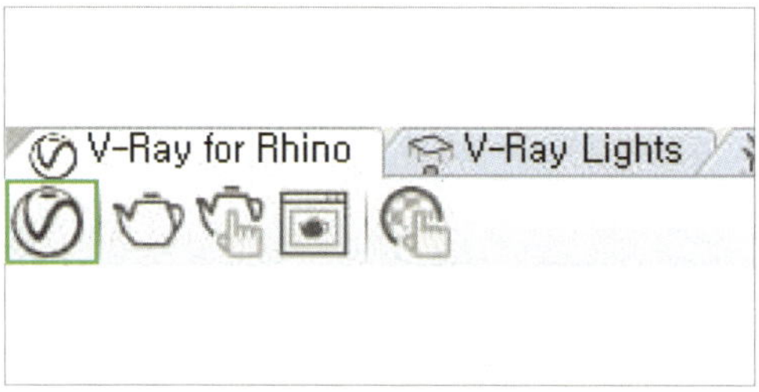

· V–Ray의 Asset Editor 클릭

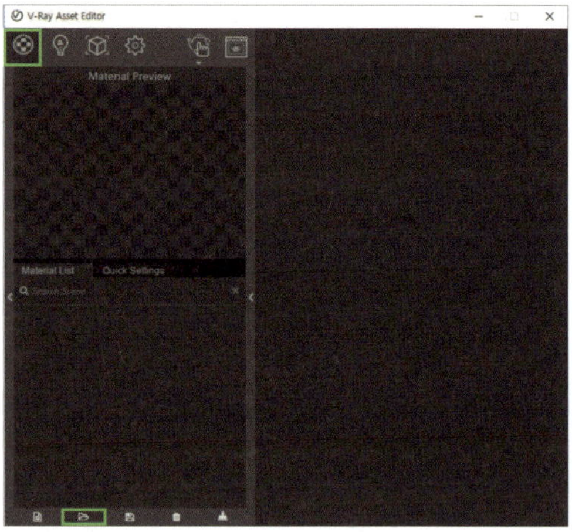

· Material 탭에서 Import 창 열기

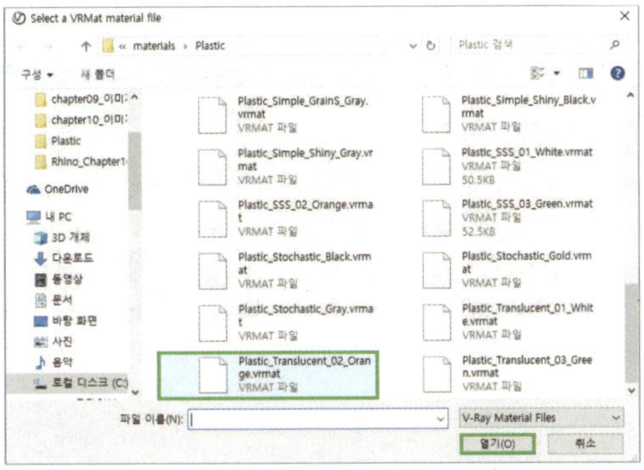

- Plastic_Translucent_02_Orange 재질 불러오기 (플라스틱 재질을 Load 시켜서 만듦)

5. 재질(Material) 적용하기

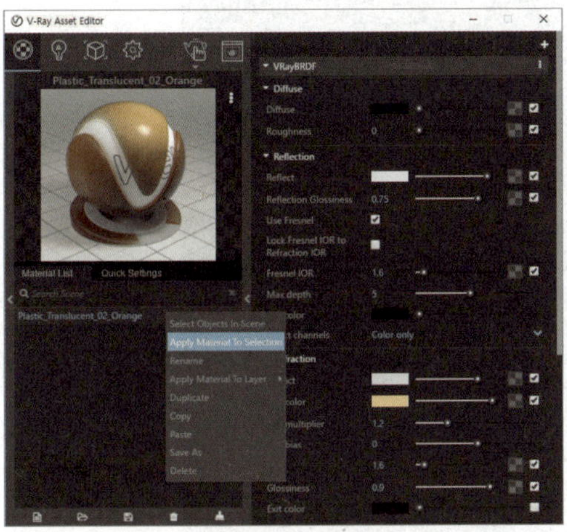

- 생성된 V-Ray Plane을 선택
- Material 창을 열어 스탠다드 재질을 선택한 후 우클릭하여 Apply Mateiral to Selection 선택 (기본재질 입히기)

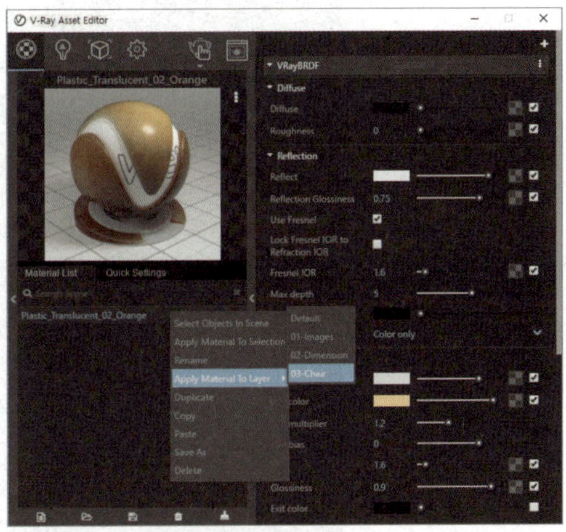

- Material 창에서 Plastic_Translucent_02_Orange 재질 위에서 우클릭
- Apply Material to Layer를 선택하고 적용할 레이어(03-Chair) 클릭

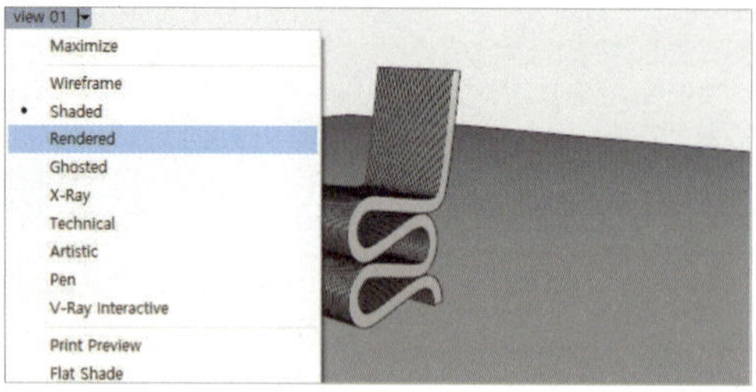

· 뷰를 렌더 뷰로 바꾸어서 재질 확인

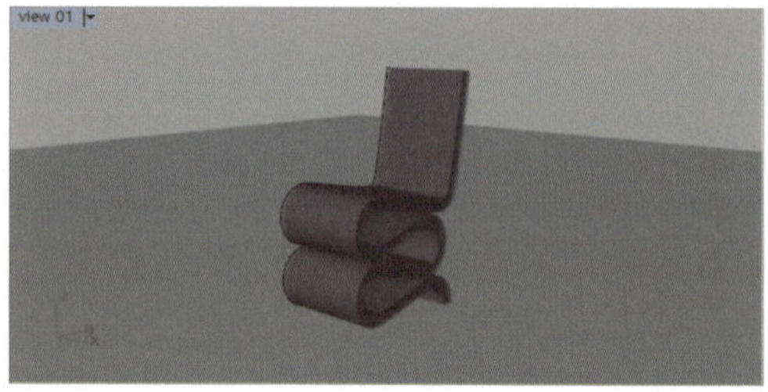

· 렌더 뷰 (Rendered view)

6. Preset 적용하기

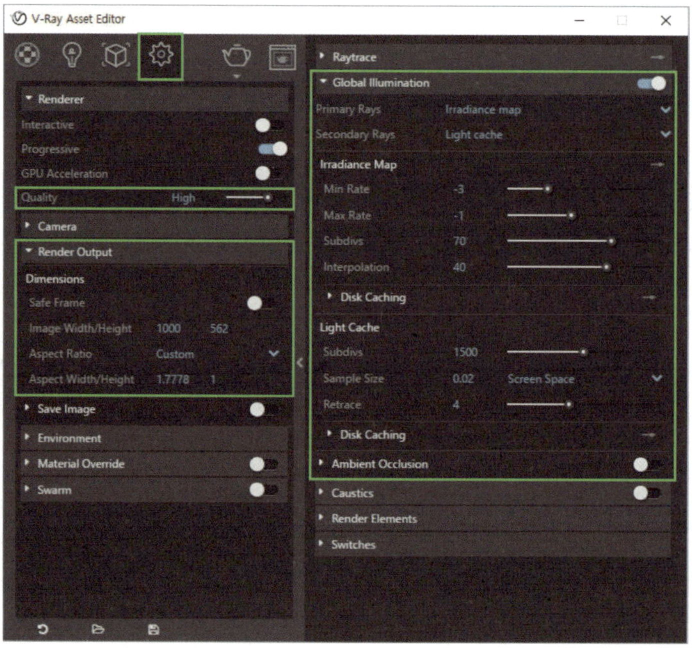

· Settings 선택
· 그림과 같이 각 옵션 세부항목 세팅
· Renderer/Quality(렌더 품질) – High
· Render Output(최종 렌더 이미지 사이즈 설정, 1000×562)
  Aspect Ratio(비율) : 1.77 → 수정 후 L을 눌러 잠금(Lock)
  Image Width(이미지 가로폭) : 1000 (비율을 Lock 시켰기 때문에 자동으로 높이가 계산됨)
  → 모두 세팅한 후 렌더 버튼을 클릭하여 렌더링

7. 최종 렌더 결과

Final Render

※ 최종 렌더 결과를 확인 후 렌더 세팅 창에서 세부 내용을 조절하면서 유저(User)가 원하는 이미지 결과물이 나올 때까지 많은 테스트를 해보자. 세밀한 렌더 셋업(Set up)의 변화 등은 수많은 반복적 학습의 결과로 알아가는 방법이 가장 최선의 방법이다.

10-2 단위세대 렌더링하기

1. V-Ray Plane 설치 및 레이어 정리

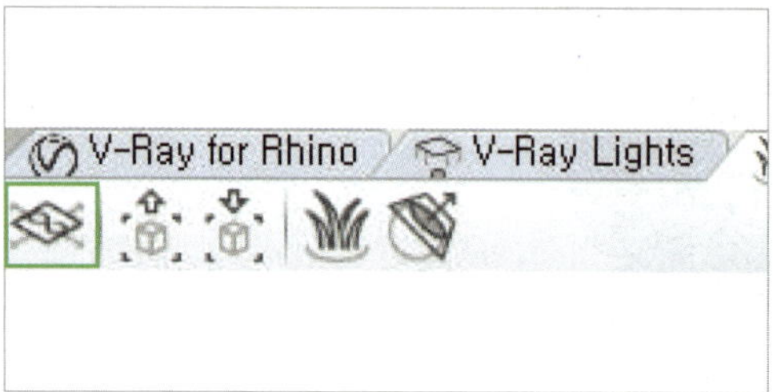

- Top View로 이동
- V-Ray Plane 버튼을 클릭

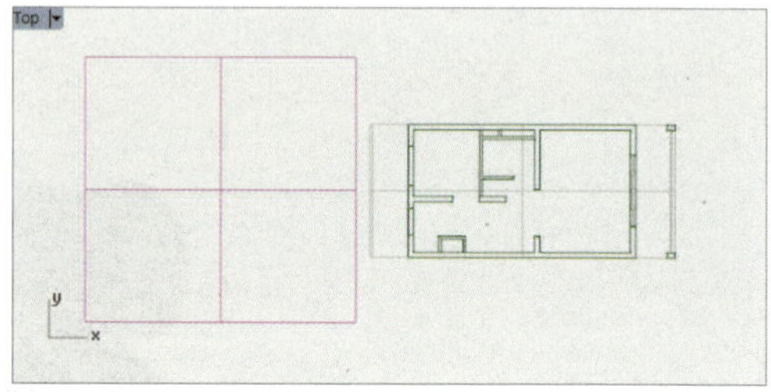

- (0, 0, 0) 기준으로 만들어진 V-Rray Plane 확인

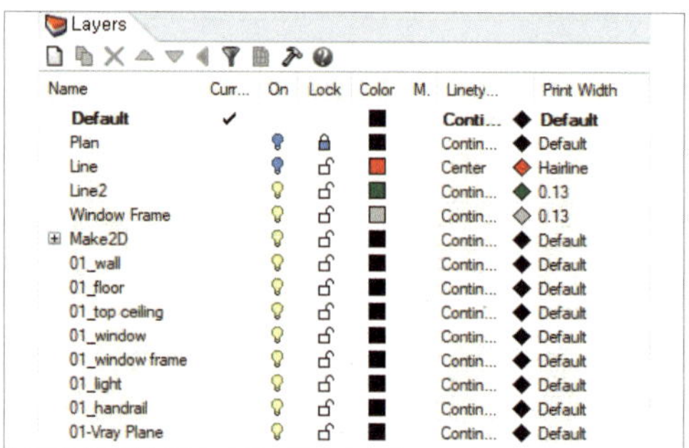

- 새로운 Layer 만들기(New Layer) 버튼을 눌러 다음과 같은 8개의 새로운 레이어 만들기

01_wall
01_floor
01_top ceiling
01_window
01_window frame
01_light
01_handrail
01_Vray plane

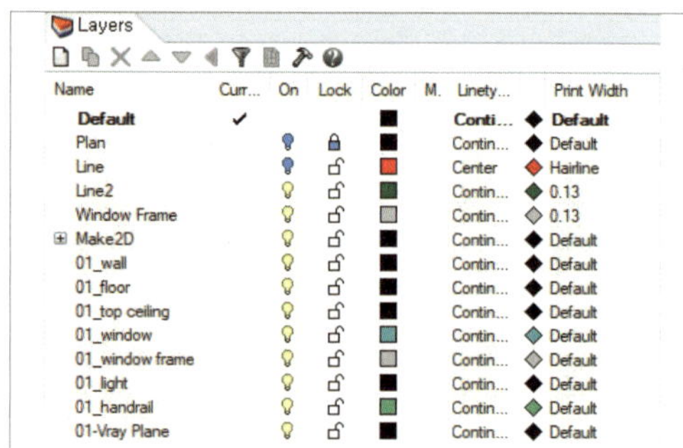

- 새로 만든 레이어의 색을 바꾸고 각 레이어에 적합한 오브젝트를 레이어 지정

2. 렌더링 준비하기 : 천정 만들기/ 바닥 두께주기 (PlanarSrf, Split, OffsetSrf) 

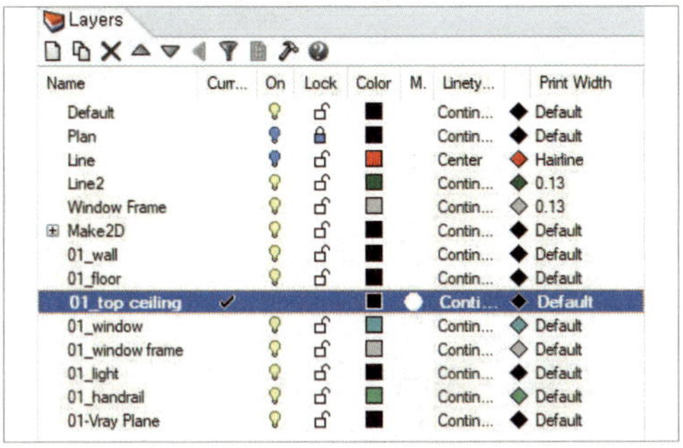

· 01_top ceiling 레이어를 더블 클릭하여 현재 레이어로 전환
· 개체스냅의 투영(Project) 체크

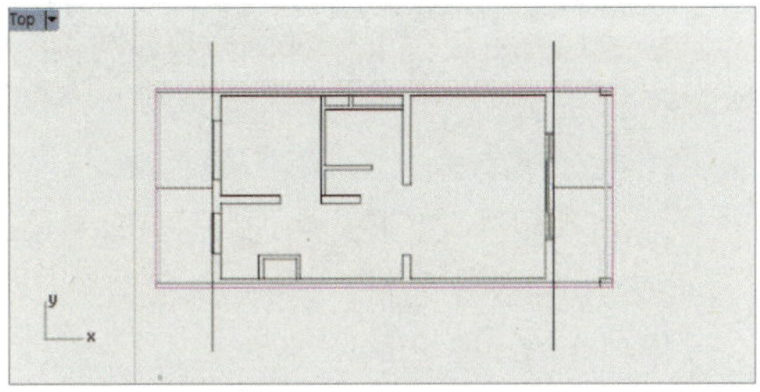

· Top view에서 직사각형(Rectangle) 명령어를 활용하여 그림과 같이 사각형을 그리기

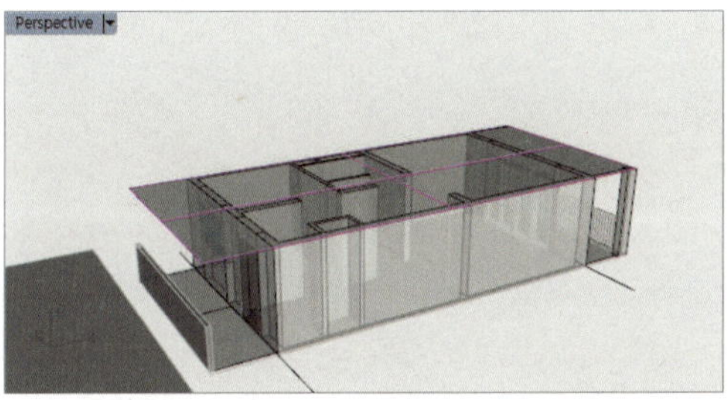

· 이동(Move) 명령어를 활용하여 Z축 방향으로 2400mm 이동
· 면만들기(PlanarSrf) 명령어를 활용하여 상부 면 생성

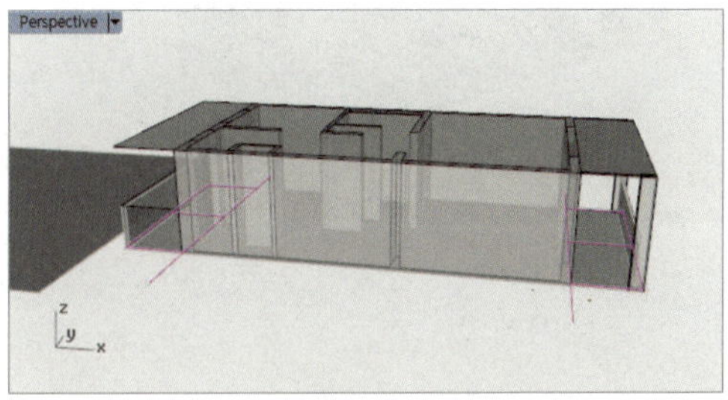

· Top view로 이동하여 그림과 같이 선그리기(Line) 명령어를 활용하여 선 그리기
· 분할(Split) 명령어를 이용 바닥(Floor)을 둘로 분리

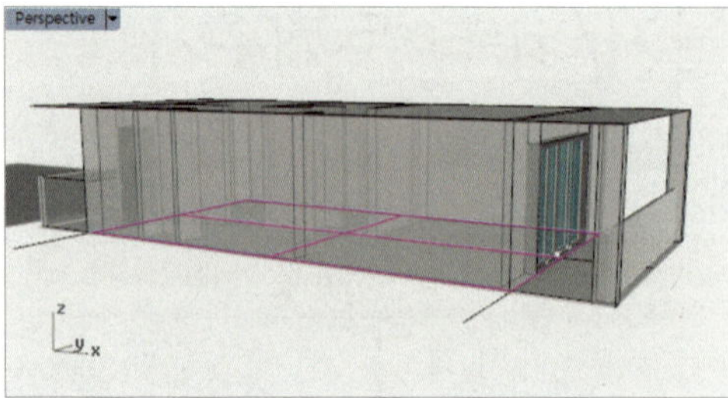

- 중간 바닥을 선택한 후 면 간격띄우기(offsetSrf) 명령어 입력
- 두께 15mm를 입력

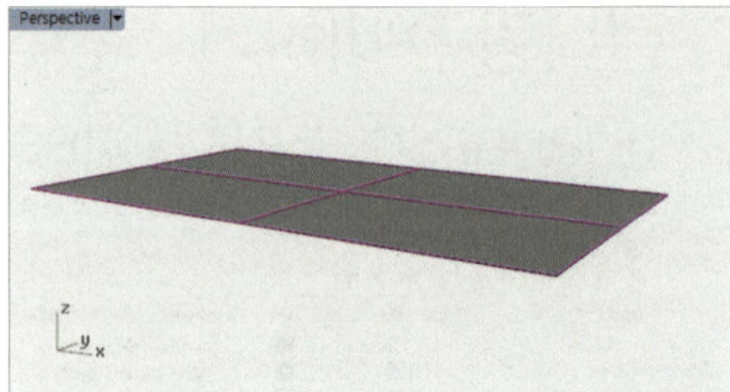

- 중간 바닥을 선택 후 나머지는 감추기( )
- 분해(Explode) 명령어를 활영하여 면을 분리시킴
- 결합(Join)명령어를 활용하여 상부 면을 제외한 나머지는 묶어주기

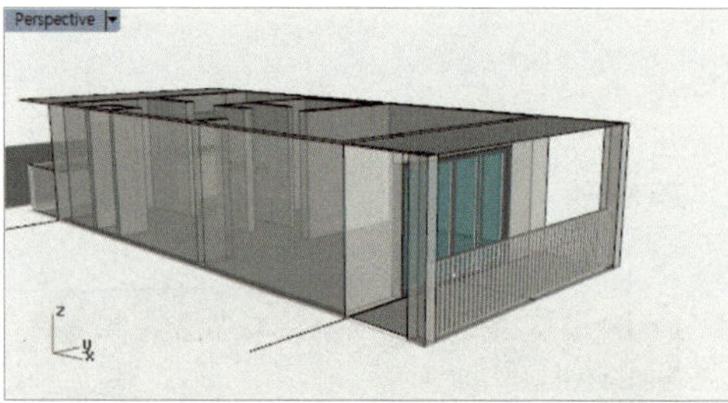

- 보이기(Show) 명령어 실행하여 오브젝트 모두 보이게 함

3. 카메라 뷰(View)만들기

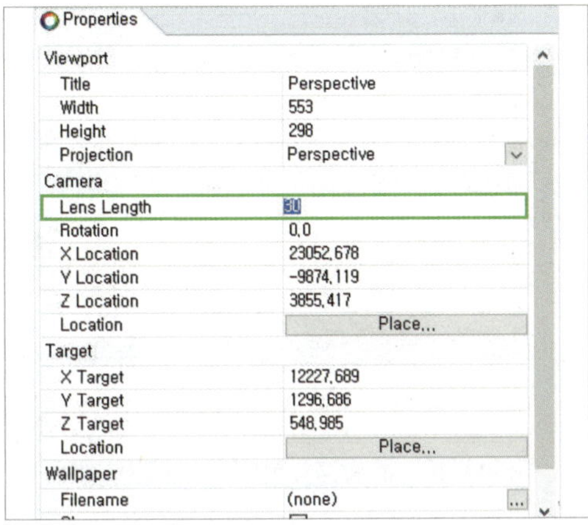

· Properties의 카메라 렌즈를
50mm → 30mm 로 바꾸어줌
(View를 저장하기 전 실내 내부가 좁기 때문에 렌즈의 각도를 좀 더 확대하기 위한 방법)

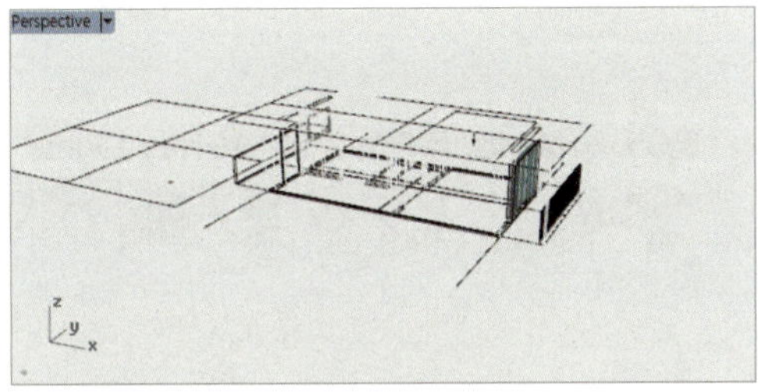

· 원하는 화면 View를 선택

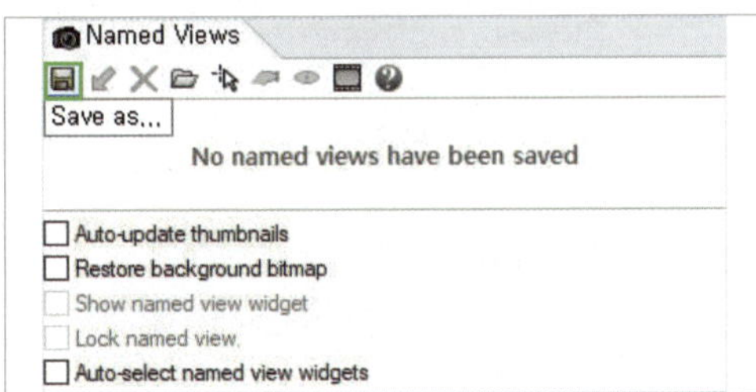

· Panels/Named Views 패널에서 View저장 버튼을 클릭

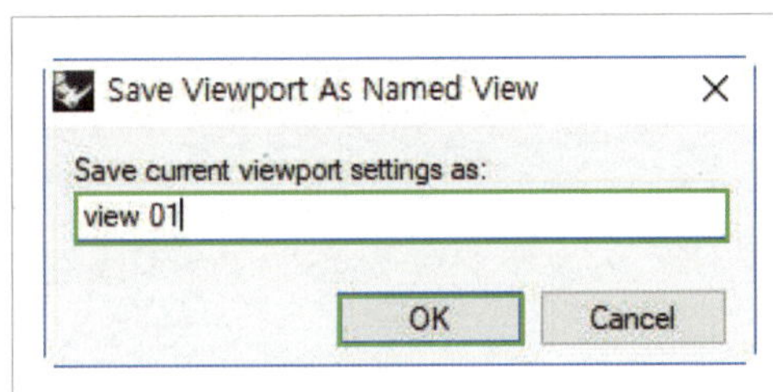

· 새로운 View의 이름을 View 01으로 입력 후 OK

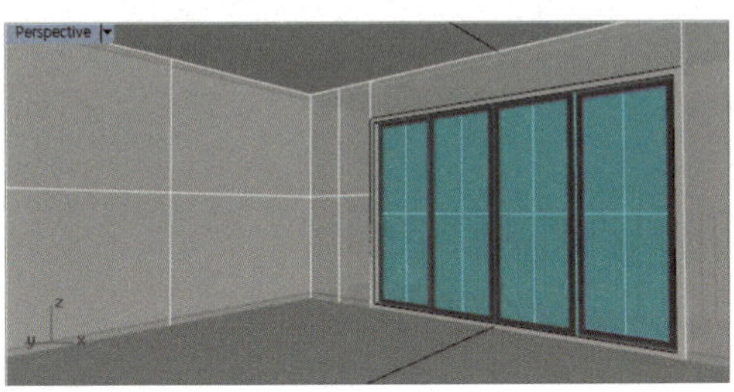

· 원하는 화면 View를 선택
· 동일한 방법으로 View 02로 저장

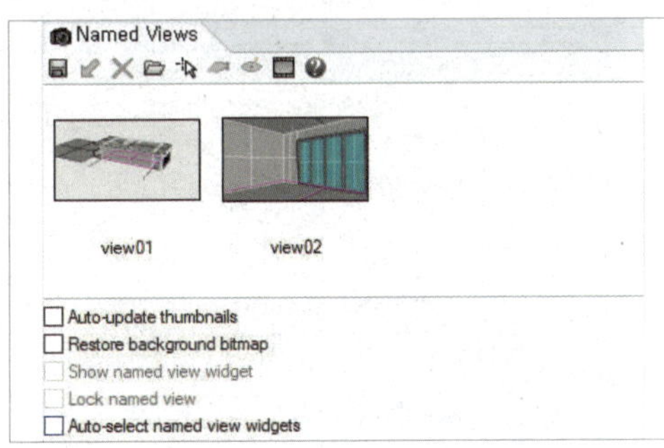

· 저장된 View 확인하기

4. V-ray Sun의 설치 및 V-ray Sun set up 조절

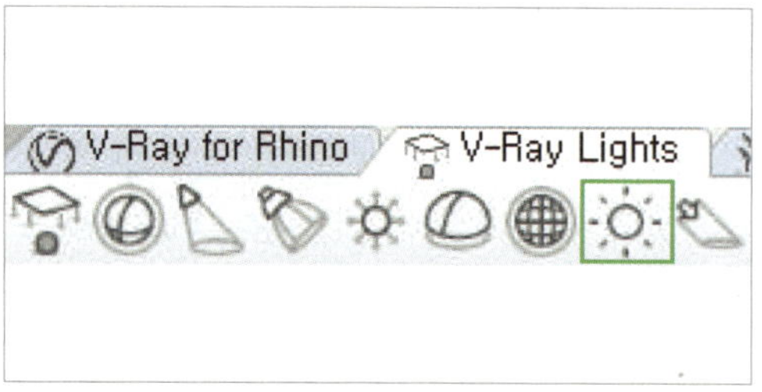

· V-Ray Sun 선택

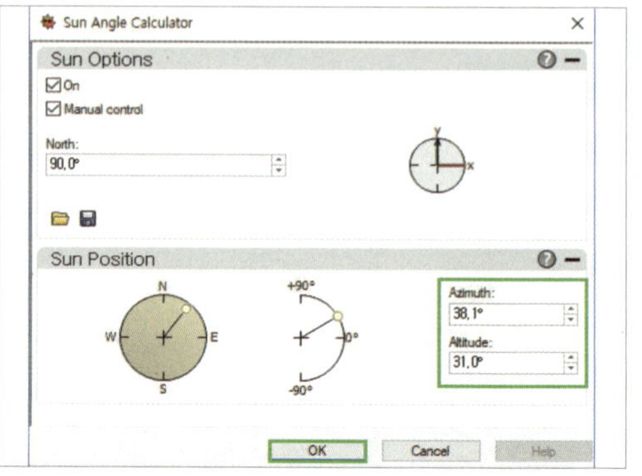

· V-Ray Sun 옵션 창의 수치값 입력하여 Set up (Set up전에 01_window 레이어를 Hide 하고 테스트 렌더를 해보면서 작업하자)

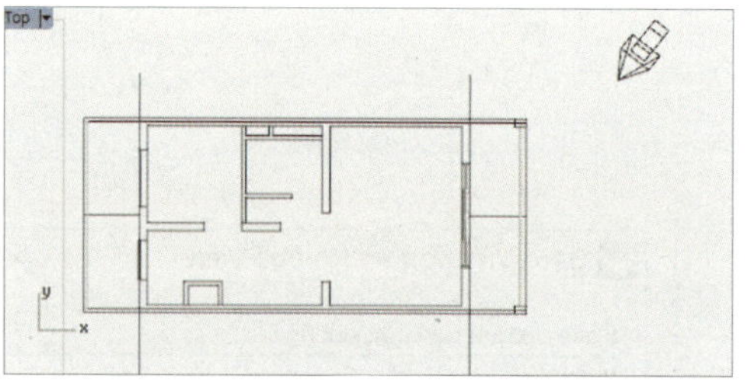

· Top view에서 V-Ray Sun의 위치를 선정

※ 설치된 V-Ray Sun 시스템은 전체 Scene에서 작동하기 때문에 태양의 위치는 크게 관련이 없음

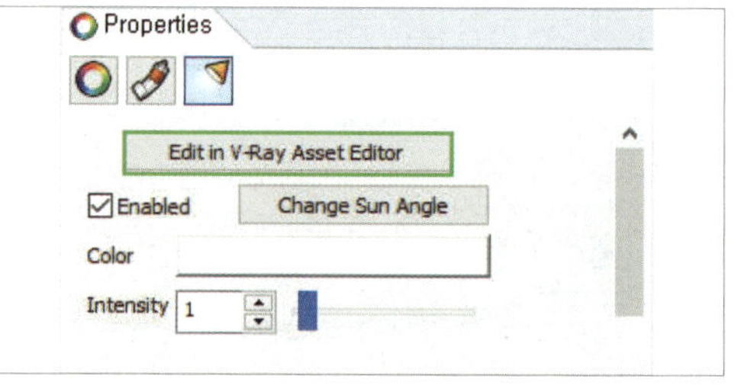

· 뷰포트 내의 V-Ray Sun 선택

· Properties 패널에서 Edit in V-Ray Asset Editor 클릭

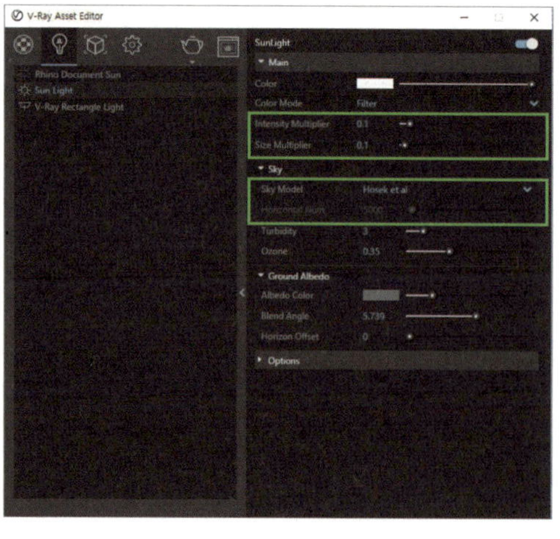

· Sunlight 세부 옵션 설정

Main 탭 : Intensity Multiplier(0.1)

Size Multiplier(0.1)

Sky 탭 : CIE Clear/

Horizontal Illum.(5000)-Hosek et al

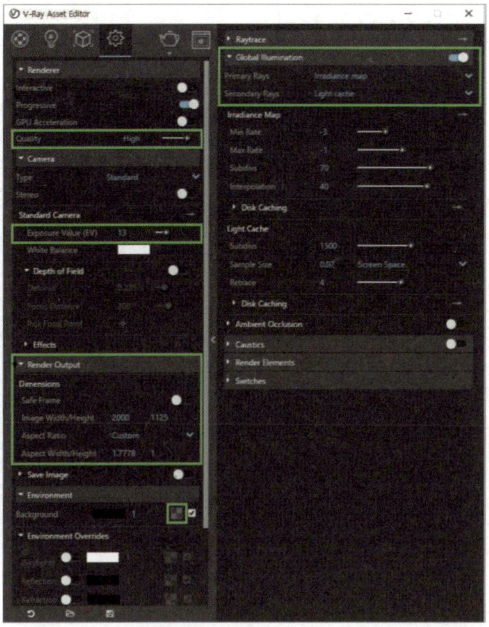

· Quality 조절 – High (최종 렌더시)
(테스트 렌더시에는 draft 로 변환하여 테스트 하자)

· Camera – Exposure Value (EV) 조절
(환경에 적합하게 EV를 조절한 후 렌더를 걸어서 알맞은 환경인지를 확인하여 맞는 수치를 찾아보자)

· Render Output size 조절 (2000 x 1129)

※ 마지막 결과 출력이 아니라면 테스트 렌더를 큰 사이즈로 확인 할 필요는 없지만 너무 작은 사이즈는 결과물이 어떻게 렌더되는지 확인하기가 힘들기 때문에 적합한 사이즈로 렌더 테스트를 해보자.

· Global Illumination
Primary Rays, Secondary Rays 조절

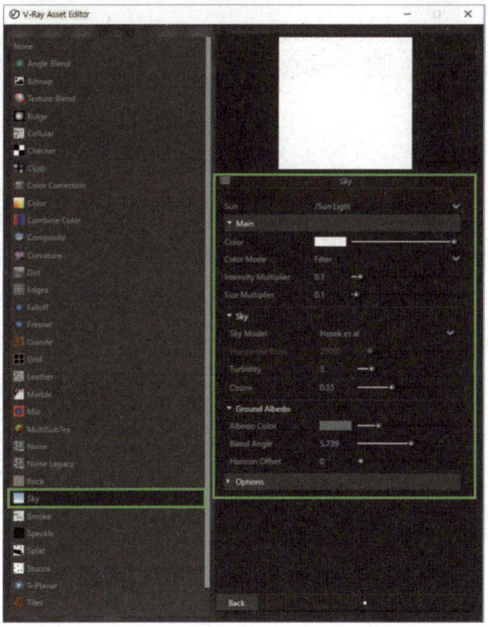

· Environment 체커 눌러서 bitmap을 Sky로 변경

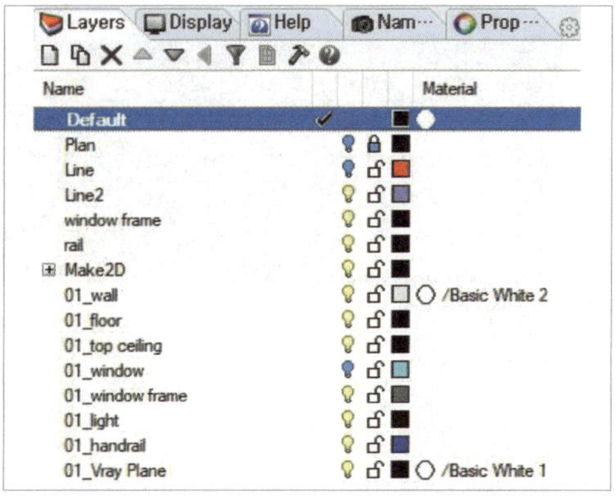

· 01–window 레이어 끄기

※ 현재 window 재질을 window 레이어에 입혀주질 않았기 때문에 윈도우 레이어가 켜있다면 실내 씬(Scene)은 완전 막혀 있는 공간임으로 빛이 들어오지 않게 되어 검은색으로 렌더되어질 것이다.

Tip 테스트 렌더 전에 01_window 레이어를 hide하고 테스트 렌더를 해보면서 작업하자

5. 재질 만들기 1 : 기본 재질 활용하기

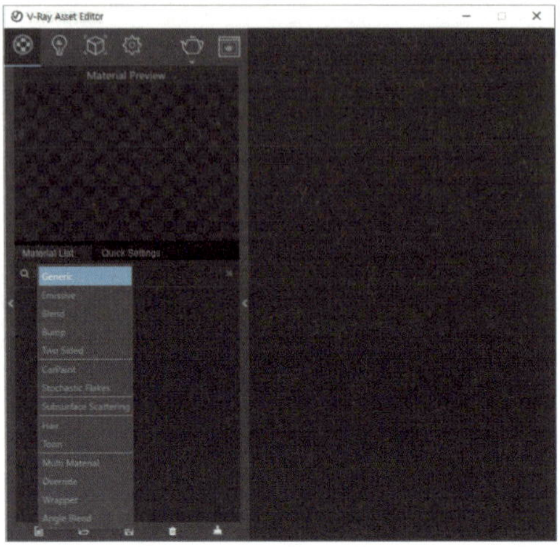

· V-Ray 기본 재질 만들기

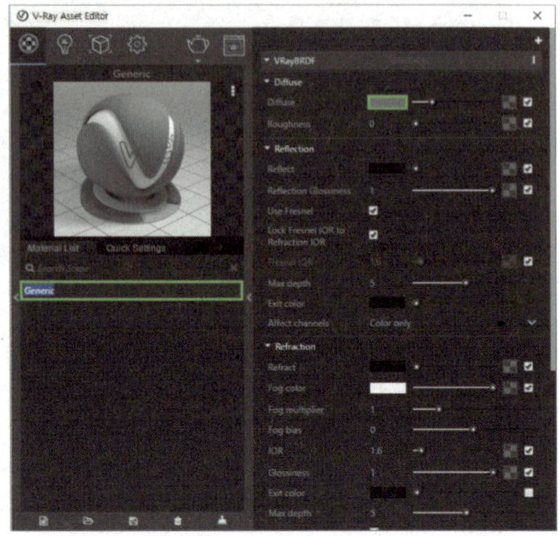

· 더블클릭하여 이름 바꾸기(Basic white 1)

· Diffuse 탭의 색버튼 누르기

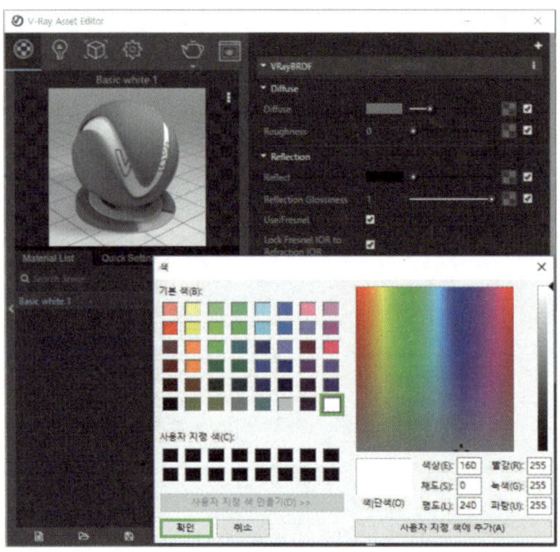

· Basic white 1 재질에 흰색 입히기

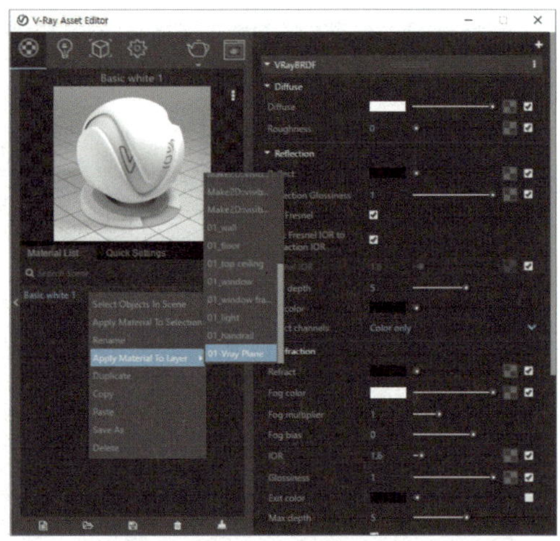

· Basic white 1 재질 위에서 우클릭

· Apply Material to layer를 선택한 후 01_ V-Ray Plane 레이어에 적용

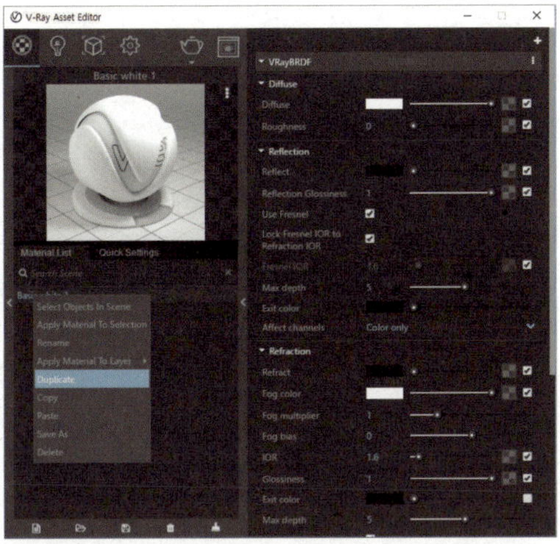

- Basic white 1 위에서 우클릭
- 복사(Duplicate) 선택하여 새로운 재질 만들기

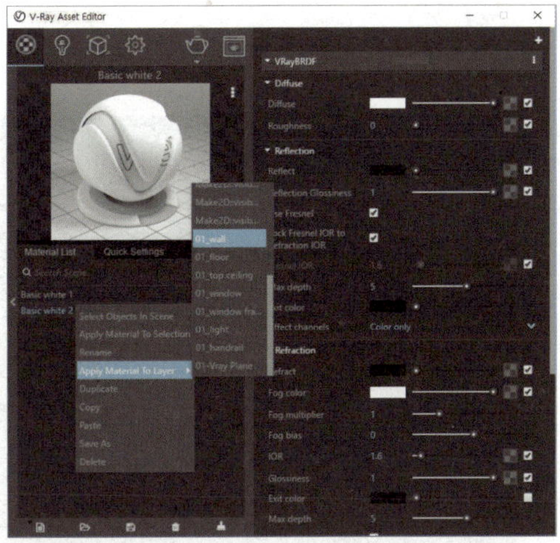

- 더블클릭하여 이름 바꾸기(Basic white 2)
  다음과 같이 Basic white 2 재질이 만들어진 후
- Diffuse 탭의 색버튼 누르기
- Basic white 2 재질에 흰색 입히기
- Basic white 2 재질 위에서 우클릭
- Apply Material to layer를 선택한 후 01_wall layer에 입혀줌

Test render (현재상태)

6. 재질 만들기 2 : 재질파일 Load 시켜 변형하기

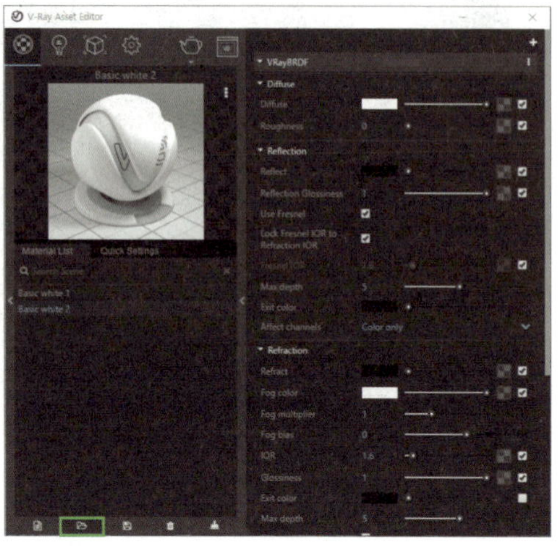

· Scene Material 위에서 우클릭하여 Load Material 선택

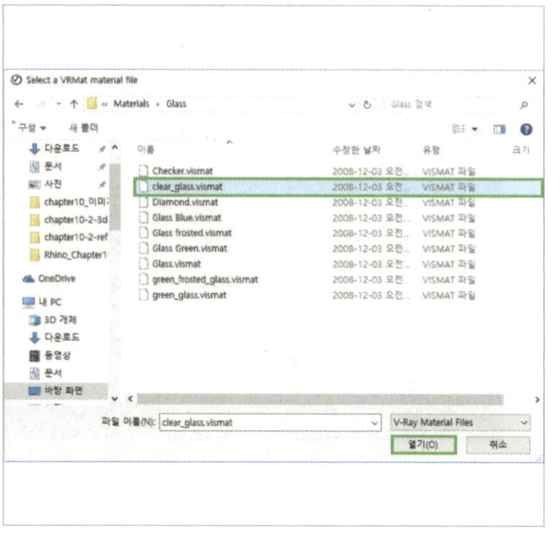

· 삽입(Insert) 창이 뜨면 clear_glass 재질 파일 선택 후 열기

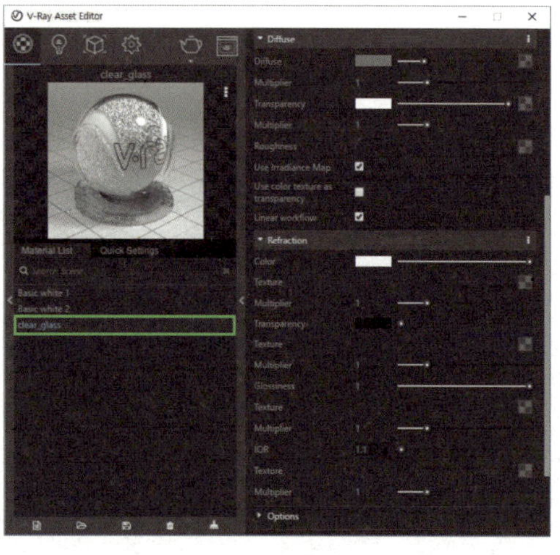

· clear_glass 재질의 세부 옵션 변경
Reflection 탭 : I.O.R (1.5 → 1.1)

※ I.O.R 항목이 올라갈수록 굴절률이 높아짐으로 렌더링 시간이 오래 걸림

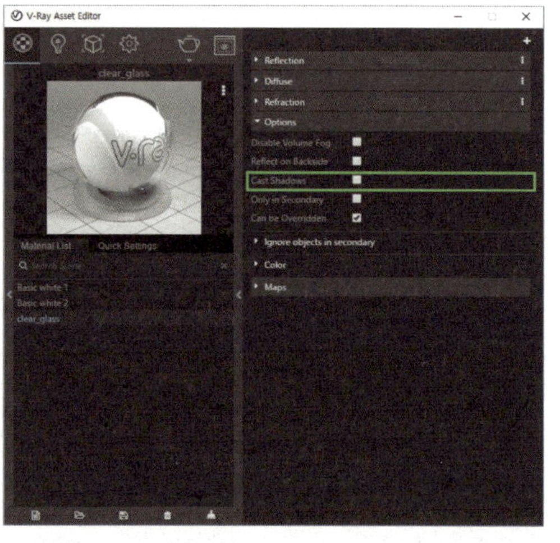

· Options 탭 : Cast Shadows 체크 해제

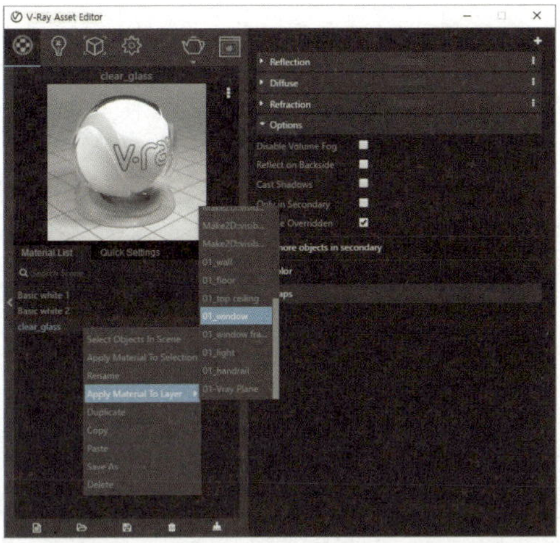

· 만들어진 재질을 01_window 레이어에 적용

Test Render (현재 상태) : glass 재질 적용

7. 재질 만들기 3 : 재질파일 Load 시켜 변형하기

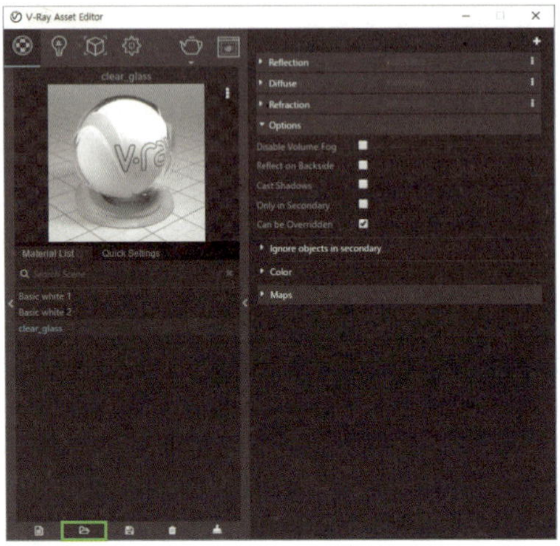

· 재질 불러오기

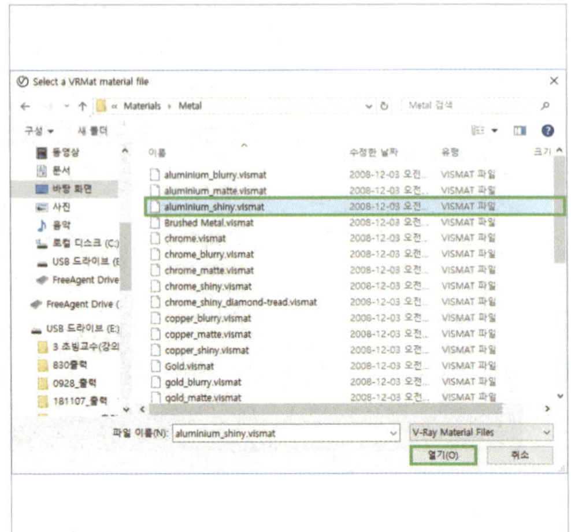

· Metal 폴더에서 aluminum_shinny 파일 선택

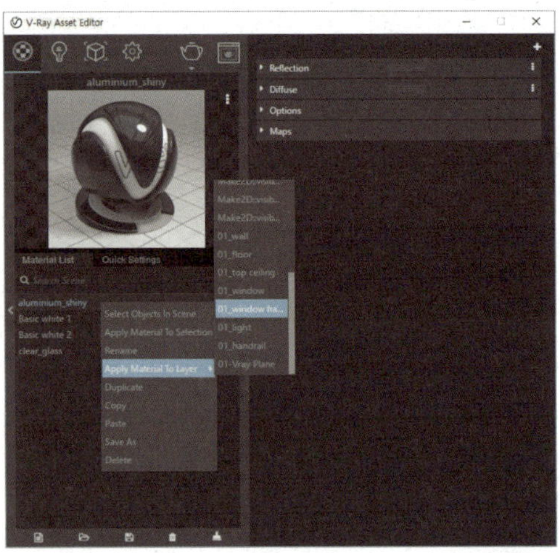

· 선택된 재질(알루미늄)을 01_window frame 레이어에 적용

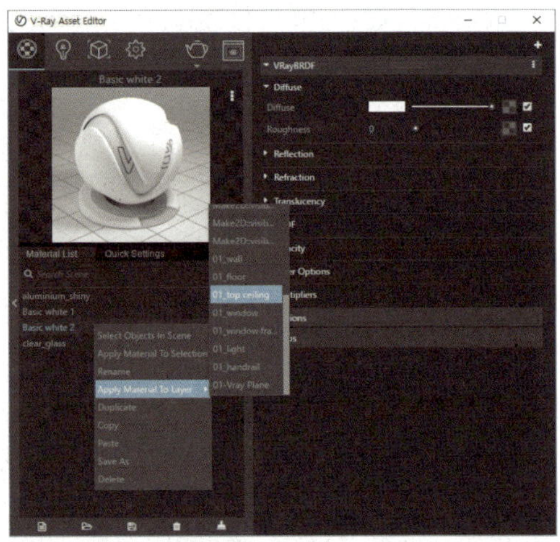

· 천정에 기본재질을 입히기 위해 Basic White 2 재질 위에서 우클릭

· Apply Material to Layer를 선택한 후 01_top ceiling 레이어에 적용

8. 재질 만들기 4 : 기본 재질을 활용한 바닥 Texture 만들어 적용하기

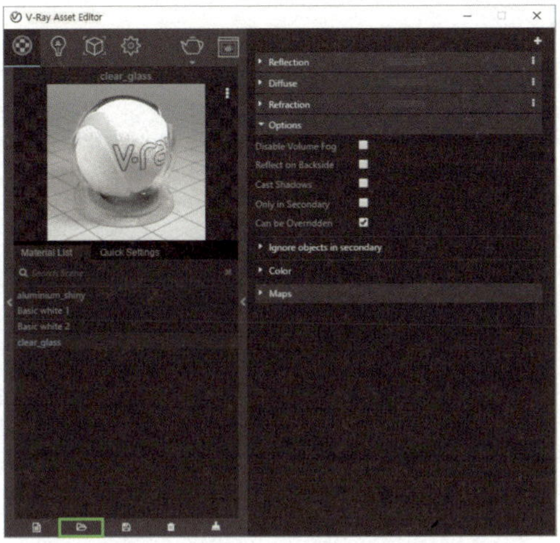

· 재질 불러오기

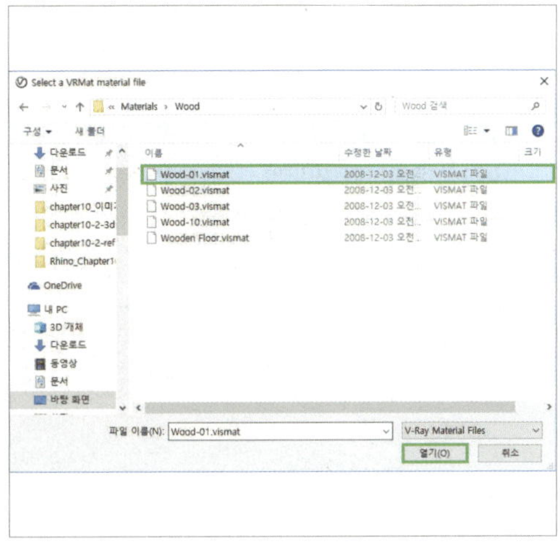

· Wood 폴더에서 바닥 재질을 만들기 위해서 Wood-01 재질을 load 시킴

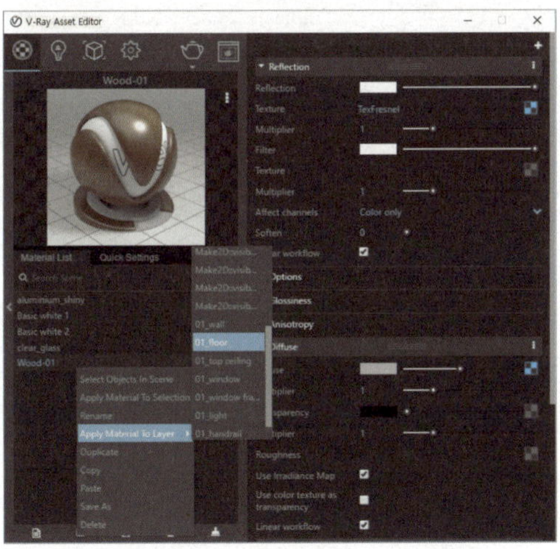

· 가져온 Wood-01 재질위에서 우클릭
· Apply Material to Layer를 선택하고 01_floor 레이어에 적용

9. Light 설치하기

현재 렌더링 결과는 너무 조도가 낮기 때문에 조도를 높이기 위하여 V-ray Rectangular Light를 이용하여 실내의 조도를 높여 보도록 하자.

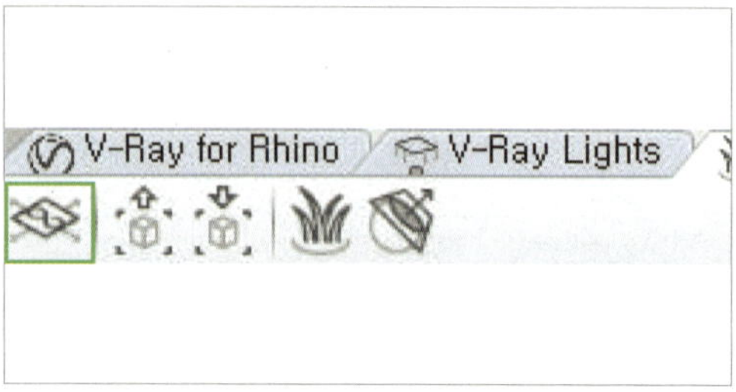

· Top view로 이동 후 위의 V-Ray Rectangular light를 클릭

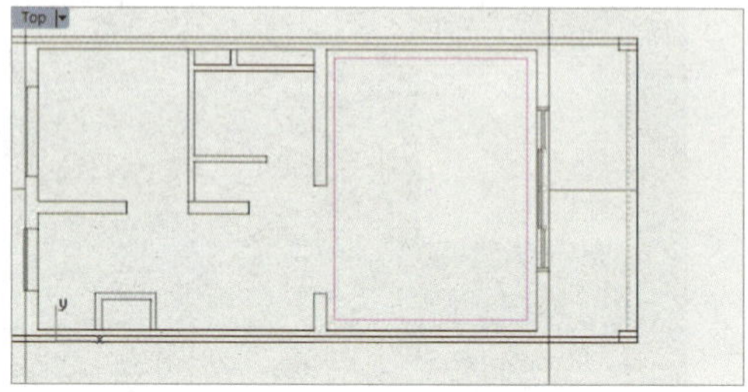

· 개체스냅의 투영(Project) 체크
· 거실부분에 실보다 작게 Light를 생성해줌

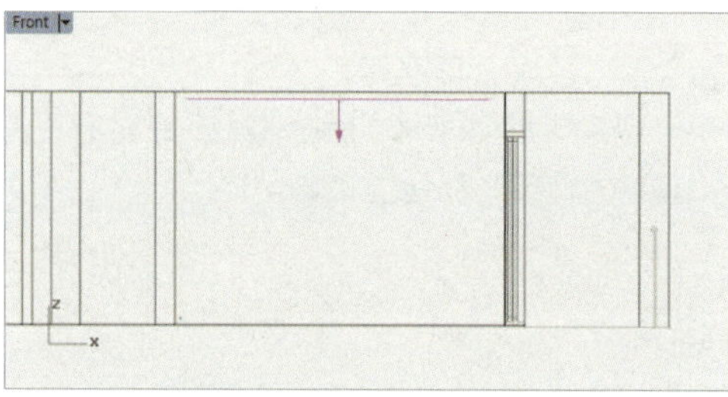

· Front view로 이동
· 미러(Mirror) 명령어를 활용하여 Light의 방향을 바꾸어 180° 회전하여 천정 바로 아래에 위치시킴

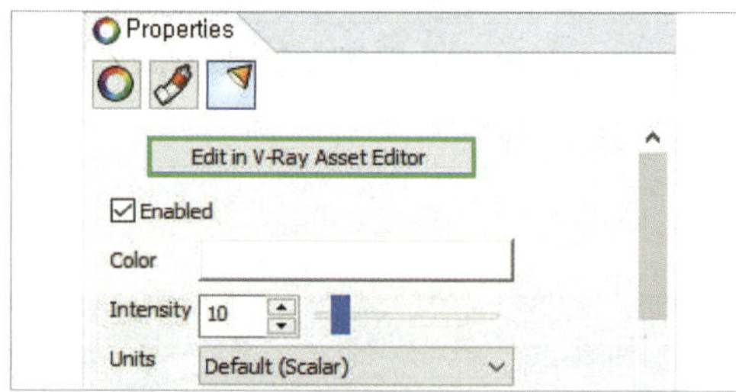

· Light를 선택 후 Property창이 뜨면 Edit in V-Ray Asset Editor 버튼 클릭

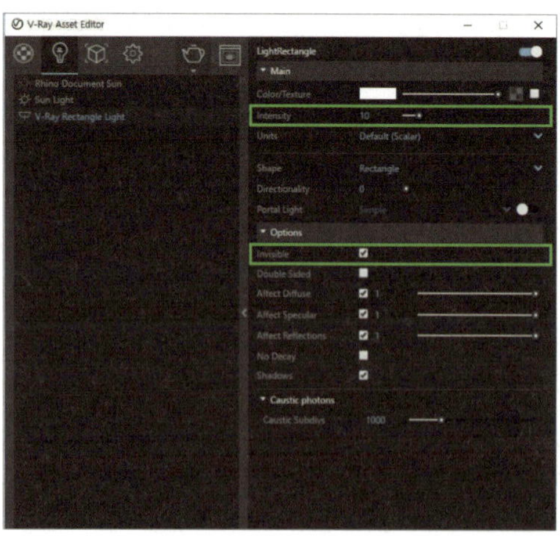

· Light의 세부항목 조정
Main 탭 : Intensity(10)
Options 탭 : Invisible 체크

단위세대 렌더링 완성

Exercise

실습하기 10

챕터 6의 유선형 가구를 렌더링을 해보자 (2가지 물체)

– 렌더링하기 : 챕터 6의 가구 오브젝트를 렌더링 해보자

내용

- 렌더링 하기
- 렌더링 이미지파일로 저장하기

명령어 연습

- Material Edit
- Render

▶ 연습하기

- 렌더링 연습
- 모델링 연습

▶ 예제 실습 1 (size 300 x 300 x 460mm)

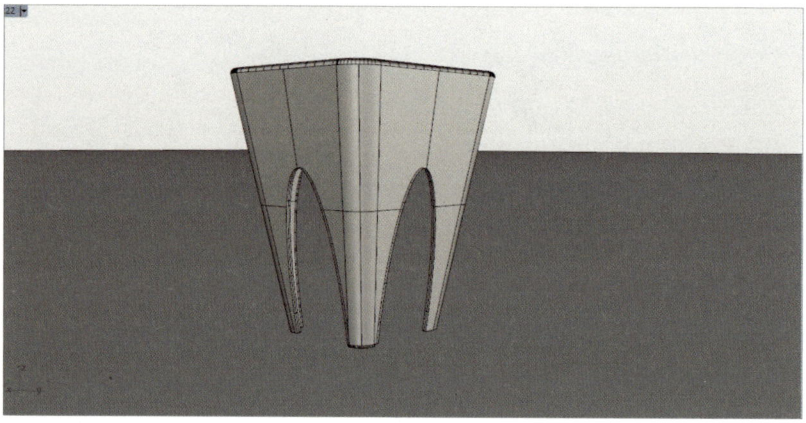

다양한 색과 재질로 테스트 한 후 좋은 결과물이 나오도록 렌더링 수치를 조절해보자.

▶ 예제 실습 2 (size 300 x 500 x 400mm)

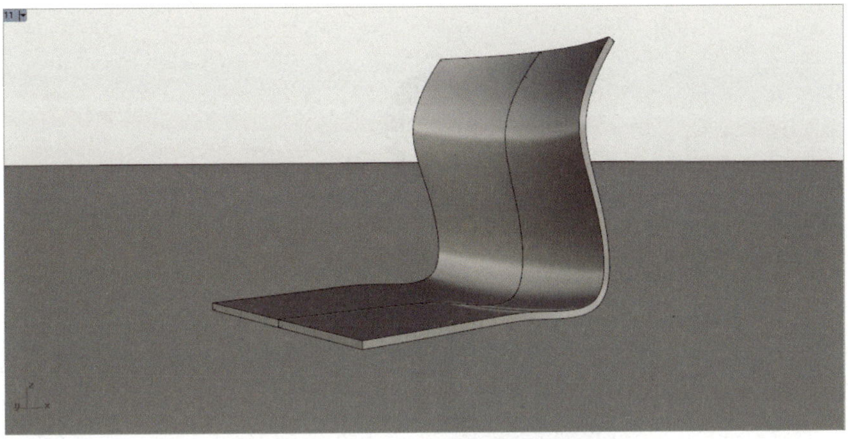

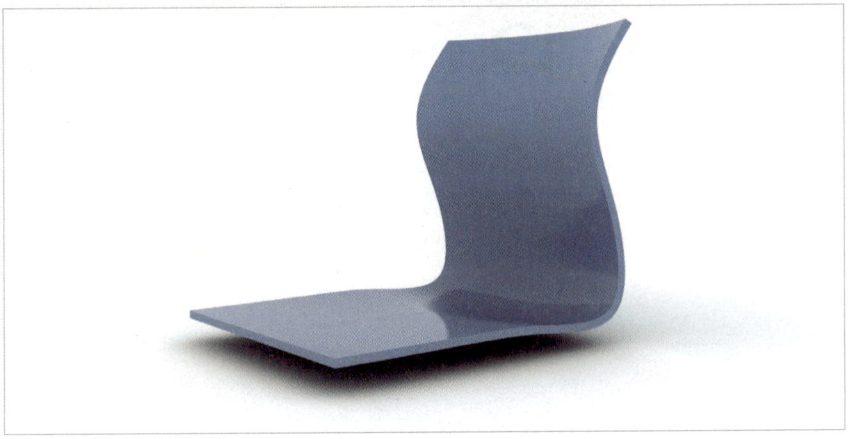

다양한 색과 재질로 테스트 한 후 좋은 결과물이 나오도록 렌더링 수치를 조절해보자.

▶ 작업 과정

1. 챕터(Chapter 6) 예제 실습1과 2에서 만든 오브젝트를 가지고 온다.
2. save as로 파일이름을 바꾸고 렌더링을 위한 setup을 한다.
3. 렌더링을 실행한 후 jpeg 파일로 저장한다.
4. 저장된 파일을 제출

Post Production [포스트 프로덕션]

Chapter 11
Post Production [포스트 프로덕션]

Post Production(포스트 프로덕션) 소개
라이노 V-Ray 렌더 요소들 알아보기
예제를 활용한 렌더 요소 포토샵에서 활용하기

파주 운정 미디어 조형 공간디자인
디자인 및 자료제공: J2o Design (https://www.j2odesign.com)

11-1 Post Production(포스트 프로덕션) 소개

일반적으로 렌더링만으로 이미지를 만들어 낼 수도 있지만, 렌더링시 렌더링 요소(Elements)들을 활용하여 사용한다면 더욱 빠르게 좋은 퀄리티의 이미지를 만들거나 수정하는 것이 가능하다. 이런 렌더링 이후 과정에서의 작업들 즉, 렌더 요소들을 활용한 포토샵 작업 등을 포스트 프로덕션(Post Production)이라고 말한다. 이번 챕터에서는 라이노(Rhino) Render elements를 알아보고 추출 후 포토샵 (Photoshop)에서 활용하는 법을 알아보도록 하자.

작업 전

작업 후

11-2 라이노 V-Ray 렌더 요소들 알아보기

V-ray 렌더 요소를 뽑아내기 위해서 V-Ray option 아래 VFB Channels에서 총 26개의 요소 중 원하는 렌더 아이디를 리스트에서 체크해 줌

요소들(Elements)	표시 되는 부분
Vray Alpha	알파 투명도
Vray Background	배경 이미지
Vray BumpNormals	범프맵에 의해서 만들어지는 normals
Caustics	재질의 caustics (V-Rray caustic옵션이 활성화되었을 때만)
DiffuseFilter	순수한 표면 색 나타냄
Globallllumination (G.I)	표면 global Illumination
Lighting	직접적인 표면 라이팅을
MatteShadow	이미지의 matte shadow 부분
Meterial ID	오브젝트의 material ID
Normals	표면 normals를 나타냄
RwwGloballillumination	표면색에 의한 복합적인 효과가 아닌 순수 G.I 만을 표시
RawLighting	표면색에 의한 복합적인 효과전의 직접 illumination만을 표시
RawRefraction	순수 표면 굴절
RawShadow	오브젝트에 의해 블록되는 순수 라이트의 그림자
RawTotalLighting	순수 라이팅의 합
Reflection	표면 반사
ReflectionFilter	표면 반사가 주는 복합적인 순수 굴절에 의한 색
Refraction	표면 굴절
RefractionFilter	마지막 표면 굴절이주는 순수 굴절에 의한 색
Render ID	오브젝트의 노드 렌더 아이디
SamplerRate	픽셀 밝기의 이미지를 보여줌
Selfillumination	표면의 self illumination
Shadow	오브젝트에 의해 블록되어진 순수 라이트의 그림자
Shadow	오브젝트에 의해 블록되어진 순수 라이트의 그림자
Specular	표면 specular 하이라이트
TotalLighting	장면에서 나타나는 직접 간접 라이팅의 합
ZDepth	표면의 z-depth

■ 주로 사용되는 렌더 요소들 (Elements)

· RGB Color
RGB값에 관련된 패스를 나타냄

· Alpha
알파값에 관련된 패스를 나타냄

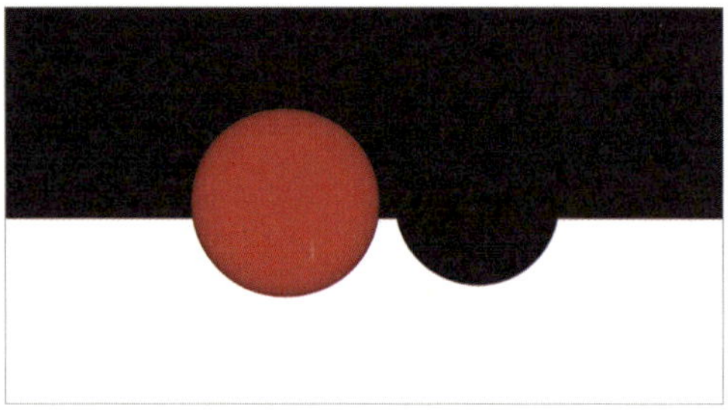

· Diffuse
기본색에 관련된 패스를 나타냄

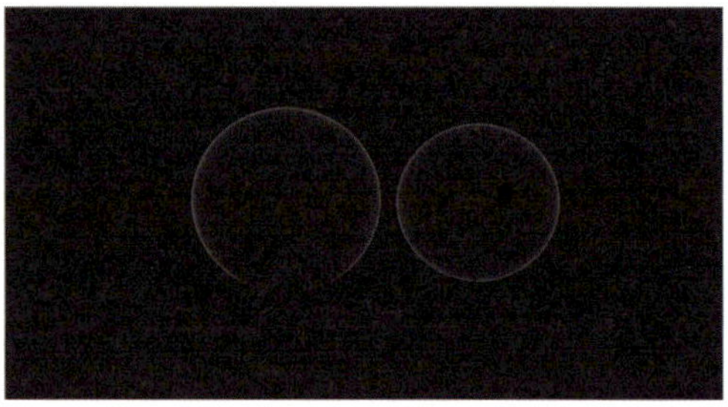

· Reflection
반사에 관련된 패스를 나타냄

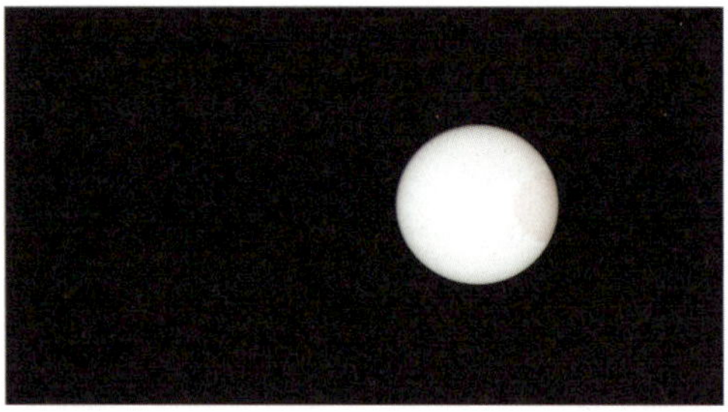

· Refraction
굴절률에 관련된 패스를 나타냄

· Self-illumination
셀프 일루미네이션 패스를 나타냄
현재 렌더링에서는 사용하지 않기 때문에
나타나지 않음

· Render ID
오브젝트 별로 다른 색을 나타냄
shadow관련 패스를 나타냄

· Lighting
라이트에 관련된 패스를 나타냄
현재 렌더링에서는 사용하지 않기 때문에
나타나지 않음

· G.I. (Global Illumination)
G.I 계산에 관련된 패스를 나타냄

· Normal
빛의 퍼짐에 관련된 패스

· Background
백그라운드에 관련된 패스

· Z Depth
멀고 가까운 효과를 내는 패스를 나타냄

11-3 예제를 활용한 렌더 요소 포토샵에서 활용하기

1. 렌더링하여 elements 저장하기

활용예제 : 챕터 10 렌더링 적용하기
File 이름 : Chapter 10_도면 활용한 단위세대 만들기_for render

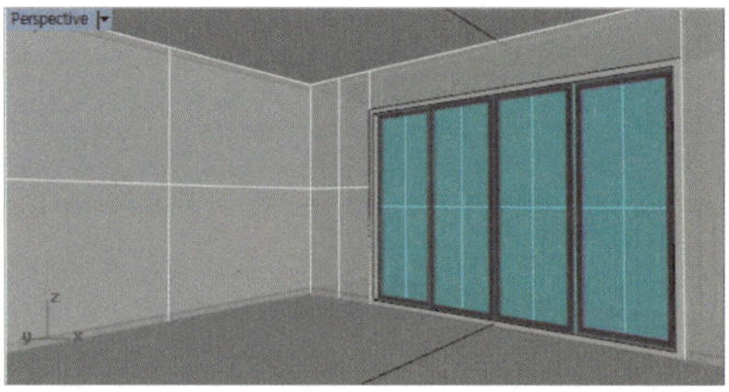

· chapter 10의 단위세대 만들기 3D Model 파일을 열기

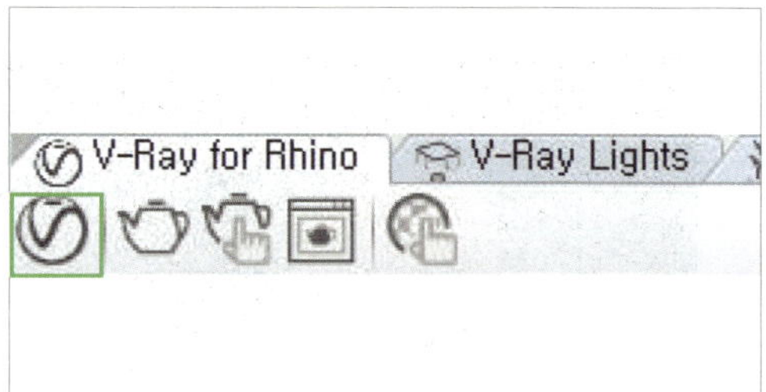

· V-Ray Asset Edit 창을 클릭하여 열기

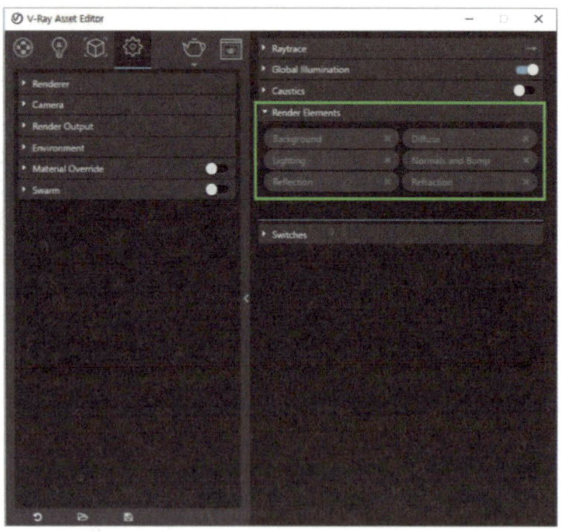

· Render Elements를 클릭함

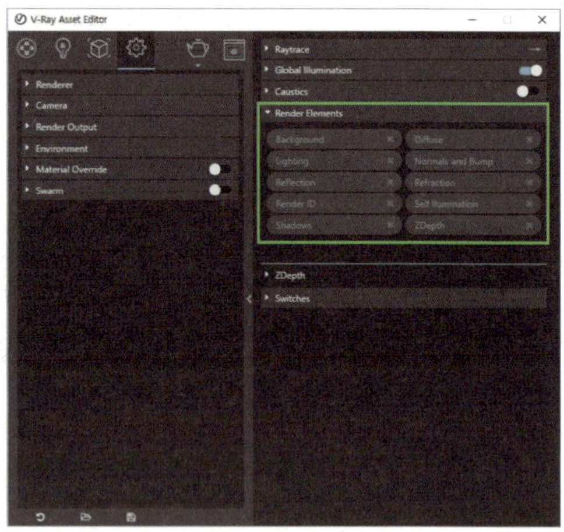

· 다음의 Render Elements들을 리스트해주기
RGB color(Default)/ Alpha(Default)/ Diffuse/ Reflection/ Refraction/ Self-illumination/ Lighting/ Shadow/ Render ID/ Z Depth/ Normals and Bump/ Background

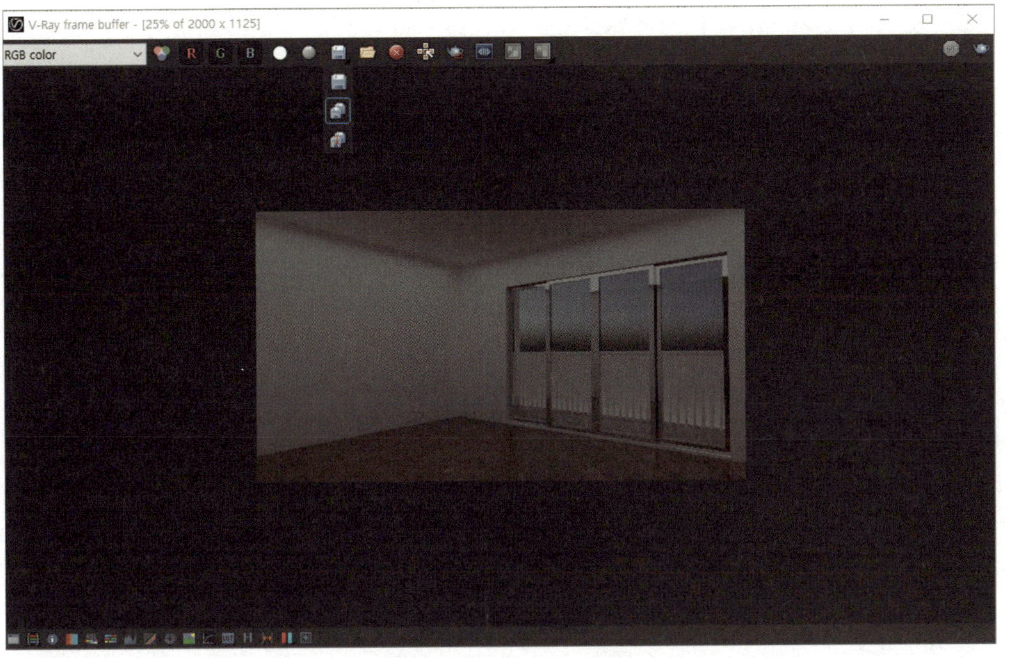

· 원하는 이미지 사이즈 등을 다시 확인한 후 Render 버튼을 클릭
· 렌더 후 위의 저장 버튼 옆의 Save all image channel을 클릭

· 그림과 같이 Elements들이 저장된 것을 확인하기

2. 포토샵(Photoshop)으로 Elements가져오기

· Photoshop 프로그램을 실행

· 렌더된 이미지 중 RGB로 된 이미지(jpeg)파일을 열기

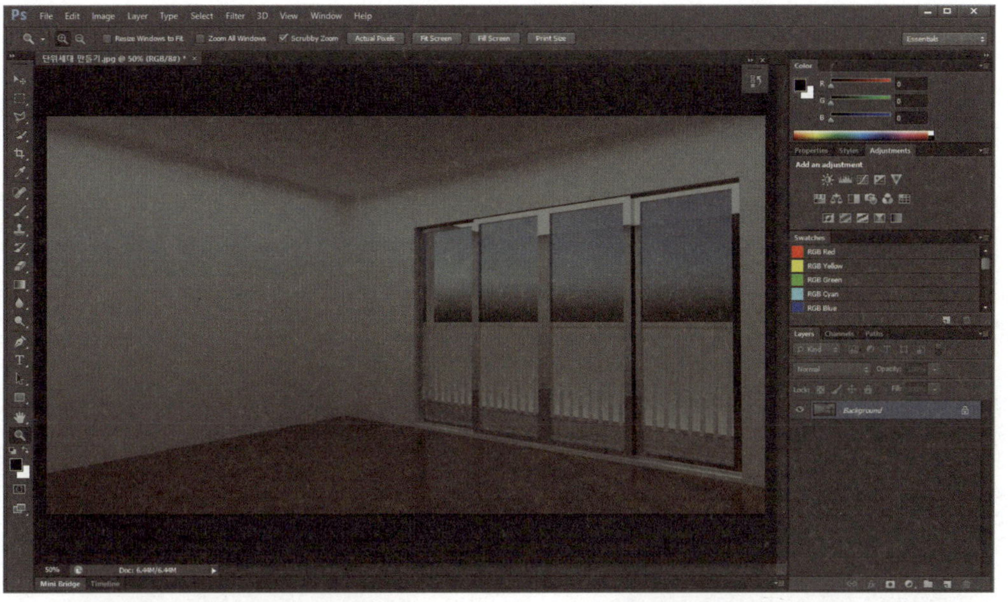

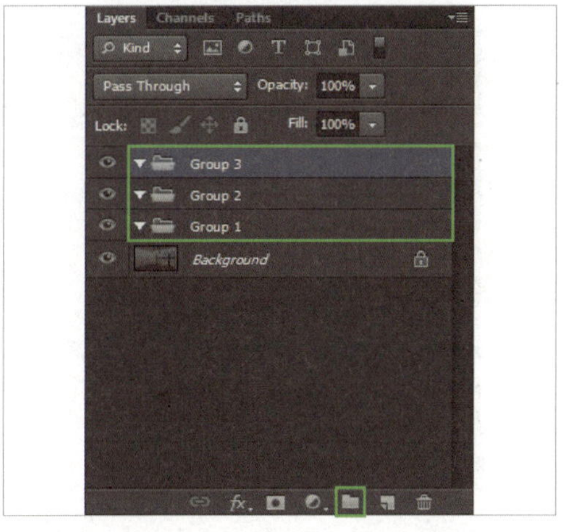

· 아래 폴더 버튼을 세 번 연속 클릭하여 3개의 폴더 만들기

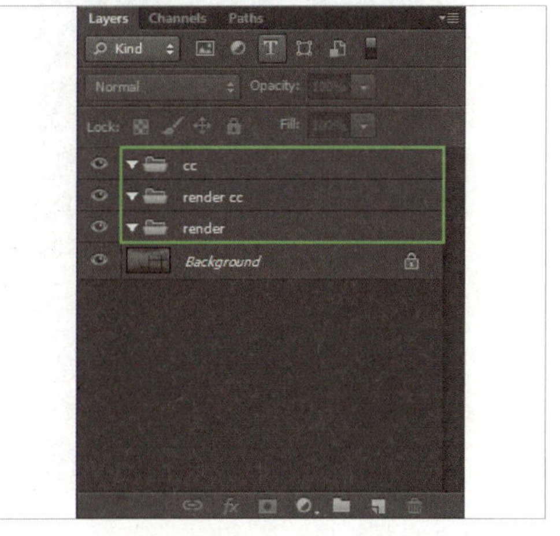

· 폴더의 이름 변경하기

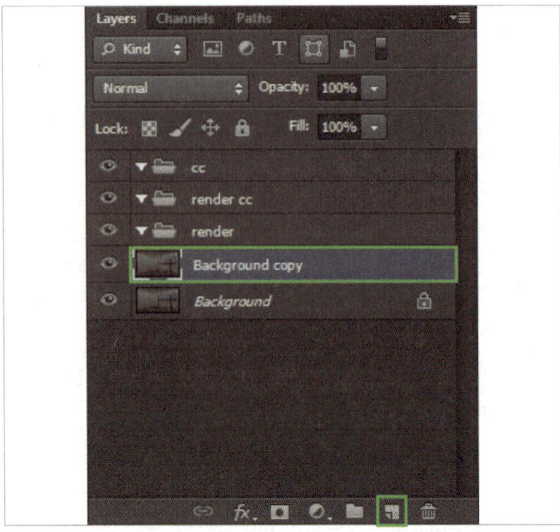

· 잠금(Lock) 되어 있는 Background 이미지를 아래 Create a new layer에 클릭 드래그 하여 Background copy 만들기

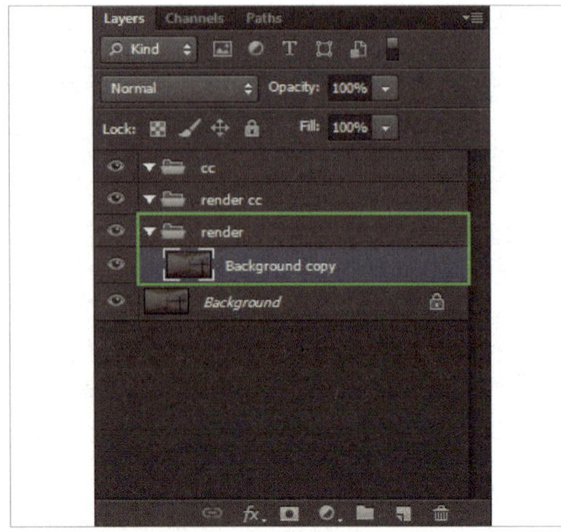

· Background copy는 클릭 드래그 하여 render 폴더 안으로 넣어주기

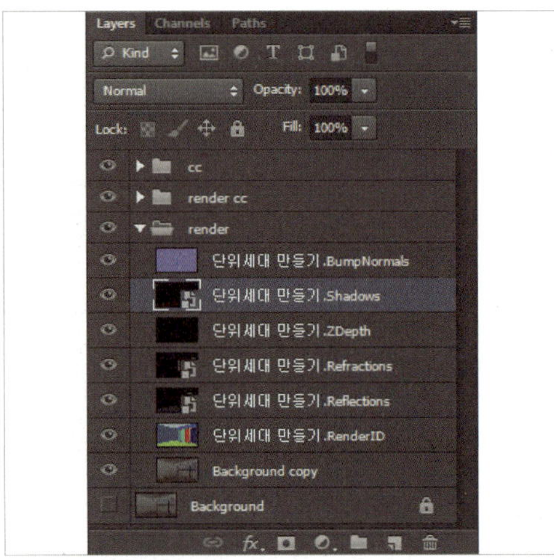

· 원본 Background는 Hide 시키기
· Rhino에서 저장한 파일을 모두 Render 폴더 안으로 넣어줌

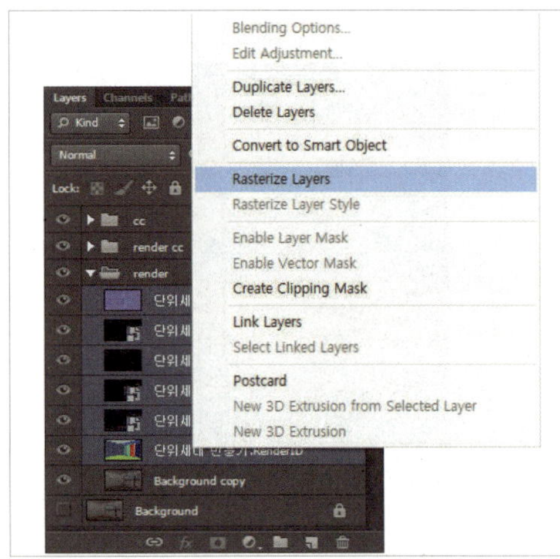

· 불러온 파일들을 모두 선택하고 우클릭하여 Rasterize Layers를 클릭

3. Elements를 이용하여 작업하기

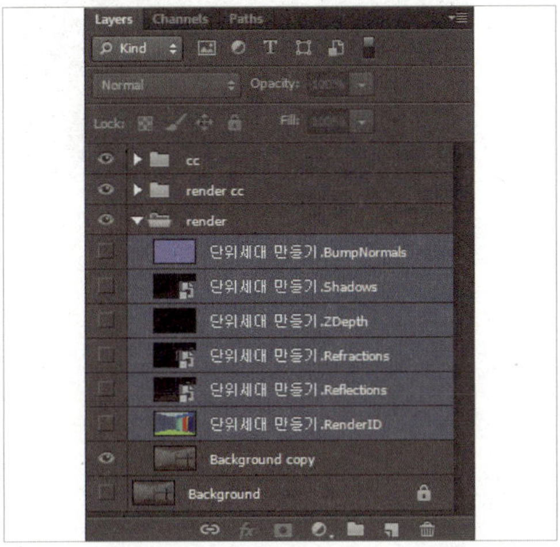

· Background copy를 제외하고 숨기기(Hide)
· 필요한 부분만 켜서 작업

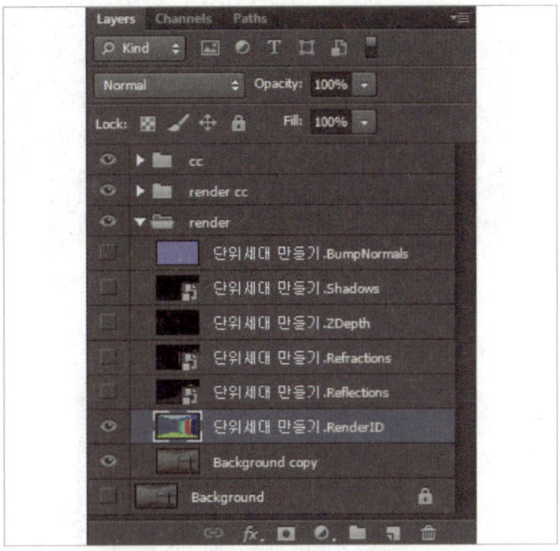

· Render ID만 활성화시킨 후 벽 부분만 매직봉으로 선택

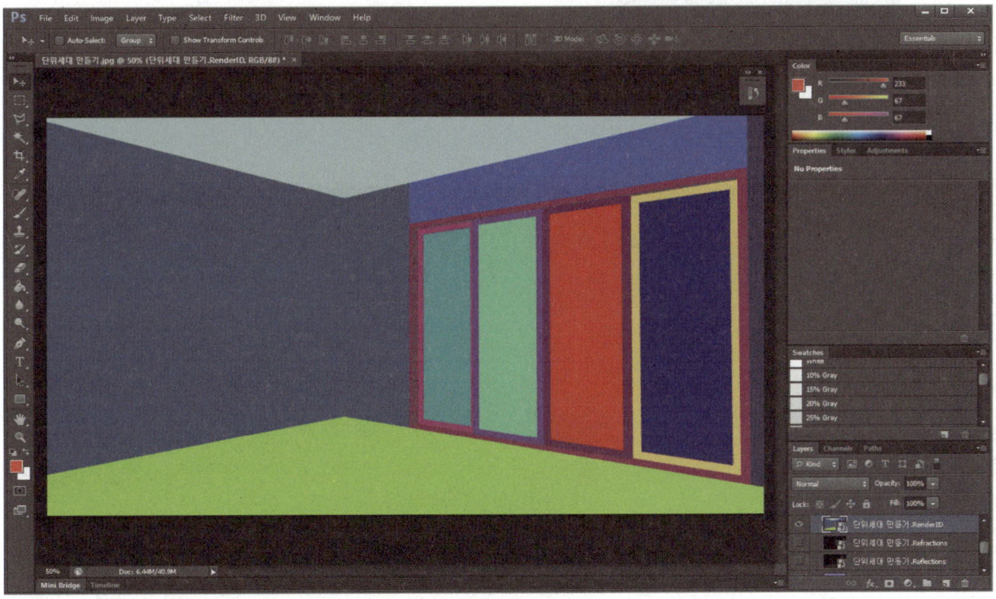

· 벽이나 천정 같은 부분을 선택하기 위해서 Render ID를 활용

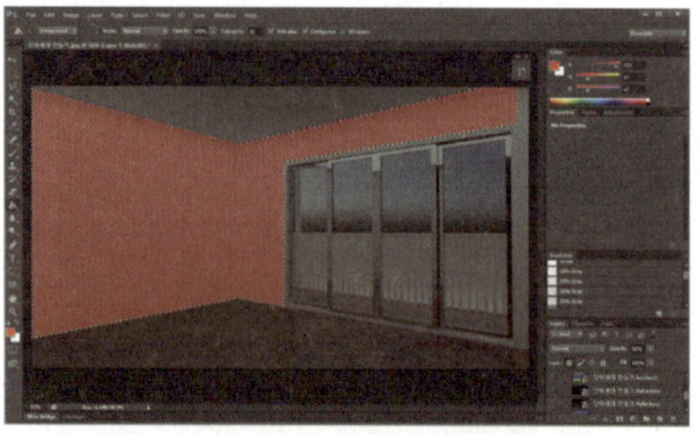

· 벽 부분만 Render ID를 사용하여 빠르게 선택한 후 Render ID 레이어는 숨기기(Hide)

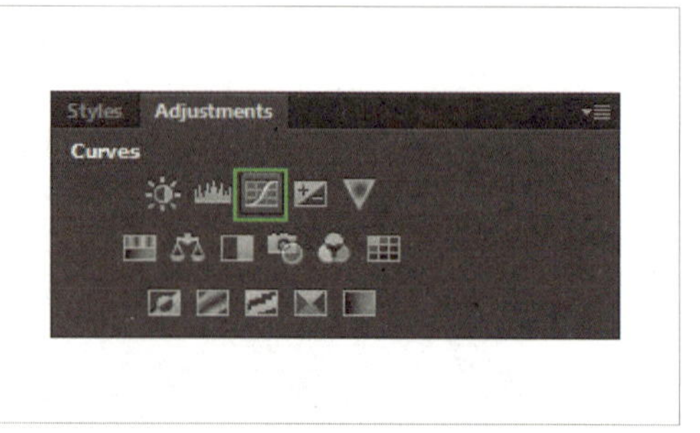

· Layer cc 레이어 폴더를 선택
· Adjustment/Curve 실행

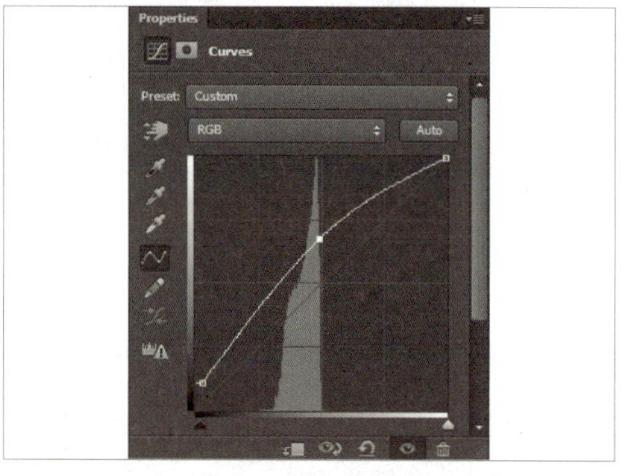

· Curves를 이용해 벽의 톤 높여주기

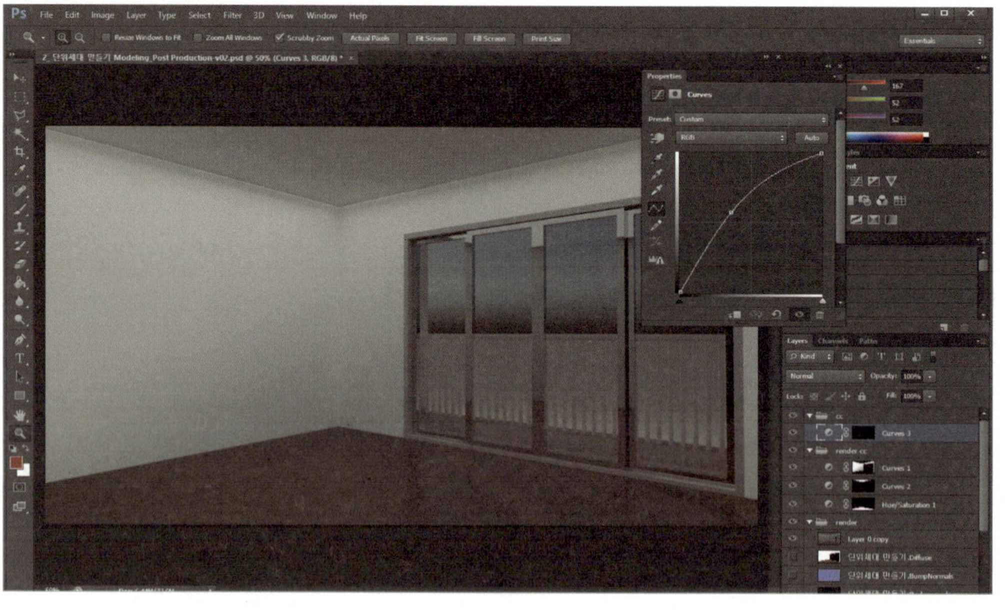

· 톤을 높인 벽의 이미지

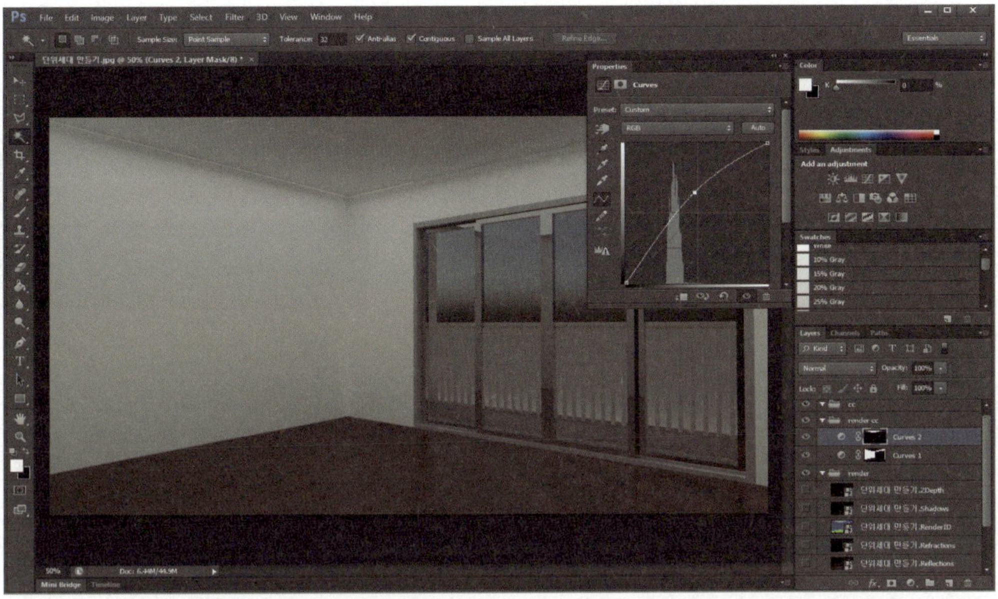

· 천정도 동일한 방법을 활용하여 톤 높이기

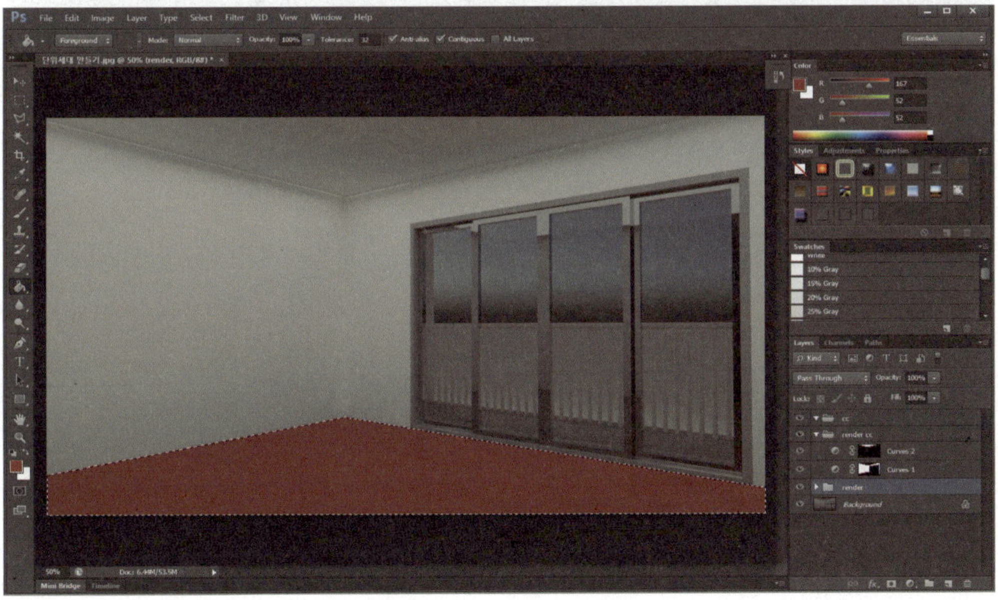

· 바닥 부분을 Render ID를 이용하여 선택 후 선택된 상태에서 아래 Hue/Saturation을 선택

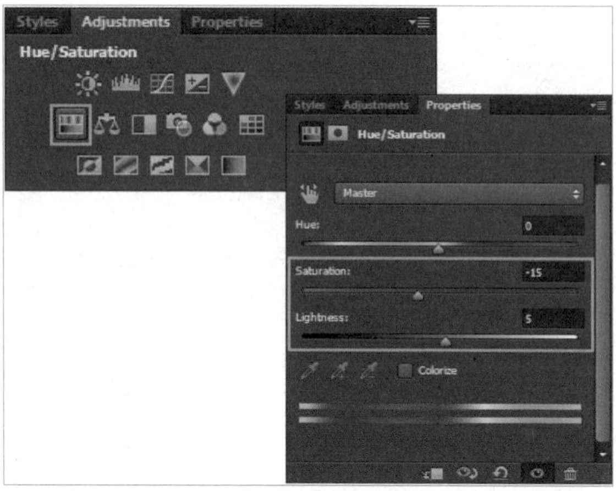

· Hue/Saturation을 선택하면 자동으로 Properties에 창이 활성화됨

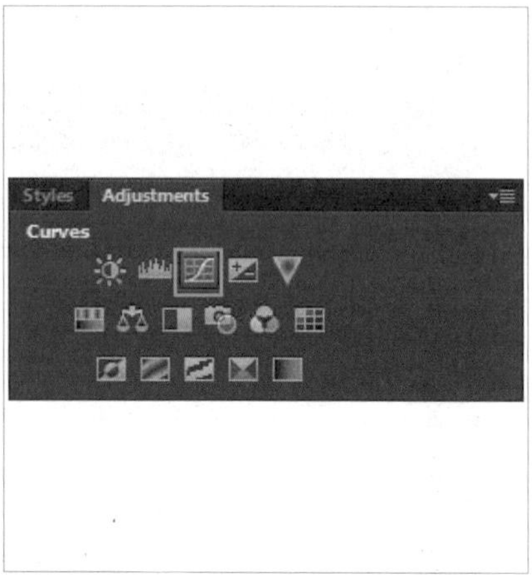

· 맨위 cc레이어를 클릭하고 그 상태에서 위 Create a new curves adjustment layer 를 클릭

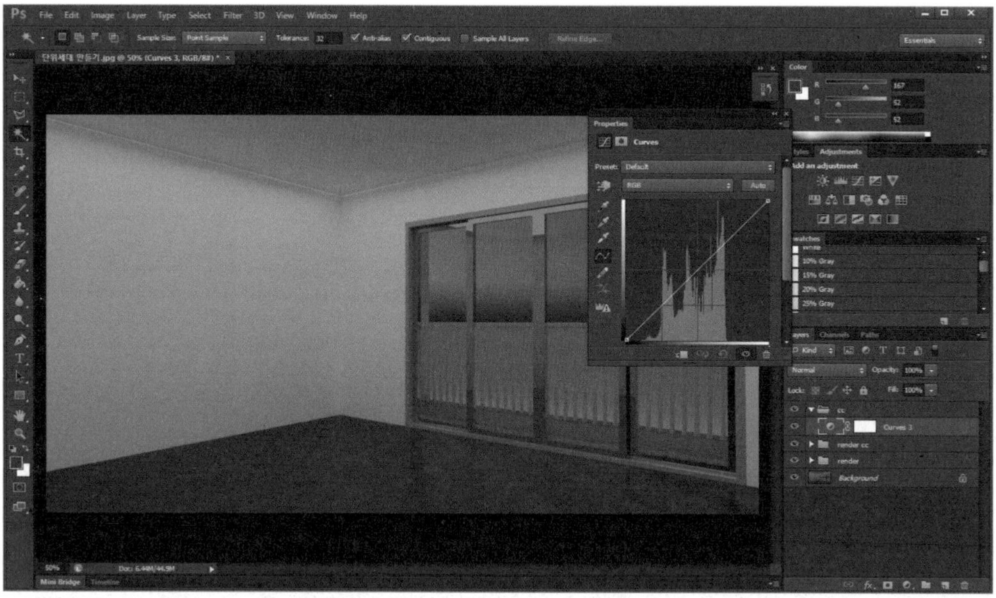

· cc 레이어 아래 마스크 부분(흰색)을 Alt+Backspace 키를 활용(전면색 채우기)하여 검은색으로 마스크의 흰색을 덮어줌

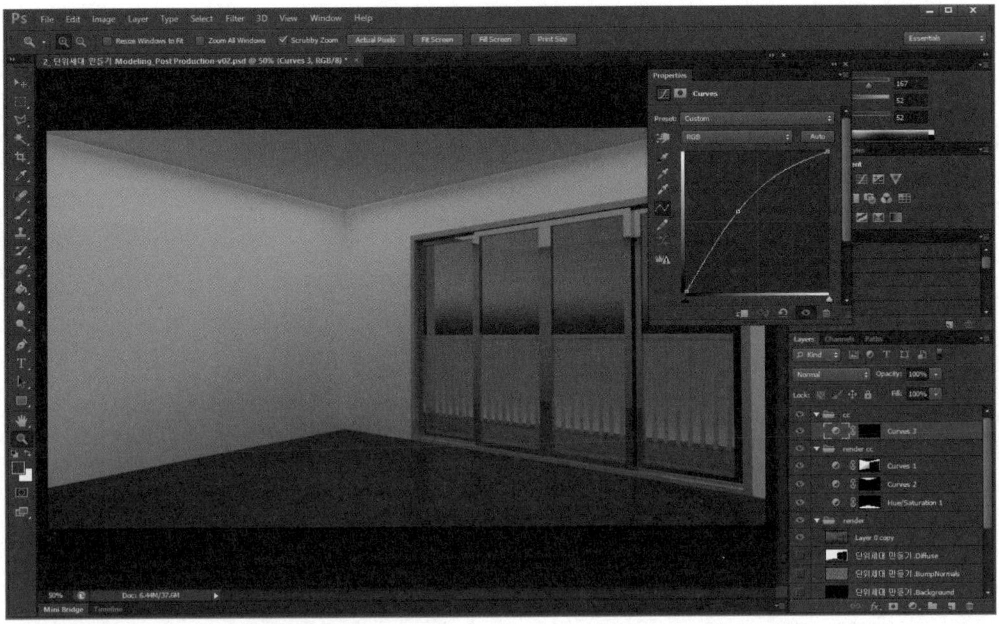

· 앞에서 실행한 커브처럼 올려 주기

※ 마스크를 검은색으로 이미 색칠 한 후기 때문에 변화되는 것은 없음
이 작업은 검은색으로 마스크를 씌운 부분은 흰색으로 칠함으로써 조절 가능한 빛을 만들기 위한 과정임

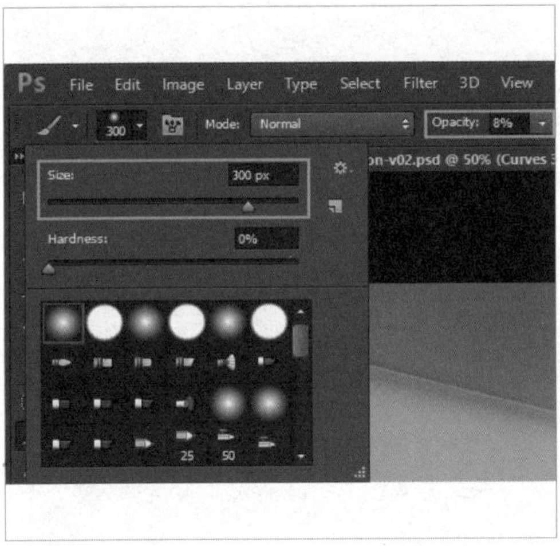

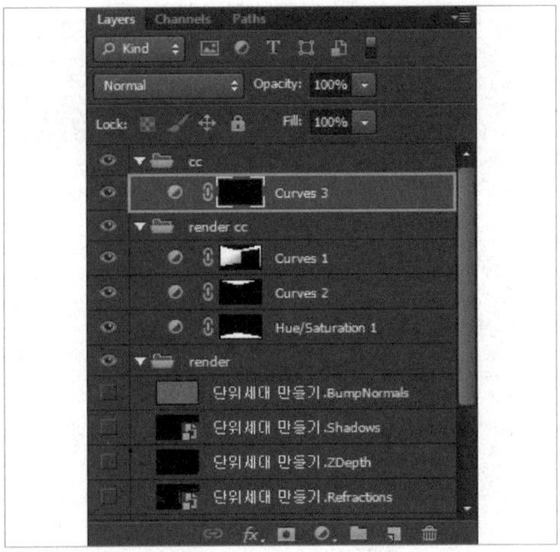

· 색을 바꾼 검은색 마스크 위에 브러쉬(B)를 눌러 브러쉬를 활성화
· 브러쉬의 색은 흰색으로 빛이 들어오는 부분을 칠해줌 (Opacity : 8% –10%정도로 수치를 바꾼 후 브러쉬로 칠함)

· 브러쉬를 이용해 위와 같이 빛이 들어오는 부분을 그려줌
(Alt + 마스크 부분을 클릭하면 위와 같이 마스크 부분만 화면에서 볼 수 있음)
(다시 전체 화면으로 돌아가고 싶을 경우 Alt+마스크 부분을 다시 선택)

· C.C 는 Color Collection의 약자로 전체 이미지에 영향을 주는 Adjustment를 실행할 경우에는 맨 위의 레이어에서 실시하도록 하자.

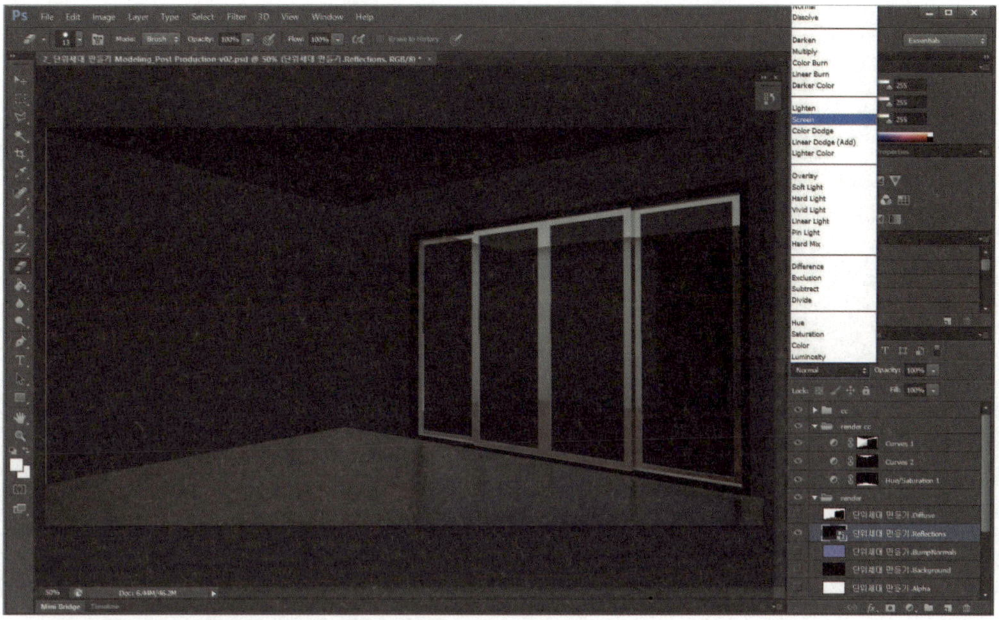

· Reflection 레이어를 선택 후 숨긴(Hide) 부분을 켠다.

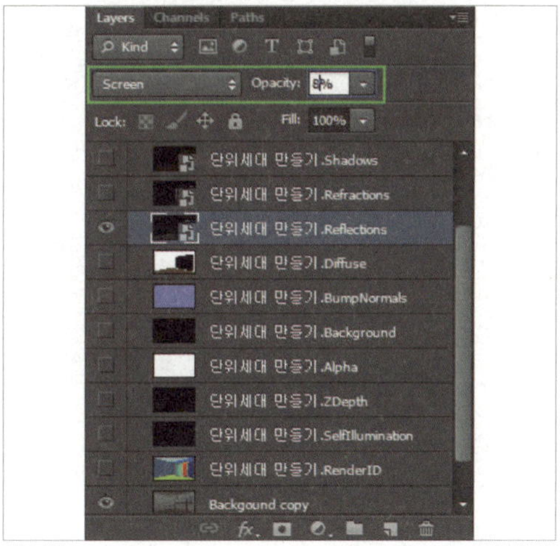

· 효과의 Normal 부분을 Screen(스크린) 부분으로 전환시키고 Oppacity를 8% 정도로 유지하도록 하자

※ 렌더링을 반복하기 보다 Elements를 이용하여 반사도를 더 높이거나 줄이기를 photoshop에서 실시함

Tip 다른 elements들도 위와 같이 조절이 가능하다.
Refraction(굴절)도 반사와 마찬가지 방법으로 작업

Final Image

※ Post Production (포스트 프로덕션) 에서 가장 중요한 것은 항상 전체의 이미지를 확인해가면서 완성도를 높여가야 한다는 것이다. 위의 과정을 따라 하는 것은 한번으로 충분할 것이다. 전체의 색의 조화를 이루도록 천천히 레이어를 조절해 나가는 트레이닝이 필요하다. 수많은 반복적인 학습을 통해 습득할 수 있도록 하자. 다시 말하지만 컴퓨터 기술을 습득하는 데는 가장 중요한 것은 얼마나 많은 시간을 들여서 공부했느냐 하는 것임을 다시 한 번 명심하도록 하자.

Exercise

실습하기 11

챕터 10의 단위세대 만들기 모델링을 이용하여 보드를 만들어보자

내용

- 챕터 10 불러오기
- 치수 넣기
- 렌더링 후 이미지 파일로 저장

명령어 연습

- Material Edit
- Render
- Make 2D

▶ 연습하기

- 모델링을 이용한 렌더링 연습
- 카메라 뷰 연습
- Illustrator 및 Photoshop을 이용한 표현 연습
- 최종 보드 만들기

▶ 예제 실습

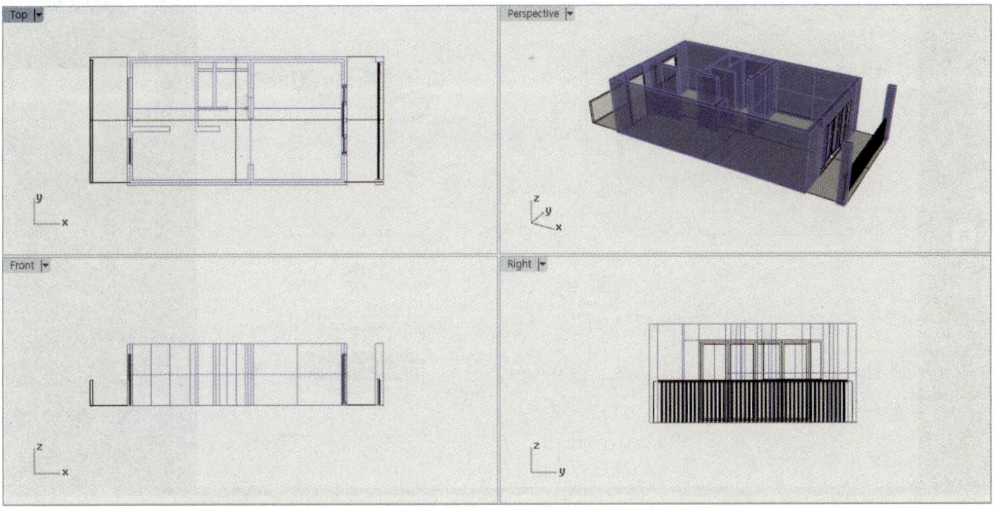

1. 챕터 10 – 단위세대 만들기 불러오기

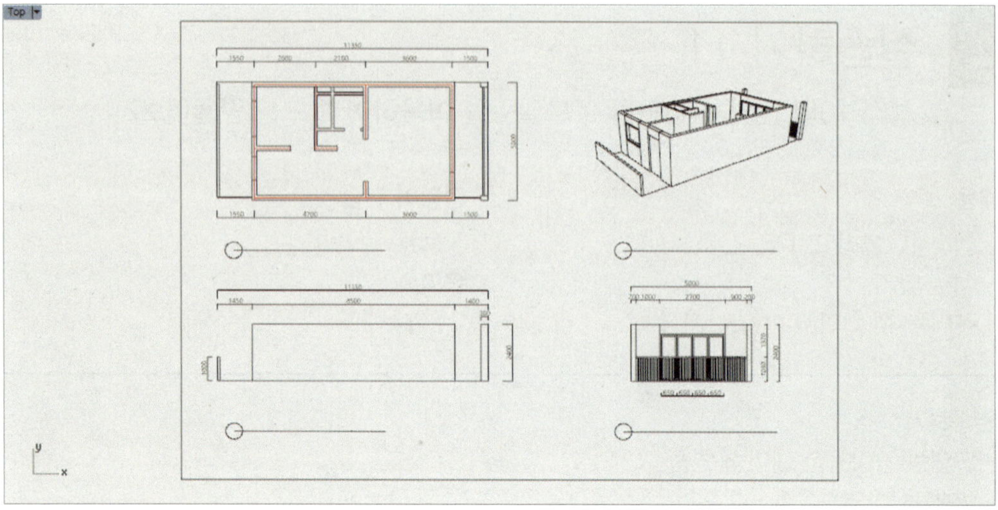

2. Make 2D 이용하여 도면화하기

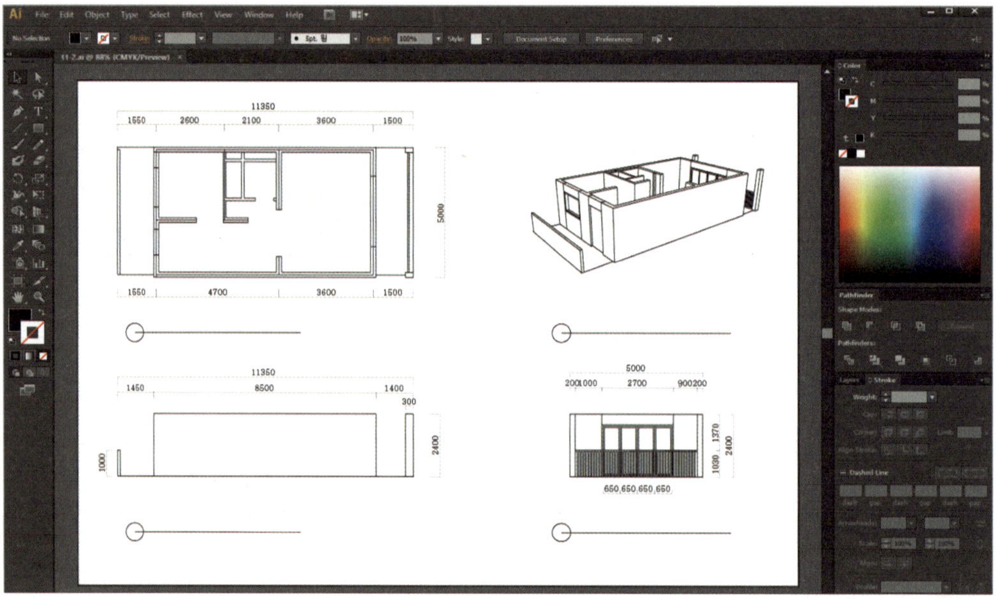

3. Illustrator에서 보드 만들기 (A3) 420 x 297 mm

4. 일러스트레이터에서 dxf 파일 불러오기 (Place 로 불러옴)

5. 렌더링 되어진 view 와 렌더링 view를 다시 make 2d 하여 만들어진 라인을 dwg로 저장 후 일러스트레이터로 가져와서 라인을 겹쳐보자

▶ 예제 실습

1. 간단한 3d 모델 만들기
2. Perspective view에서 Camera view 저장 후 렌더링 (Render Ratio 1.77)
3. 렌더링 이미지 및 Render elements 저장
4. 같은 camera view에서 make 2d 실행
5. dwg 파일로 저장 후 일러스트레이터에서 place를 이용하여 dwg 파일을 불러들음
6. 위에서 나타내어지고 있는 표현이외에 수치, 도면이름, 도면번호, 단면 등을 자유롭게 표현하여 두 장의 이미지로 표현하여 보자. 단순하게 배열하는 표현을 벗어나 자유롭게 표현해본다.

Reference

참고사례

파주 운정 미디어 조형 공간디자인

디자인 및 자료제공: J2o Design (https://www.j2odesign.com)

작품이미지 **1-1**

Diorama 파주 운정 미디어 조형물

Rhino image 5 : 라이노 3d model – 3d wireframe

작품이미지 1-2

Rhino image 1 : 라이노 3d model 렌더링

Rhino image 6 : 라이노 3d model 렌더링 - 3d wireframe

작품이미지 1-3

Rhino image 2 : 라이노 3d model 렌더링

Rhino image 6 : 라이노 3d model 렌더링 - 3d wireframe

작품이미지 1-4

Rhino image 3 : 라이노 3d model 렌더링

Rhino image 6 : 라이노 3d model 렌더링 – 3d wireframe

작품이미지 1-5

Rhino image 4 : 라이노 3d model 렌더링

Rhino image 6 : 라이노 3d model 렌더링 - 3d wireframe

MEMO

알고리즘 기반 모델링하기 Grasshopper (Plug-in)

Chapter 12
알고리즘 기반 모델링하기 : Grasshopper (Plug-in)

그래스호퍼(Grasshopper) 프로그램의 개요 및 특징
그래스호퍼(Grasshopper) 프로그램 시작하기
그래스호퍼(Grasshopper)를 활용하여 패턴 만들기

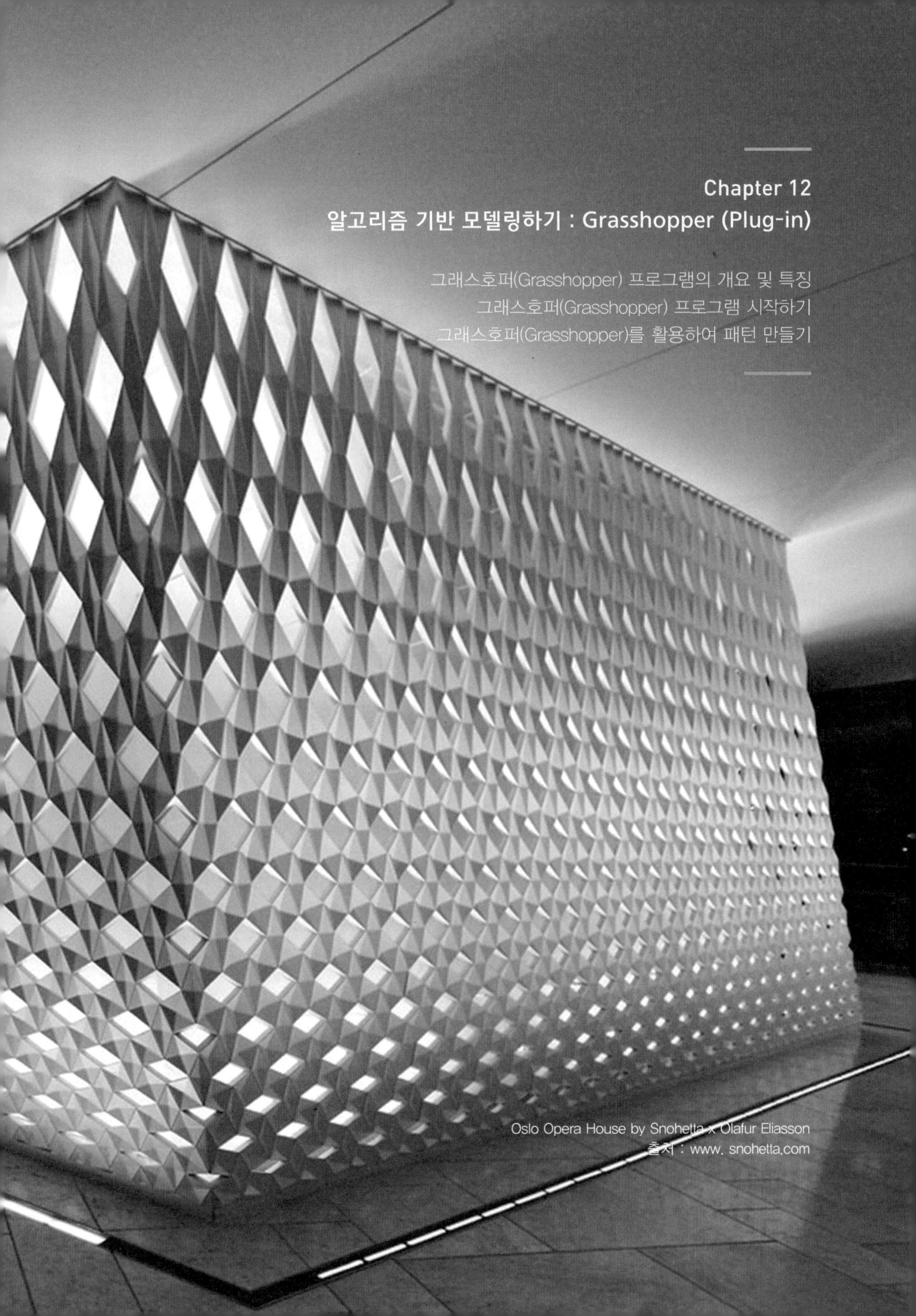

Oslo Opera House by Snohetta x Olafur Eliasson
출처 : www. snohetta.com

Grasshopper Logo

Oslo Opera House by Snohetta x Olafur Eliasson
출처 : www.snohetta.com

Parametrically-designed structure by Kory Bieg
출처 : https://archpaper.com/2017/07/kory-bieg-facades-austin-wrap/

the Messe Basel exhibition centre by Herzog & de Meuron
출처 : www.dezeen.com/2013/05/27/messe-basel-new-hall-by-herzog-de-meuron-new-photographs/

12-1 그래스호퍼(Grasshopper) 프로그램의 의 개요 및 특징

1. 그래스호퍼(Grasshopper)란 ?

그래스호퍼(Grasshopper)는 라이노 (Rhino 3D)의 플러그 인(Plug-in)으로 라이노를 사용한 Algorithm 기반의 모델링을 가능하게 하는 도구 이다. 물론 기본적으로 Grasshopper를 사용하지 않고 라이노를 이용하여 이 모든 것을 3D Modeling 하는 것이 불가능한 것은 아니지만, 10,000개의 박스들을 순차적으로 작아지게 하면서 5도씩 로테이션 되도록 만들거나 이것들이 어느 일정 범위를 넘어가면 또 다른 방향으로 15도씩 한 점의 영향을 받아 움직이는 디자인을 하는 것은 엄청난 시간과 노력이 요구되며 현실적으로 불가능하다고 할 수 있다.

그래스호퍼(Grasshopper)는 이러한 고난이도의 모델링하는 어려움을 기존의 모델링 방식이 아닌 수학적 알고리즘 (Algorithm)을 통해 빠른 시간 안에 해결할 수 있도록 해준다.

Grasshopper homepage
출처 : www.grasshopper3d.com

이런 수학적 알고리즘 연산에 의한 디자인을 우리는 **알고리즈믹 디자인(Algorithmic Design), 파라메트릭 디자인(Parametric Design)**이라고 부른다. 특히 이런 방식 중 자연계에 존재하는 수학적 공식이나 자라남과 생성 등의 알고리즘을 사용하는 미술이나 디자인 분야는 **제너러티브 디자인(Generative Design), 제너러티브 아트(Generative art)**라고도 불리어지고 있다. 이름은 다르지만 이들은 모두 비슷한 정의를 가지며 공통점은 코드(code)를 사용한 알고리즘 연산이다. 다시 말하자면, 컴퓨터가 이해할 수 있는 언어(Code)를 통하여 어떤 연관관계와 룰(Rule)을 만들어 형태 생성 및 디자인을 해나가는 방식이다. 그렇기 때문에 기본적으로 컴퓨터의 언어방식 체계를 이해하지 못한다면 이러한 도구들을 사용 하는 것에 어려움이 따를 수 밖에 없다. 또한, 그래스호퍼(Grasshopper)는 다시 언급하지만, 플러그 인(Plug-in)이기 때문에 라이노(Rhino)라는 모체에 기생한다고 볼 수 있다. 즉, 라이노(Rhino)의 모델링 방식과 라이노가 가지고 있는 명령어 체계를 정확히 이해하지 못한다면 아무리 코드(code)에 능숙한 유저(User)라도 그래스호퍼(Grasshopper)를 능숙하게 사용하는 것은 불가능하다.

코드(Code)와 **알고리즘(Algorithm)**을 이용한 형태 생성 방법은 컴퓨터와 대화하며 시스템을 구축하고 디자인하는 너무나도 매혹적인 부분이지만 습득하기는 쉽지 않다. 조급해하지 않고 관심을 가지고 노력한다면 자신의 것으로 만들 수 있으니 지속적으로 노력해보도록 하자.

The Secret Garden by Zaha Hadid x Paola Navone
출처 : www.designboom.com

Diyar Media Studio_ReNa Design
출처 : http://archstudiospace.tumblr.com

2. 그래스호퍼(Grasshopper) add-on

그래스호퍼 안에서 연동하는 그래스호퍼의 add-on

- Kangaroo (캥거루) : Live Physics for Rhino
  http://www.food4rhino.com/?ufh
- Lunch box (런치박스)
  http://www.food4rhino.com/?ufh
- Weaverbird (위버버드)
  http://www.giuliopiacentino.com/weaverbird/

3. 참고 사이트

www.grasshopper3d.com
www.grasshopperprimer.com
www.liftarchitects.com
www.theverymany.com

출처 : www.behance.net/gallery/65964193/F-L-O-W-Grasshopper3d

12-2 그래스호퍼(Grasshopper) 프로그램 시작하기

※ 라이노 6.0 버전부터는 그래스 호퍼가 기본 탑재되어 있어 다운로드 할 필요가 없다.

1. 그래스호퍼(Grasshopper) 설치 및 실행하기

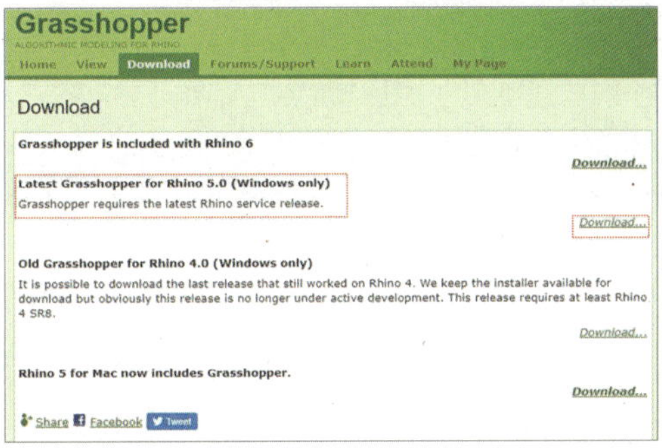

· https://www.grasshopper3d.com/page/download-1
로 이동 후 다운로드

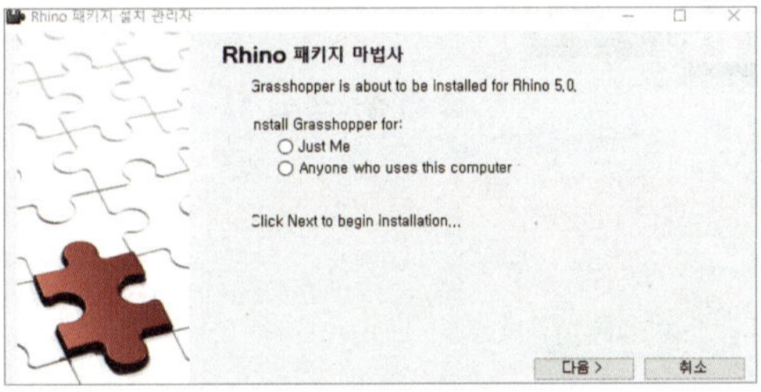

· 다운로드 한 파일을 실행하여 Grasshopper 설치

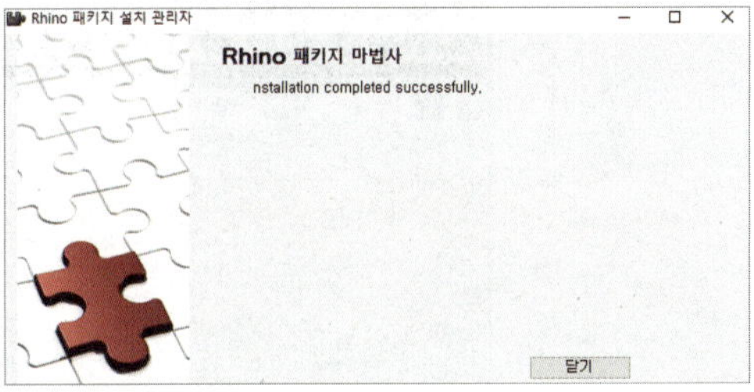

· 설치 완료

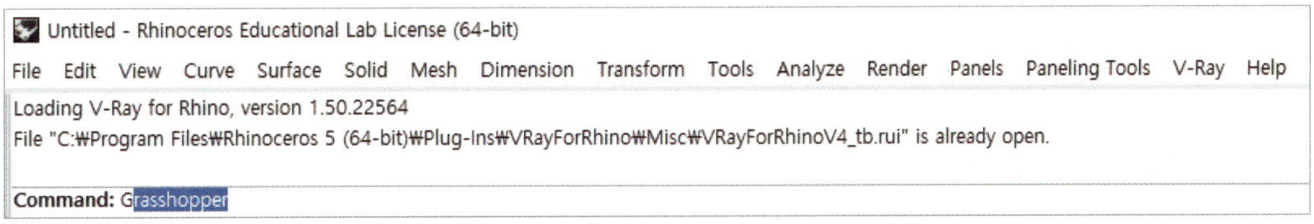

· 라이노(Rhino)를 실행시키고 커맨드 창에 Grasshopper 명령어를 입력

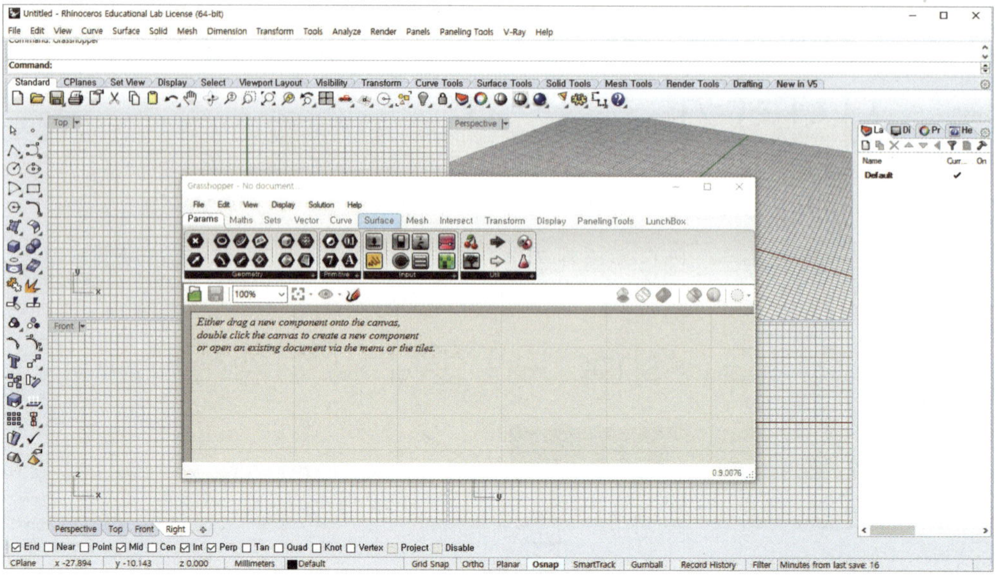

· Grasshopper 실행

2. Grasshopper 기본 인터페이스

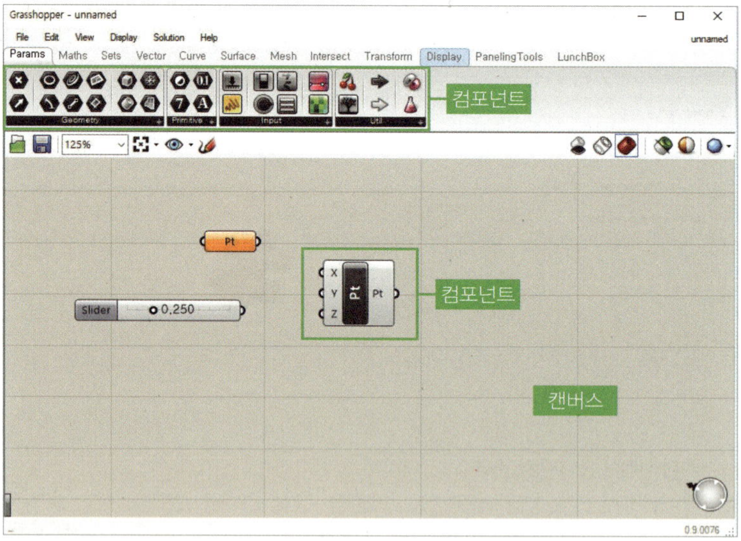

· 기본 인터페이스 (Interface)

※ 컴포넌트 만드는 방법 2가지

① 캔버스를 더블클릭하여 명령어 찾기

② 아이콘들을 직접 누르기

1) 컴포넌트(Components) 알아보기

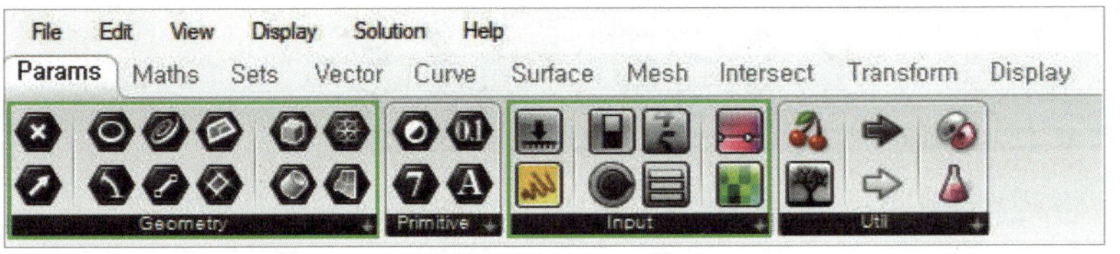

· Params (파라미터에 관련된 컴포넌트 모음)
라이노에서 만든 기본 오브젝트 점, 선, 면을 담는 컨테이너 역할을 하는 컴포넌트와 기본 파라미터들이 있는 컴포넌트들의 모임

※ 주로 Geometry 항목과 Input 항목을 빈번히 사용

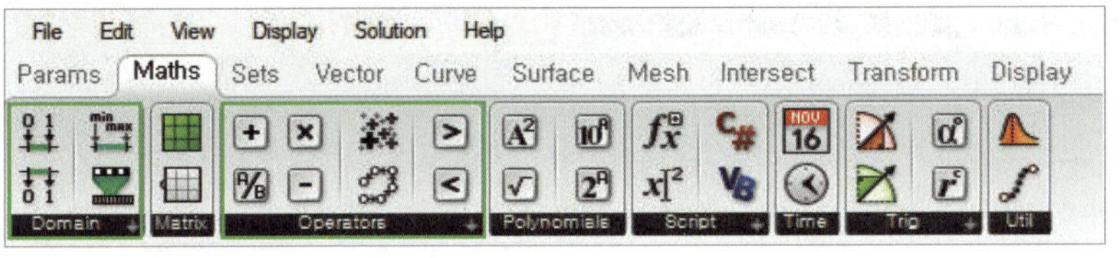

· Maths (계산에 관련된 컴포넌트 모음)

※ 주로 Domain 항목과 Operators 항목을 빈번히 사용

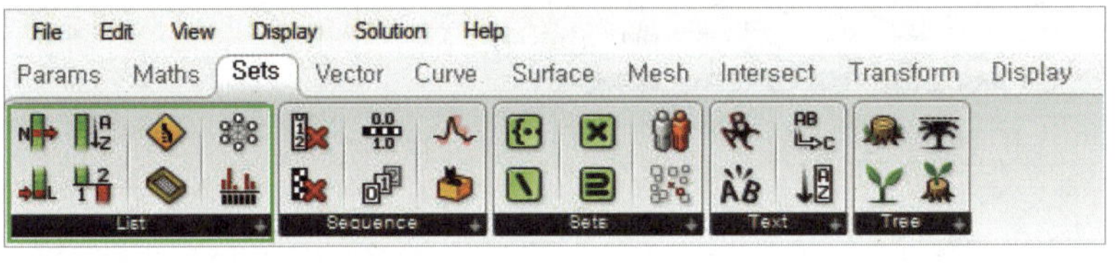

· Sets (셋에 관련된 컴포넌트 모음)

※ 주로 List 항목을 빈번히 사용

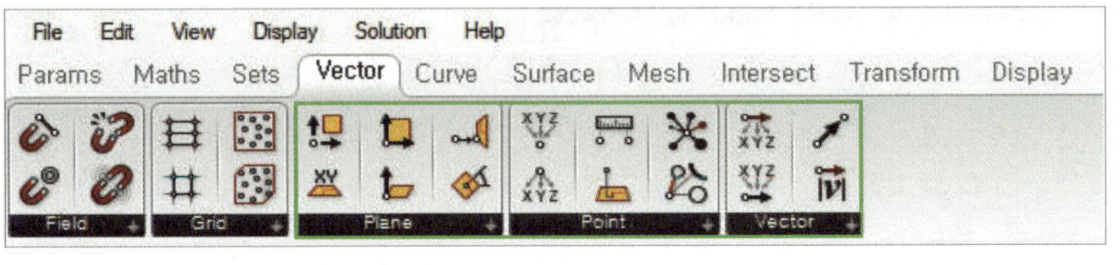

· Vector (벡터에 관련된 컴포넌트 모음)
벡터의 요소인 방향과 힘의 크기에 관련된 항목 , 점,선에 관련된 항목이 주로 있음

※ 주로 Plane, Point, Vector 항목을 빈번히 사용

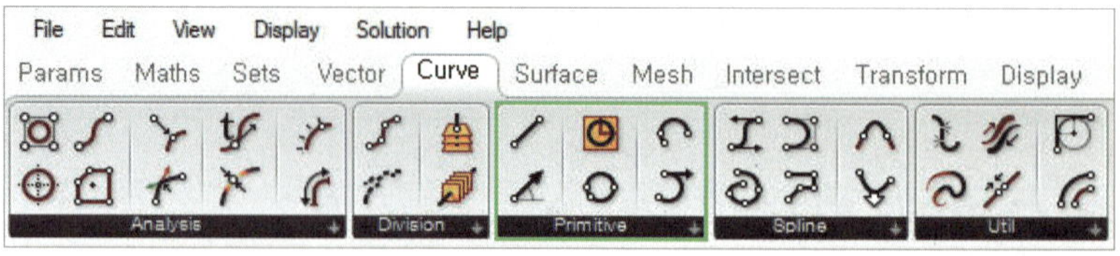

· Curve (선에 관련된 컴포넌트 모음)

※ 주로 Primitive 항목을 빈번히 사용

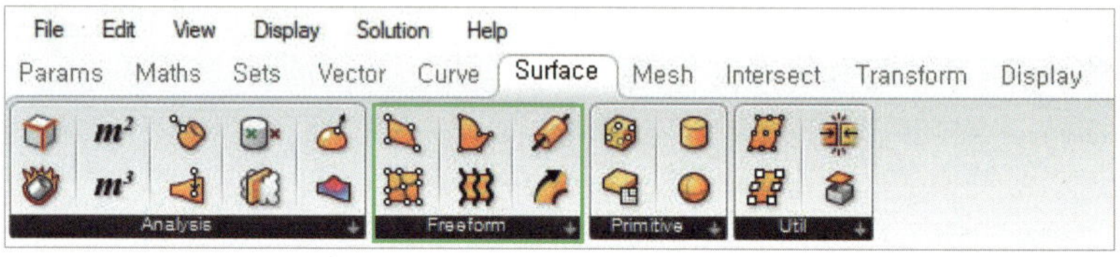

· Surface (면에 관련된 컴포넌트 모음)
  Surface 하위메뉴에 있는 Freeform 에는 면을 생성하는 다양한 컴포넌트들이 들어있음

※ 주로 Freeform 항목을 빈번히 사용

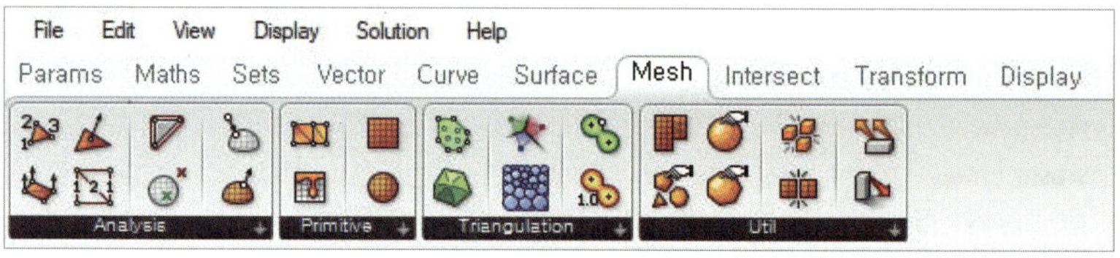

· Mesh (메쉬 변환에 관련된 컴포넌트 모음)

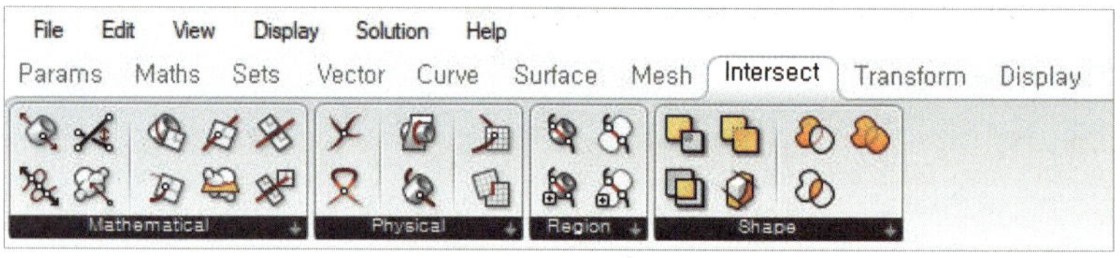

· Intersect (교차에 관련 컴포넌트 모음)
  교차점, 교차선등을 잡는 명령어들과, 블리언 차집합 합집합 등의 컴포넌트들이 있음

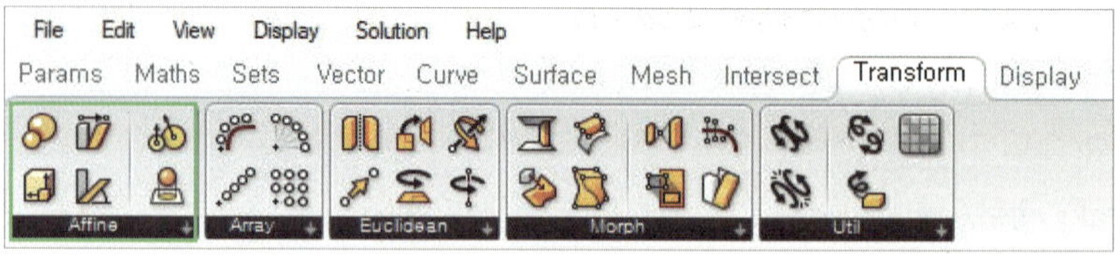

· Transform (변환에 관련 컴포넌트 모음)

※ 주로 Affine 항목을 빈번히 사용 (Scale 과 Project 등이 하위메뉴에 있음)

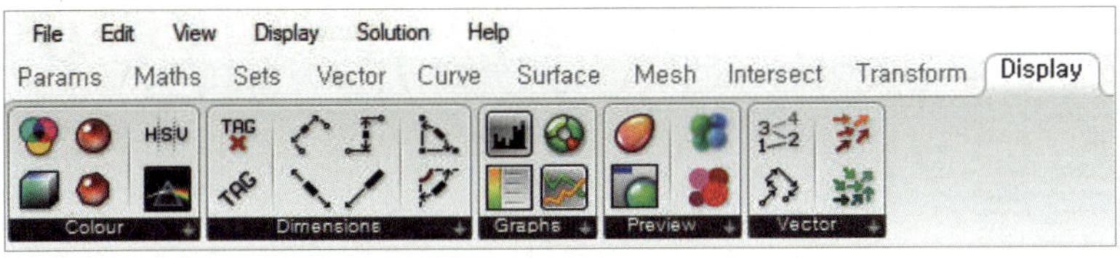

· Display관련 컴포넌트 모음

처음에는 간단하지만 알고리즘과 연산이 복잡해질수록 디스플레이를 이용하여 정리하는 것이 매우 중요하다 특히 벡터의 방향등을 정확하게 확인하면서 작업을 진행할 때 매우 유용함

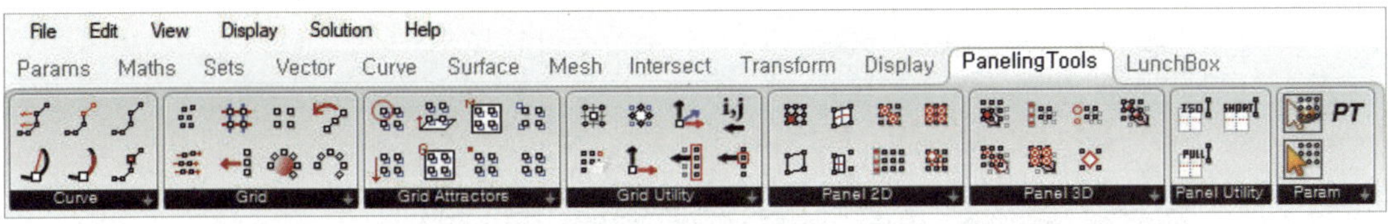

· Paneling Tools (패널링 툴)

전 챕터에서 패널링 툴을 install 하여서 생긴 부분 (Grasshopper와 자동으로 연동되어 사용가능함)

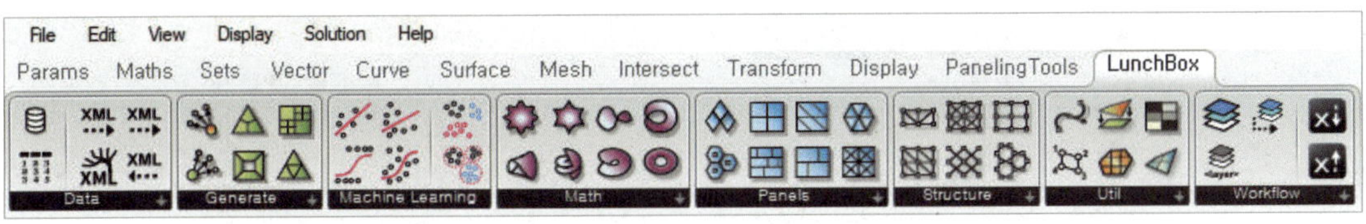

· LunchBox (런치 박스)

다운받아 install 시켰을 때 나타나는 부분 (면의 UV를 빠르게 원하는 방향으로 나눌 수 있어 매우 유용)

12-3 그래스호퍼(Grasshopper)를 활용하여 패턴 만들기

1. 기본 그리기 : 점을 생성 후 라인으로 이어주기

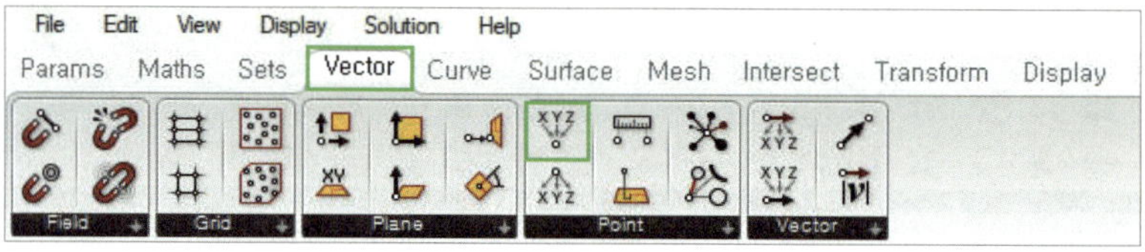

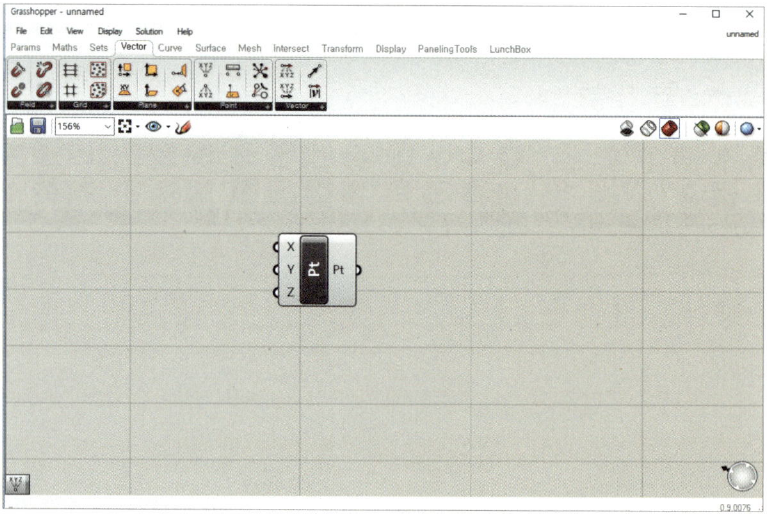

· 점 생성하기

위의 vector 아래 **construct point** 아이콘을 클릭하면 자동으로 옆의 그림과 같이 생성됨 (Rhino의 화면에는 가상의 **붉은 점이** x **모양**으로 나타남)

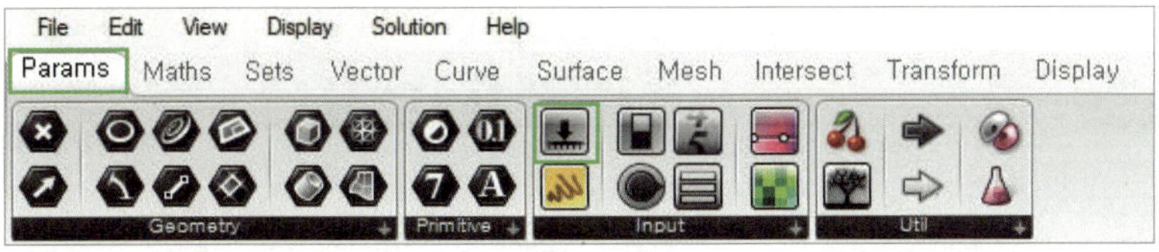

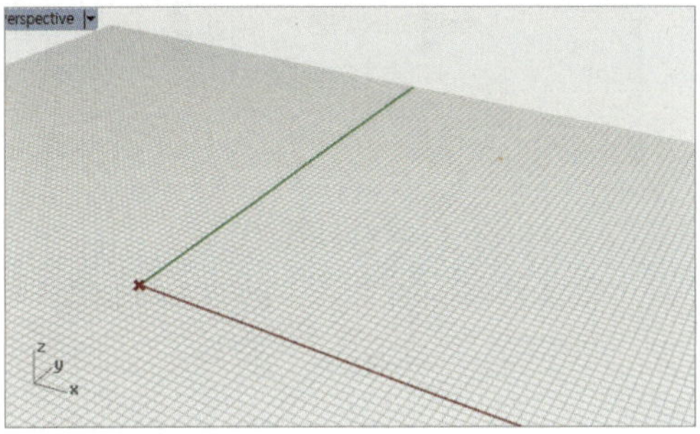

· Construct point로 인해 나타난 점

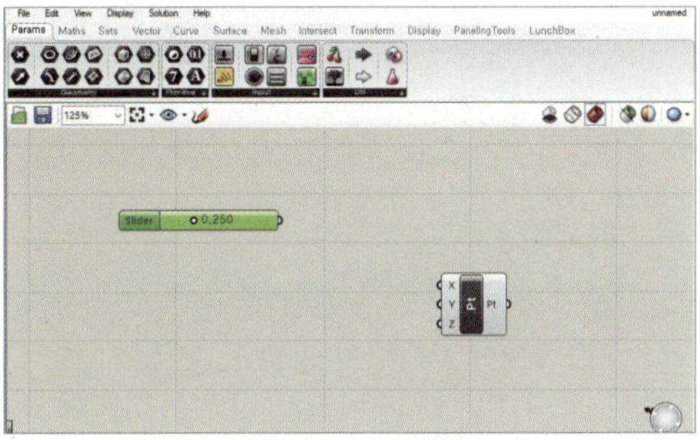

· 위처럼 넘버 슬라이더를 클릭함

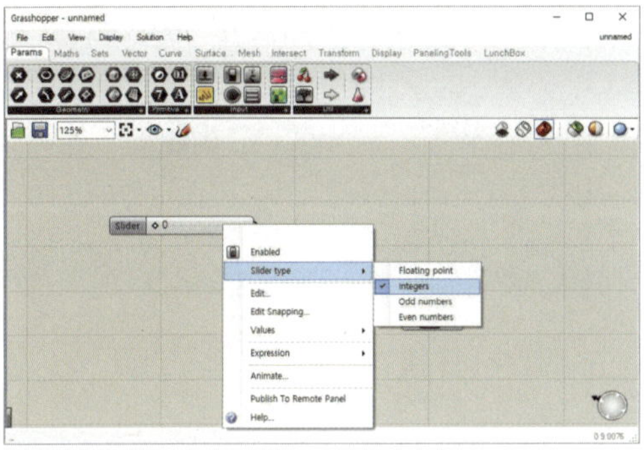

· 정수로 변환하기
넘버 슬라이더에서 우클릭 → Slider Type → Integers 로 변환 (정수로 변환)

※ Floating point 소수
Integers 정수
Odd Number 홀수
Even Number 짝수

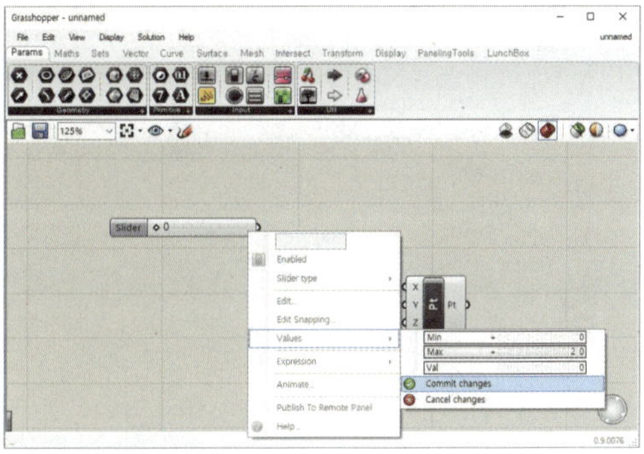

· 수치 범위 바꾸기
넘버 슬라이드에서 우클릭 → values →
Min : 0
Max : 20
Commit changes를 눌러 수치 입력을 완료

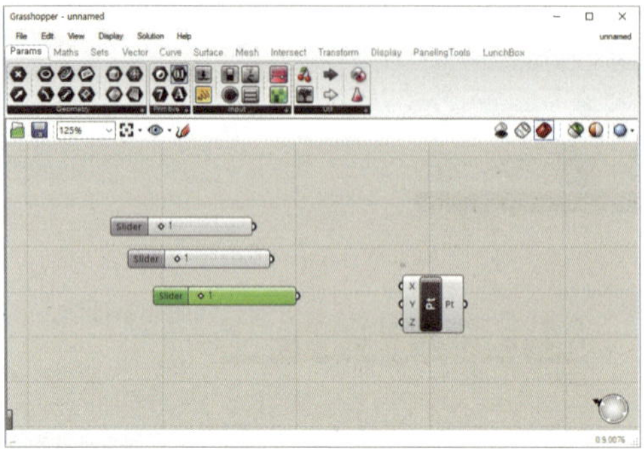

· 복사하기
넘버 슬라이더 Ctrl+C → Ctrl+V
2번 실행하여 복사

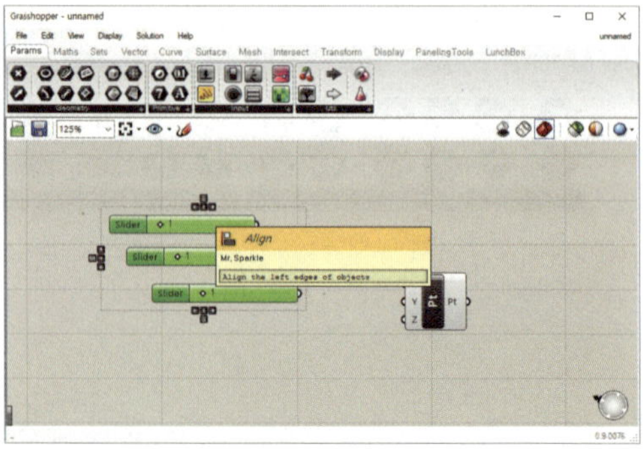

· Align시키기 (정렬시키기)
3개의 넘버 슬라이더를 잡으면 자동으로 뜨는 왼쪽 부분을 클릭하면 Align됨

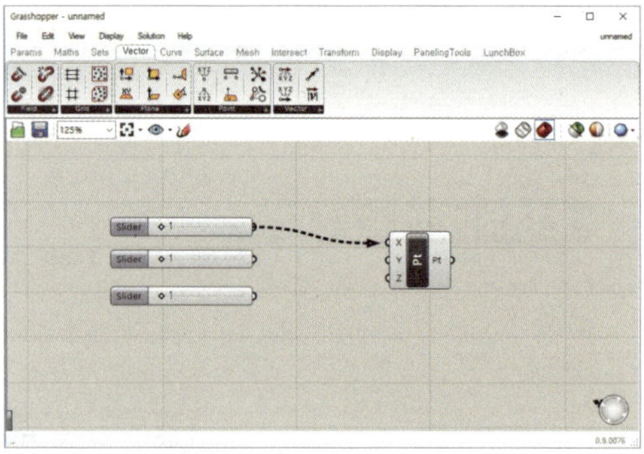

· 점에 수치 입력하기
왼쪽 마우스를 넘버 슬라이더에서 X로 가져가 연결

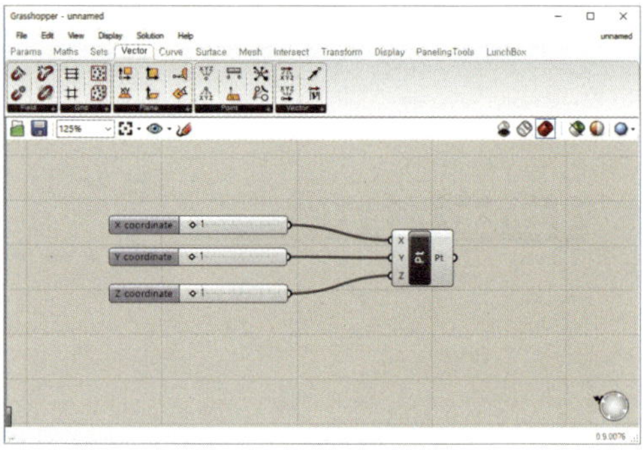

· 마찬가지 방법으로 Y와 Z로 연결

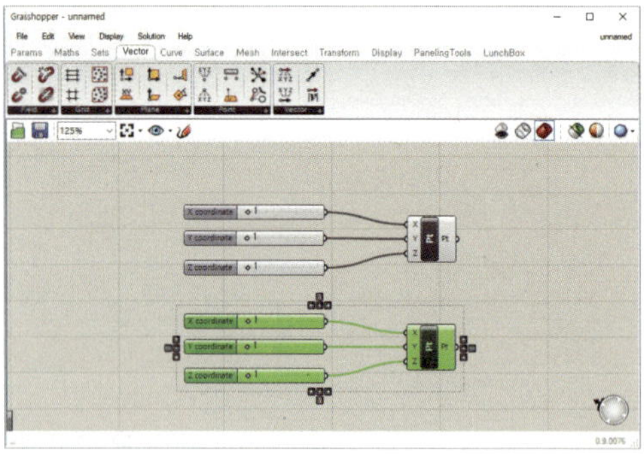

· 두 개의 점 추가로 생성하기
만든 전체를 선택 후 Ctrl+C, Ctrl+V를 이용하여 복사

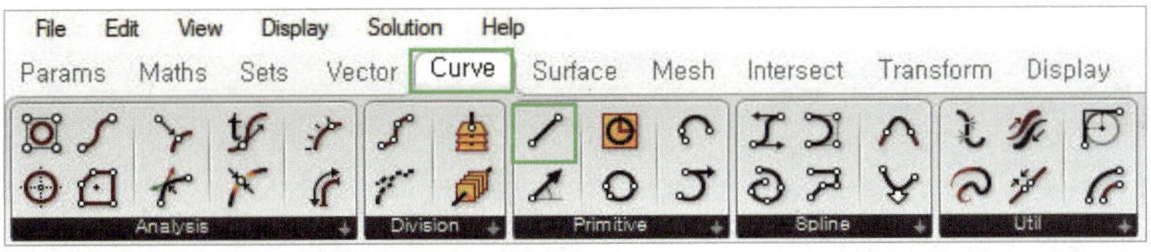

· 위와 같이 Curve 아래 Line을 클릭

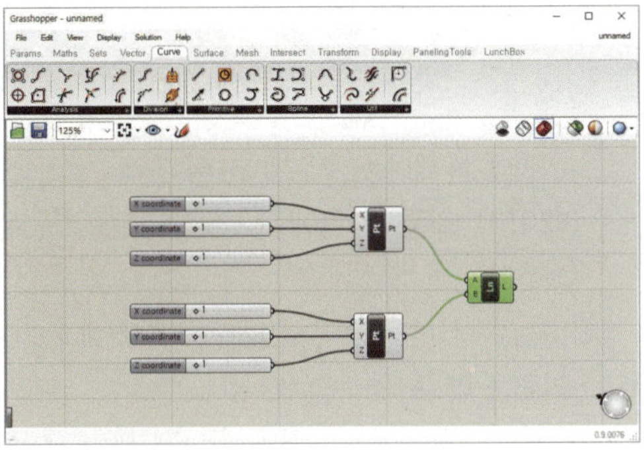

· 라인 생성하기
각각의 컨스트럭션 포인트에서 방금 생성된 LINE컴포넌트의 A와 B에 각각 연결

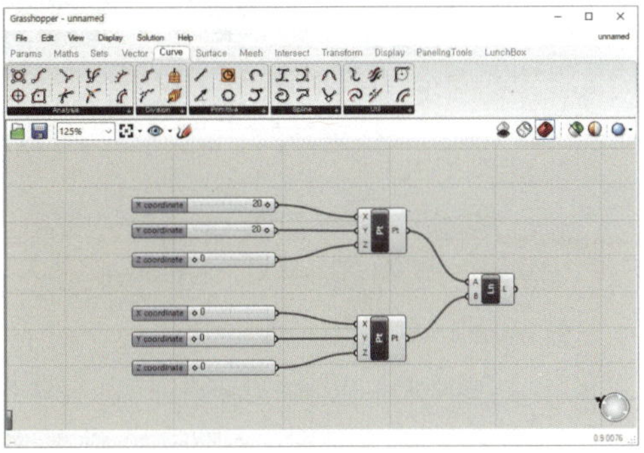

· 점의 수치 조절하기
옆의 창을 보면서 넘버슬라이드를 움직여 수치값을 조절해보자.

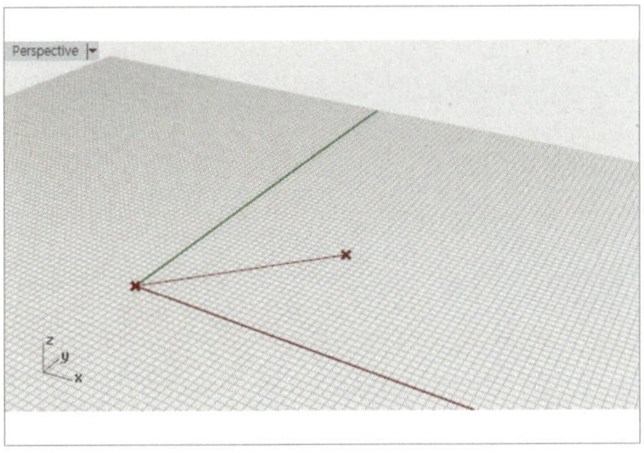

· 라이노 상에서 만들어진 라인 확인하기

※ 이 점과 라인은 Grasshopper에서만 볼 수 있는 가상의 라인으로 Bake 하기 전에는 점과 라인을 가질 수 없음

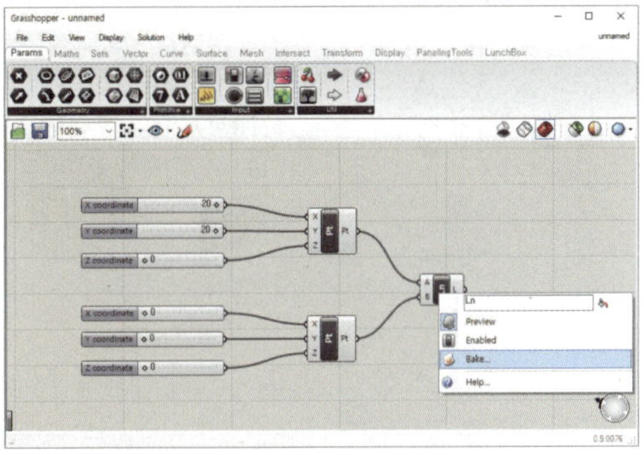

· Bake 하기(굽기: 베이크)
맨 끝의 Line 컴포넌트를 선택 후 우클릭하여 Bake를 선택

Tip Grasshopper에서 만든 오브젝트를 실제적으로 라이노에서 사용하기 위해서 Bake를 이용하여 만들어내야 결과물을 가질 수 있음

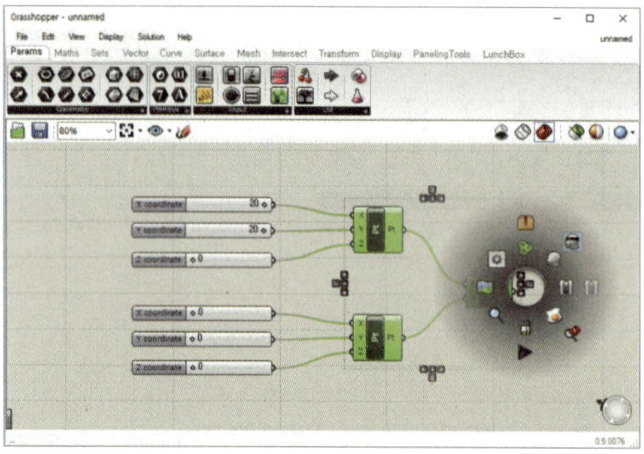

· Hide 시키기
같은 방법으로 맨 끝에 pt 컴포넌트와 Line 컴포넌트가 선택되어진 상태에서 space 바를 눌러 Hide시킴

※ 그래스호퍼에서 만들어지는 컴포넌트들은 누적되어 보여지기 때문에 감추기(Hide) 해야 라이노 창에서 명확히 만들어진 물체를 볼 수 있음

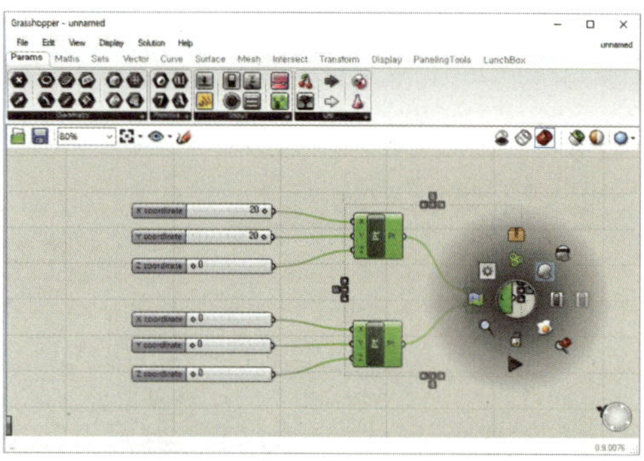

· 다시 그래스호퍼 창에서 Space바를 눌러 Show를 클릭하면 원래대로 View는 되돌아 감

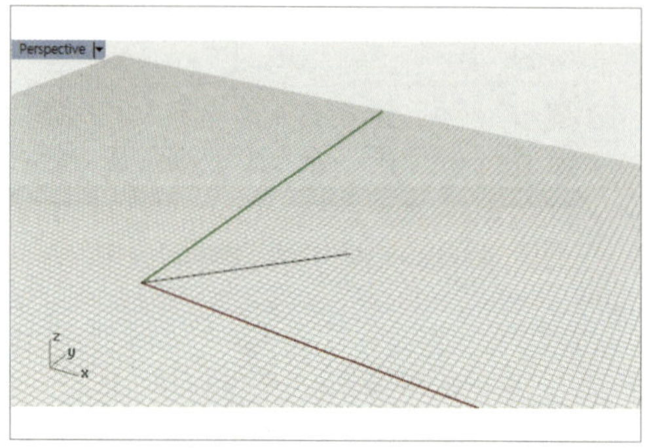

· 그래스호퍼에서 컴포넌트를 감추기(Hide) 상태이기 때문에 위에서 bake 시킨 라인만이 보임

※ 여기서 보이는 라인은 그래스호퍼에 의해서 만들어진 진짜 존재하는 라인임

2. 기본 그리기 : 3개의 점을 생성 후 면 생성하기

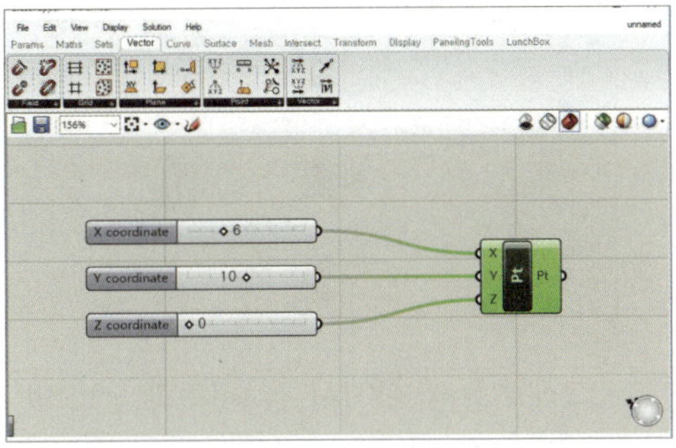

· 점 생성하기
3개의 넘버슬라이더와 1개의 construction PT를 생성하여 연결

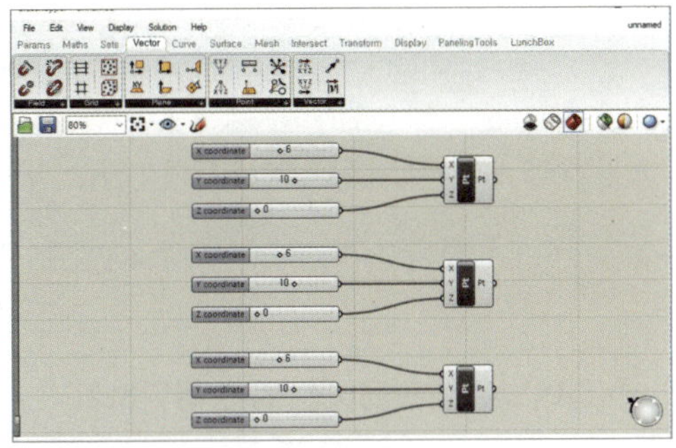

· 2개의 점 추가로 생성하기
첫 번째 생성된 전체를 선택 후 Ctrl+C, Ctrl+V하여 2번 복사하기

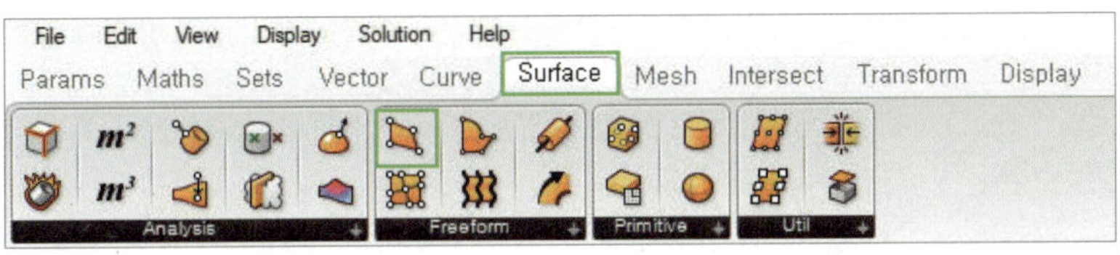

· Surface의 하위메뉴인 4 point Surface를 클릭

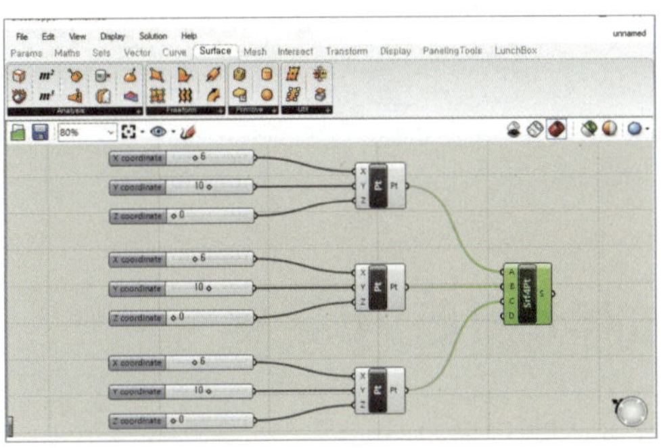

· 각 점을 Surface4PT의 A, B, C에 연결

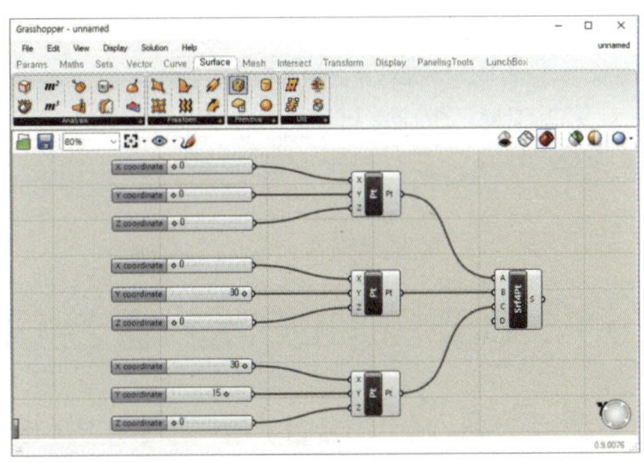

· 점의 위치값 변환하기
각점의 위치를
A(0, 0, 0), B(0, 30, 0), C(30, 15, 0)으로 조절

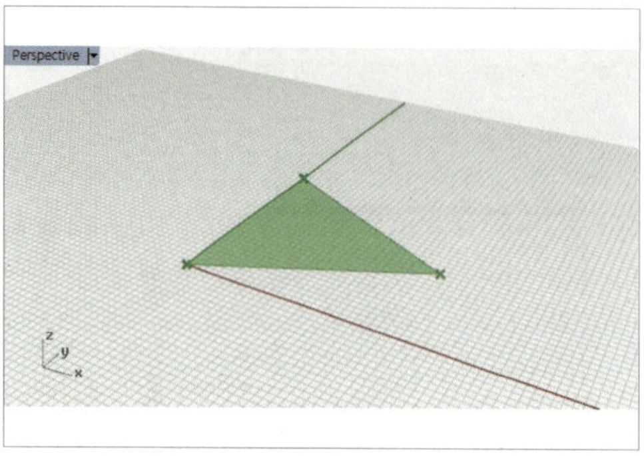

· 라이노에서 만들어진 화면 확인하기

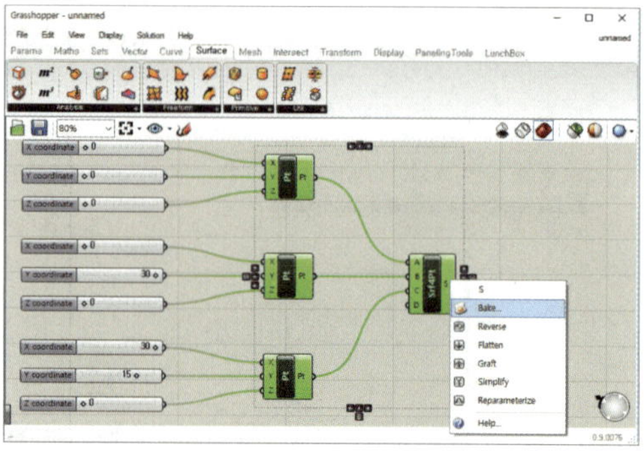

· 그래스호퍼 창에서 점들(Pt)과 면(Srf4Pt)을 선택한 후 우클릭
· Bake를 클릭

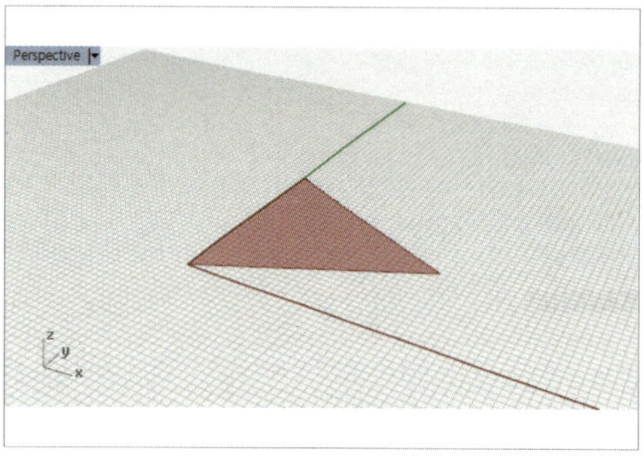

· Space bar를 누르고 Hide 클릭
· 라이노 화면에서 생성된 면을 확인

3. Grasshopper를 활용하여 패턴 만들기 응용 1

원리 : 점과 원의 중심 거리가 원의 반지름이 되는 시스템 만들기

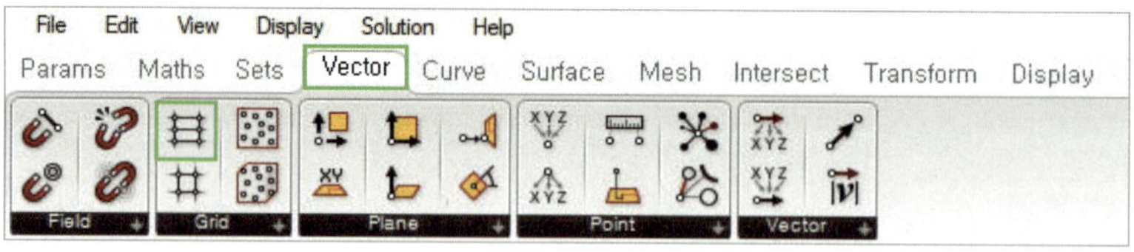

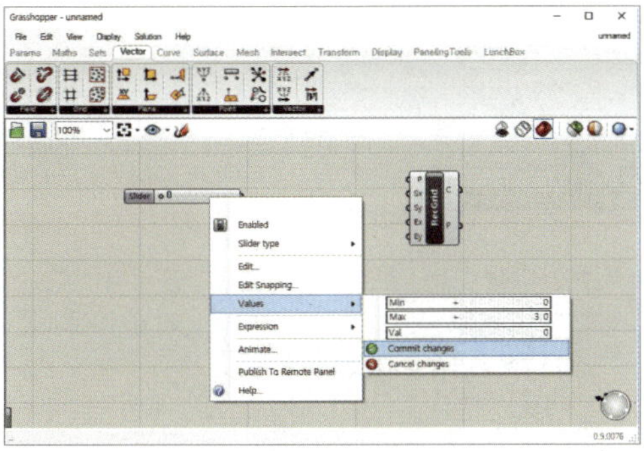

- 사각형 그리드를 생성
  Rectangular 2D grid를 클릭
- 넘버 슬라이더 생성 후 우클릭하여 Slider Type → Integers로 변경
- 다시 우클릭하여 Values → Min 0, Max 30을 입력 후 Commit changes 클릭

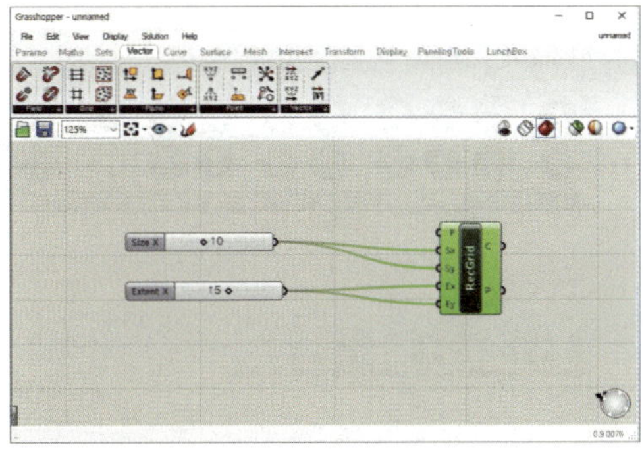

- 넘버 슬라이더 복사 후 연결
  위에서 만들어진 넘버 슬라이드를 RecGrid의 x, y에 연결
  복사후 만든 넘버 슬라이더를 아래 x, y에 연결

※ 연결된 슬라이더바를 움직여보자

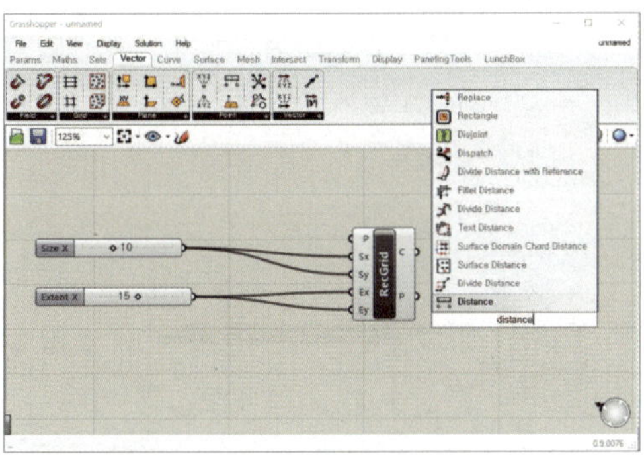

- Distance 컴포넌트를 찾음
  캔버스의 바닥을 더블클릭하여 나타나는 창에 Distance라고 치면 디스턴스 컴포넌트가 나타남

※ 컴포넌트는 스케치창에서 더블클릭하여 찾아 활용하여 작업속도를 높일 수 있음

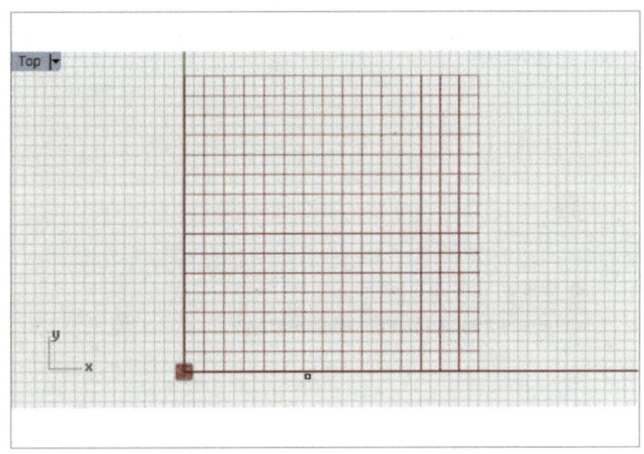

- 라이노창에서 Point를 하나 찍어줌

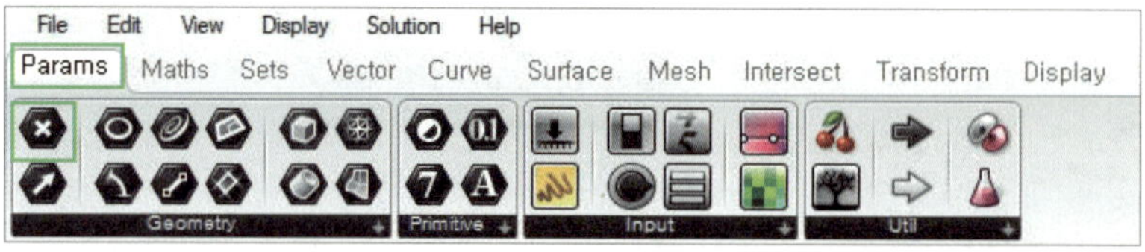

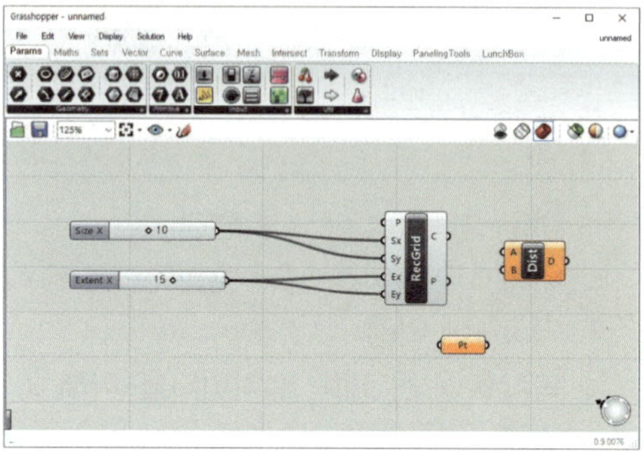

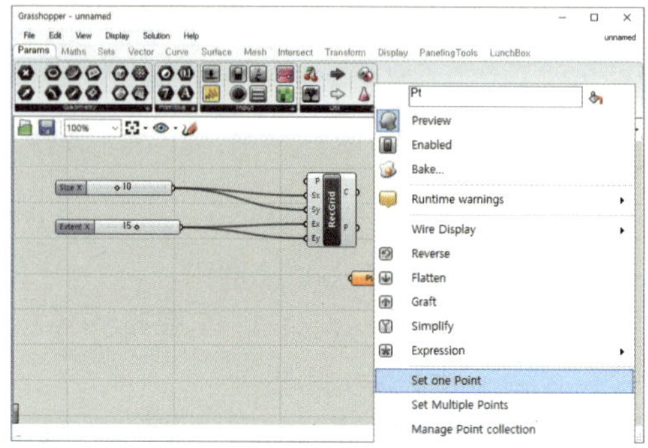

· 그래스호퍼 창에서 PT를 클릭
위의 파라미터 컴포넌트 모음 아래 있는 포인트를 클릭하여 그래스호퍼 캔버스에 꺼내줌

· 라이노에서 생성된 Point 담아주기
라이노에서 점을 선택 후 그래스호퍼 캔버스의 PT에서 우클릭하여 Set one point를 선택

※ 오브젝트가 담겨지면 캔버스에서 Pt의 색이 회색으로 바뀜

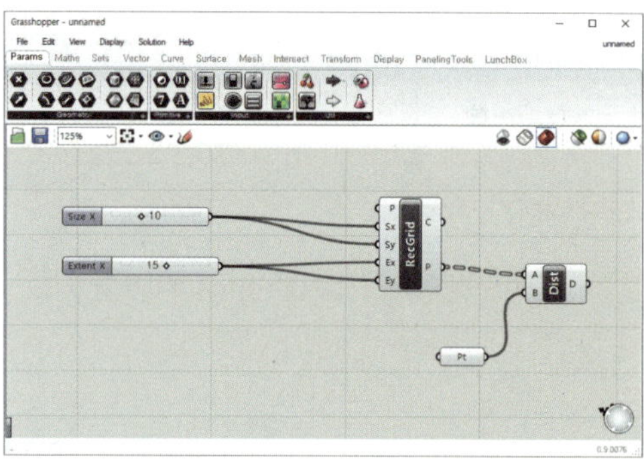

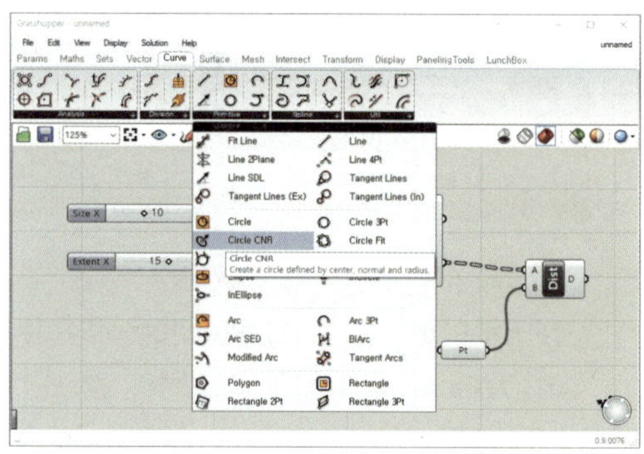

· RecGrid의 교차점과 Point의 거리계산
거리계산을 위해서 RecGrid를 Dist 컴포넌트의 A에 Point를 Dist 컴포넌트의 B에 연결

· 원 그리기
Curve → Circle CNR을 선택 생성함

※ Circle CNR은 중점 데이터를 이용할 수 있는 컴포넌트임

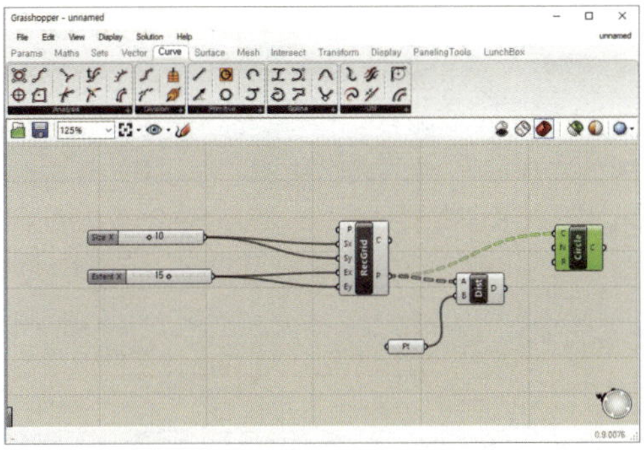

· Circle을 위치를 RecGrid의 교차점에 연결
RecGrid의 Point에 Circle의 중심을 다음과 같이 연결

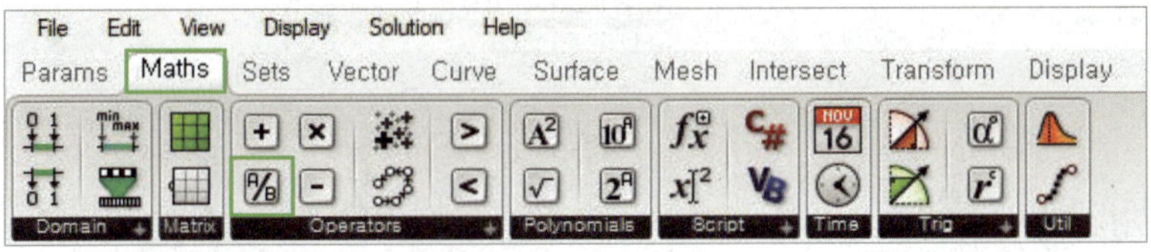

· Division 컴포넌트의 위치는 Maths 아래 있음

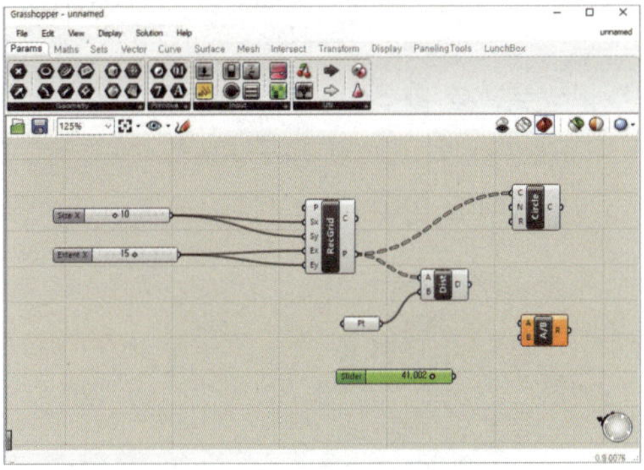

· 거리 공식을 Circled의 반지름으로 입력
아래 거리공식을 적용하기 위해 원의 중심과 점의 거리를 수치로 나눔
넘버 슬라이더와 Division컴포넌트를 클릭

※ 거리공식
점과 원의 거리/2를 적용

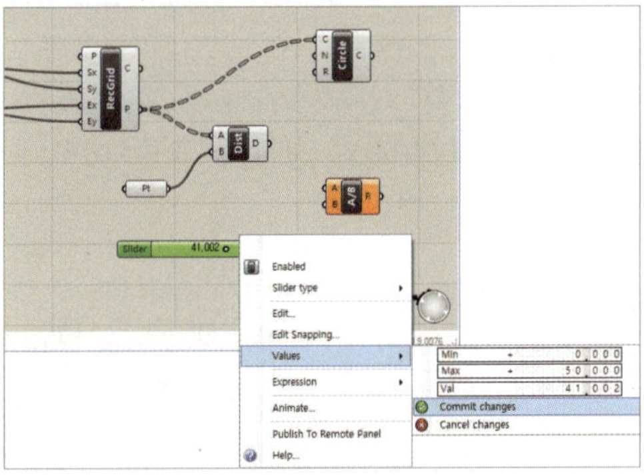

· 새로 만들어진 나누기용 넘버 슬라이더의 Values는 Max를 100 입력 후 Commit changes 클릭

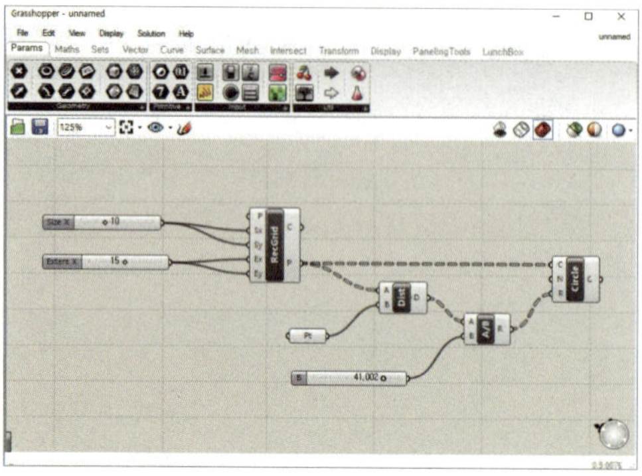

· 위와 같이 연결하기

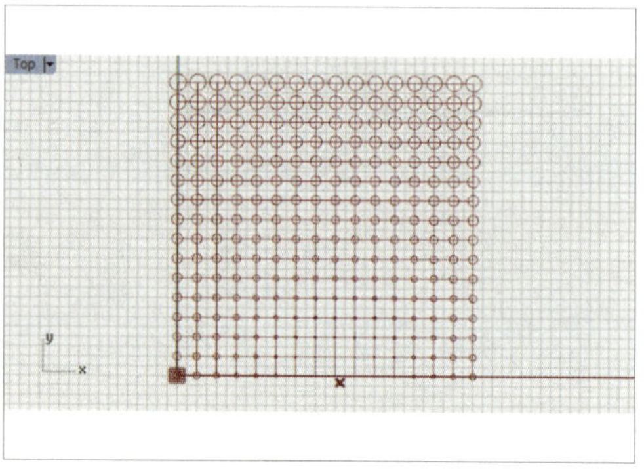

· 위와 같은 결과물이 나타남

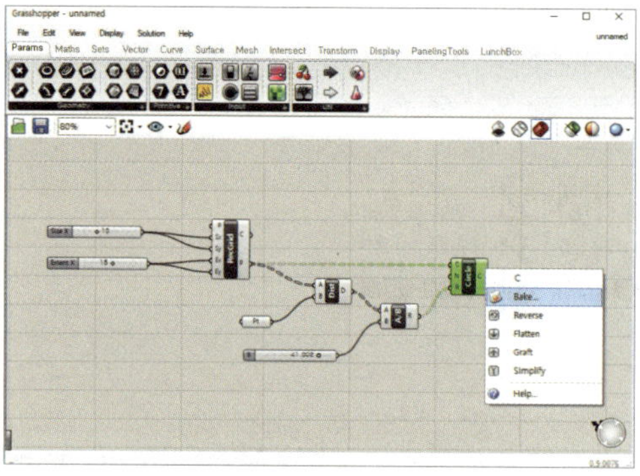

· Bake 실행
Circle 컴포넌트를 선택 후 우클릭하여 Bake 실시

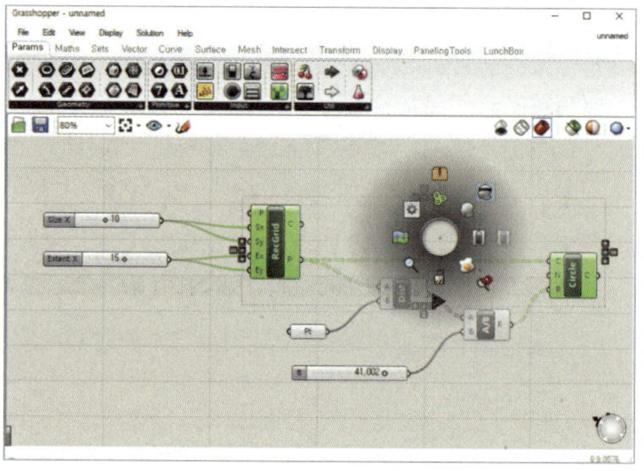

· 컴포넌트 감추기(Hide)실행
RecGrid와 Circle 컴포넌트를 선택 후 스페이스바를 눌러 Hide 시킴

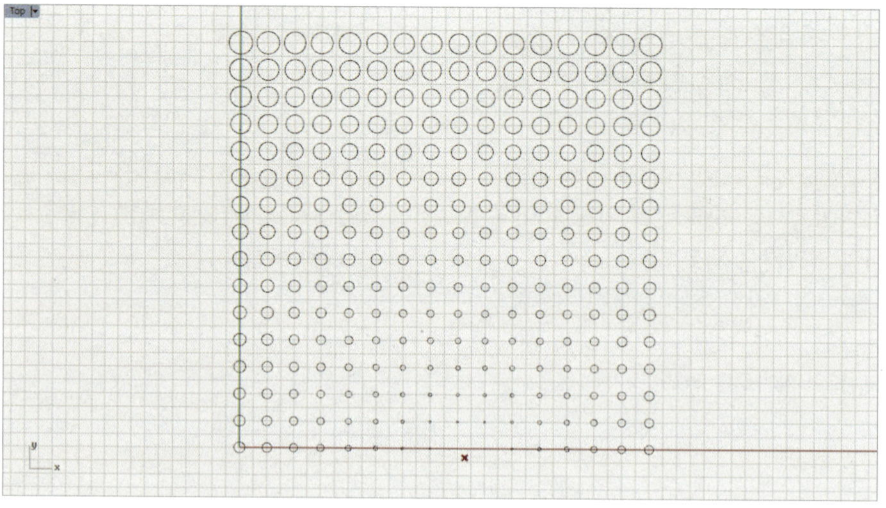

완성

4. Grasshopper를 활용하여 패턴 만들기 응용 2

원리 : 두 점과 원의 중심 거리가 원의 반지름이 되는 시스템을 만들어보자.
위의 example 2의 point attractor를 이용하여 이번에는 두 개의 점의 거리를 계산하여 패턴을 만들고 오브젝트에 입혀보도록 하자.

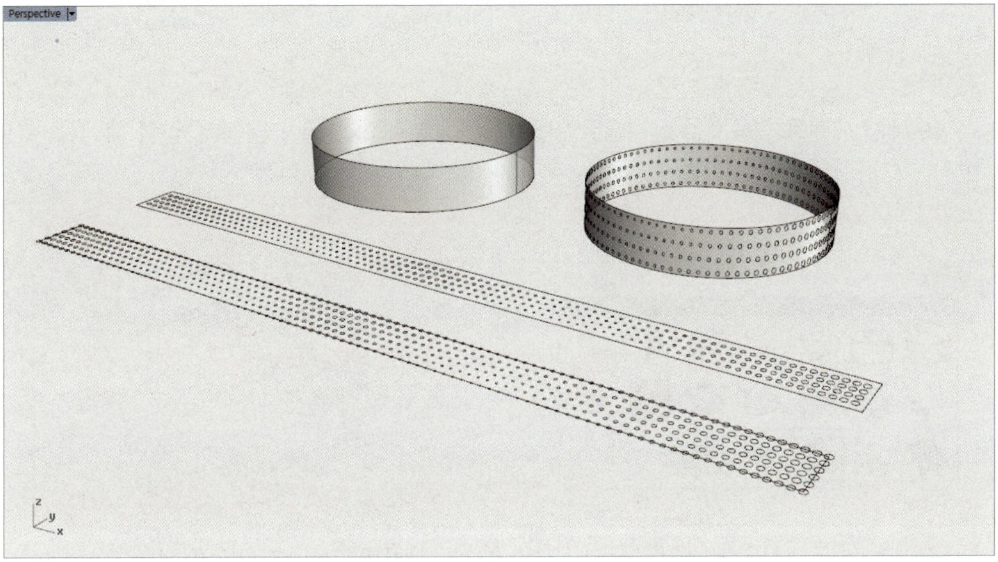

① Grasshopper로 패턴 만든 후 적용하기

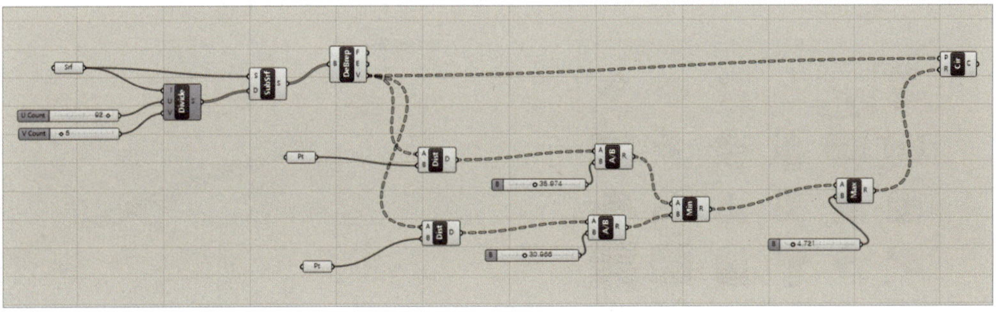

② Point attractor를 활용한 실용 예제

1) 라이노에서 작업

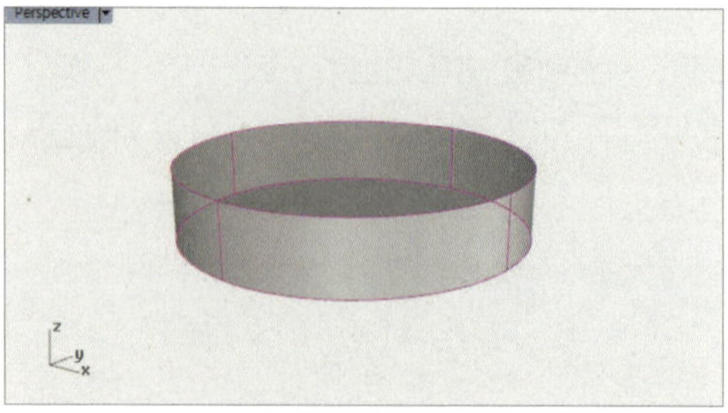

· 라이노에서 패턴을 적용시킬 실린더를 만듦
반지름 : 250
높이 : 100

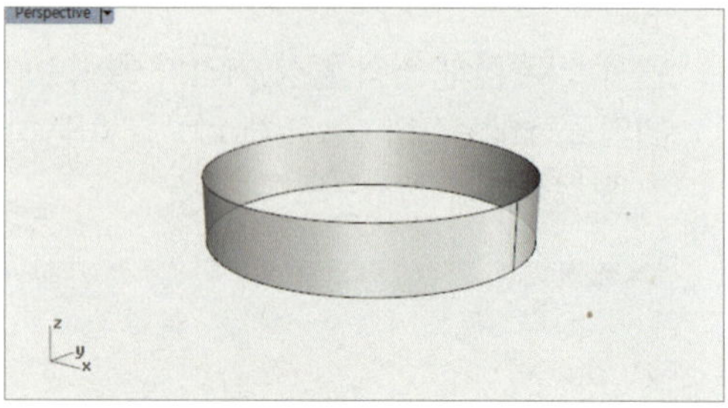

· 분해(Explode) 명령어 입력 후 Top 부분은 Delete 키로 삭제

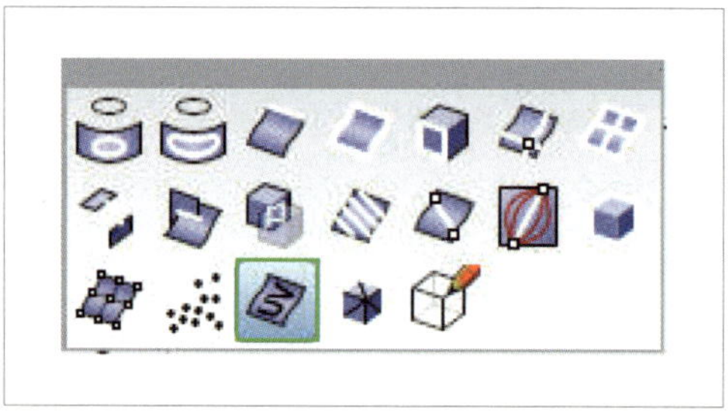

· Project Curves 하위메뉴인 Create UV curves를 클릭하여 Frame을 만들기

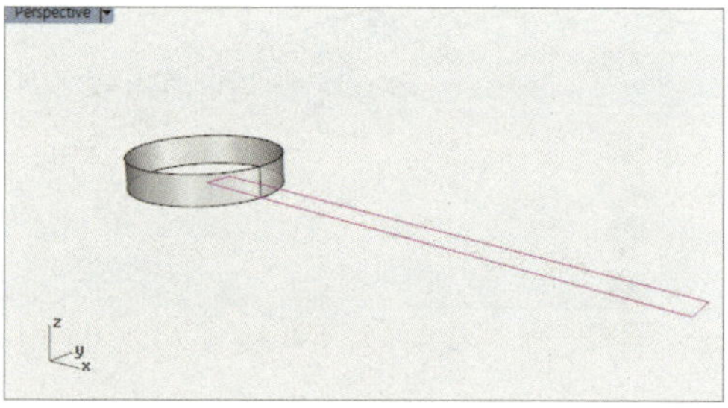

· 사각형 Frame이 만들어짐

※ Frame안에 패턴을 만든 후 다시 원기둥 표면에 적용

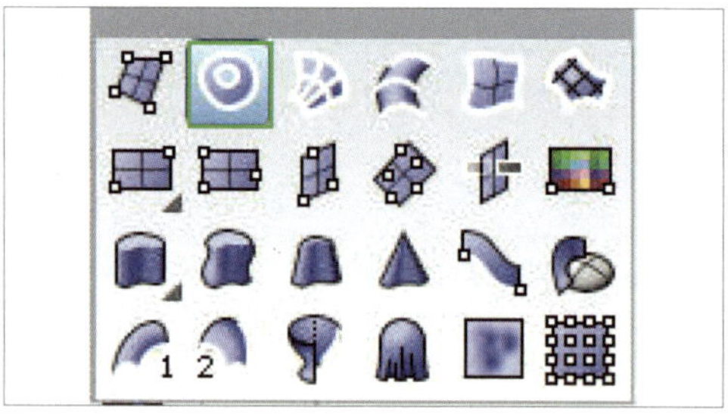

· 생성된 사각형을 선택 후 Surface from 3 or 4 corner Points 하위 메뉴인 PlanarSrf 명령어를 입력하여 평면(Surface) 생성

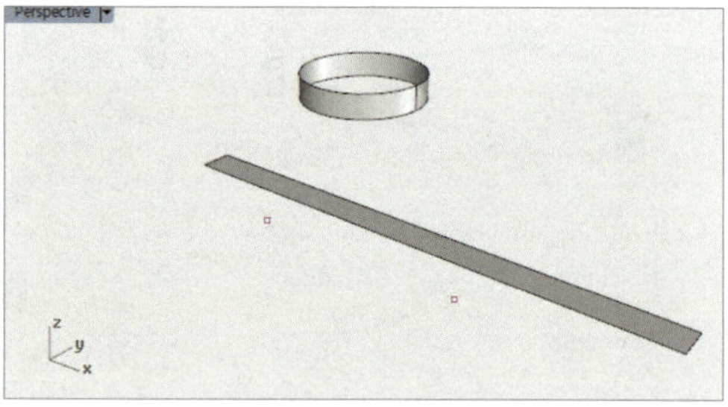

· Point 명령어를 이용하여 두 개의 점을 생성

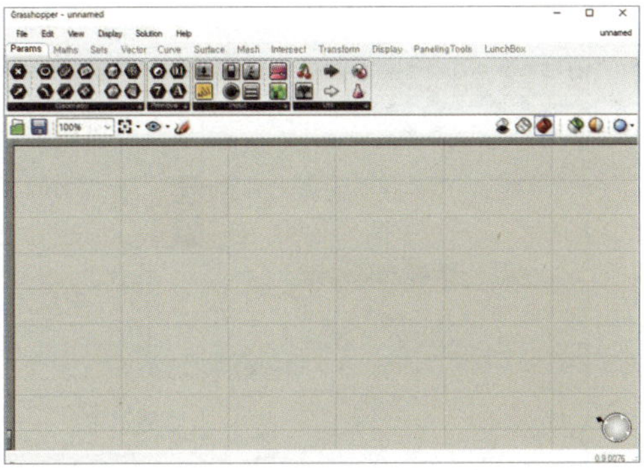

· Grasshopper 명령어를 입력 Grasshopper 를 실행

2) Grasshopper에서 작업

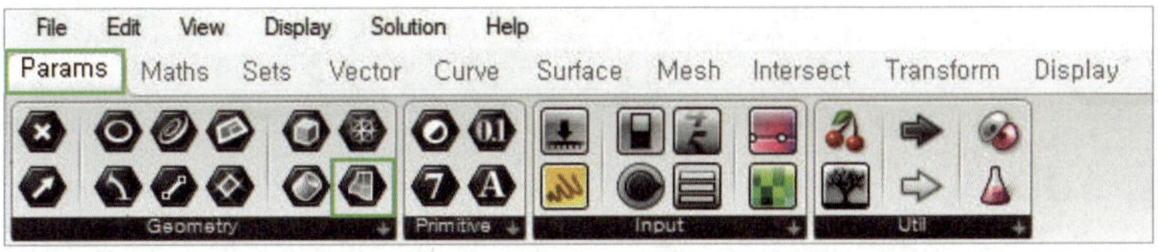

· Parames 하위메뉴인 Surface 컴포넌트를 클릭하여 생성

· 생성된 Surface 컴포넌트를 우클릭 하여 Set one surface를 선택 후 라이노에서 만든 면을 선택

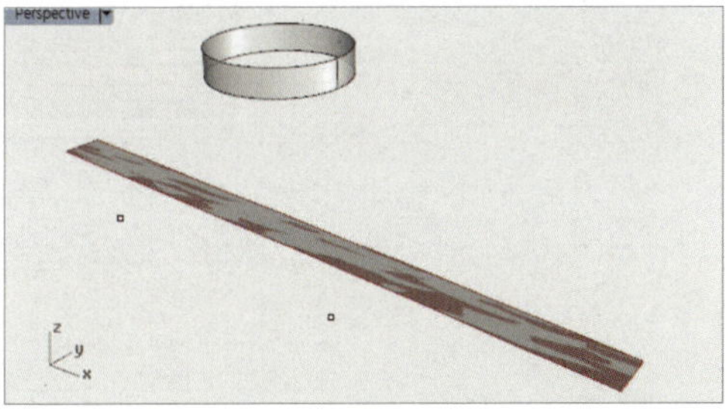

· 라이노에서 만든 면을 선택

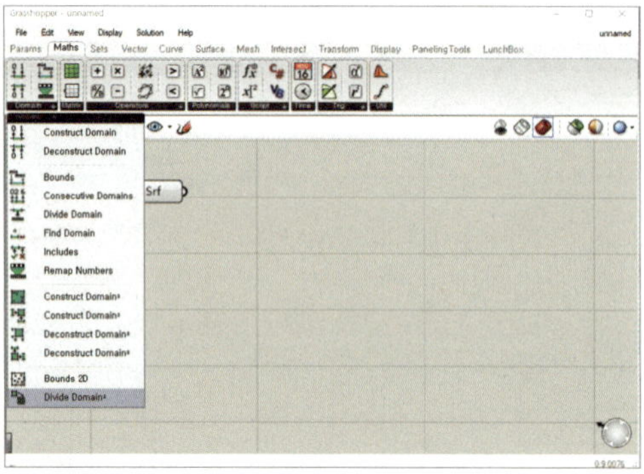

· Divide Domain 2 컴포넌트를 선택
Maths → Domain → Divide Domain2를 선택
※ Surface의 U.V Domain 생성

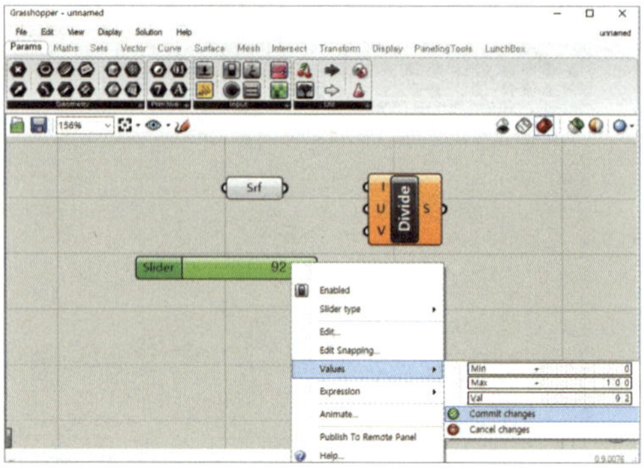

· 넘버 슬라이더를 생성하고 우클릭하여
Slider Type → Integers로 바꿈
· 넘버 슬라이더의 Values는 Max를 100 입력
후 Commit changes 클릭

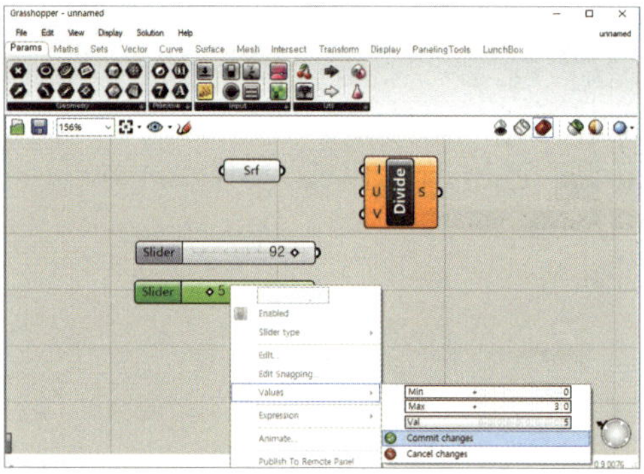

· 추가로 넘버 슬라이더를 생성한 후 우클릭
하여 Values → Min 0, Max 30을 입력 후
Commit changes를 누름

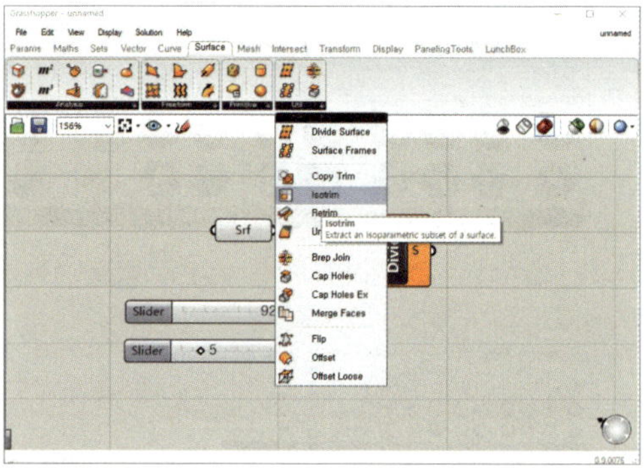

· Isotrim 컴포넌트를 선택
Surface 컴포넌트 모음 → Util → Isotrim선택

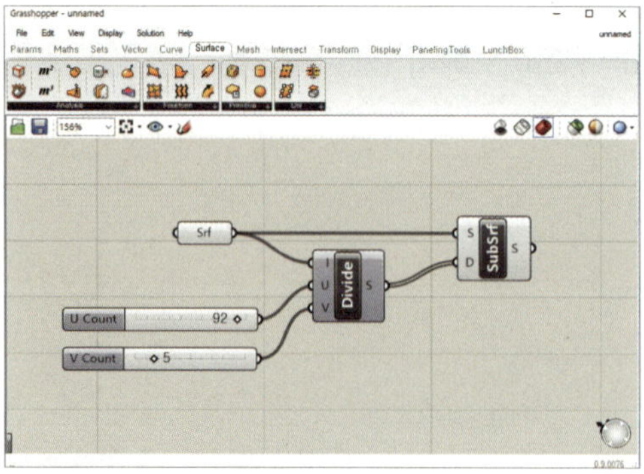

· 위와 같이 연결해줌

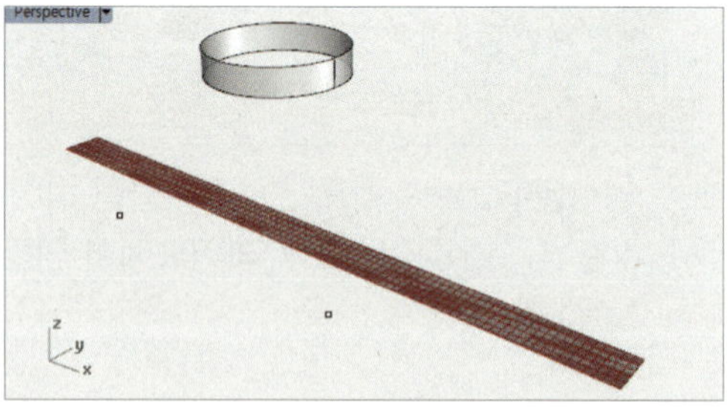

· 라이노 화면상 표면이 U.V로 나누어짐

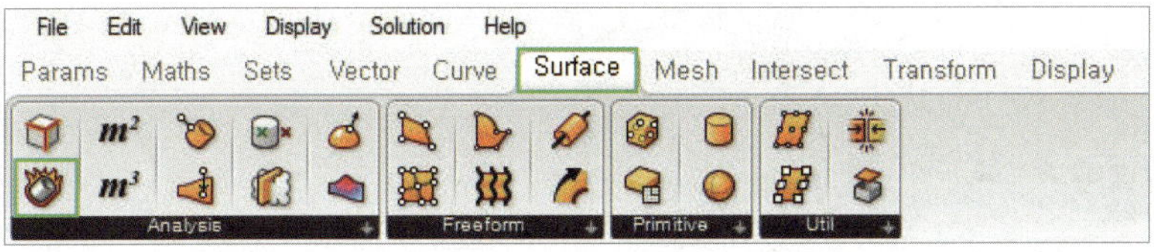

· Surface 컴포넌트 모음 아래 Brep 컴포넌트를 선택

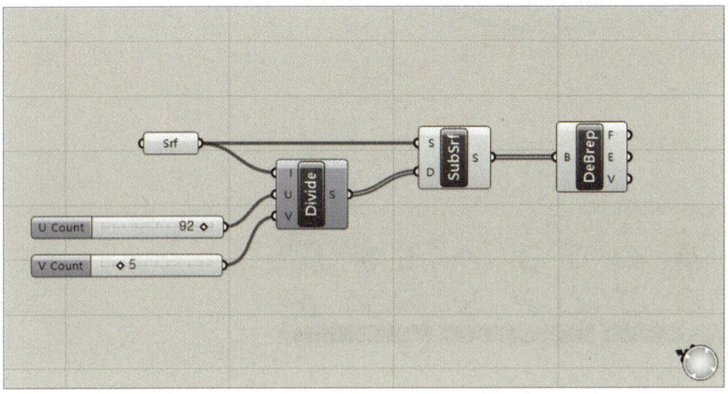

· Brep 컴포넌트를 선택

※ Brep은 만들어진 부분을 점, 선, 면으로 분리시켜 데이터를 이용할 수 있도록 함

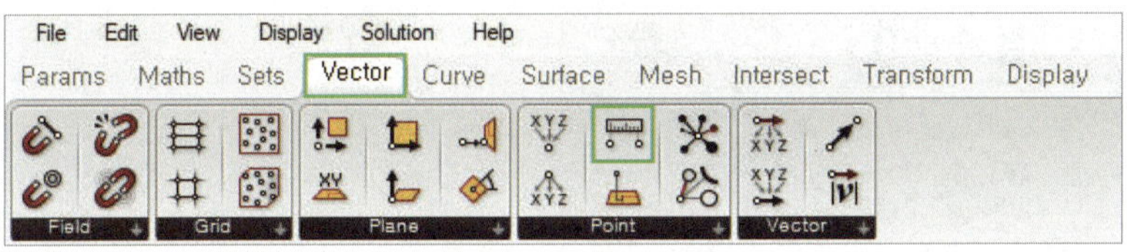

· Distance 컴포넌트를 선택

※ 점과 Circle의 중심을 거리를 계산하기 위해 생성

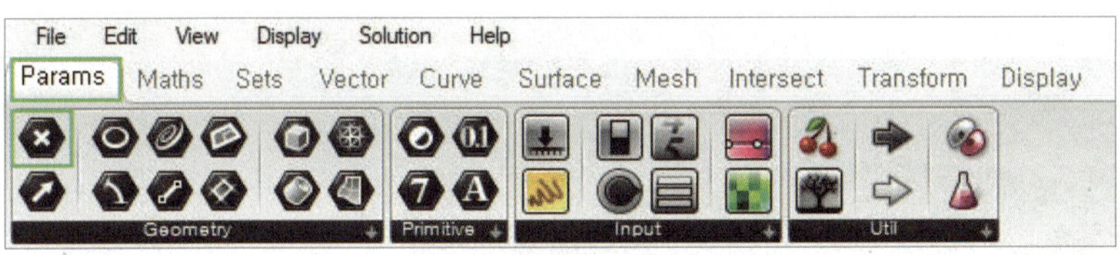

· 2개의 Point를 생성

※ 포인트를 생성 후 우클릭 하여 라이노에 생성된 2개의 점을 하나씩 등록함

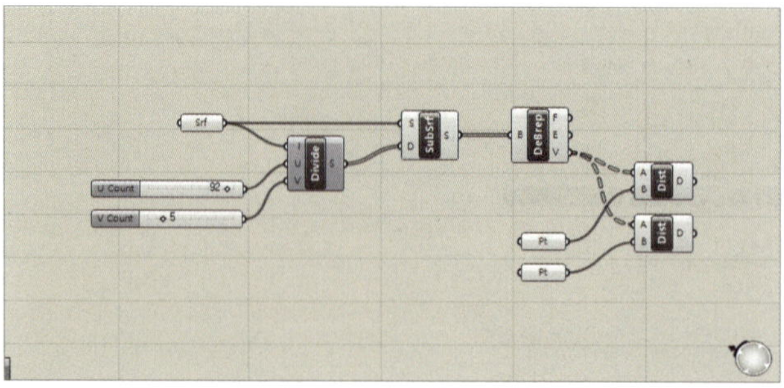

· 위와 같이 연결

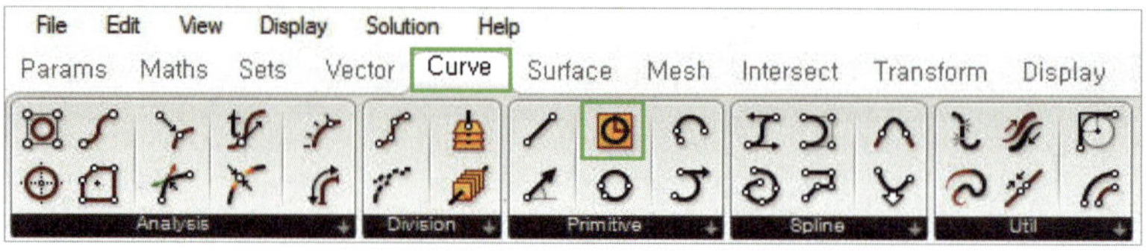

· Curve 컴포넌트 모음 아래 Circle 컴포넌트를 선택

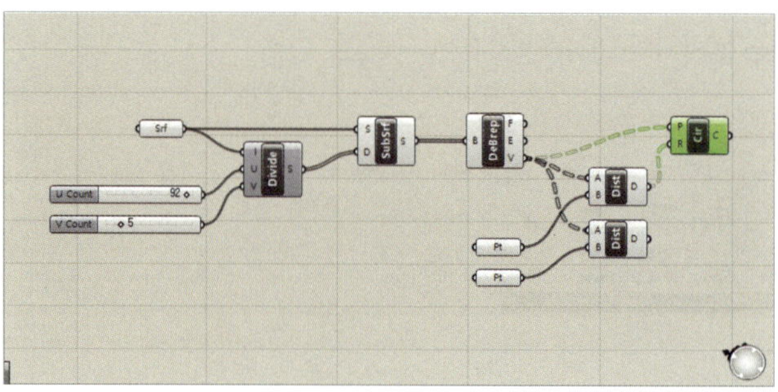

· 위와 같이 연결

· 실제 라이노 화면에서는 위와 같은 라인들이 생성됨

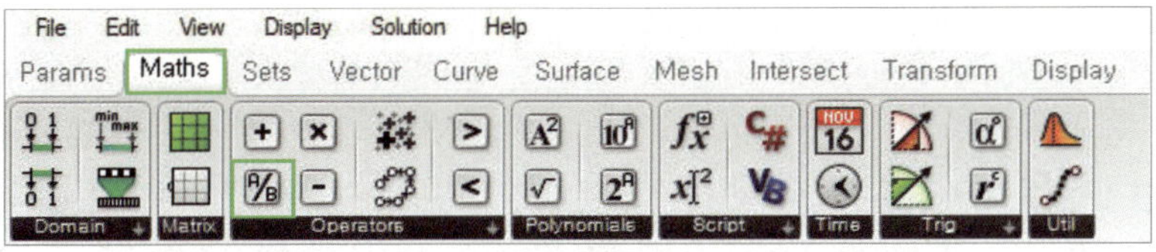

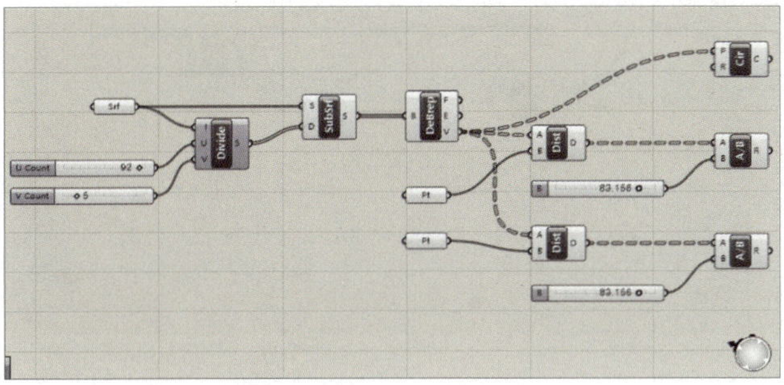

· Division 컴포넌트 선택
이제 각각의 두 점과 원 사이의 거리 반으로 나눈 값을 원의 반지름으로 만들자

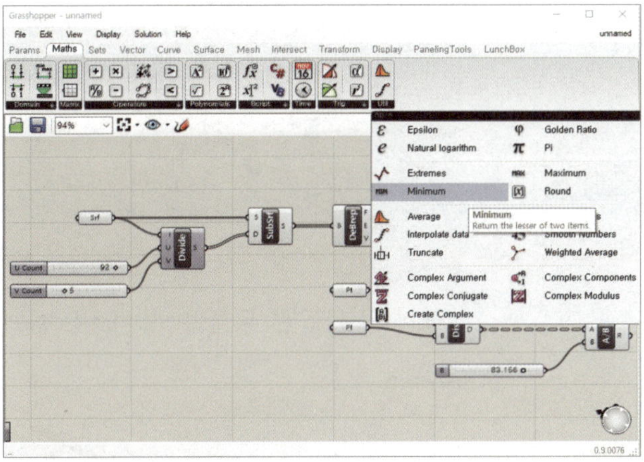

· Minimum 컴포넌트 선택
Maths 컴포넌트 모음 → Util → Minimum 컴포넌트를 선택 해줌

※ 둘 중 작은 값을 선택해 Circle의 R 값에 넣음

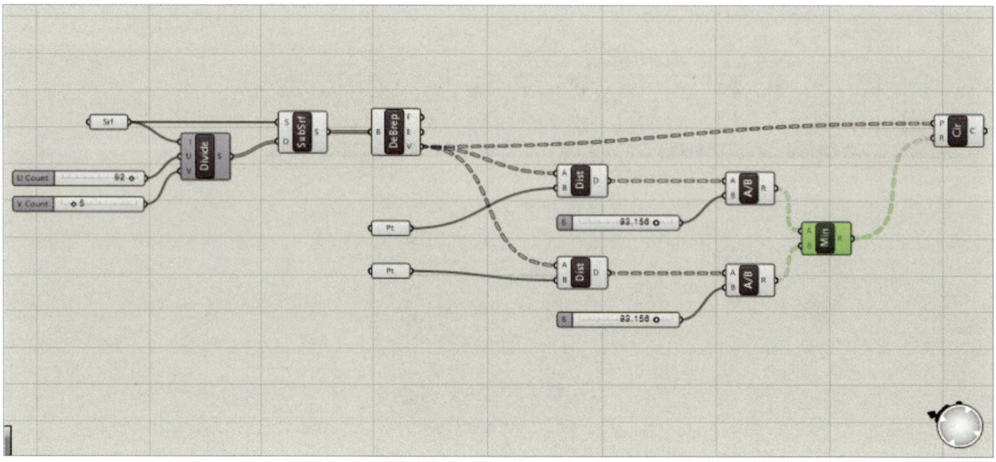

· 위와 같이 연결

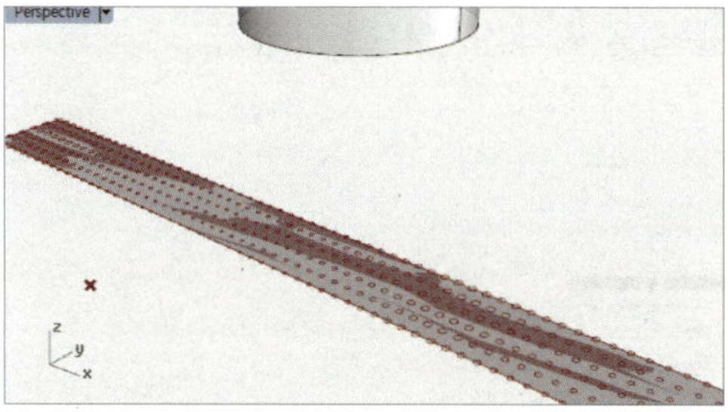

· DeBrep을 선택 후 Hide 시켜서 Circle의 생성된 모습을 확인

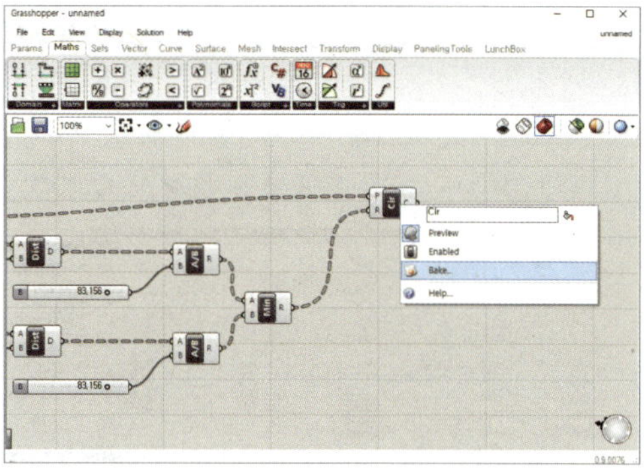

· Circle만 선택 후 우클릭 하여 Bake 실행

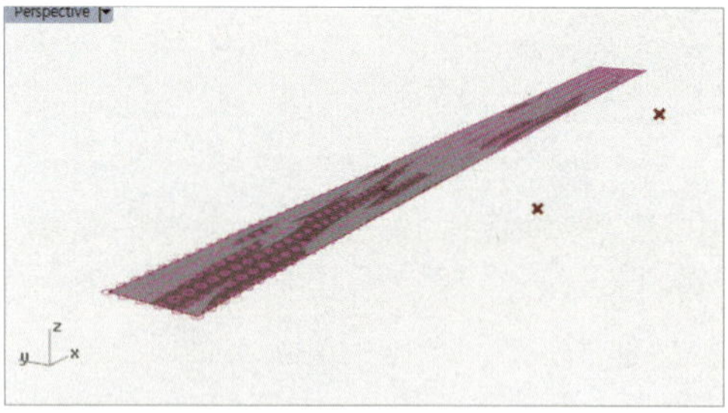

· Grasshopper 실행을 멈추고 생성된 원만을 잡고 Group 시킴 〈Ctrl +G〉

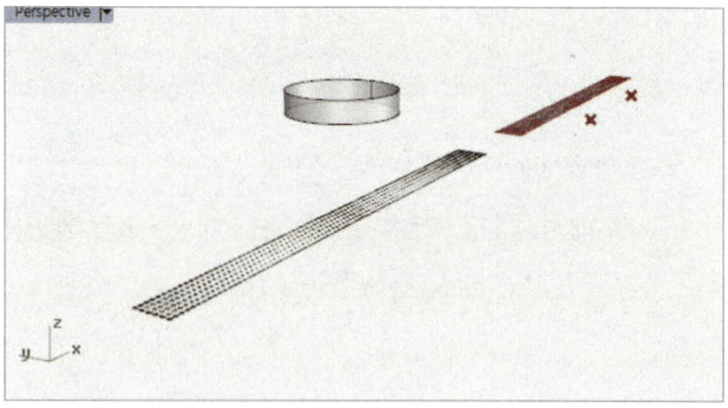

· 엣지와 생성된 Circle 들을 옆으로 Copy 명령어를 입력하여 복사

3) 패턴의 적용

Grasshopper는 종료 후 다시 Rhino에서 작업

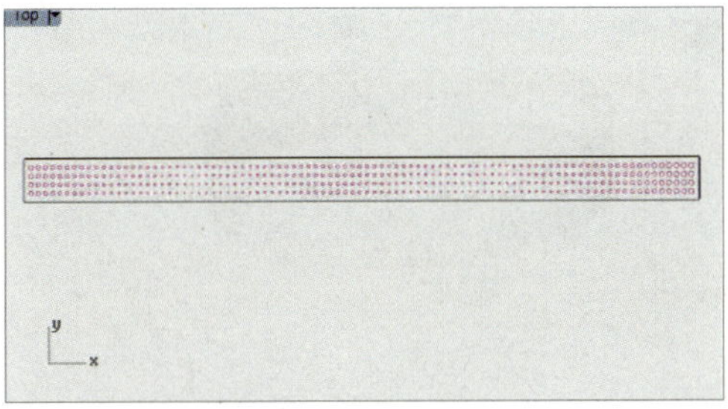

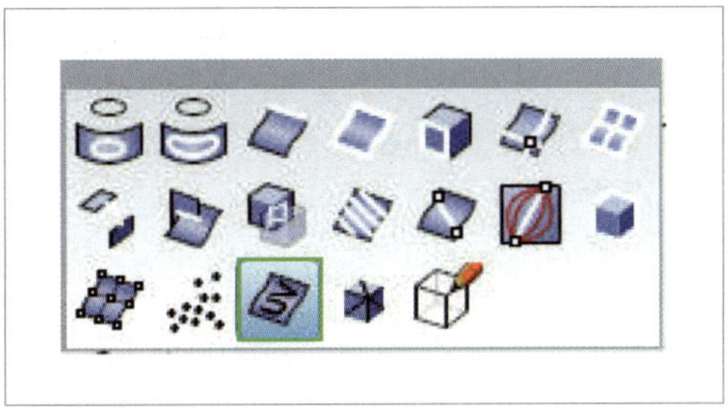

· Top view로 이동

· Group된 물체를 Ungroup 명령어를 입력하여 Ungroup 시키고 복사되어진 커브 중 엣지에 걸리는 원만을 Delete키를 이용하여 제거

· Perspective view로 이동

· Project Curves 하위 메뉴인 Apply UV curves를 우클릭하여 원통에 적용시킴

※ 먼저 커브 선택 → enter → 표면 선택

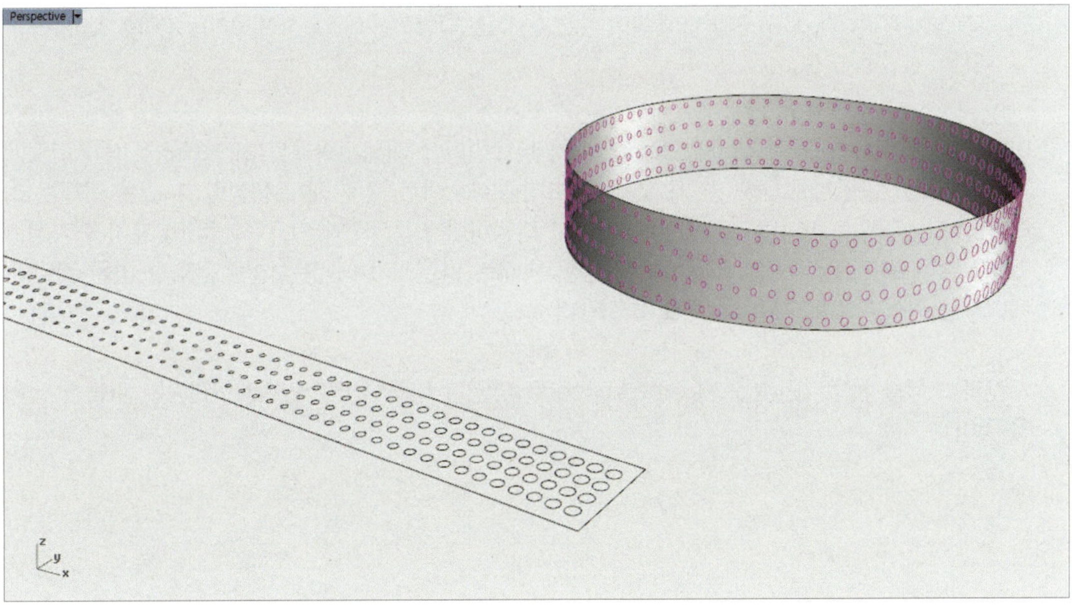

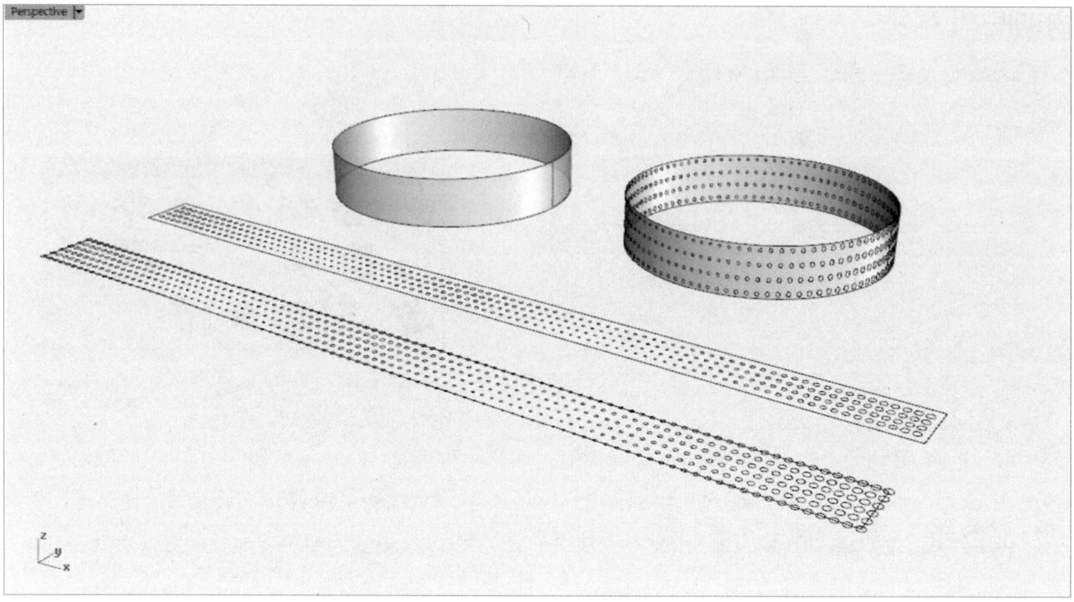

· 적용된 모습

※ 그래스호퍼(Grasshopper) 창을 다시 열어 다른 수치들을 다양하게 테스트하여 원하는 거리를 찾아보도록 하자.

이번 챕터에서는 그래스호퍼 (Grasshopper)가 무엇인가에 대해서와 간단히 그래스호퍼가 어떻게 작동하는 시스템인지에 대해 알아보았다. 알고리즘(Algorithm)을 통해서 생성할 수 있는 형태는 여러분들이 생각하는 영역보다도 훨씬 무한하고 다양하다. 이 정도의 기초 지식이면 흥미를 가지고 그래스호퍼(Grasshopper)를 이용하여 다양한 형태로 발전시켜 나가는 데는 문제가 없을 것이다. 나머지는 여러분의 몫으로 남겨두도록 하겠다.

시간과 노력을 들인다면 반드시 Grasshopper로 다양한 디지털 디자인 및 모델링이 가능한 날이 올 것이다.

Exercise

Exercise

실습하기 12

Grasshopper를 이용하여 물체를 생성해 보자

내용

· Grasshopper 를 사용한 간단한 3D 모델링

명령어 연습

· Grasshopper 이용

▶ 연습하기

· Grasshopper이해하기

· Grasshopper를 이용하여 모델링 해보기

▶ 예제 실습

1. Grasshopper 연습 예제 1

※ 상상 과제

챕터 12에서의 Grasshopper의 기능을 이용하여 알고리즘 (Algorithm)을 생각해본 후 응용하여 물체나 관계를 만들어보자. (2D /3D 상관없이 만들어 보자.)

2. Grasshopper 연습 예제 2 (연습 예제 1의 변형 버전)

연습예제 1에서 만들어진 Grasshopper 내 수치를 조절하여 option 2를 만들어보자.

▶ 작업 과정

1. 만들고자 하는 오브젝트를 먼저 생각해보자.
2. 만들고자 하는 물체를 만들 알고리즘 (Algorithm)을 생각해보자.
3. Grasshopper를 이용하여 연결 관계를 만들어 준다.
4. Bake를 이용하여 실제 존재하는 object로 만들어보자.
5. Grasshopper의 파라미터 (Parameter)를 이용 수치를 변형하여 option을 2가지 더 만들어보자.
6. **연습 예제 1**과 **연습 예제 2(변형)**에서 만들어진 오브젝트와 과정을 Screen capture등 하여 과정과 결과물을 일러스트레이터(Illustrator)에서 정리하여 AI 파일(A3 사이즈)을 제출

디지털 디자인 다이어리 Rhino편
Digital Design Diary

정가 22,000원

저자 : 김주연 · 이재성
숭실대학교 뉴로디자인랩(www.ndlab.space)

발행인 : 임해진
발행처 : 도서출판 구미서관

인쇄 : 2019년 2월 21일
발행 : 2019년 2월 28일

등록 : 1979년 6월 29일 No.9-6호

주소 : 서울시 마포구 신촌로 2길 5-15 구미빌딩
전화 : 02-333-1101
팩스 : 02-335-2201
http://www.goomibook.com

ISBN 979-11-6257-065-4(93560)

저자와의 협의 하에 인지를 생략합니다.
파본이나 잘못된 책은 교환하여 드립니다.